약방집 예배당

믿음이란 한 알의 밀알이 땅에 떨어져 죽음으로 많은 열매를 맺음과 같이 진리의 열매를 위하여 스스로 죽는 것을
뜻합니다. 눈으로 볼 수는 없으나 영원히 살아 있는 진리와 목숨을 맞바꾸는 자들을 우리는 믿는 이라고 부릅니다.
「믿음의 글들」은 평생, 혹은 가장 귀한 순간에 진리를 위하여 죽거나 죽기를 결단하는 참 믿는 이들의, 참 믿는 이들을
위한, 참 믿음의 글들입니다.

약범집 예배당

한국 교회의 개척과 독립운동으로 순국한 배씨일가 이야기

박경숙 지음

Saga of the Pai Family

홍성사.

차 례

1

1801년, 신유년에 있었던 일

다 해진 비단신에 칭칭 동여맨 무명천 사이로 찬 바람이 자꾸 스며들었다. 추위 속을 유랑한 지 벌써 달포, 배수우는 잠시 힘겨운 걸음을 멈추고 뒤를 돌아다보았다. 때 낀 무명 누비저고리에 추위를 막으려고 거적을 걸친 광국의 모습은 영락없이 거지아이였다. 아들을 바라보는 배수우의 눈가로 붉은 기운이 모여들었다.

그는 눈물이 흥건히 고여 오는 눈을 들어 하늘을 올려다보았다. 찬기운을 안은 동짓달의 하늘이 금방 눈이라도 쏟아 낼 듯 잿빛으로 내려앉아 있었다. 그는 눈을 질끈 감았다. 어쩌다 이런 처지가 되고 말았는지 생각하면 기가 막혔다.

뒤뜰 모퉁이 감나무에 홍시가 떨어질 듯 매달려 있던 지난가을 어느 오후, 말간 햇빛이 마당을 비추고 있었다. 서당을 다녀온 광국은 행랑채 툇마루에 모여 앉은 종놈 몇의 기척에 흘깃 그들을 돌아보았다. 옥색 명주 바지저고리에 남색 쾌자를 입은 열 살 난 광국의 모습은 가을 볕 속에도 여리게 피어오른 푸른 봄꽃만 같았다. 행랑채 툇마루 위에는 김이 무럭무럭 나는 시루떡이 놓여 있었다. 늘 손님이 드나드는 집 안에는 먹을거리가 떨어지지 않았고, 제사나 명절이 아니라도 자주 떡을 찌곤 했기에 광국은 무심히 지나치려 했다. 그러나 종놈 중 하나 가 냉큼 광국 앞으로 나섰다.

"도련님! 서당에서 글 읽고 오시느라 시장하시지유? 떡 좀 드시고 가세유."

광국은 허리를 반쯤 구부리고 자신을 바라보는 중늙은이 종놈의 얼 굴이 왜 그런지 애처로웠다. 그는 종놈의 말에 못 이기는 척 천천히 툇 마루에 걸터앉았다. 그가 시루떡 한쪽을 떼어 막 입에 넣으려던 순간 이었다. 툇마루로 난 행랑방 쪽문이 벌컥 열리더니 머리를 산발한 계 집아이 하나가 불쑥 튀어나왔다.

"아이고! 도련님 오셨시유?"

누런 이를 드러내며 히죽 웃는 것이 미친 계집 아니면 영락없이 귀 신 모습이었다. 얼결에 놀라 일어난 광국이 손에 든 떡을 떨어뜨리며 턱을 달달 떨었다. 계집아이는 광국의 행동을 이해할 수 없다는 표정 으로 그에게 더 가까이 다가섰다.

광국은 그만 비명을 지르기 시작했다. 사색이 되어 뒷걸음질치는 광 국을 보며 어찌할 바 모르고 섰던 종놈 몇이 계집에게 달려들었다. 종 놈들에게 사지를 붙들린 계집은 영문을 모르겠다는 듯 갑자기 악을 쓰 기 시작했다.

"왜유? 왜 이런대유?"

"너, 이년! 감히 도련님을 놀라게 하다니! 어디서 머리를 산발해 나 타나 가지고!"

종놈 하나가 계집을 마당으로 패대기쳤다. 툇마루 끝에서 마당으로 나뒹굴어진 계집이 눈을 부릅뜨고 종놈들을 노려보았다. 산발한 머리 카락에 눈을 치뜬 계집의 모습에 오싹해진 광국이 또다시 비명을 지르 자, 갑자기 종놈들이 한꺼번에 계집에게 덤벼들었다. 종놈 중 하나가

8

먼저 발길질을 시작하자, 다른 한 놈은 주먹으로 계집의 턱을 날렸다. 금세 계집의 입가에 피가 주르르 흘러내렸다. 또 다른 종놈이 계집을 들어 올려 마당에 패대기쳤다.

그렇게 얼마간 두들겨 맞던 계집은 한동안 온몸을 꾸무럭거리는가 싶더니 이내 숨을 거두고 말았다. 서산으로 넘어가던 가을 햇살이 웅 크린 계집의 시신을 붉게 물들였다. 광국은 이미 안채로 줄행랑을 놓은 뒤였고, 그저 계집에게 좀 겁을 주려고 패기 시작했던 종놈들은 곤란한 입장에 처하였다.

계집은 부엌에서 설거지하는 종년의 딸이었다. 워낙 모자란 탓에 머리 한번 단정하게 빗어 넘긴 적이 없었지만, 그날따라 낮잠을 자다 광국의 목소리를 듣고 머리를 산발한 채 방에서 튀어나온 것이 화근이었다. 열네 살에 제법 가슴까지 볼록한 계집이 언제부턴가 광국을 흠모하고 있다는 사실은, 종들 사이에 이미 우스갯소리로 떠돈 지 오래였다. 멀리 떨어져서 바라보던 도련님을 그렇게 가까이 만나게 된 반가움에, 계집아이 딴에는 감정을 표현한다는 것이 그만 광국을 놀라게 하고 말았다.

안채 마당에 주저앉아 계집의 어미는 밤새 목 놓아 울었다. 비록 천한 종년의 딸이라도 억울하다며 통곡을 했다. 배수우는 몹시 난감했다. 그렇지 않아도 천주학쟁이들과의 왕래 때문에 마음이 편치 않은 터에 집 안에서 살인 사건까지 생겨났으니 말이다. 배수우는 날이 밝자 죽은 계집을 거적에 말아 양지바른 곳에 묻어 주고, 어미에게 위로금도 쥐어 주었다. 그런데도 그는 영 마음이 편치 않았다. 아무리 집 안에서 일어난 일이지만 머지않아 밖으로 새 나갈 것은 분명한 사실이었다. 그는 충주 관찰사라는 벼슬에 올라 있었지만, 핑계가 생기면 하극상이 일어날 만한 상황이기도 했다. 게다가 벌써 천주학쟁이가 여럿 잡혀 들어가지 않았던가. 몇 날 며칠을 고심한 배수우는 아들과 아내를 데리고 야반도주를 해야겠다고 결심했다.

평생 고생을 모르고 살아 온 배수우 아내는 집 떠나 얼마 지나지 않아 병을 얻고 말았다. 배수우는 병든 아내를 패물과 함께 낯선 주막에 맡기고 광국을 데리고 다시 길을 떠났다. 뚜렷이 갈 곳이 있는 것도 아니었다. 그저 충주 고을을 벗어나 먼 곳으로 가야 한다는 생각에 발걸음을 옮기고 있을 뿐이었다. 충주 고을을 아주 떠나기 전에, 그는 평소 친분이 있던 천주학쟁이들이나 만나 볼 요량으로 찾아갔다. 그러나 그가 갔을 때 그들은 이미 다 잡혀 간 뒤였다. 어찌할 바를 모르고 밤길을 서성이고 있을 때, 웬 노인 하나가 그들 곁을 스쳐 갔다. 홑 무명 두루마기를 입고 갓도 쓰지 않은 채 허연 머리카락을 상투 튼 노인이 어둠 속에 발길을 멈추고 서서, 길가 처마 밑에 쪼그리고 앉은 그들을 내려다보았다.

"세상 말세로고!"

탄식처럼 한마디를 내뱉은 후, 노인은 배씨 부자의 행색을 가만히 살피기 시작했다. 어두운 기운 속에 노인의 움펑한 눈이 그들을 천천히 훑어 내렸다.

"어쩐지 이 길을 오고 싶더니만. 혼자 앉아 눈을 감고 있자니 사냥꾼에게 쫓기는 토끼 두 마리가 자꾸만 눈에 어른거리더니, 그 토끼가 당신들이었구려. 보아 하니 상것은 아닌 이들 같고…… 저를 따라 오시유!"

금세 노인은 몸을 돌려 걸음을 떼기 시작했다. 얼결에 배수우는 아들의 손을 잡고 노인을 따라가려고 일어섰다. 노인의 느린 걸음을 따라잡으며 배수우는 조심스레 입을 떼었다.

"노인장은 뉘신지요?"

대답에 앞서 노인은 긴 한숨을 머금었다. 구부정한 그의 어깨가 잠시 숨결을 따라 오르락거리다 내려앉았다.

"그저 천지간의 이치를 따라 사는 늙은이지유. 오늘은 그저 두 마리 토끼를 구해 줄 뿐이니, 집이 누추하지만 하룻밤 묵고 떠나시구려."

노인은 잠자코 걸음을 떼며 나지막이 말했다. 밤이 이슥해진 뒤에야, 동네 어귀에 있는 산 밑 노인의 오막살이에 도착했다. 퀴퀴한 냄새가 풍기는 한 칸 방에 배수우 부자를 들여놓고, 노인은 부엌으로 들어가 잡곡밥 두 그릇을 챙겨 왔다. 반찬이라야 간장 한 종지와 묵은 김치 몇 쪽이 전부였다. 시장기에 소반에 달려들어 다 식은 잡곡밥을 퍼먹던 배수우는, 어느 정도 허기를 면해서야 다시 노인을 바라다보았다. 노인은 호롱불 아래서 눈을 껌벅이며 배수우 부자가 밥 먹는 모습을 바라보면서 싱긋 웃음을 머금었다.

"저는 강치선이라고 해유. 천주학쟁이들을 잡아들인다는 걸 알고 있었지유. 아까 부자께서 어른대던 그 동네 천주학쟁이들과 안면이 있지유. 그 사람들은 벌써 이틀 전에 잡혀 갔어유. 그들 중 누가 영감님 이름을 댄 모양이어유. 관가에서 영감님을 찾고 있다고 하대유. 영감님께서 충주 관찰사 배수우 어른이시라는 걸 저도 방금 깨달았지유. 상것들과 달리 귀티가 흐르는 얼굴 하며, 평생 책만 읽은 고운 손마디, 또 시장기에 정신이 없을 텐데도 진지를 드시는 모습이 여느 상것들과 다르게 느껴져유. 천주학쟁이들에게서 영감님 이름을 들은 적이 있었습죠. 관심을 갖고 도와주고 있다고유. 염병할 것들! 도움을 받았으면 끝까지 입 다물고 있을 것이지, 직접 집회에 가담하지도 않은 영감님 이름을 댈 것은 또 뭔지……."

배수우는 다소 놀란 얼굴이었다.

"그럼 노인장도 천주학을 하시오?"

노인은 대답 대신 고개만 가만히 흔들었다.

"그럼? 어떻게 그들과……."

"이 늙은이야 다만 하늘의 이치에 따라 사는 사람, 공자가 무엇이고 야소 귀신이 무엇이란 말이유? 천주학은 서양 귀신 야소를 믿는다면서유?"

"나야 그 내용에는 깊이 관여 안 했소만, 그 뜻에 공감이 가 그들과 몇 번 얘기를 나누었소. 게다가 천주학에 관련된 사람들이 대부분 가난한 사람이라 좀 도와주었을 뿐이오. 사실 나는 야소라는 인물에 대해 잘 모르오. 그냥 그가 여자의 몸을 빌려 태어난 신인(神人)인데, 죽었다가 다시 살아났다는 것밖에는……."

배수우의 잔잔한 음성에 노인은 다시 싱긋 웃었다.

"공자고 야소고 저도 모르지유. 저는 그저 산골짜기에서 약초나 캐다 팔며 근근이 연명하는 늙은이지유. 어찌 어찌해 침술을 좀 알다 보니, 그 천주학쟁이들이 토사곽란 날 때 몇 번 불려 가 침을 놓아 준 적이 있습죠."

그때서야 배수우는 어두운 벽 가장자리에 매달린 약초 꾸러미들을 훑어보았다. 방 안에 처음 들어섰을 때 퀴퀴하게 나던 냄새가 노인의 체취가 아니라, 저 약초 꾸러미에서 풍겨 나온 듯했다.

밥상을 물리자 하루 종일 추위에 떤 광국이 미지근한 아랫목에서 잠이 들었다. 노인은 지필묵을 꺼내 놓고 희미한 불빛 아래서 뭔가 적기 시작했다. 그는 아녀자들이 쓰는 언문에 군데군데 한자를 섞어 가며 글을 썼다.

"저는 상것이나 다름없지유. 이리저리 떠돌다 침술을 익히면서 어깨너머로 글자 몇 점을 배웠을 뿐이지유. 이 늙은이 박복한 팔자에도 동생이 하나 있는데, 김해 고을에서 의원으로 있습죠. 제 동생을 찾아가세유. 이 편지를 보여 주면 영감님 부자를 도와줄 거예유."

노인은 묵묵히 붓을 휘날리며 말했다.

"고맙소, 노인장! 아무 연고 없는 우리 부자를 이렇게 돌봐 주시다니……. 그런데 내가 집을 떠나 도주하는 연유는 꼭 천주학 때문만은 아니요. 얼마 전, 집 안에서 종년 하나가 몰매를 맞고 죽은 일이 있었다오. 아무리 천한 목숨이지만 사람이 죽었는데, 그 책임이 어찌 내게 없겠소? 천주학쟁이들을 도운 일 때문에 자리가 불편한 터에, 그런 일까지 생기니 야반도주를 할 수밖에 없었다오. 집을 나오자마자 병을 얻은 아내를 길가 주막에 맡기고 왔는데, 김해로 가려면 그 사람을 데리고 가야겠소."

배수우는 노인의 옆얼굴을 조심스레 쳐다보았다. 잠시 생각에 잠긴 듯 붓을 멈추는가 싶더니, 노인은 이내 다시 글을 쓰기 시작했다.

"제 집도 안전하다고 볼 수는 없지유. 잡혀 간 천주학쟁이 중에 누군가가 쓸데없이 이 늙은이 이름을 얘기할지도 모르니까유. 저도 천주학쟁이로 몰려 곧 끌려갈지도 모르는 몸, 그러니 수일 안에 떠나도록 하세유. 내일 아침에 제가 마님의 처지를 한번 알아보지유."

배수우는 고맙다는 말 대신 노인의 거친 손을 잡으며 그저 긴 숨을 내쉬었다. 얼마 전까지만 해도 멀쩡하던 그의 집이 아니던가. 누추한 주막의 골방에 초라하게 누워 있을 아내의 모습을 생각하니 기가 막혀 말도 제대로 나오지 않았다. 그는 눈초리로 새어 나오려는 눈물을 억지로 참으며 노인의 손을 놓고 가만히 물러나 앉았다. 글을 다 쓴 듯 강 노인은 붓을 놓은 뒤 배수우를 슬며시 쳐다보았다.

"생면부지의 영감님 부자를 돕는 데는 저도 모를 뜻이 있지유. 아까 말했듯이 저는 그저 명상 중에 쫓기는 토끼 두 마리를 봤고, 그들을 구했을 뿐이지유. 영감님과 도련님이 살아남아야 하는 이유가 있는 모양이에유. 하늘만이 아는……."

노인은 주름진 입가에 소롯한 웃음을 머금었다.

한 채뿐인 노인의 때 낀 이부자리를 가로로 펴고, 잠이 든 광국을 가운데 눕힌 채 그들은 나란히 누웠다. 눈을 몇 번 껌벅이다 노인은 이내 잠들었고, 새근대는 아들의 숨소리와 노인의 가래 끓는 탁한 숨소리를 들으며 배수우는 밤새 몸을 뒤척였다.

이튿날 아침, 노인은 아침 녘에야 잠이 든 배수우가 깨지 않게 살그머니 집을 나섰다. 배수우 부인의 처지를 알아보기 위해서였다. 한낮에 이르러 그가 집으로 돌아왔을 때, 배수우 부자는 약초 냄새가 풍기는 어둡고 퀴퀴한 방 안에서 안타까운 모습으로 웅크리고 앉아 노인을 기다리고 있었다.

"마님 일은 안됐어유. 영감님이 떠나시고 열병이 더 도져 정신을 잃더니 며칠 전 숨을 거두셨대유. 마님이 지닌 패물로 주모가 관을 사서 장사를 치렀대유. 이미 떠난 분이시니 단념하시고 부자 분이 갈 길이나 가시지유. 저는 세 마리가 아닌 두 마리 토끼를 보았을 뿐이어유."

배수우를 단념시키려고 노인은 일부러 강한 어조로 말했다. 영문을 모르는 어린 광국은 눈만 동그랗게 떴고, 배수우는 그만 흑흑 흐느꼈다.

그다음 날 동틀 무렵에, 배수우는 잠이 덜 깬 광국을 데리고 노인의 집을 나섰다. 그렇게 노인의 집을 떠난 지 벌써 달포, 그들은 남으로 김해를 향해 무작정 걸었다. 집을 나설 때 챙겨 온 얼마간의 돈은 어느새 바닥났고, 그들은 거지나 다름없이 남의 집 문을 두드려 밥을 얻어먹고 잠을 잤다. 이제 배수우는 어느 정도 김해 고을에 가까이 왔다고 생각했다. 그러나 그는 지금 걷고 있는 곳이 정확히 어디쯤인지는 알 수 없었다. 마을이 보이면 배수우 부자는 그곳에 들러 얻어먹고 잠을 잤고, 사람들에게 김해로 가려면 어떻게 가느냐고 묻고 또 물었다.

이제 부자의 행색을 보고 그들이 양반 씨라는 것을 알아보는 사람은 드물었다. 그들은 추위에 얼은 시퍼런 얼굴과 더러운 옷차림을 하고 있었다. 유일하게 단 하나 발에 신은 비단신이 그들이 양반임을 나타냈지만, 그나마도 다 해져 무명천과 노끈으로 되는대로 감아 놓은 상태였다.

그들이 마을에 도착한 것은 밤이 이슥해서였다. 지칠 대로 지친 그들은 마을 어귀에 보이는 첫 번째 집의 문을 두드렸다. 한 칸짜리 오막살이 한 채가 금방 쓰러질 듯 서 있었다. 과수댁으로 보이는 젊은 여인 하나가 소복을 입은 채 문을 열었다. 하룻밤 묵어가기를 청하는 배수우의 행색을 바라본 여인은 몹시 곤란한 표정을 지었다.

"허기는 면해 드리겠습니다만, 아시다시피 방이 한 칸뿐이어서 잠을 재워 드리기는 곤란합니다. 괜찮으시다면 아이만이라도 제가 데리고 자겠으니 손님은 헛간에서 주무시지요. 날이 차서 걱정입니다만……."

배수우는 여인의 말을 거절할 처지가 아니었다. 이미 광국은 지쳐 있었고, 그 또한 한 발자국도 더는 발을 뗄 수 없을 만큼 온몸이 쑤셔 왔다.

저녁으로 식은 밥을 얻어먹은 뒤, 광국을 여인 곁에 남겨 둔 채 배수우는 거적을 덮고 헛간에 누웠다. 집 떠나서 한뎃잠을 잔 것이 한두 번이 아니었지만, 그날 밤에 배수우는 왜 그런지 자신의 처지가 더 처량하게 느껴졌다. 그는 거적을 끌어당겨 목까지 덮었는데도, 시간이 갈수록 추위를 더 느꼈다. 길가에 위치한 주막의 골방에서 세상을 떠났을 아내의 모습이 떠올랐다. 비단 치맛자락을 대청마루에 스치며 집 안을 오가던 아내의 아름답고 위엄 있던 모습도 생각났다. 그런데 어떻게 그렇게 초라하게 세상을 떠날 수 있었단 말인가. 그동안 그는 충주 고을에서 멀어지기 위해 무작정 걷기만 했다. 사실 아내를 그리워할 틈도 없었다. 그는 문득 아내가 보고 싶었다. 불과 몇 달 전까지 풍요로웠던 자신의 생활이 그리웠다. 그는 감은 눈을 떴다. 헛간의 갈라진 흙벽 틈새로 어두운 하늘이 보이고 멀리 별 하나가 반짝였다. 그는 무심히 별을 바라보았다. 바라볼수록 별이 조금씩 더 커지는 것 같았다. 그는 눈을 몇 번 깜박였다. 달덩이처럼 커다란 별이 그의 눈앞에 환히 떠 있었다. 온통 찬란한 빛이 그를 감싼 듯했다. 갑자기 그의 가슴속으로 행복이 밀려들었다. 그는 자신도 모르게 중얼거렸다.

"온 세상을 사랑한다는 야소의 기운이 이런 것인가. 더 바랄 것이 없다! 더 바랄 것이 없다!"

그는 미소를 머금은 채 눈을 스르르 감았다.

이튿날 아침, 얼어 죽은 배수우의 시신을 처음 발견한 것은 과수댁이었다. 아침을 지어 놓고 몇 번 인기척을 내보아도 반응이 없자, 그녀는 헛간으로 들어가 거적을 들추었다. 배수우는 얼굴 가득 미소를 머금은 채 숨이 끊어져 있었다. 남편을 잃은 지 얼마 지나지 않은 처지에, 낯선 남자의 죽음을 다시 본 그녀는 두려움에 목 놓아 울었다. 그녀는 광국의 손을 잡고 가서 산 너머에 사는 오라비를 불러왔다. 오라비를 시켜 추위에 굳은 땅을 파고 배수우를 묻어 주려는 것이었다.

삽질을 하며 과수댁의 오라비는 혼자 중얼거렸다.

"얼어 죽을 만한 날씨도 아니었는데…… 서방 잡아먹은 년이 낯선 남정네까지 잡아먹었구먼!"

시신을 거적에 말려다 그는 배수우의 가슴께에서 무엇인가 서걱거리는 소리를 들었다. 그는 시신의 저고리 틈새에 손을 넣었다. 이미 굳은 몸이 섬뜩할 정도로 차갑게 그의 손끝에 닿았다. 그는 배수우가 가슴에 품고 있던 강치선의 편지를 꺼냈다. 그리고 그 편지를 펼쳐 보았는데, 글을 모르는 그가 내용을 알 수는 없었다. 그는 양지에 쪼그리고 앉아 있는 광국과 과수댁을 돌아보았다. 아비의 죽음에 넋을 잃은 광국은 그저 고개를 푹 숙이고 있을 뿐이었다. 과수댁 역시 글을 모르는 처지라, 그녀는 오라비에게서 편지를 받아 저고리 소매에 넣어 두었다.

배수우를 묻고 돌아온 과수댁과 그녀의 오라버니는 광국을 산 너머 마을 부잣집에 머슴으로 보내기로 결정했다. 과수댁이나 그나 한 입 느는 것이 무서운 가난한 처지라서 광국을 아예 식구로 들이기는 역부족인 탓이었다. 해가 지기 전에 과수댁은 자신의 오라버니와 광국을 산 너머 동네로 떠나보냈다. 그들의 모습이 가물가물 보일 때서야 과수댁은 저고리 소매에 넣어 둔 편지를 떠올렸다. 그녀는 이다음에 광국에게 주어야겠다고 생각하며 장롱 깊숙이 편지를 넣어 두었다.

광국은 과수댁 오라버니가 사는 동네의 한 부잣집에 머슴으로 들어갔다. 서서히 광국의 머릿속에서는 부모와 함께 산 지난날들이 지워져 갔다. 언제 지체 높은 집안의 도련님인 시절이 있었냐는 듯, 그는 주인을 위해 열심히 일하며 건장한 청년으로 자라났다. 그렇게 서른 살이 가까웠지만, 그는 자신의 처지에 장가든다는 것은 언감생심 꿈도 못 꿀 일이라고 생각했다. 이른 새벽에 일어나 하루 종일 열심히 일하고 밤에 행랑방 한구석에 누우면, 그는 금세 깊은 잠으로 빠져 들 뿐이었다.

세월이 흐르는 동안, 한 동네에 살던 과수댁의 오라버니가 세상을 떠났다. 그의 장례를 치르러 오랜만에 산을 넘어온 과수댁도 곱던 모습이 가신 채 늙은 여인으로 변해 있었다. 이따금 과수댁이 사는 집 근처 산에 묻힌 아버지의 산소를 찾아가긴 했지만, 광국은 과수댁을 만난 적은 없었다. 동네에 사는 청년 두 사람과 함께 그녀의 오라버니가 묻힐 땅을 파고 돌아서던 광국은, 무심코 슬픔에 젖은 과수댁의 얼굴을 바라보았다. 긴가민가하는 표정으로 광국을 바라보던 과수댁도, 그가 꾸벅 절하자 그제야 알아본 듯 슬픔에 젖은 얼굴에 슬며시 웃음을 머금었다.

광국이 파 놓은 구덩이 안에 초라한 관을 묻고, 그 위에 붉은 봉분을 다졌다. 과수댁의 처량한 울음소리에 광국도 괜스레 눈물이 나 저고리 소매로 눈시울을 훔쳤다. 그런데 그때 과수댁이 갑자기 뭔가 생각난 듯 눈을 크게 뜨고 광국을 바라보았다.

"그 종이! 그 종이가 이제야 생각났어. 자네 아버지를 묻기 전에 품속에서 나온 그 종이…… 무슨 편지 같았는데……. 자네를 보니 이제서 생각나네! 언제 우리 집에 한번 들르게! 장롱 어디에 그게 있을 걸세."

광국은 고개를 갸우뚱거렸다. 그는 무슨 편지인지 궁금했다. 집을 떠나기 전에 글을 배운 적이 있지만, 그는 읽고 쓰는 것을 잊은 지 오래였다. 어렴풋이 아버지의 얼굴이 떠올랐다. 세월이 갈수록 어머니의 모습은 더 흐려졌다. 더구나 충주에서의 풍요로웠던 생활은 마치 꿈만 같이 느껴졌다. 갑자기 잊고 산 지난 일들이 떠오르자 광국은 공연히 마음이 심란했다.

그 며칠 후, 광국은 편지가 궁금해 아버지 무덤에도 가 볼 겸 과수댁을 찾아갔다. 십수 년 전에 하룻밤 묵어 갔던 과수댁의 오막살이는 그 세월 동안 더 초라하게 찌그러져 있었다. 아비가 얼어 죽은 헛간의 흙벽은, 남정네가 없어서인지 절반 이상 허물어진 상태였다. 과수댁의 집은 마치 폐가 같았다. 툇마루도 없는 집 방문턱에 걸터앉아 광국은 편지를 펴 보았다. 오랫동안 글을 잊고 살았지만 한문과 언문을 섞어 쓴 편지를 그는 금방 해독해 냈다. 강치선이란 사람이 김해 고을에 사는 동생에게 귀한 두 사람을 보내니 잘 돌봐 달라는 내용이었다. 그 두 사람은 다름 아닌 세상을 떠난 아비와 광국 자신이 아니던가.

광국에게 모든 것은 부질없게 다가왔다. 벌써 김해에 당도해 있어야 할 아버지는 이미 오래전에 죽었고, 자신은 머슴으로 길들여져 있지 않은가. 이제 와서 새삼스레 김해에서 의원을 한다는 강 주부란 사람을 찾아가는 것도 우스운 일이라고 생각했다. 그는 잠자코 편지를 접어 소매 안에 넣고 산을 터벅터벅 넘어 집으로 돌아왔다. 그리고 그는 해가 질 때까지 쌀가마를 나르고, 마당을 쓸고, 쇠죽을 쑤고 나서야 저녁밥으로 꽁보리 고봉밥을 먹고 행랑채 구석에 누웠다. 온몸이 나른한 것이 잠이 솔솔 몰려왔다. 광국은 이대로가 편하다고 생각했다. 그는 마치 머슴으로 살기 위해 세상에 태어난 것처럼 열심히 일했고, 밤에 잠자리에 누우면 노곤한 평화에 젖어 들었다. 그는 손을 이불 밑에 살며시 넣어 편지를 만졌다. 도령복을 입고 서당에서 글을 읽던 자신의 어린 시절이 어렴풋이 떠올랐다. 궁궐 같은 기와집, 고운 어머니, 그리고 아버지……. 그는 몸을 뒤척였다. 아주 깊은 괴로움 하나가 갑자기 자신의 가슴으로 뛰어든 것 같았다. 그는 몸을 돌려 벽을 향해 누우며 신음을 가만히 내뱉었다.

과수댁에게서 편지를 전해 받고 나서도 광국은 두 해나 더 머슴 노릇을 했다. 그는 묵묵히 일하고 있는 것처럼 보였다. 그러나 그는 밤마다 이불 밑에 넣어 놓은 편지를 만지작거리며 조금씩 변하고 있었다. 어쩌다 사랑채에 들어가게 되면, 그는 주인마님이 읽고 있는 책을 슬며시 넘겨다보았다. 그는 자신의 마음 한구석에서 학문에 대한 욕구가 물방울처럼 조금씩 피어오르는 것을 느꼈다. 그렇게 두 해가 지났을 때, 광국은 드디어 김해 고을의 강 주부를 찾아가기로 결심했다. 김해로 가는 그의 얼굴에는 희망이 어려 있었다.

2

김해 동상 마을

약첩을 지으며 강 주부는 약재를 써느라 묵묵히 작두질만 하는 광국을 바라보았다. 작두날에 곧게 내리꽂은 눈길과 허리를 펴고 반듯하게 앉은 모습이 영락없는 귀골이었다. 강 주부는 광국이 처음 자신을 찾아왔을 때 적이 당황했다. 그의 형 강치선은 벌써 십여 년 전에 세상을 떠났기 때문이다. 죽은 형님의 필적을 알아보고 나서야 강 주부는 배씨 부자의 자초지종을 짐작했다. 그는 광국을 집안에 들이고 조금씩 약방 일을 거들게 했다. 약초 이름과 다루는 법을 알려 주었고 차츰 침술도 가르쳤다. 무엇이든 배우는 일에 광국은 열심이었다. 어릴 때 중단했던 글공부에도 열심이었고, 그는 사서삼경도 틈틈이 익혔다.

벌써 광국의 나이는 마흔일곱 살이었다. 강 주부가 혼인을 몇 번 권했으나, 그는 웬일인지 관심을 보이지 않았다. 하긴 양반 핏줄을 갖고 있으니 아무 여자와 맺어 줄 수도 없는 일이었다. 사실 강 주부는 원래 상놈 신분이었다. 어린 시절, 형 강치선과 함께 의원 댁에 심부름하는 아이로 들어갔던 것이 의술을 배우는 계기를 마련해 주었다. 먼 산을 바라보며 생각에 잠기기 좋아한 형과 달리, 강 주부는 영민하고 약삭빠른 데가 있었다. 그는 어깨너머로 익힌 의술을 인정받아 주인의 중매로 풍족한 중인 집안의 여자를 만나 혼인했다. 그가 굳이 김해에 자리 잡은 것은 처가의 연고지가 이곳인 까닭이었다. 그는 의원으로서 성공하여 재물을 얻었으나 슬하에 자식이 없었다. 거기에다 방랑객처럼 산중을 떠돌며 약초나 캐다 죽어 간 형 강치선 때문에, 그는 가끔 가슴에 가시가 박힌 듯한 아픔을 느꼈다. 강치선은 높은 신분의 여자와 결혼한 동생을 일부러 멀리하고 살았다. 혹시라도 강 주부에게 해를 끼칠까 봐 김해 고을에는 얼씬도 않던 형님이 돌봐 달라고 부탁한 광국이기에, 그는 기꺼이 맞아들였다. 그리고 그는 이제 광국에게 가정을 꾸려 주고 싶었다.

"자네 정말 혼인할 생각이 없는가? 학문도 의술도 이만하면 되었네. 더 늦기 전에 자손을 보아야지. 그래야 돌아가신 선친께 할 바를 하는 것이 아니겠는가?"

강 주부는 짐짓 야단치듯 약간 목소리를 높여 말했다. 그래야 도 닦듯 작두질에만 여념 없는 광국의 귀에 자신의 말이 꽂힐 것 같았다. 광국이 작두질을 스르르 멈췄다. 그러나 그의 눈길은 여전히 작두날을 향하고 있었다. 장지문 사이로 스며드는 아침 햇살이 광국의 우뚝한 콧날 위에 어스름히 내려앉았다.

"건넛마을에 참한 여자가 하나 있다네. 나이 어린 처녀라면 더 좋겠지만, 자네 나이도 있고……. 내 처가의 먼 친척뻘 되는 사람이라고 하네. 인물이 없어 혼기를 놓쳤지만 마음도 착하고 손끝도 야무져, 그야말로 인물 없는 것 빼면 나무랄 데가 없다고 하는데……. 어떤가?"

작두날에 꽂혀 있던 광국의 눈길이 햇빛이 스며드는 장지문으로 옮겨 갔다. 잠시 묵묵히 있던 그가 한숨을 가만히 머금었다.

"아무리 그래도 그렇지 저같이 나이 많은 사람에게 시집을 오려고나 하겠습니까? 거기에다 고아나 다름없는 제 처지에……."

"무슨 소린가? 고아나 다름없다니? 자네에겐 내가 있지 않은가? 내가 자식이 없으니 의술을 물려받을 사람이 없네. 결국 이 의원은 자네가 맡아야 할 게 아닌가? 그리고 자네, 나이 많은 것을 부끄러워할 것도 없네. 그쪽도 서른 살이나 먹었다네."

잠시 화내듯 목소리를 높이던 강 주부는 달래는 투로 말했다. 장지문을 바라보던 광국의 눈길이 다시 작두날에 꽂혔다.

"어르신 뜻이라면 그렇게 하겠습니다. 알아서 해 주십시오."

"멀찌감치 서서 선이라도 한번 보지 않겠나?"

"아닙니다. 어차피 제 사람이 될 인연이라면 미리 살필 게 있겠습니까? 어르신께서 어련히 아셔서 하시는 일이라고요."

"알았네! 알았어! 그럼 내가 집사람과 의논해 일을 서두름세."

강 주부는 공연히 기분이 들떠 웃음을 머금었다. 그러나 광국은 묵묵히 하던 작두질을 계속할 뿐이었다.

혼인 이야기가 있고 두 달이 지났을 때, 광국은 초례청에서 아내 정씨를 처음 보았다. 사모관대를 쓴 중년의 광국도 어색했지만, 족두리를 쓴 정 씨도 어지간히 나이티가 났다. 거기에다 듣던 대로 인물이 박색인 탓에 연지 곤지를 찍어 단장을 했어도 예쁜 곳이 없었다. 한숨을 가만히 내쉬며 그는 머릿속으로 어렴풋이 오래전에 세상을 떠난 어머니의 모습을 떠올렸다. 그의 기억 속에 있는 어머니는 몹시 아름다운 여인이었다. 그는 사실 할 수만 있다면 어머니처럼 아름다운 여인을 아내로 맞고 싶었다. 그러나 언감생심 꿈이나 꿀 일이던가.

그날 밤 손님들이 권한 술잔에 거나하게 취한 광국은 열한 시가 지나서야 신방에 들었다. 가물거리는 호롱불을 등지고 앉아 정 씨는 그를 기다리고 있었다. 광국이 다가앉는 기미가 보이자, 그녀는 자신도 모르게 앞섶을 여몄다.

"이봐요, 부인! 어차피 우린 늦게 만난 인연이요. 남들처럼 제 나이에 가정을 꾸리진 못했지만, 우리 서로 위로하면서 한번 살아 봅시다."

정 씨의 목 언저리에 닿은 광국의 숨결에서 술 냄새가 풍겼다. 그녀는 어깨를 움츠리며 더 깊게 앞섶을 여몄다.

광국은 여자를 몰랐다. 그러나 정 씨에게서 풍기는 향긋한 냄새에 마음이 동하여 거침없이 아내를 안았다. 얼굴은 못났을지언정 그녀에게는 여인다운 향기로움이 있었다. 그날 밤, 광국은 어머니처럼 아름다운 여인을 아내로 맞고 싶던 자신의 꿈을 버렸다.

혼인하고 만 두 해가 지난 경자년(1840년) 음력 8월, 만삭이 된 정 씨가 진통을 시작했다. 새벽에 시작된 진통이 하루 종일 계속됐는데도 아이는 쉽게 나올 기미를 보이지 않았다. 아픔을 참느라 안간힘을 쓰는 정 씨의 신음 소리만이 닫힌 장지문을 통해 이따금 마당으로 흘러나올 뿐이었다.

장지문 밖에서 서성이다 광국은 초조함을 참지 못하고 그만 마당을 가로질러 약방 안으로 들어섰다. 약서랍을 뒤적이던 강 주부가 풀이 죽은 채 들어서는 광국을 바라보았다.

"아직도 소식이 없는가?"

"예!"

광국은 썰다만 약재 앞에 털썩 주저앉았다.

"귀한 자식일수록 힘들게 태어나는 법이라네. 그래도 배수우 어른의 손주가 아닌가? 객사할 수밖에 없었던 그 어른의 뜻을 이어받을 아이가 태어날 걸세."

강주부의 덕담에 광국은 그저 짧은 웃음을 머금었다. 생각하면 사람이 나고 죽는 것이 마음대로 되지 않는 것 같았다. 그는 서로 다른 곳에서 객사한 부모를 생각하며 쓴 웃음을 지었다. 사람의 운명이 무엇에 따라서 움직이고 있는지…… 짧은 순간 그의 머릿속에서 지난 일들이 한꺼번에 스쳤다. 그는 태어날 아이만은 풍파 없이 살아야 한다고 소망했다.

광국이 마음을 가라앉히고 다시 약재를 썰기 시작했을 때 안채에서 기별이 왔다. 사내아이를 낳았다는 것이다. 광국은 자신도 모르게 마당으로 달려 나갔다. 장지문 안에서 갓난아이의 울음소리가 들렸다. 그는 무심히 하늘을 올려다보았다. 붉은 해가 서산마루에 걸린 채 마당을 곱게 물들이고 있었다. 그의 눈에서 눈물이 주르르 흘러내렸다. 어느새 광국의 나이는 마흔아홉 살이었다. 그는 늦게나마 아들을 보게 해 준 하늘이 고마웠다. 눈물에 젖은 그의 얼굴 위로 붉은 석양이 타는 듯 내려앉았다.

한동안 힘차게 울어 대던 갓난아이의 울음소리가 조금 잦아들었을 때, 장지문이 열리더니 산파 할머니가 아기를 씻기고 난 놋대야를 들고 나왔다. 석양이 진 하늘빛만큼이나 불그레한 물이 대야 안에서 출렁거렸다.

"아들이오, 아들! 늦장가 든 덕을 톡톡히 보았다카이!"

노파는 물 대야가 무거운지 뒤뚱거리는 걸음으로 수챗구멍이 있는 곳으로 걸어갔다.

그는 방으로 들어가 아들과 첫 상면을 했다. 강보에 싸인 어린것은 새근새근 잠들어 있었다. 광국은 벅차오르는 가슴으로 아내를 바라보았다. 산고로 얼굴이 핼쑥해진 정 씨가 광국을 보며 수줍은 미소를 지었다. 처음으로 광국은 아내가 아름답다고 생각했다. 혼절할 듯한 고통을 이겨 내고 한 생명을 탄생시킨 아내에게서 말간 빛살이 번져 나오는 것만 같았다. 광국은 아이를 품에 가만히 안았다. 한 줌밖에 되지 않는 작은 생명이 그의 품 안에서 숨 쉬고 있었다. 그는 아이를 안은 채 하늘을 향해 기구했다.

'하늘님! 이 생명에게는 고통을 주지 마소서! 아비와 내가 집 떠나 겪을 수밖에 없었던 고통들을 내게서 끝나게 해 주소서! 내 아들에게는 복되고 복된 인생을 주소서!'

그의 눈가로 아스름히 물기가 새어 나왔다. 그는 아이를 아내 옆에 눕히고 방을 나왔다. 마당을 가로질러 약방으로 가려는데 열린 대문 사이로 금줄이 걸린 것이 보였다. 느슨하게 걸린 새끼줄 사이에 붉은 고추가 끼워져 있었다. 그는 미소를 가만히 머금었다.

약방 안에 들어서자 강 주부가 지필묵을 꺼내 놓고 생각에 잠겨 있었다.

"지금 자네 아들의 이름을 생각 중이라네. 배수우 어른이 계시다면 당연히 귀한 손자의 이름을 손수 지으셨겠지만, 내가 대신해도 되겠는가?"

그렇게 묻긴 했어도 그는 당연히 자신이 이름을 지어야 한다는 표정이었다. 광국은 얼른 머리를 조아려 보였다.

"당연히 어르신께서 작명하셔야지요. 생각해 둔 이름이라도 있으십니까?"

강 주부는 대답 대신 붓을 들어 써 내려가기 시작했다.

"중시조 32대손, 달성 배씨 27대손, 영업(永業)! 어떤가? 자네 맘에 드는가?"

"예! 좋은 이름입니다."

광국은 환한 웃음을 머금었다. 그러자 강 주부는 붓을 놓고 아직 먹물이 마르지 않은 화선지를 그에게 건넸다.

영업은 풍족하게 넘치는 어미의 젖을 힘차게 빨며 하루가 다르게 자라났다. 일곱이레가 되기도 전에 통통하게 젖살이 오른 아기는 사람을 알아보고 미소를 지었다. 처음으로 광국은 자신이 행복하다고 느꼈다.

그는 전보다 더 열심히 약방 일을 거들었다. 강 주부의 은혜를 갚으려면 자신의 몸이 부서지도록 일을 해도 모자랄 것 같았다. 전에는 주로 약방 안에서 약재를 썰어 말리고 약을 짓는 것을 도왔지만, 이제 그는 침통을 들고 근처에 있는 환자의 집에 왕진 가는 일을 자청하고 나섰다. 요즘 들어 부쩍 늙은 강 주부가 염려스러웠기 때문이다. 건강 체질이긴 했지만, 어느새 강 주부는 일흔 살에 가까운 나이였다.

광국이 왕진을 가는 일이 잦아지자, 강 주부는 농담처럼 한마디 흘려 말했다.

"우리 영업이를 얼른 키워 아비 대신 내 곁에 있게 해야겠구먼!"

침통을 들고 들어서던 광국은 강 주부의 얼굴에 배시시 번지는 웃음을 바라보았다.

"그 아이가 자랄 때까지 약방 일을 도울 사람을 하나 두어야겠어."

이번엔 강 주부가 정색을 하고 말했다.

"생각하시는 사람이라도 있으십니까?"

광국은 강 주부 곁에 슬그머니 앉으며 물었다.

"딱히 생각하는 사람이 있는 것은 아니네만……."

말끝을 맺지 않는 강 주부를 바라보던 광국은 영업이 자라 약방 일을 거드는 모습을 상상해 보았다. 그의 얼굴에 저절로 흐뭇한 웃음이 머금어졌다.

그날 밤, 영업을 가운데 눕히고 정 씨와 나란히 누운 광국이 무심히 말을 꺼냈다.

"어른께서 약방 일을 도울 사람이 있으면 하시던데……. 우리 영업이가 클 때까지 말이오. 우리 아이를 아주 의원으로 키우실 모양이오."

그는 새근새근 잠든 아들을 내려다보았다. 이제 겨우 걸음마를 시작한 아이는 세상모르고 잠들어 있었다. 번듯한 이마와 기름한 얼굴, 아이치고는 오뚝하게 솟은 콧날과 소담한 귓불까지 영업은 광국을 빼다 박은 듯 닮아 있었다.

"우리 영업이를 의원으로 키우신다고요? 고마운 일입니더. 그런데 약방 일을 도울 사람을 찾으신다면, 제 오라버니가 어떻겠습니꺼?"

26

그는 아내의 말에 농사일에 영 취미가 없어 객지로 떠돌다 얼마 전에 집으로 돌아왔다는 처남 삼걸을 떠올렸다.

"삼걸 형님을? 생각하니 그도 괜찮을 것 같구려. 내 어른께 말해 보겠소."

사실 삼걸은 겨우 정 씨보다 두 살 위니까, 광국보다 열다섯 살이나 아래인 셈이었다. 그래도 아내 정 씨와의 연관성을 따져 그는 삼걸을 꼭 형님이라 불렀다.

광국이 강 주부에게 삼걸의 이야기를 꺼낸 뒤, 얼마 지나지 않아 그가 나타났다. 서른다섯 살이나 먹도록 적잖게 객지를 떠돈 삼걸은, 김해 고을 바닷가에서 얼굴이 그은 여느 농사꾼과는 뭔가 다른 분위기를 풍겼다. 젊은 나이에 세상 구경한 사람답게 그의 눈에는 야심의 기운이 어려 있었다. 삼걸은 따지고 보면 강 주부의 아내와 자신이 먼 친척이니, 의원을 이어받는 것은 광국보다 자신이 먼저라고 생각했다. 삼걸은 제아무리 광국이 오랫동안 의술을 익혔다 해도 왕진으로 밖으로 나돌기 시작한 몸이라 여겼다. 삼걸은 약방 안에서 일할 자신이 광국보다 훨씬 유리하다고 생각했다. 그래서 그 딴에는 강 주부의 의술을 열심히 배워 보리라 마음먹고 있었다.

삼걸이 약방 안에서 들썩이는 방랑기를 억지로 누르며 약재를 써는 동안 영업은 무럭무럭 자라났다. 만 여섯 살이 된 영업은 이따금 어깨 너머로 배운 글자를 읽어 어른들을 놀라게 했다. 날이 갈수록 영특해지는 아이를 바라보며 삼걸은 슬며시 불안해지기 시작했다. 세월이 오 년이나 지났지만, 강 주부는 삼걸에게 허드렛일만 시킬 뿐 약 짓는 것을 가르치지 않았다. 강 주부는 삼걸의 눈을 바라볼 때마다 뭔가 어두운 기운이 어른거리는 것을 느꼈다. 평생을 인술로 보낸 그는 사람을 알아보는 데도 정통했다. 삼걸의 맑지 못한 눈빛과 조신하지 못한 태도를 보며 강 주부는 혼자 혀를 찼던 적이 한두 번이 아니었다. 맑은 마음 없이 의술만 익힌다고 사람의 생명을 구할 수 있는 것이 아니었다. 그는 삼걸의 몸에 가득한 화기를 감지하고, 일부러 그에게 허드렛일만을 시켜 왔다. 어떻게든 영업이 열 살이 될 때까지 붙잡아 두어야겠다고 생각했는데, 어쩌면 그전에 삼걸이 먼저 방랑기를 못 이겨 뛰어 나갈지도 모를 일이었다.

그렇게 강 주부가 삼걸을 붙들고 있는 사이, 광국은 마음 놓고 왕진을 다녔다. 인근에 그의 침술과 정확한 진맥이 소문난지라, 제법 먼 곳에서도 그를 부르러 오는 일이 잦았다. 먼 길을 가야 할 때면 그는 사나흘씩 집을 비우기도 했고, 환자가 위중하면 한 열흘씩 머물다 오기도 했다.

영업이 일곱 살이 되던 그해 봄, 광국은 위중한 환자가 있다는 기별을 받고 먼 길을 떠났다. 그를 부르러 온 늙은이를 따라 김해 고을을 벗어나 걷던 그는 왠지 그 길이 낯익었다. 아침나절에 길 떠나 늙은이를 따라 당도한 곳은 뜻밖에도 사십여 년 전, 그가 하룻밤을 머물렀던 과수댁의 집이 있던 자리였다. 그의 아버지 배수우가 세상을 떠난 곳이기도 했다. 세월을 못 이겨 금방 허물어질 것 같던 오막살이는 헐렸는지, 그곳에는 얼마 전에 지은 듯한 초가집 한 채가 반듯이 서 있었다. 아비가 숨 거둔 헛간 자리에 외양간이 들어섰고, 그곳에 누런 황소 한 마리가 매어 있는 것이 보였다. 광국은 그제야 아버지의 무덤을 제대로 찾지 않은 것을 생각했다. 강 주부의 집에서 더부살이하는 터에, 먼 길을 떠나 아비의 무덤에 다녀오겠다는 말이 나오지 않았던 것이다. 더욱이 그는 아픈 기억을 되씹고 싶지 않은 마음도 컸다. 그는 문득 눈시울을 붉혔다.

새로 집이 지어진 것을 보면, 과수댁이 이곳에 살고 있을 리 만무했다. 그는 방 안으로 천천히 들어섰다. 호롱불조차 켜지지 않은 방 안은 해지기 시작한 바깥보다 훨씬 어두웠다. 늙은이는 서둘러 호롱불을 밝히고 아랫목에 신음하고 누운 노파에게 다가갔다.

"임자! 의원을 모시고 왔소! 눈 좀 떠 보구려!"

늙은이의 말에 노파가 힘겹게 눈까풀을 들어 올렸다. 주름이 자글거리는 눈가에 눈물이 맺혀 있었다. 갸름한 얼굴과 얄프리한 입매를 바라보던 광국은 그녀가 과수댁이라는 것을 곧 알아차렸다. 과수댁은 심한 열에 얼굴이 벌겋게 달아오른 채 정신이 혼미한 상태였다. 침을 꽂는 광국의 손이 파르르 떨렸다.

"언제부터 앓아누우셨습니까?"

광국은 윗목에 앉은 늙은이를 돌아다보았다.

"한 열흘 되는가 봅니더!"

"열흘씩이나? 왜 저를 좀더 일찍 부르시지 않고요?"

광국의 말에 늙은이는 쩍쩍 입맛만 다셨다.

"처음엔 그냥 고뿔인 줄 알았십니더. 그런데 어젯밤부터 이 사람이 정신을 놓는 것 같기에, 내 밤새워 의원을 모시러 안 갔습니꺼?"

"제가 보기에는 역질 같은데요. 이 동네에 열병을 앓은 사람이 또 있습니까?"

"그건 모립니더. 우리 집은 워낙 외따로 떨어져 있어서요."

눈이 동그래지는 늙은이를 바라보며 광국은 고개를 떨어뜨렸다.

"환자가 사용한 그릇이나 숟가락, 수건 같은 걸 모두 삶아서 쓰세요. 영감님도 조심하셔야 합니다."

광국의 말에 늙은이가 무심결에 앉은걸음으로 한 걸음 물러났다. 광국은 그를 바라보며 쓴웃음을 가만히 머금었다.

"이 아주머니는 제가 아는 사람입니다. 오래전에는 혼자 사셨는데……."

늙은이가 다시 한 번 눈을 동그랗게 떴다.

"그걸 우째 압니꺼?"

"오래전 일입니다. 한 사십 년 넘었으니까요. 이 집에서 하룻밤을 묵어간 적이 있었습니다. 그때는 몹시 낡은 오막살이였습니다만……. 그날 밤 헛간에서 주무시던 제 아버지가 얼어 죽으셨지요. 뒷산 언덕을 몇 개 넘으면 제 선친의 무덤이 있습니다. 오랫동안 찾아뵙지 못했지요."

"그 무덤 말입니꺼! 하모! 내 그 무덤을 압니더. 이 사람이 그럽디다. 오래전에 객이 한 사람 묵어갔는데, 방이 없어 얼어 죽이고 말았다고요."

늙은이의 목소리를 들었는지 과수댁이 약간 정신이 돌아온 듯 다 타 버린 입술을 실룩이며 광국을 바라봤다. 광국은 볼품없이 쪼그라진 과수댁의 얼굴을 물끄러미 내려다보았다. 그는 새삼 인생무상을 느꼈다. 그가 떠나고 나서 과수댁은 늙은이와 재혼한 것 같았다. 그의 짐작을 확인이라도 해 주려는 듯 늙은이의 목소리가 등 뒤에서 들려왔다.

"내는 상처했는데, 이 사람을 후처로 맞았지요. 한 십오 년 됩니더!"

광국은 뒤돌아보는 대신 고개를 가만히 끄덕거렸다.

아침부터 먼 길을 달려온 광국은 피곤함도 잊은 채 밤새워 과수댁을 간호했다. 어느새 늙은이는 윗목에서 코를 골며 곯아떨어졌고, 밤새 과수댁은 열에 시달리며 신음했다. 몇 번인가 눈뜨고 광국을 알아보는 듯했지만, 그녀는 까칠한 입술을 소리 없이 달싹여 보일 뿐이었다. 광국은 그녀가 얼마 견디지 못하고 숨을 거두리라는 것을 알았다. 그러나 그는 쉽게 그곳을 떠나지 못했다. 과수댁이 숨을 거둘 때까지, 그는 사흘을 그 집에서 묵었다. 그리고 그들은 초라하게 쪼그라든 과수댁의 시신을 무명천에 칭칭 감아 뒷산으로 옮겼다. 역질에 걸려 죽었으니 사람들을 불러 초상을 치를 일이 아니라며, 늙은이는 장정 몇 사람만을 불러 무덤을 파게 시켰다. 과수댁의 무덤 자리에서 비스듬히 떨어진 곳에 무덤 하나가 보였다. 광국은 어림잡아 그것이 아버지 배수우의 무덤이라는 것을 짐작했다. 그의 가슴 한구석이 쓰리듯 아팠다. 어렴풋이 아버지의 모습이 떠올랐다. 뻣뻣하게 굳은 시신을 거적에 말아 언 땅에 묻은 오래전의 기억이 광국의 머릿속을 아슴아슴 스쳐 지나갔다.

30

풀린 봄기운에 보드라워진 흙은 장정들의 삽질에 쉽게 파였다. 그들은 무명천에 감긴 과수댁의 조그만 시신을 구덩이에 묻었다. 흙구덩이에서 아지랑이가 희미하게 피어올랐다. 과수댁의 벌건 봉분에 두 번 절하고 나서, 광국은 가만히 아비의 무덤으로 건너갔다. 그는 정성스레 절한 후 무덤 앞에 무릎을 꿇고 앉았다. 오랫동안 돌본 이가 없었는데도 생각보다 잘 가꾸어진 것이 과수댁이 자주 들린 것 같았다.

"아……버……지!"

광국은 나지막이 아버지를 불러 보았다. 그런데 이상하게 그 순간 머릿속에 떠오른 것은 광국에게 매달리는 영업의 귀여운 모습이었다. 아버지…… 아버지……. 해맑은 영업의 얼굴 위에 거지나 다름없이 추위 속을 헤매던 자신의 어린 모습이 겹쳤다. 그는 흑흑 흐느끼기 시작했다.

"아버지! 아버지!"

이제 광국도 나이 오십 중반에 이른 중늙은이였다. 그러나 그는 어린아이처럼 목 놓아 아버지를 부르며 해질 때까지 그곳에 앉아 있었다.

과수댁의 시신이 치워진 방에서 늙은이와 하룻밤을 더 묵은 광국은 이튿날 아침 일찍 집으로 돌아가기 위해 길을 나섰다. 왕진을 위해 며칠씩 집을 비운 일이 한두 번이 아니건만, 그는 아들 영업이 부쩍 보고 싶어 걸음을 빨리했다. 그러나 광국은 과수댁을 간호하는 동안 잠을 제대로 못 잔 터라 온몸이 노곤했다. 아무리 걸음을 빨리해도 왜 그런지 발걸음은 무거웠다. 그는 나른하게 하품을 머금으며 타박타박 길을 걸었다.

밤이 이슥해서야, 광국은 겨우 집에 도착했다. 강 주부는 신열에 들뜬 광국을 보자마자, 이미 그에게 역질이 옮았음을 알아차렸다. 강 주부는 서둘러 광국을 골방에 격리했고, 특히 나이 어린 영업은 얼씬도 못하도록 했다. 강 주부가 정성을 다해 탕제를 달여 먹이고 애써 보았지만, 광국의 병세는 깊어 갔다. 골방에 누워 광국은 자신의 정신이 점점 혼미해지는 것을 느꼈다. 어린 영업의 얼굴이 자신의 눈앞에서 어른거리는 듯했다. 그러나 다시 보면 자신의 어린 시절의 모습 같기도 했다. 비단 치마저고리에 곱게 단장한 어머니도 보였다. 영업 같기도 하고 자신 같기도 한 어린아이 하나가 어머니의 치맛자락을 따라 어디론가 가고 있었다. 어머니의 치맛자락에서 향기로운 냄새가 한 줄기 풍겼다.

"어머니! 어머니! 천천히 가요!"

그가 안타깝게 외치는데 뒤돌아다보는 여인은 어머니가 아니고 자신의 아내 정 씨였다.

"정신 차리시소! 이래 앓아누우시면, 저는 어쩌라고요?"

광국은 흐린 시야로 무명천으로 입 언저리를 동여맨 정 씨가 미음 그릇을 들고 앉아 있는 것을 보았다.

"강 주부 어른이 당신이 역질에 걸렸다고 어린 영업이를 생각해서 그냥 들어가면 안 된다 케서, 이리 흉하게 얼굴을 싸매고 왔십니더! 용서하시소!"

정 씨는 눈물을 뚝 떨어뜨렸다. 광국은 뭔가 말하고 싶어 입을 달싹였으나 타는 듯 말라붙은 입술이 마음대로 움직이지 않았다. 그는 영업에게 할아버지 배수우의 무덤이 있는 곳을 알려 주어야 한다고 생각했다. 그러나 아무리 입술을 움직여도 한마디도 말이 되어 나오질 않았다.

그렇게 보름간 열에 시달리다 광국은, 영업이 새근새근 잠든 깊은 밤에 홀로 숨을 거두었다. 강 주부는 정 씨에게서 통곡 소리가 흘러 나오기도 전에 시신을 치우고 광국이 누웠던 골방의 아궁이에 불을 지폈다. 그는 방구들을 덥히고 뜨거운 연기로 방 안을 그을어 소독했다.

광국을 땅에 묻고 나서야 정 씨는 통곡했다. 영문을 모르는 어린 영업은 어미를 따라 울 뿐, 아비가 간 곳을 알지 못했다.

약방 안에 앉은 강 주부의 귓가로 정 씨와 영업의 울음소리가 가느다랗게 들려왔다. 강 주부는 한숨을 가만히 토했다. 요즘 들어 그는 부쩍 쇠약해진 자신의 기력을 느꼈다. 그는 광국을 살리려 안간힘 쓴 지난 보름 동안에 더 기운이 없어진 것 같았다. 이십여 년 전 불쑥 그를 찾아와 지금까지 자식이나 다름없이 정 붙여 살아 온 광국이 아니던가. 그런 인연이 끝나 버린 것에 그는 가슴이 무너져 내리는 듯했다. 그래도 광국이 남긴 영업이 있었다. 아직 어리긴 해도 그 영특함을 생각하면 훗날 훌륭한 의원이 되고도 남을 것 같았다. 강 주부는 어떻게든 영업을 잘 키우는 일만이 자신이 할 바인 것 같았다.

그가 홀로 앉아 있는 약방의 장지문으로 붉은 석양이 비춰 와, 주인 없이 멈춰 선 작두날 위에 머물렀다. 강 주부는 언뜻 자신 앞에 젊은 광국이 앉아 있는 듯한 환상에 가슴이 뻐근히 아팠다.

3

새 스승과 한글

1849년 이른 봄, 목침에 기대어 반쯤 누운 강 주부는 한 치의 흔들림 없이 의서를 읽고 있는 영업을 바라보았다. 그렇게 광국이 세상을 떠난 지 벌써 삼 년이 흘렀다. 어느새 영업의 나이는 열 살이었다. 일년 전부터 강 주부는 영업을 약방으로 불러들여 조금씩 글을 가르쳤다. 그러나 원래 중인 계급도 못 되는 그는 어깨너머로 익힌 자신의 학문으로 영업을 가르치는 것이 염려스러웠다. 그는 어떻게든 영업의 영특함을 빛낼 수 있도록 새 스승을 알아보는 중이었다. 벌써 그는 일흔다섯 살이었다. 그는 부쩍 해소가 심하게 끓는데다 오랫동안 앉아 있는 것도 힘겨웠다. 두어 번 밭은기침을 내뱉던 강 주부는 넌지시 영업에게 물었다.

"그래 지금 무슨 책을 읽고 있느냐?"

책에서 눈을 떼지 않은 채 영업은 잠깐 머리를 조아렸다.

"예! 동의보감 중 구급방을 읽고 있습니더."

강 주부는 대답하는 아이의 태도가 하도 신통하여 싱긋이 웃음을 머금었다.

34

"그중에 어떤 내용을 마음에 새기고 있느냐?"

이번에는 책에서 눈을 뗀 채 영업이 강 주부를 가만히 바라보며 머리를 조아렸다.

"풍에는 침술에 맞는 섭생을 따라야 한다는 대목을 익히고 있습니더."

"풍에는 섭생만 따른다고 하더냐?"

"아닙니더. 모든 병에는 섭생과 행동거지까지도 좌우된다고 알고 있습니더."

"사람마다 그 처방이 같다고 하더냐?"

"아닙니더. 사람마다 태어난 생과 시와 기에 따라 처방이 다르다고 합니더."

강 주부는 다시 한 번 싱긋 웃음을 머금었다.

"그래! 잘 새겨 두어라. 이 세상에 사람 목숨만큼 소중한 것은 없다. 아무리 의술이 뛰어나도 인명에 대한 경외심이 없으면, 의원 노릇을 제대로 할 수 없느니라. 알았느냐?"

"예!"

영업이 다시 머리를 조아렸다.

"인명에 대한 경외심이 무엇인 줄 알고 대답하느냐?"

강 주부가 목침에 기댄 몸을 일으키며 다시 물었다. 그리고 그는 아까보다 좀 길게 밭은기침을 했다. 영업이 걱정스러운 듯 강 주부를 물끄러미 건너다보았다.

"인간의 생명은 하늘에서 온 것입니더. 그러므로 누구도 함부로 범할 수 없습니더. 인간의 생명을 소홀히 여기는 것은, 곧 하늘을 소홀히 여기는 것입니더. 또 인간의 생명을 경외하는 것은, 곧 하늘을 경외하는 것입니더."

또박또박 대답하는 영업을 바라보던 강 주부의 얼굴에 환한 미소가 어렸다.

"그래! 평생 가슴속에 잘 새겨 두어라. 그런데 네가 읽고 있는 동의보감을 누가 썼는지 아느냐?"

강 주부의 또 다른 물음에 영업은 대답에 앞서 침부터 꿀꺽 삼켰다.

"예! 허준이라는 어른입니더. 그 어른은 양반 후예인데 서출인 탓에 의원이 되었습니더."

"그래! 바로 알고 있구나! 너도 양반의 핏줄인데, 우여곡절 끝에 의원 공부를 하고 있으니 그 어른만 한 명의가 되어라! 알았느냐?"

"예!"

영업은 대답하고 다시 책을 읽기 시작했다. 강 주부는 천천히 목침에 몸을 기대었다. 생각하면 자신 같은 상놈 계급이 의원이 된 경우도 있지만, 허준 선생이나 영업처럼 양반 출신인데도 중인 계급의 의원이 된 사람도 있었다. 그는 새삼 신분 차별에 대해 생각해 보았다. 신분이 뭐라고 평생 인연을 끊고 산 형 강치선이 떠올랐다. 이제 강 주부 역시 형 강치선을 따라갈 날이 머지않은 듯했다. 그는 똑같이 한 번 나고 죽는 목숨인데, 양반 상놈 찾는 것이 부질없다고 생각했다. 그는 삼 년 전 광국을 저세상에 보냈고, 한 해 전에는 아내를 잃었다. 이제 그는 몹시 외로웠다. 그동안 애써 의원으로 쌓아 올린 명성과 넉넉한 재물이 다 허무했다. 그는 지금 자신의 삶을 지탱하게 만드는 것이 있다면, 그것은 나날이 영특해지는 영업뿐이라고 생각했다. 그는 영업의 새 스승을 구할 궁리를 하다 문득 충주 고을을 떠올렸다. 충주라면 영업에게 아비의 고향이니, 그는 이왕이면 그곳에서 영업의 새 스승을 구해 봐야겠다고 생각했다. 영업에게 학문과 의술을 같이 가르칠 사람을 구하려면, 아무래도 그가 어린 시절에 심부름꾼으로 있던 의원 집안으로 기별을 넣어야 할 것 같았다. 그는 혹 자신이 얼마 후 죽으면, 아예 영업이 어른이 될 때까지 의원을 대신 맡아 줄 사람이 좋으리라 여겼다. 생각이 이쯤에 이르자, 강 주부는 갑자기 힘이 솟았다.

충주에 기별을 넣은 지 여섯 달쯤 지난 그해 가을, 선비 한 명이 강 주부를 찾아왔다. 단아한 생김새에 마흔 살이 넘어 보이는 선비였다. 약방 안으로 선비를 안내하던 삼걸은 강 주부의 속을 알 수 없어 선비를 찬찬히 훑어보았다. 갓과 도포를 갖춘 모습이 영락없이 양반 행색이었다. 약방 안으로 들어가는 선비를 보면서 삼걸은 마당 멍석 위에 펴 말린 약재를 소쿠리에 주워 담았다. 약재를 쓰는 척하며 강 주부와 선비가 나누는 이야기를 듣기 위해서였다. 벌써 강 주부의 의원에 들어온 지 여덟 해가 지났지만, 그는 여전히 약재 쓰는 일과 행랑아범처럼 집안의 허드렛일만 했다. 안주인이 세상을 떠난 뒤 집안일을 도맡아 하고 있는 누이 정 씨 때문에, 삼걸은 오히려 일거리가 늘어나 고되었다. 손이 모자라면 정 씨는 삼걸에게 장작도 패 달라 하고 물지게도 지어 달라 하며 거침없이 부탁했다. 그럴 때마다 삼걸은 자신이 이 집안의 머슴 같아 처량했다.

소쿠리에 담긴 약재를 들고 약방의 토방으로 오르던 삼걸은 안에서 들려오는 강 주부의 목소리에 주춤하고 섰다.

"그래 충주 땅은 어떻습니까? 저도 그곳을 떠난 지 하도 오래라 산천에 대한 기억마저도 희미합니다만, 그래도 고향 땅이 어디 가겠습니까? 배수우 어른이 충주를 떠난 신유년 이래, 천주학파는 어찌 돌아가고 있는지요?"

천주학이란 말에 삼걸은 놀라 벌어지는 입을 억지로 틀어막으며 토방 아래로 살며시 내려와 앉았다.

"대부분은 뿔뿔이 흩어져 버렸습니다. 신유년 일이라면 저도 태어나기 전이라 들어서 아는 바지만, 배수우 어른의 행적에 대해서는 모두가 전설처럼 생각하고 있습니다. 높은 관직에 있으면서도 천주교도들의 비밀 집회를 돕고 그들과 동조했다지요. 그러다 어느 날 사라지셨다는데, 사실 그때 충주에 그대로 계셨으면 화를 면치 못했을 겁니다. 그래도 자손을 여기 김해 땅에 심고, 객지에서 떠나신 걸 보면 하늘의 뜻인가 싶습니다. 제가 가르칠 아이가 배수우 어른의 손자라면서요? 사람 인연이란 게 참 묘합니다. 저희 외가와 인연이 있던 강치선 노인의 영향으로 저희 집안은 모두 천주학에 마음을 두게 되었습니다. 강 의원님의 형님 말입니다. 노인은 겉으로는 그저 산천을 떠도는 풍류객처럼 보였지만, 사실 깊은 신앙을 가진 사람이었다고 합니다. 어떻게 그분의 동생이신 강 의원님이 배수우 어른의 손자를 돌보게 되셨는지, 모든 것이 하늘의 조정을 받고 있는 것 같습니다."

선비의 목소리가 뚝 끊겼을 때서야, 토방 아래에 앉아 있던 삼걸이 고개를 가만히 끄덕였다.

"그렇구나! 그럼, 강 주부도 천주학을?"

아직도 계속되고 있는 천주교 박해를 아는 터라, 삼걸은 소름이 오싹 끼쳤다. 세상을 떠돈 경험이 남달리 있는 그가, 왜 천주학이 박해당하고 있다는 것을 모르겠는가. 기해년(1839년)과 병오년(1846년)에도 심한 천주교 박해가 있었다. 그는 두려움에 온몸을 진저리 쳤다. 강 주부가 몇 번 밭은기침을 했다.

"보시다시피 저는 이렇게 늙고 병들었습니다. 말씀대로 하늘이 맺어 준 인연으로 제가 배수우 어른의 손자를 돌보게 되었다면, 제대로 길러 주고 떠나야 할 것 같아 김 선비님을 불렀습니다. 학문도 깊으시다지만, 외가의 영향으로 의술에도 정통하시다기에……."

"어머니는 처녀의 몸으로 양반 집에 후처로 들어갔습니다. 그래서 저를 낳았지요. 전처소생의 형님이 여럿 있는 속에서, 저는 천덕꾸러기 취급을 받으며 자랐습니다. 어머니의 출신이 중인 계급인 약방집 딸이었기 때문입니다. 저는 자연히 외가에 머무는 시간이 많았습니다. 그러다 보니 의술을 익혔고, 양반 체통을 지키느라 학문도 좀 했습니다. 그러나 지금 생각하면, 저는 반쪽 선비에 반쪽 의원입니다."

김 선비가 말끝을 흐리며 허망하게 웃었다.

"무슨 말씀을……. 김 선비님을 저희 집에 모시게 된 것을, 저는 영광으로 생각합니다."

강 주부가 겸연쩍은 듯 머리를 조아렸다.

"그나저나 세상이 뒤숭숭합니다. 이제까지 유학은 양반네를 위한 것이었습니다. 그런데 이제 양반이 아닌 중인이나 상것들도 학문을 해야 하는 시대가 온 것입니다. 사람이 사는 데 실질적인 학문이 필요하게 된 것이지요. 그래서 실학파가 받아들인 것이 서학인 천주학인데, 이제 모두 뿔뿔이 흩어지고 말았습니다. 신유박해 때, 아까운 목숨이 삼백여 명이나 죽었지요. 그러나 천주학의 맥은 아직 어디선가 흐르고 있습니다. 그것이 진정 옳은 학문이라면, 이 땅에서 반드시 살아남을 것입니다. 세상의 귀한 일일수록 희생이 먼저 따르는 모양입니다."

탄식 어린 김 선비의 말을 끝으로 약방 안에는 잠시 침묵이 흘렀다. 토방 아래에 쪼그리고 앉았던 삼걸은 자리를 슬그머니 떠났고, 약방 안에 있던 강 주부는 찬찬히 김 선비의 생김새를 훑어보았다. 희고 기름한 얼굴에 갓을 쓴 김 선비의 모습에는 귀태가 흘렀다. 진사 댁 후처로 시집간 충주의원 둘째 따님의 외동아들이었다. 외가를 닮아 골격이 작은 체구가 좀 허약했으나, 김 선비는 깊은 기품을 풍겼다. 그의 양미간에는 깊은 주름이 잡혀 있었다. 외가를 통해 접하게 된 천주학과 유학 사이에서 고심했음을 짐작할 수 있었다. 어찌 그것만을 고심했겠는가. 양반과 중인의 피를 부모에게서 나눠 받고 학문과 의술 사이에서도 고심했으리라. 그렇지 않다면 어찌 강 주부의 편지 한 통에 가정을 훌쩍 떠나 김해까지 올 수 있었으랴.

강 주부는 고개를 가만히 끄덕였다.

다음 날부터 김 선비는 영업에게 학문과 의술을 엄격하게 가르쳤다. 강 주부가 체계 없이 가르친 학문을 다시 정리하여 영업에게 가르치면서, 그는 영업의 책 읽는 자세부터 바로잡았다. 아침이면 사랑채에서 영업이 글을 읽었다. 온 집 안에 영업의 낭랑한 목소리가 울려 퍼졌다. 그 소리에 약방에 앉아 있던 강 주부는 대견하다는 듯 고개를 끄덕였고, 심술이 오른 표정으로 삼걸은 작두날을 움직였다. 점심을 먹고 나면 김 선비는 영업을 약방으로 데리고 가 진맥하는 법부터 혈을 찾아 침 꽂는 법 등을 찬찬히 가르쳤다.

을묘년(1855년), 어느새 영업의 나이는 열여섯 살이었다. 누가 봐도 탐낼 만한 미소년으로 성장한 영업은, 이제 웬만한 약첩은 스승의 도움 없이 조제해 낼 정도였다. 어머니 정 씨는 머지않아 영업이 장가들어 며느리를 보는 날이 오리라 짐작했다. 정 씨는 언제부턴가 거뭇한 아들의 코밑과 떡 벌어진 어깨를 바라보며 흐뭇함을 감출 수 없었다. 아들에게 가까이 다가가 옷매무새를 고쳐 줄 때마다, 그녀는 풍겨 오는 총각 냄새에 순간 주춤 멈춰 서곤 했다.

거의 약방을 김 선비에게 맡긴 채 강 주부는 아예 안채에서 하루 종일 낮잠을 잘 때가 많았다. 벌써 그의 나이 여든 살이 넘었다. 김 선비에게 약방 일을 맡긴 뒤, 그는 이제 자신이 죽어도 괜찮다고 생각했다. 그런데 그는 목숨이 질기게 붙어 있어 신기했다. 그는 안방에 목침을 베고 누워 홀로 중얼거렸다.

"아직도 할 일이 남아 있단 말인가?"

요즘 들어 더 쿡쿡 쑤시는 사지가 성가셔, 강 주부는 이제 그만 황천으로 떠나고 싶다고 자주 생각했다. 게다가 장마 때도 아닌데 웬 비가 저리 쏟아지는지, 장대비가 흙 마당에 내리꽂이는 소리에 마음이 뒤숭숭하기만 했다. 그가 막 낮잠으로 빠져 들려는 즈음 빗소리 사이로 한 계집아이의 다급한 음성이 울렸다.

"살려 주이소! 살려 주이소!"

숨 넘어갈 듯한 목소리였다. 강 주부는 몸을 간신히 일으켜 장지문을 열고 대청마루로 나갔다. 약방 툇마루를 붙잡고 한 계집아이가 서 있었다. 이제 겨우 열두세 살쯤으로 보이는 계집아이는 비에 흠뻑 젖은 모습이었다. 거기에다 짚신을 벗어 들고 맨발로 뛰어 왔는지, 발목까지 깡총한 짧은 치마 밑에 드러난 조그마한 두 발은 흙투성이였다.

짚신을 양손에 끼고 징징 우는 모습이 어딘가 낯익어 강 주부는 토방으로 내려섰다.

"아부지가 독사에 물렸습니더. 살려 주이소!"

독사라는 말에 약방 안에 있던 김 선비와 영업이 얼른 문을 열고 나왔다. 빗속에 어른대는 계집아이의 모습을 자세히 보기 위해, 강 주부는 비가 들이치지 않는 추녀 끝을 따라 약방 앞 토방으로 건너갔다.

"넌, 아랫마을에 사는 이 서방네 큰딸 한금이가 아니냐?"

"예! 맞십니더! 울 아부지가 독사에 물렸어예! 지금 퉁퉁 붓고 난리 났습니더!"

계집아이는 짚신을 끼운 두 손을 흔들며 울상을 지었다.

"그렇다면 어른을 시켜 업고라도 왔어야지. 허어! 이거 너무 늦은 건 아닌지 모르겠구먼!"

강 주부는 침통과 환약을 급히 챙겨 나오는 김 선비와 영업을 바라보았다. 그는 곧 같이 나설 요량으로 비옷을 챙겼다. 빗속으로 막 한발을 내딛으려다 말고 김 선비가 강 주부를 만류하고 나섰다.

"날씨가 좋지 않습니다. 저희끼리 다녀오지요."

강 주부가 뭐라 대답하기도 전에, 계집아이가 울상을 지으며 다시 한 번 소리를 쳤다.

"어서 가 주이소! 울 어머이까지 난리 났십니더. 아부지 독을 빨아 준다고 하다가……. 산 너머에 초상이 나, 동네 어른들은 다 거기 가시고 아무도 없십니더! 아부지를 업어다 줄 사람이 없어서 지가 왔단 말입니더!"

계집아이는 벌써 마당을 가로질러 대문간으로 내달리며 소리쳤다. 어느새 강 주부는 계집아이의 뒤를 따르고 있었다. 할 수 없다는 듯 김 선비는 영업과 함께 빗속으로 발을 내딛었다. 김 선비는 강 주부의 노구(老軀)가 염려스러워 그의 뒤를 바싹 따랐다. 김 선비는 새삼 생명을 구하는 일에 늙은 몸도 돌보지 않고 빗속을 걷고 있는 강 주부를 보니 존경심이 일었다. 어찌 의원이 인술만으로 할 수 있는 것이랴. 먼저 인간의 도를 깨달아야만 참된 의원이라 할 수 있는 것을……. 그는 문득 환자를 돌보다 병을 얻어 죽었다는 영업의 아버지 광국을 생각했다. 저런 강 주부 밑에서 의술을 익혔으니, 어찌 광국이 자신을 돌볼 수 있었으랴. 학문과 의술 사이의 이론 속에 방황을 거듭해 온 자신의 지난날들을 뒤돌아보았다. 그는 몹시 부끄러웠다. 영업에게 학문을 가르치고 있는 것은 자신이지만, 결국 인간의 도를 가르치는 사람은 강 주부라는 사실을 깨달았다.

아랫마을 이 서방의 오막살이에 들어서니, 이미 얼굴이 퉁퉁 부어오른 이 서방은 정신을 놓고 파들파들 떨고 있었다. 그리고 독을 빨아내던 이 서방 댁도 지쳐 있는 상태였다. 해독 침을 놓는 강 주부의 둔중한 손놀림을 바라보며 한금이 울기 시작했다.

"우야꼬? 우리 아부지 어머이를…… 우야꼬……."

강 주부를 거들던 영업이 한금을 물끄러미 바라보았다. 비에 흠뻑 젖은 작은 어깨가 울음을 참느라 들썩였다. 이 서방 댁에게 침을 꽂던 김 선비가 뒤돌아보지 않은 채 한금에게 말했다.

"너는 가서 젖은 옷이나 갈아입거라. 아버지 어머니는 걱정 말고……. 여기 의원이 모두 셋 아니냐? 저기 작은 의원까지 말이다. 의원 세 사람이 환자 두 사람을 못 살린다면 말이 되겠느냐?"

그때서야 한금은 마음을 놓고 윗방으로 천천히 건너갔다.

그들은 환자를 돌보느라 한숨도 눈을 붙이지 못한 채 날밤을 새웠다. 한금은 울다 지친 젖먹이 동생을 업고 부엌과 방을 오가며 수발을 들었다. 이 서방의 다른 세 아이들은 윗방에서 올망졸망하게 잠들어 있었다. 강 주부는 어떻게든 이 서방 부부를 살려 내야 한다는 생각에 초조했다. 어린것 다섯 명을 고아로 만들 수 없는 일이었다. 환자의 목숨이 경각에 달려 있을 때마다, 그는 자신의 의술이 힘에 부침을 느꼈다. 그는 길게 한숨을 머금으며 붉게 부어오른 이 서방의 다리에서 침을 빼내고 있었다. 순간 희미한 어지럼증이 밀려와 침 하나가 그의 손을 비껴 갔다. 그 모습을 바라본 영업이 얼른 눈치 채고 익숙한 솜씨로 남은 침들을 빼내었다.

이 서방 댁은 곧 정신을 차렸으나, 이 서방은 동이 트고 나서야 겨우 눈을 떴다. 그때서야 안도의 숨을 머금은 강 주부의 이마에서 땀방울이 비 오듯 쏟아졌다. 김 선비는 얼른 강 주부를 부축하며 돌아가기를 권하였다.

"너무 무리하셨습니다. 이제 고비는 넘긴 듯하니 돌아가 눈을 좀 붙이시지요. 여기는 영업에게 맡기고, 저랑 같이 가시지요."

사실 강 주부는 깊은 피로를 느끼고 있던 터라 김 선비의 권유를 물리칠 수 없었다. 그는 늙은 몸을 힘겹게 일으켜 세웠다. 곁에 앉아 있던 영업이 얼른 따라 일어섰다.

"내 탕제를 지어 삼걸이 편에 보낼 테니, 너는 한금이에게 약 달이는 법을 일러 주고 환자들 상태를 더 살펴보다 오너라."

김 선비가 강 주부를 부축해 나서며 영업에게 일렀다.

"예!"

그들을 따라 마당으로 나서며 영업은 머리를 조아렸다. 언제 그랬냐는 듯 밤새 억세게 내리던 비는 말끔히 그쳐 있었다. 강 주부와 김 선비의 발걸음에 비에 젖은 흙 마당이 찌걱찌걱 소리를 냈다. 그들이 안 보일 때서야, 영업은 방 안으로 들어왔다. 그는 한결 고르게 숨 쉬는 이 서방 내외를 바라보며 길게 하품을 머금었다. 영업은 눈가로 삐져 나온 눈물을 닦다 배꼼이 열린 윗방 문 사이로 한금이 벽에 기댄 채 잠들어 있는 모습을 보았다. 어제는 경황이 없어 얼굴도 잘 기억을 못하겠더니, 자세히 보니 제법 예쁜 계집아이였다. 손바닥만 한 들창으로 스며드는 아침 햇살이 잠든 한금의 옆모습에 어른거렸다. 환한 빛살을 느꼈는지 계집아이의 기다란 속눈썹이 잠시 파르르 떨렸다. 한금이 잠을 깰까 봐 영업은 얼른 고개를 돌려 열린 방문 사이로 마당을 내다보았다. 젖은 마당에 김 선비가 강 주부를 부축하며 걸어간 네 개의 발자국이 사립문까지 나 있었다. 영업은 다시 하품을 머금다 졸음을 참지 못하고 벽에 등을 기대고 앉아 다리를 쭉 뻗었다. 잠에 소르르 빠져 드는 영업의 귓가로 윗방 벽에 기대어 잠든 한금의 새근대는 숨소리가 들려왔다.

강 주부는 이 서방네서 밤새고 돌아와 앓아누웠다. 김 선비와 영업이 극진히 보살폈는데도, 그는 채 한 달이 되지 않아 세상을 떠나고 말았다. 누구보다 슬퍼한 사람은 영업이었지만, 소식을 듣고 달려온 한금의 통곡 소리가 온 집 안을 울렸다.

"의원님! 울 아부지 어머이를 살려 내느라 이래 가셨습니꺼? 지 때문에 돌아가신 거라예. 지는 우짜면 좋습니꺼?"

시신이 안치된 병풍 앞에서 하도 야무지게 울어 대는 한금의 모습에 영업은 몇 마디 말을 하지 않을 수 없었다.

"왜 너 때문에 돌아가셨노? 그런 소리 말거라! 어린 가시나가 잔망스럽기는?"

영업은 한금을 달랜다는 것이 자신도 모르게 퉁박을 준 것 같아 눈길을 딴 데로 돌리며 일어섰다. 멍석이 펴진 마당에 서 있던 김 선비가 손짓으로 영업을 불렀다. 자손이 없는 집안이라 김 선비와 영업이 상주를 대신해 문상객과 맞절을 했다. 마당 구석에서 거나하게 취한 패들과 어울려 막걸리를 들이켜던 삼걸이 손님을 맞는 김 선비와 영업을 흘겨보았다.

"주객이 전도되었구먼! 어디서 흘러온 개 뼉다구가……."

그는 김 선비를 한 번 더 흘겨보았다. 그래도 조카 영업은 누이 정씨의 아들이니 좀 나은 편이었다. 그러나 피도 섞이지 않은 김 선비가 상주 노릇을 하는 것은 정말 눈꼴시었다. 그는 자신도 모르게 중얼거렸다.

"천주학을 한다고 확 불어 버릴까 보다!"

무심히 중얼거린 말인데, 패거리 중 누군가가 대꾸하고 나섰다.

"뭐? 천주학? 삼걸이, 이놈! 너 목숨이 몇 개노? 그렇게 세상 떠돌고도 천주학이 얼마나 무서운 거인지 모르노?"

한동네에 사는 친구 놈이 혀 꼬부라진 목소리로 말했다. 다행히 다른 패거리들은 이미 취해 관심도 없었다.

"니 천주학이 왜 무서운지 아나? 죽는 거이 무서운 게 아니다. 천주학쟁이들이 죽는 거를 무서워하지 않는 게 더 무서운기라! 내는 봤대이! 목이 댕강 댕강 잘리는 거를. 칼이 무서운 거이 아니라, 목을 빼고 죽음을 기다리는 천주학쟁이들의 새치름한 표정이 더 무서운기라!"

그는 혀가 말려드는 소리로 한 번 더 중얼대더니 멍석 위로 쓰러졌다. 삼걸은 멍석 위에서 슬그머니 일어섰다.

"거 참, 대낮부터 작작 좀 마시지."

삼걸은 일부러 화난 목소리로 말을 던지고 뒤뜰로 돌아갔다. 천주학이란 소리를 누가 들었을까 봐 가슴이 두근거렸다. 그는 김 선비의 가느다란 눈매를 떠올렸다. 가히 죽음도 불사할 새치름한 눈초리였다. 그런데 김 선비는 별로 외출하는 일이 없었다. 김 선비가 강 주부의 집에 온 지 벌써 육 년이 흘렀다. 그동안 충주 본가에 딱 두 번 다녀왔을 뿐, 천주학쟁이들과 어울리는 기미는 없었다. 그는 자신이 공연한 소리를 지껄인 것 같아 몹시 불안했다.

뒤뜰에서 삼걸이 마음을 가라앉히고 있는데, 왁자지껄하던 앞마당이 갑자기 조용했다. 그는 무슨 일인가 궁금해 집 모퉁이를 돌아 앞마당을 슬그머니 내다보았다. 대문간에 각설이 한패가 모여 있었다. 잔칫집이나 초상집에 각설이패가 모여드는 것은 흔히 있는 일이라 그는 무심히 그들을 바라보았다. 그런데 그중에 대장인 듯한 중년 남자가 어딘지 낯익었다. 헝클어진 머리에 더러운 옷차림을 보면 거지가 분명한데도 눈빛만은 예사롭지 않았다.

부엌에 있던 정 씨가 쫓아 나오며 집 모퉁이에 선 삼걸을 재촉했다.

"오라버니! 어서 저 사람들에게 자리를 마련해 주이소. 저 거지 떼가 난동을 부리면, 얼마나 무서운지 몰라서 그랍니까?"

누이의 말에 삼걸은 얼결에 달려 나가, 그들을 뒤뜰에 펴 놓은 멍석으로 안내했다. 생각해 보니 그들은 건넛마을 초상집에서 만난 적 있는 짝패네 거지 떼였다. 그들은 마음이 내키면 초상집 일도 거들어 주고 구수한 각설이 타령도 잘 읊어 댔다. 그러나 만약 그들을 박대하면 초상집이나 잔칫집을 뒤집어 놓는 고약한 패거리였다.

취기 오른 거지 떼가 각설이 타령을 뽑았다. 그러자 어디에 있었는지 한금이 쪼르르 달려 나왔다. 반나절 전, 강 주부의 시신 앞에서 눈물을 그렁거리던 한금이 아니던가. 그런데 어느새 그녀의 눈에는 호기심이 가득 담겨 있었다. 각설이 타령에 맞춰 슬슬 고갯짓하는 한금의 자줏빛 댕기를 무심히 바라본 영업이 피식 웃음을 머금었다.

각설이 타령이 끝나기도 전에 정 씨가 부엌에서 나오더니 한금을 끌고 갔다.

"다 큰 처녀가 사람들 보는 앞에서 어깻짓을 하면 못 쓴다. 니는 지짐이를 부치다 말고 이게 뭔 짓이고?"

한금의 손을 잡고 부엌으로 들어가며 정 씨는 혀를 끌끌 찼다. 영업의 눈길이 한금을 무심히 따라가고 있었다. 김 선비는 영업과 한금을 번갈아 바라보다 긴 숨을 가만히 머금었다.

4

영업의 혼인

강 주부가 떠난 지 오 년이 지났다. 자연히 약방은 김 선비 위주로 경영되었다. 기회를 노리던 삼걸도 체념한 듯 묵묵히 약방을 지켰다. 영업이 김 선비에게 의술을 배우는 동안, 삼걸도 곁에서 지켜보며 의술을 따라 익혔다. 이제 삼걸은 진맥도 제법 하고 침도 잘 놓았다. 그것은 무엇보다 떠돌기 좋아하던 그의 방랑기가 나이 탓에 가라앉았기에 가능한 일이었다. 그는 예전의 광국처럼 침통과 약첩을 챙겨 들고 병난 사람들 집을 방문했다. 광국만큼 용한 의원이라는 소리는 듣지 못해도, 이제 그는 사람 목숨을 다루는 것이 얼마나 소중한 일인지를 조금씩 깨달아 갔다. 그는 자신에게 변화를 일으킨 강 주부의 초상 날을 잊을 수 없었다. 목을 자르는 칼날 앞에서도 천주학쟁이들의 눈빛이 꼿꼿하더라는 말을 들은 순간, 왜 그리 소름이 끼쳤던지. 그는 팔도 강산을 헤매 본 방랑꾼이 아니던가. 그런데 그 말을 들은 순간 왜 그리 무서웠는지 이해할 수 없었다. 그러나 그에게 분명한 생각 하나가 파고들었다. 그는 어렴풋이 세상에 목숨보다 소중한 것이 반드시 있다는 사실을 깨달았다.

정 씨는 삼걸의 변화를 바라보았다. 그녀는 이제야 오라비가 철드는 것 같아 마음이 놓였다. 약방을 차지하려던 삼걸의 야심을 알고 있던 정 씨는 사실 영업의 장래를 생각하면 몹시 불안했다. 이제 영업의 나이는 스물한 살이었다. 영업은 인물도 잘났지만 약방의 젊은 의원으로 손색이 없었다. 김 선비는 영업의 뒷전에 앉아 그가 환자를 진맥하는 것을 바라보며 책을 읽고 있을 뿐, 점점 약방 일에 손을 떼 가는 눈치였다. 정 씨는 머지않아 김 선비가 떠나리라는 것을 예감했다. 그녀는 김 선비가 떠나기 전에 영업이 서둘러 혼인해야 한다고 생각했다. 아비도 없는 영업을 가르치고 돌봐 준 김 선비가 아니던가. 그는 영업에게 또 한 사람의 아비나 마찬가지였다.

몇 군데서 중매가 들어왔지만 정 씨는 웬일인지 마음이 동하지 않았다. 그녀는 은연중에 아랫마을에 사는 이 서방네 딸 한금을 떠올렸다. 제 부모를 살리려다 강 주부가 세상을 떠났다고, 한금은 그 뒤로 피붙이처럼 드나들며 정 씨의 부엌일을 도왔다. 이제 열일곱 살 난 한금은 키가 크고 두 볼이 통통한 것이 한창 물오른 처녀였다. 아비가 김해평야 논 몇 마지기를 소작해 사는 가난한 살림이지만, 소문을 들으니 아주 상놈 집안은 아니었다. 정 씨는 짬을 봐서 김 선비의 의중을 떠보리라 생각했다.

영업이 잠시 출타한 틈에, 정 씨는 약방에 들어가 김 선비에게 조심스레 입을 열었다.

"우리 영업이 혼인할 나이가 지났습니더. 이제 짝을 찾아 주어야 할 것 같아, 의원님께 그 문제를 좀 의논할까 합니더."

김 선비가 대답에 앞서 두어 번 헛기침을 했다.

"누구 마음에 두신 처자라도 있습니까?"

"예!"

정 씨의 대답에, 책을 읽던 김 선비가 눈길을 들었다.

"아주머니께서 맘에 두시는 처자가 있다면, 두말해 무엇하겠습니까? 서둘러야지요."

"아랫마을 이 서방네 큰딸 한금이를 마음에 두고 있는데, 의원님은 우리 영업이 짝으로 어찌 생각하시는지예?"

김 선비가 고개를 가만히 끄덕였다.

"그 처자라면 이미 동기간처럼 이 집에 드나드는 처지가 아닙니까? 제 부모를 구해 준 것이 인연이라고 저와 영업에게 깍듯이 대하지 않습니까? 생긴 것도 그만하면 복스럽고 예쁘장하지요. 여자가 지나치게 키가 큰 것이 흠이긴 해도……. 제가 보기에 영업이도 아주 싫어하지 않는 눈칩니다."

정 씨가 살포시 웃음을 머금었다.

"하긴 그 아이가 이 집을 드나든 지 여러 해니 서로 정들 만도 합니더. 마음 같아서는 양반집 처자를 며느리로 들이고 싶지만 우짭니꺼? 우리 영업이가 충주 고을 양반 핏줄이라 하면, 고놈의 천주학쟁이로 몰릴까 봐 걱정이 돼 말도 못 꺼내겠십니더."

"이제 양반 상놈 찾는 것도 차차 덜할 겁니다. 세상이 변하고 있지 않습니까? 사람만 괜찮다면, 그런 것은 염려하지 않아도 좋을 것 같습니다."

김 선비가 한숨을 가만히 머금었다. 벌써 그가 충주 고을을 떠난 지 십일 년이 흘렀다. 영업이 열 살 때부터 가르치기 시작했으니, 이제 그도 떠날 때에 이르렀다. 그는 반쪽 양반으로 학문의 길에도 정진하지 못하고, 그렇다고 완전한 의원으로도 살지 못하던 울분에 고향을 훌쩍 떠났던 것이다. 그렇게 김해로 왔는데, 강산이 변할 만큼 세월이 흘러 버렸다. 문득 그는 고향에 버려 두고 오랫동안 돌보지 않은 처자를 떠올렸다. 무슨 인연에서인지 그는 자신의 자식보다 영업을 더 열심히 가르치며 살아 왔다.

"그라몬, 이 서방 집에 사람을 보내 혼사를 넣어 볼까예?"

잠시 생각에 잠겼던 김 선비는 정 씨의 목소리에 언뜻 정신이 들었다.

"예! 그렇게 하시지요. 이제 막 초여름에 접어드니 더위는 넘기고 가을에 혼인을 치르면 좋을 듯합니다."

김 선비는 내심 남은 시간 동안 영업의 의술과 학문을 다져 놓고 떠나리라 마음먹었다.

이 서방 집에 매파를 보내고 나서야, 정 씨는 영업을 불러 앉혔다.

"니 혼사를 서두르려 하는데, 약방 김 의원님과 의논해 아랫마을 이 서방네 한금이로 정했으니 그리 알그라!"

어미의 말에 영업은 애써 무표정한 얼굴로 고개를 끄덕였지만 귀밑이 달아올랐다. 집 안에 드나드는 한금과 부딪칠 때마다, 그는 공연히 가슴이 두근거리곤 했다.

혼인 이야기가 있은 뒤, 한금은 정 씨의 부엌에 드나드는 것을 멈추었다. 혼사 준비를 하는 것으로 짐작됐지만, 영업은 이따금 한금이 보고 싶었다. 그는 약방에 앉았다가도 누군가 대문에 들어서는 발자국 소리가 나면 귀를 곤두세우곤 했다.

지루한 여름이 지나고 하늘이 청명한 음력 9월, 초례청이 차려졌다. 원삼을 입고 연지 곤지로 단장한 열일곱 살의 한금이 부끄러운 듯 고개를 숙이고 있었다. 족두리를 쓴 모습이 지난여름 사이 키가 더 자란 것 같았다. 한금에 비해 영업의 키는 한금과 처음 만난 오 년 전 그대로였다. 그러나 독사에 물린 한금 아비의 상처를 살피던 때에 비하면, 그는 한결 다부진 남자로 자라 있었다.

얼굴을 가린 원삼의 소맷자락 사이로 한금이 살짝 눈을 치켜뜨고 영업을 바라보았다. 사모관대를 쓰고 눈을 내리깐 채 입을 꾹 다문 영업의 모습은 믿음직스러웠다. 그녀는 오 년 전에 영업을 처음 만났을 당시의 철없던 자신을 떠올렸다. 약방에 애기의원이 있다는 소리를 들었지만, 그녀는 그때 처음으로 영업을 가까이서 본 것이었다. 아비와 어미가 다 위중했던 순간이라 경황이 없었지만, 얼굴이 해말갔던 영업의 모습이 기억났다. 아비와 어미가 죽다 산 날, 윗방에서 잠이 살짝 들었다 눈을 떴을 때 영업이 아랫방 벽에 기대어 자는 모습을 보았다. 늘 약방에만 앉아 있느라 햇빛을 보지 못한 하얀 얼굴과 흙을 만지지 않은 고운 손마디가 먼저 눈에 들어왔다. 한금은 문득 하늘에서 온 젊은 선인 하나가 자신의 오막살이에 찾아와 잠들어 있다고 생각했다. 그런데 그 선인 같던 사람을 자신의 낭군으로 맞다니……. 한금의 가슴이 뛰었다.

두 사람은 맞절하고 합환주를 마셨다. 한금의 얼굴은 더 달아올랐고, 영업의 입은 벙실 벌어졌다.

"신랑이 웃는다! 웃어! 되게 좋은가 보다. 색시도 얼굴이 빨개졌대이!"

누군가 짓궂게 외쳐 대자 마당에 모여 선 이들이 웃음을 와르르 토했다. 그 모습을 바라본 정 씨는 가만히 미소 지었다. 오래전 같은 마당에서 치렀던 자신의 혼사를 떠올렸다. 그때 신랑 광국이나 정 씨 자신은 어지간히 늙은 신랑 신부였다. 그녀는 옷고름을 들어 눈가로 흘러내리려는 눈물을 찍어 내었다.

예식이 끝나고 새색시가 안방 꽃방석 위에 앉아 있는 동안, 새신랑은 하객들에게 술잔을 돌렸다. 어느 정도 술잔이 돌고 하객이 하나둘 취기가 올랐을 때, 각설이 떼가 나타나 대문간이 떠들썩했다. 오 년 전, 강 주부의 초상 날에 찾아왔던 짝패네 패거리였다. 삼걸은 그들을 얼른 알아보고 뒤뜰 멍석 위에 상을 차렸다. 떡과 술과 전, 그리고 삶은 돼지고기에다 멸치국물에 만 국수까지 음식이 푸짐했다. 그들은 걸신이 들린 듯 순식간에 음식을 먹어 치웠다. 어느 정도 배가 불러지자 거지 떼 중 누군가가 중얼거렸다.

"인심 흉흉한 흉년에 이 정도 잔치면 양반 안 부러운 혼사네."

옆에 있던 다른 거지가 막걸리 잔을 들며 말참견을 했다.

"니 모르나? 신랑이 양반이라카이. 양반의 핏줄인기라!"

그들이 주고받는 말을 들은 거지 대장 짝패의 눈이 날카롭게 빛났다. 각설이 떼를 몰고 팔도를 떠도는 짝패는 세상일에 모르는 것이 없었다. 이곳저곳 떠돌다 보니 오래전 충주 고을에서 야반도주한 관찰사 배수우에 대해서도 들어 알고 있었다. 그는 어림잡아 영업이 배수우의 자손임을 짐작했다. 짝패는 술잔을 놓고 슬그머니 일어서 앞뜰로 돌아갔다. 짝패는 고개를 빼고 김 선비의 모습을 찾아보았지만 쉽게 눈에 띄지 않았다. 그는 손님들이 웅성대는 마당을 가로질러 약방으로 갔다. 댓돌 위에 가죽신 한 켤레가 가지런히 놓여 있고, 김 선비는 약방에 홀로 앉아 있었다. 짝패는 두어 번 헛기침을 했다. 그래도 약방 안에서 아무 기척이 없자, 그는 목소리를 돋우었다.

"약방 의원님을 뵐 일이 있습니다."

굵직한 짝패의 목소리에 약방 문이 천천히 열렸다. 양미간에 주름이 잡힌 김 선비의 하얀 얼굴이 토방 아래 선 짝패의 남루한 행색을 내려다보았다.

"들어오시게!"

"예!"

짝패는 댓돌 위에 짚신을 벗어 놓고 약방 안으로 들어섰다. 약초 냄새가 향긋이 풍기는 방 안에서, 글을 쓰고 있은 듯 김 선비는 지필묵을 펼쳐 놓고 붓을 든 채였다.

"그렇지 않아도 기다리고 있었네. 강 주부 어른 초상 때, 내가 준 편지는 우리 본가에 잘 전했다면서? 내가 그 뒤로 충주를 한 번 다녀왔네. 그래 이번에도 그곳을 거쳐서 왔는가?"

붓을 움직이며 나직이 말하는 김 선비의 목소리에 짝패가 머리를 가만히 조아렸다.

"예! 그렇습니다. 한양 접경까지 갔다가 돌아오는 길에 일부러 충주를 들러 왔습니다. 마님은 여전하십니다. 어른이 안 계신 지난 세월 동안 천주학에 더 빠지셨습니다. 긴 세월을 그 낙으로 사신 듯합니다."

김 선비는 잠시 붓을 멈추고 고개를 가만히 끄덕였다.

"그래! 다녀 보니 세상은 어떠한가?"

"뒤숭숭합니다요. 흉년이 몇 년 계속된데다 나라에서 거둬들이는 전세와 환곡의 폐해가 큽니다. 훈련도감의 병사를 양성하기 위해 징수하는 전세만 해도 사십여 가지나 부가세가 붙어 있습니다. 거기에다 춘궁기의 백성에게 곡식을 빌려 주는 환곡 제도도 빈민 구제책이 아니라 고리대로 변했습니다. 이러니 도처에서 민란의 움직임이 일고 있습니다."

김 선비가 붓을 놓고 한숨을 머금었다.

"어디 우리네 세상살이 단 한 번이라도 편해 본 적이 있는가?"

짝패도 한숨을 가만히 머금었다.

"이번에 저는 김해 땅을 떠나면 각설이 떼를 이끌고 동학에 가담할까 합니다."

이미 오래전부터 마음을 다져온 듯 짝패의 눈빛이 빛났다.

"동학을? 지난봄 경주의 몰락 양반 최제우가 일으켰다는 동학교를 말인가?"

"예! 그렇습니다. 언제까지 세상을 떠도는 거지로 지낼 수도 없는 일입니다. 가난한 집에서 태어나 도둑질을 하다가 의적 떼에 들어갔습니다. 근데 그들 대부분이 관가에 붙들리면서 어쩌다 거지 대장이 됐습니다. 그래도 이제 사내다운 일을 해 보다 죽고 싶습니다."

김 선비가 고개를 가만히 끄덕였다. 그는 짝패의 이력에 대해 전혀 모르는 바가 아니었다.

"자네 뜻이 그렇다면 그리하게. 이제 나도 고향으로 돌아가고 싶네. 여기서 너무 오래 머물렀고, 이제 영업에게 더 가르칠 것이 없는 것 같으이. 때 봐서 곧 떠날 테니, 이 편지나 한 번 더 내 집에 전해 주게."

김 선비는 먹물이 마른 편지를 접어 짝패에게 주었다. 그리고는 문
갑을 뒤져 엽전 꾸러미를 꺼내 들었다.

"얼마 안 되지만 심부름 값이네. 유용하게 쓰도록 하게."

짝패는 급히 편지를 품속에 넣고 엽전 꾸러미를 두 손으로 받아 들
었다.

"고맙습니다요. 또 뵐 수 있을 겁니다. 동학에 들어가더라도 충주
땅엔 들르겠습니다."

"그러게! 우리 또 만나세! 몸조심하고……."

"예!"

짝패는 공손히 인사하고 약방을 나왔다. 댓돌 위의 짚신을 꿰는데,
그의 귓가로 막 시작된 각설이 타령이 들려왔다. 술에 취한 거지 떼가
제 흥에 겨워 읊어 대는 소리가 뒤뜰에서 울려왔다. 앞마당에서 북적
대던 사람들이 하나 둘 일어나 각설이 타령에 맞춰 춤추기 시작했다.
잠자코 패거리가 있는 뒤뜰로 가기 위해 짝패는 마당을 가로질렀다.
막 뒤뜰로 들어서려 할 때, 그는 이미 얼굴이 불콰해진 새신랑 영업과
맞닥뜨렸다. 홍조 띤 영업의 고운 얼굴이 푸르게 펼쳐진 가을 하늘과
대조를 이루었다. 영업이 그를 알아보고 뭐라 말하려는데, 짝패가 미
소를 가만히 머금은 채 새신랑을 지나쳐 가 버렸다.

잔치 분위기가 무르익는 사이, 가을날의 어둠이 쉽게 내려앉았다.
영업은 짓궂은 동네 패거리에게 붙잡혀 기둥에 거꾸로 매인 채 발바닥
을 두들겨 맞았다. 그래서 밤이 깊어서야 그는 겨우 신방에 들 수 있었
다. 그는 얼얼한 발바닥 때문에 걸음마저 뒤뚱대며 신방으로 들어섰
다. 강 주부가 쓰던 안채의 안방이었다. 그동안 주인 없이 비워 놓았던
방을 어머니 정 씨가 정성스레 단장하여 신방으로 꾸몄다. 오동나무
새 농짝에서 옻칠 냄새가 풍겨 왔다. 하얗게 발린 새 창호지에서도 기
분 좋은 종이 냄새가 났다. 방 안에 들어서며 영업의 겉옷자락이 일으
킨 바람으로, 촛불이 후루룩 날리며 가물거렸다. 금침을 깔아 놓고 영

업을 기다린 한금이 부끄러운 듯 고개를 돌렸다. 한금의 몸짓에 녹의
홍상 비단 치맛자락이 사르륵 소리를 냈다. 영업은 살짝 몸을 돌리며
내외하는 한금의 가슴께가 들썩이는 것을 놓치지 않고 보았다. 치마
말기로 조여 놓은 한금의 도드라진 가슴이 급히 들썩였다. 스물한 살
영업의 몸이 뜨겁게 달아올랐다. 그는 새색시에게 다가앉기 전에 촛
불부터 입김으로 불어 껐다.

어두운 마당 한구석에서 신방의 기미를 살피던 정 씨는, 방 안의 촛
불이 꺼지는 것을 보고 천천히 돌아섰다. 정 씨는 마음속으로 가만히
기구했다.

'천지신명이시여! 그저 저 젊은 한 쌍이 무병장수하고 자손을 많이
보게 해 주소서! 어찌어찌하여 양반의 근본을 잃고, 이곳 김해 땅에 뿌
리내린 배씨 자손을 풍성하게 하소서!'

어두운 하늘에서는 둥근 보름달이 환히 빛났고, 발길을 돌리는 그녀
의 발자국 소리 사이로 귀뚜라미가 울었다.

5

스승과의 이별

영업이 신혼의 겨울을 날 동안, 김 선비는 약방을 잠잠히 지켰다. 인륜지대사인 혼인을 치른 영업이 들뜬 마음을 가라앉히고 차분해질 때까지 김 선비는 환자를 손수 진맥하고 약도 지었다. 그는 젊은 영업을 바라보며 문득 자신의 신혼 시절을 떠올렸다. 그때 그는 학문과 신분 사이에서 방황하는 자신의 청춘이 아내로 인해 붙들려지기를 바랐다. 그러나 여인의 사랑과 육체에 탐닉하는 것도 잠시였다. 젊고 아름다운 아내는 나이가 들었고, 그는 청춘의 무력함을 실감했다. 그것은 다만 한순간을 태우는 불꽃일 뿐, 그의 깊은 방황을 잠재우지 못했다. 그래서 어느 날 김해로 훌쩍 떠나와 그동안 영업을 가르치며 자신의 방황을 다스렸다. 그는 자신을 괴롭혔던 방황의 의미가 부질없다고 생각했다. 이제는 모든 것을 다 떨치고 남은 삶을 고요히 지내고 싶었.

봄이 오기 전, 한금이 태기를 느꼈다. 유난히 입덧이 심해 고생하는 한금의 모습이 안쓰러워, 정 씨는 김 선비에게 첩약이라도 지어 달라며 약방에 들었다.

"도대체 아무것도 먹질 못합니다. 저러다 제대로 된 아나 낳을 수 있을는지 걱정입니더!"

약재를 묵묵히 고르던 김 선비가 대답에 앞서 고개를 끄덕였다.

"사람 하나 생겨나는 일이 그렇게 쉬운 일이겠습니까? 약이나 한 첩 달여 먹이고 기다리면 입덧이야 좀 지나면 괜찮을 겁니다."

김 선비는 골고루 섞은 약재를 창호지에 싸며 영업을 힐끗 쳐다보았다. 한금이 걱정스러운지 그는 며칠째 우울한 얼굴이었다. 약첩을 받아 든 정 씨가 약방을 나가고 나서, 김 선비는 영업을 불러 앉혔다.

"영업아! 내가 너를 가르친 지 몇 년이 되었느냐?"

"예! 십이 년째입니더."

"이제 배울 만큼 배웠다고 생각하느냐?"

영업이 고개를 저으며 급히 대답했다.

"아닙니더! 아직도 배워야 할 것이 많다고 생각합니더."

"내가 네 곁에 영원히 있을 거라고 생각하진 않겠지?"

"예? 무슨 말씀을?"

영업이 놀라 눈을 동그랗게 떴다.

"이 약방의 주인은, 바로 영업이 너다."

김 선비가 의아해하는 영업을 똑바로 바라보았다.

"그러면 스승님! 떠나려고 하십니꺼?"

떨리는 영업의 음성에 김 선비는 고개만 가만히 끄덕였다.

"안 됩니더. 스승님 없이 저는 아무것도 할 수 없습니더."

영업은 벌써 울먹였다.

"아니다. 네 나이 벌써 스물둘, 혼인도 했고 머지않아 아이 아버지도 될 거 아니냐? 이제 한 사람의 어른으로서 처신해야 한다."

영업은 고개를 떨어뜨리고 말이 없었다.

"새색시가 예쁘냐?"

김 선비가 웃음을 머금고 농담처럼 물었지만, 영업은 말없이 눈물을 뚝 떨어뜨렸다.

"아무리 색시가 예뻐도 자기가 누군지 잊어서는 안 된다. 너는 한 여자의 지아비이기 이전에, 이 세상에 할 일을 갖고 태어난 사내대장부다. 너는 네 자신이 누군지 아느냐?"

무슨 소리인지 모르겠다는 듯 눈물 어린 눈으로 영업이 고개를 들었다.

"네가 양반의 씨인 것은 아느냐?"

"예!"

"그러면 네가 어찌하여 본관인 충청도 땅을 떠나 김해에서 태어났는지 알고 있느냐?"

영업은 어머니 정 씨가 들려준 말을 어렴풋이 기억했다. 그저 높은 벼슬에 있던 자신의 할아버지가 우연히 김해로 옮겨 와, 아버지 광국이 여기 동상 마을에 정착했다는 것을 들은 적이 있었다.

"우연히 할아버지께서 옮겨 오셨다고 들었습니다만……."

김 선비는 잠시 말이 없었다. 깊은 생각에 잠긴 듯하던 그가 무겁게 입을 떼었다.

"오래전 얘기다. 정조 8년 갑진년(1784년) 일이란다. 그 한 해 전에 동지사 서장관으로 임명된 이동욱이란 어른이 계셨다. 그분의 아들, 이승훈이란 사람이 아버지를 따라 북경에 갔단다. 거기서 이승훈은 서학인 천주학을 하는 외국선생(프랑스 신부를 말함)을 만나 가르침을 받고 깊은 감명을 얻었다고 한다. 그는 자신의 아버지 허락 하에 그곳에서 천주학을 하기로 맹세(세례를 뜻함)하고, 천주학 책과 막대기 두 개를 가로지른 듯한 십자가란 걸 갖고 들어왔다. 그것이 천주학이 이 땅에 처음 들어오게 된 유래다. 이후로 급속히 퍼지게 된 천주학은, 그 이듬해 을사년(1785년)부터 박해를 받기 시작했다. 정조 왕은 실학파에 의지해 나라 안을 개혁하려 하셨다. 그런데 조정의 반대에 부딪치고 말았다. 실학파가 천주학을 옹호하는지라, 그때 벌써 몇 명의 천주교도가 처형을 당했다. 그래도 천주학은 소리 없이 퍼져 나갔지. 네 할

아버님이신 배수우 어른은 충주 고을의 관찰사로 계시면서 천주학에 깊은 관심을 가지셨다고 한다. 지금도 그렇지만 벼슬자리에 있는 양반들은 파당 가르기를 좋아하는데, 네 할아버님은 남인에 속한 분이셨다. 남인을 옹호한 정조 왕이 서거하시던 경신년(1800년)에 순조 왕이 즉위하셨다. 나이가 어리신 탓에 대왕대비께서 수렴청정 하셨는데, 그 어른이 반대파인 노론 벽파셨다. 남인의 세력을 몰아내려고 시작한 것이 천주학쟁이의 색출이었다. 너희 할아버님도 위기를 느낄 수밖에 없었지. 그 이듬해인 신유년(1801년)에 이미 충주 땅의 천주학쟁이가 여럿 잡혀 들어갔고, 거기에다 집안에 불미스러운 일까지 생겨 그 어른은 어린 네 아버님을 데리고 충주 땅을 떠나셨던 것이다."

꼼짝 않고 듣던 영업의 얼굴이 하얗게 질렸다. 그는 천주학에 대한 박해를 익히 들어 아는 바였다. 그런데 자신이 천주학쟁이의 자손이라니……. 그는 말문을 급히 열었다.

"그렇다면 제 아버님도 천주학을 하셨습니꺼?"

김 선비는 고개를 가만히 저었다.

"아니다. 네 아버님은 천주학이 뭔지도 모르고 사시다 돌아가셨다."

그가 잠시 긴 숨을 내쉬다 말을 계속했다.

"네 아버님은 천주학이 뭔지 모르셨으나, 그 빛을 품고 계셨던 것은 분명하다. 죽을 것이 뻔한 역질 걸린 노파를 돌보다 목숨을 잃은 것만 봐도, 분명 네 아버님 안에는 천주학의 빛이 스며 있었다."

영문을 모르겠다는 듯 영업은 김 선비를 바라보았다.

"영업아! 천주학의 정신은 남을 돌봄이다. 다른 사람을 돌보는 사람의 도리말이다. 네 아버님은 천주학의 내용은 몰랐지만, 그 정신만은 자신도 모르게 지니고 계신 분이셨다."

영업은 계속 아무 말이 없었다.

"너는 네가 왜 의원이 되었다고 생각하느냐? 그것이 우연이라고 생각하느냐?"

김 선비가 넌지시 물었으나, 영업은 그저 김 선비를 바라볼 뿐 아무 말이 없었다.

"영업아! 네 안에 빛이 가득 있다. 네 할아버님이 간직한 빛이 네 아버님을 거쳐 너에게 내려왔다. 너는 네 안에 그 빛이 스며 있음을 알아야 한다. 네가 누구인지를 알아야 한다."

김 선비의 강한 어조에 순간 영업이 어깨를 떨었다.

"무섭습니더. 스승님! 하필 그 무서운 천주학 기운이 제 몸에 있단 말입니꺼?"

김 선비가 웃음을 가만히 머금었다.

"아니다. 얘야! 네게 스며 있는 빛은 꼭 천주학이란 학문이 아니라, 그것과 같은 자애심이란 얘기다. 자기를 돌보지 않고 먼저 다른 사람을 돌본 네 아버님처럼 말이다. 그러니 너도 부디 훌륭한 의원으로 살아라!"

그제야 영업은 김 선비가 떠날 날을 앞두고 당부하는 말인 줄 깨닫고 다시 눈물을 글썽했다.

"스승님! 가시지 마십시오! 가시면 안 됩니더!"

어느새 영업은 눈물을 다시 뚝 떨어뜨렸다.

한금의 입덧이 그치고 배가 조금씩 불러 오던 음력 3월의 이른 아침, 김 선비는 김해를 떠났다. 그가 충주를 떠나온 지 십이 년만이었다. 걸음을 재촉하다 그는 동구 밖까지 따라온 영업을 돌아보았다. 턱 밑으로 거뭇거뭇한 수염이 돋기 시작한 영업의 눈에 눈물이 그렁그렁했다.

"그만 들어가거라!"

김 선비의 냉랭한 목소리에 영업은 아무 말 없이 소맷부리로 눈물을 훔쳤다.

"사내대장부가 눈물을 그렇게 쉽게 흘리면 안 된다. 이제 약방의 주

60

인은 너다. 그동안 내가 가르친 것이 헛되지 않게 훌륭한 의원이 되어라!"

"예!"

영업은 뭐라 더 말하려다, 그만 입을 다물고 다시 한 번 소맷부리로 눈물을 닦았다. 냉정한 눈빛으로 영업을 잠시 바라보다 김 선비는 바람처럼 뒤돌아 걷기 시작했다. 영업은 멀어져 가는 스승의 뒷모습을 망연히 바라보고 섰다가 땅에 무릎을 꿇고 큰절을 올렸다.

"스승님! 안녕히 가십시오! 만수무강하십시오!"

김 선비의 귀에 영업의 인사말이 들릴 법도 했다. 그러나 김 선비는 뒤돌아보지 않았다. 동쪽에서 떠오르는 햇살을 비스듬히 받으며 충주 땅을 향해 걷는 김 선비의 모습이 넓게 펼쳐진 김해평야 사이로 가물가물 멀어져 갔다.

김 선비가 떠난 슬픔을 이겨 내고 영업이 착실히 약방을 지키는 동안, 한금의 배가 점점 불러 왔다. 혼인한 지 만 일 년인 음력 9월에 한금이 산통을 시작했다. 친정 어미 이 서방 댁이 불려 와 해산을 거들었다. 간밤부터 시작된 한금의 신음 소리가 하루 종일 집 안에서 들려왔지만, 쉽게 아이를 낳을 기미가 보이지 않자 정 씨는 초조했다.

"그렇게 입덧을 하더니만 낳는 것도 힘듭니더. 어머이! 사람 하나 생겨나는 것이 정말 힘드는가 봅니더."

정 씨는 첫아이를 기다리느라 밤사이 얼굴까지 수척해진 아들을 측은한 듯 바라보았다.

"당연한 일 아니가? 사람 하나 생기는 일이 그리 쉽나? 니를 낳을 때도 내 얼마나 고생을 했다고. 서른 넘어 첫아를 낳으니 고생이 더했지. 이제 니 자식이 태어나려 하는데, 니 아버지가 살았으면 얼마나 좋아하겠노?"

금세 정 씨의 눈에 눈물이 그렁그렁했다. 영업은 얼굴도 잘 기억나지 않는 아버지의 모습을 그려 보았다. 그의 머릿속에는 젊은 날의 강주부 같기도 하고, 김 선비 같기도 한 어른 하나가 희미하게 떠오를 뿐이었다. 아버지를 생각할 때면, 그는 그립다거나 슬프다는 생각이 들지 않았다. 오히려 지난봄 김해를 떠난 김 선비가 떠오를 때마다 콧날이 시큰하곤 했다.

정 씨와 영업이 몇 마디 말을 주고받는 동안 자지러지는 한금의 비명이 안채에서 들려왔다. 정 씨는 툇마루에서 벌떡 일어섰다.

"아가 나올라나 보다!"

그녀는 안채로 황급히 걸어갔다. 그러나 그녀의 마음과 달리 둔한 걸음걸이가 마당을 천천히 가로질렀다. 요즘 들어 그녀의 정수리에 부쩍 늘어난 흰머리가 햇살 아래 하얗게 빛났다. 정 씨가 안채 대청마루에 막 다다랐을 때, 이 서방 댁이 안방 문을 열고 나왔다.

"아는 낳았습니꺼?"

황급한 정 씨의 물음에, 이 서방 댁은 근심스런 얼굴로 토방에 서 있는 사돈을 내려다보았다. 이 서방 댁의 눈가가 불그스레 젖어 들었다.

"이를 어짭니꺼? 우리 한금이가 사산을 했십니더. 아들인데예."

"아가 죽어서 나왔단 말입니꺼?"

정 씨는 대청마루에 풀썩 주저앉았다. 이 서방 댁도 힘없이 정 씨 옆으로 앉으며 한숨을 쉬었다.

"아가 탯줄을 목에 감고 나왔서예. 나오다가 목이 졸린 것 같십니더! 죄송합니더!"

정 씨는 실망이 역력한 얼굴을 감추려고 고개를 돌려 햇빛이 환한 마당을 내려다보았다.

"와 사돈이 죄송하다 합니꺼? 며느리가 열 달 동안 배불러 고생한 것이 안됐십니더. 진통하느라 애쓴 것도 그렇고……."

정 씨는 말은 그렇게 했지만 공연히 부아가 치밀어 올라 대청마루에서 벌떡 일어섰다. 정 씨는 젊은것이 아이도 하나 제대로 못 낳는 것 같아 갑자기 며느리가 미웠다.

"내는 서른이 넘어서도 우리 영업이를 쑥 낳아 놓지 않았나? 젊디 젊은것이 키만 멀쩡히 커 가지고, 그래 아도 제대로 못 낳나?"

정 씨는 자신도 모르게 중얼대며 약방으로 걸어갔다. 열린 약방 문 사이로 영업이 얼굴이 붉어진 채 혼자 구시렁대는 정 씨를 바라보고 있었다.

"어머이! 무슨 일 있습니꺼?"

그는 근심스러운 눈빛으로 툇마루에 걸터앉는 정 씨를 보았다.

"아가 죽어 나왔다더라. 아들이라 카는데……."

"뭐라고요? 아가 죽어 나왔다고요?"

방문 고리를 잡고 금세 툇마루로 튀어나올 듯한 아들을 바라보며 정 씨는 한숨을 머금었다.

"세상을 살자면 별일이 다 있는기라. 너그들 아직 젊은데 자식이야 또 낳으면 되지 않나?"

어느새 눈물이 주르르 흘러내리는 영업의 얼굴을 바라볼 수 없어 정 씨는 얼른 툇마루에서 일어섰다.

아이를 위해 준비해 둔 배냇저고리와 무명천으로 죽은 갓난아이를 싸 작은 항아리에 넣었다. 한금의 가느다란 울음 소리가 안방에서 새어 나왔다. 영업은 해가 뉘엿거리는 하늘만 잠잠히 올려다보았다. 뒤뜰 구석에 세워 둔 빈 지게를 끌어다가 거적에 싸인 항아리를 싣던 삼걸이 영업을 가만히 돌아다보았다.

"어디가 좋겠노? 자네 아부지가 묻힌 뒷산 근처가 어떻겠노?"

"그라입시다! 아부지 뵐 면목이 없십니더! 자식 하나 제대로 못 낳고, 죽은 자식을 먼저 안겨 드리니 말입니더!"

지게를 지고 일어선 삼걸이 걸음을 떼자, 영업은 삽을 챙겨 들었다.

그들이 광국의 무덤가에 도착해 흙을 파기 시작했을 때, 검붉은 노을 아래서 주변이 차츰 어두워져 갔다. 광국의 무덤 뒤쪽에서 대여섯

걸음 떨어진 곳에 삼걸이 조그만 흙구덩이를 팠다. 그는 지게 위에 있
는 항아리를 흙 속으로 가만히 내려놓았다. 항아리를 멍하게 내려다
보고 선 영업의 얼굴 위로 여린 어둠이 내려앉았고, 어느새 하늘에는
환한 조각달이 걸려 있었다.

6

동학운동과 짝패

첫아이를 사산하고 얼마 지나지 않아 임신한 한금은 아들을 낳았고, 어느새 그 아이의 첫돌이 지났다. 걸음마를 시작한 아이를 바라보며 영업은 첫아이를 잃은 쓰라린 기억을 차츰 잊어 갔다. 이제 영업의 나이 스물넷, 계해년 철종 14년(1863년)이었다. 동지를 앞두고 부쩍 찬 날씨에 고뿔을 앓는 환자가 많아 영업은 혼자 약을 짓기에도 바빴다. 요즘 들어 이상스레 밖으로 돌기 시작한 삼걸은 이제는 아예 약방 일에는 간섭도 하지 않으려 했다. 남모르게 영업은 외삼촌 삼걸의 행동거지를 유심히 살폈다. 약을 지으러 오는 사람들이 무심히 흘리는 말들이 그대로 영업의 가슴에 걸려 있었다.

"이 집 외삼촌이 동학 한다는 소문이 있던데⋯⋯. 조심해라카이! 엊그제 그 최제우란 교주가 잡혔대이! 포졸들이 동학 하는 사람들을 잡으려고 지금 난린기라!"

"외삼촌이 동학 한다는 얘기를 난 처음 듣십니더! 그런데 와 동학 하는 사람들을 잡아들인답니꺼?"

영업은 약을 짓다 말고 상놈치고는 제법 글깨나 펜다는 샘골 김 씨의 마른 얼굴을 바라보았다.

"참! 약방 젊은 의원은 아무것도 모리나?"

김 씨는 한심하다는 듯 혀를 찼다.

"와 잡아들이기는? 그 동학쟁이들이 양반 상놈 구별 없이 사람이 죄다 똑같다고 하는기라! 우리사 어차피 땅 파먹고 사는 무지렁이들이라 양반이고 상놈이고 관심도 없지만, 어디 양반들은 그렇노? 반상의 차이를 없애려는 그놈들이 괘씸한기라! 거기다가 동학을 열심히 믿으면 후천 개벽시대가 열려 사람이 신선이 된다니 이 사람 저 사람 다 믿으려는기라! 양반님들이 그 꼴을 보려고 하겠노? 신선이 되고 싶은 상놈들이 너도나도 다 동학 한다 카니, 그만 교주 최제우를 잡아들여 버렸대이. 세상을 어지럽히고 백성을 속인다고 말이다. 상놈들이 오죽하면 신선이 되고 싶어 하겠노? 벼슬자리에 있는 저그들이 살기 좋은 세상 만들었으면 이런 일이 생겼을까나? 이래저래 수탈당하고 얼매나 먹고살기가 힘들면, 사람들이 신선이 되고 싶어 동학에 가담했겠노? 세상이 이렇게 된 게 양반 저그 탓이면서, 와 애매한 사람만 잡아들이노?"

김 씨는 세상 돌아가는 사정도 모르는 영업이 딱하다는 듯 다시 한 번 혀를 찼다.

"내가 뭘 압니꺼? 그저 여기 약방에 앉아서 찾아오는 사람들 맥이나 짚어 주는 주제에 그런 것을 어찌 알겠십니꺼?"

영업은 겸연쩍은 마음에 불쑥 한마디 했다.

"이보시오! 의원님! 사람들이 와 병이 나는데? 맴이 편치 못하니까 병이 나는기라! 그라몬 와 사람들이 맴이 편치 않은데? 세상이 편치 않으니까 사람들 맴도 편치 않은기라!"

"무신 말씀입니꺼? 날이 추우니까 요즘 고뿔 환자가 자꾸 느는기라예!"

영업은 다 지은 약첩을 내밀며 김 씨의 옴팡한 눈을 건너다보았다.

"그 말도 맞대이! 하지만도 사람이 병드는 데는 잘못된 세상 탓이 큰기라! 어쨌든 이 집 외삼촌 조심해라카이! 우리 동리 사람들이 제법 알고 있는기라. 삼걸이 침통 들고 돌아다니며 동학을 믿으라 하더라고 벌써 여러 사람이 얘기했대이!"

샘골 김 씨가 나가고 영업은 약방에 홀로 앉아 생각에 잠겼다. 그는 약방에 틀어박혀 있지만 나라 안 이곳저곳에 민란이 일고 있다는 것 정도는 아는 터였다. 더구나 그는 외국 배가 조선 해안에 자주 나타나 나라가 위태롭다는 것을 들어서 알고 있었다. 그런데도 벼슬아치들은 세금 착취를 계속해 상놈들만 힘드니 동학이 성행하는 듯했다. 서양 학문이라는 천주학도 금하면서 조선 사람이 만든 동학마저 탄압하는 나라님의 심사를 알 수 없어 영업은 한숨을 내쉬었다.
"세상에 무엇이 옳은 일이런고?"
그는 혼자 중얼거리며 작두질할 시간이 없어 수북히 쌓인 마른 약재를 끌어당겼다. 삼걸이 저렇게 계속 밖으로 돌 양이면 심부름할 아이라도 한 명 구해야 할 것 같았다. 그는 약방에 앉아 약초 이름과 작두질을 배우던 자신의 어린 시절을 떠올렸다. 무슨 인연인지 천주학을 하다 김해 땅으로 도피한 할아버지 배수우로 인해, 이곳 동상 마을의 약방집에서 태어난 자신의 처지도 되짚어 보았다. 그는 문득 할아버지 배수우가 높은 벼슬에 있으면서 왜 천주학에 관심을 가졌는지 궁금했다. 생각하면 동학이나 서학이나 다 사는 것에 한 맺힌 사람들이 더 쉽게 동참하는 것 같았기 때문이다. 만일에 삼걸이 동학에 관여하는 것이 사실이더라도 영업은 어쩔 수 없다고 생각했다. 영업은 젊은 날 세상을 떠돌았다는 삼걸의 방랑기가 핑계를 만난 것이라 짐작했다.
해거름에 이르러서야 약방으로 돌아온 삼걸은 막 약방을 나와 안채로 건너가려는 영업을 불러 세웠다.
"조카! 내 할 말이 있네!"

영업은 어슴푸레한 저녁 빛 속에 어쩐지 눈이 퀭해 보이는 삼걸을 바라보았다.

"와요? 외삼촌! 저는 요즘 좀 힘듭니더. 그렇지 않아도 고뿔 약을 짓느라고 바쁜데 약재나 좀 썰어 놓고 나다니시지요. 혼자서 약재 썰고, 진맥하고, 약 지으랴 바빠 죽겠십니더! 아무래도 심부름하는 아를 하나 구해야 할까 봅니더."

"심부름할 사람이 꼭 아라야 되나? 어른이면 어떻노? 내 어른 하나 구해 놓았는데, 자네 어찌 생각하노?"

"어른을요? 그라몬 외삼촌도 제가 힘든 것은 알았십니꺼?"

영업은 일부러 눈을 휘둥그레 뜨며 삼걸을 바라보았다. 겸연쩍은 듯 삼걸이 슬쩍 웃음을 날렸다.

"조카 바쁜 것을, 왜 내 모르겠나? 그래서 말인데, 조카 기억하나? 전에 조카 혼인 잔치에 왔던 거지 대장 짝패 말이다. 그 사람이 여기 동상 마을에 든 모양이라! 그 사람을 데려다 쓰면 어떻겠노?"

영업은 가당치도 않다는 듯 눈을 더 휘둥그레 떴다.

"거지를요? 거지를 약방에 들인단 말입니꺼? 말도 안 됩니더!"

"아니다! 그 사람 이제는 거지 아니다! 그동안 글도 배우고 공부도 했대이. 거기다가 자네 스승 김 선비가 있는 충주 땅에 들러서 왔다 카더라. 그 사람한테 물으면 김 선비 소식을 알 수 있을기라. 내, 그 사람 오라 하까?"

삼걸이 좀 간사한 웃음을 머금었다. 영업은 잠시 생각에 잠기는 듯하더니 삼걸 앞으로 한 걸음 다가서며 목소리를 낮추었다.

"외삼촌! 약방에 오는 사람들이 외삼촌이 동학을 한다던데 정말인교?"

삼걸은 놀란 듯 자기도 모르게 한 걸음 물러섰다.

"무신 소리고? 내가 동학을 한다니?"

"솔직히 얘기하소! 제가 그렇지 않아도 요즘 부쩍 밖으로 도는 외삼촌이 미심쩍어 살펴보고 있었십니더! 만약 그렇다면 지금부터는 아예 그 패거리와 상종도 마소! 지금 다 잡아가고 난리가 났다면서요?"

영업의 추궁에 삼걸이 단념한 듯 고개를 떨어뜨렸다.

"사실 내 그래서 얘기 아니가? 실은 짝패가 동학에 안 들어갔나? 자네 혼인한 해에 말이다. 그런데 지금 쫓기다가 여기까지 온 모양이라. 내 오십 평생에 맴 둘 곳이 없다 보니 사실 그 동학이란 것에 솔깃했대이. 침통 들고 다니다 보니 너도나도 동학을 하는기라. 잘 살고 싶은 맴은 누구나 똑같지 않나? 내도 동학을 믿어 신선이 되고 싶었대이. 그런데 우리를 잘 살게 해 주지도 못하는 나라님이, 우리 교주님을 잡아 가두고 동학 씨를 말리려고 한대이! 조카! 짝패를 여기 약방에 좀 있게 하래이. 그 사람 살려 주어야 할 것 아니가?"

삼걸이 영업의 귀에 입을 대고 소곤대는 사이 사방이 어두워졌다. 저녁상을 들고 부엌에서 나오던 한금이 몸을 바짝 붙이고 선 영업과 삼걸을 의아한 듯 바라보았다. 삼걸이 돌아가자 영업은 정 씨와 한금이 기다리는 안방으로 들어섰다. 한금이 아이를 안고 일어서며 영업의 기색을 살폈다.

"무신 일이 있습니꺼?"

영업이 잠자코 밥상 앞에 앉으며 한숨을 나직이 머금었다.

"어머이! 거지 대장 짝패라고 기억납니꺼?"

정 씨가 대답 대신 고개를 들어 아들을 바라보았다.

"그 짝패가 여기 와 있는데 외삼촌이 약방에 들여 허드렛일을 시키라 안 합니꺼? 그래서 어떻게 거지에게 약방 일을 시키냐니까, 이제 짝패가 거지 노릇은 안 한답니더!"

"그라몬 지금 뭐 한다 카드나?"

"동학을 한다 캅니더!"

불쑥 내뱉은 영업의 말에 정 씨가 들고 있던 숟가락을 내려놓았다.

"동학을? 지금 세상이 동학쟁이들 잡아들인다고 난린데, 너그 외삼촌은 와 하필 그런 사람을 들이려 카노?"

"외삼촌도 동학 한다 아입니꺼? 동네 사람들이 다 아는데……."

"뭣이라? 너그 외삼촌이 동학을? 내 너그 외삼촌 싸돌아다닐 때부터 알아봤어야 하는데……. 이를 어쩌면 좋노? 그래 니는 짝패란 거지를 약방에 들일기고?"

"글쎄요! 외삼촌이사 이미 동네에 소문이 났으니 어디 피신하시라카고, 그 대신 짝패라도 들여야 안 되겠십니꺼? 짝패가 동학 하는 것은 아직 이 동네 사람들이 모리고 있다 캅디더. 스승님이 계시는 충주 땅에서 쫓겨, 그래도 여기 우리 집을 믿고 찾아온 것 같은데 어찌 거절을 합니꺼? 그 대신에 외삼촌을 충주 스승님 계신 곳으로 보낼까 합니더."

정 씨는 대답에 앞서 한숨부터 내쉬었다.

"너그 외삼촌은 어찌 그리 뒤숭숭한 일만 벌이고 다니는지 모르겠다. 동학이고 서학이고 나는 모른대이. 니 알아서 하거래이."

만사 귀찮다는 표정으로 정 씨는 다시 밥상에 붙어 앉아 숟가락을 들었다.

그다음 날에 삼걸을 충주로 서둘러 떠나보낸 영업은, 저녁 때에 이르러 찾아온 짝패와 함께 약방에 마주 앉았다. 영업은 자신의 혼인 잔치에서 거지 떼와 함께 있던 짝패를 본 지 삼 년 만에 다시 만난 것이었다. 그때 그는 엉클어진 머리카락에 넝마차림이었지만, 이제 여느 상놈처럼 무명옷에 단정히 상투를 틀고 있었다. 영업은 아무리 거지 출신이라지만, 넉넉잡아도 마흔 살은 넘어 보이는 그에게 말을 놓기가 뭣하여 입을 조심스레 열었다.

"그래 충주 스승님께서는 안녕하십니꺼?"

"예! 김 선비님께서는 잘 계십니다. 요즘 마님께서 병환으로 누워 계신지라 마음이 편치 않으셔서 서찰도 못 적어 보낸다고 전하라 하셨습니다."

김 선비의 안부 편지를 은근히 기대하던 영업은 적이 실망한 심정으로 한숨을 가만히 내쉬었다.

"그렇습니꺼? 마님께서 병환 중이신데 무신 경황이 있으실라고요? 그런데 마님께서 천주학에 열심이시라던데 괜찮으십니꺼? 하도 동학 서학 잡아들이니 관가에서도 정신이 없겠지요."

"지금은 동학 하는 사람을 잡아들이느라 천주학에 대해서는 좀 느슨한 것 같습니다. 하지만 언제 천주학쟁이들을 잡아들일지 그것도 안심 못할 일입니다. 이래저래 백성을 다 잡아들이면 백성 노릇 할 사람은 없고 벼슬아치들만 남게 생겼습니다."

"그러게 말입니더. 백성을 다 잡아들이면 나라님도 임금 노릇 못 한다 아닙니꺼?"

짝패가 싱긋 웃음을 머금었다. 영업이 약방에만 틀어박힌 어린애인 줄 알았더니 제법 이치에 맞는 소리를 한다는 표정이었다.

"그러게 말입니다. 나라님도 백성이 귀한 것을 아실 때가 있을 겁니다. 백성이 귀함을 알리려는 것, 그것이 동학 아닙니까?"

짝패의 입에서 동학이란 말이 튀어나오자, 영업은 얼른 손가락을 입으로 가져갔다.

"쉬! 조용히 하이소! 누가 듣습니더. 외삼촌이 동학 한다는 것이 소문이 나 어쩌면 관가에서 우리 집을 염탐할지도 모립니더! 다른 사람에겐 동학 하던 외삼촌이 도망을 가서 짝패 어른을 대신 모셨다고 할 테니, 동학 얘기는 여기 계시는 동안 꺼내지 마이소!"

짝패가 날카로운 눈빛을 누그러뜨리며 잠잠히 입을 다물었다.

겨울을 나는 동안 짝패는 묵묵히 약재를 썰며 영업을 도왔다. 포졸들이 삼걸을 잡으러 한 차례 약방으로 몰려온 적은 있었지만, 그가 도주한 것은 동네 사람들도 다 아는 바였다. 포졸 한 명이 약방에서 심부름하기에는 덩치가 너무 크고 나이 든 짝패를 예사롭지 않은 눈빛으로 바라보긴 했다. 그러나 그가 지난날의 거지 대장 짝패라는 것을 아는 사람은 없었다.

봄이 왔다. 활짝 풀린 날씨에, 겨울 내내 방에만 갇혀 있던 아이는 마당을 아장아장 걷기 시작했다. 정 씨가 봄나물을 캔다며 뒷산으로 올라간 것이 벌써 아침 무렵이었다. 한금은 시어머니가 돌아올 시간이 된 듯해 대문간에 귀 기울였다. 마침 영업은 왕진을 나가고 짝패도 어디론가 외출을 한 터라 집 안은 조용하기만 했다. 부엌에서 점심을 차리다 한금은 마당을 타박타박 걷는 아이의 발자국 소리에 웃음을 머금었다.

"우리 아가! 거기 잘 있나?"

부엌문 밖으로 한금은 고개를 내밀고 아이를 바라보았다. 앞 담장 밑에 돋아난 봄풀을 잡아 뜯던 아이가 헤벌쭉 웃으며 제 어미를 돌아다보았다. 한금은 숯불에 올려놓은 된장찌개가 끓어 넘치는 소리에 얼른 행주를 집어 뚝배기를 불에서 내려놓았다. 졸아붙은 된장찌개에 물을 좀 부어 다시 불에 올려놓아야겠다고 생각한 한금은 바가지를 들고 뒤뜰 우물로 가려고 부엌을 나섰다. 그런데 방금 전까지 앞 담장 밑에 서 있던 아이가 보이지 않았다. 금세 아이의 발자국 소리를 들은 것 같아 그녀는 주위를 두리번거렸다.

"아가야! 니 어디 있나? 우리 아가 어디 있나? 어머이한테 대답해 보거래이!"

목청을 돋우어 아이를 불렀지만, 아이의 기척은 들리지 않았다. 한금은 불안한 마음이 들었다. 그녀는 물바가지를 든 채 집 모퉁이를 급히 돌아 뒤뜰로 갔다. 뒤뜰 우물은 샘이 깊은데도 가장자리에 둑을 쌓지 않아 어른이라도 헛발을 디디면 빠지기 쉬운 곳이었다. 이제까지 방치해 둔 우물을 두고, 한금은 그 주위에 돌둑이라도 쌓자고 영업을 조르고 있던 참이었다. 이제 영업의 아들이 방 안보다 마당에서 노는 시간이 많아졌기 때문이다.

뒤뜰로 돌아가는 한금의 발걸음이 뒤뚱거렸다. 가슴이 공연히 섬뜩했다.

"아가! 아가! 니 여기 있나? 아가! 아가! 대답해 보거래이!"

아이를 다정히 부르면서도 한금은 불안한 마음에 몸을 떨었다. 그녀가 뒤뜰로 들어섰으나 어디에도 아이의 기척은 없었다. 그녀는 우물가로 황급히 달려갔다.

설마 했는데 아이의 작은 몸이 우물 속에 엎어져 있었다. 솜털 구름이 뜬 파란 하늘이 그대로 비춰진 동그란 우물물 속에, 옥색 명주 바지저고리를 입은 아이의 작은 몸이 연꽃 잎사귀처럼 떠 있었다. 지나가는 바람이 물 속에 엎드린 아이의 옷자락을 나풀거리게 했다. 그녀는 물 속에 손을 넣어 우물 가운데 뜬 아이의 바짓자락을 잡아당겼다. 아이의 몸이 쉽게 한금의 손길에 딸려 왔다.

"아가! 아가! 눈 좀 떠 보래이! 아가! 아가야!"

물에 젖은 아이를 품에 안은 한금의 통곡 소리가 절규에 가깝게 터져 나왔다. 그때서야 대문에 들어서던 영업이 뒤뜰로 급히 달려왔다.

"무슨 일이고? 대체 와 그리 울고 난리고?"

영업은 눈앞에 펼쳐진 광경에 주춤 걸음을 멈추었다. 아이를 안고 통곡하는 한금의 치맛자락 옆에는 팽개쳐진 반 동강 난 물바가지가 있었다. 본능적으로 영업은 아이의 젖은 몸을 더듬었다. 축 처진 고사리 같은 손을 잡아 맥을 짚어 보았지만, 아이는 이미 숨이 끊긴 상태였다. 영업의 눈에서 눈물이 비 오듯 흘러내렸다.

봄나물을 한 바구니 뜯어 대문에 들어서던 정 씨는, 집 안을 울리는 울음소리에 기이한 생각이 들어 나물 바구니를 팽개친 채 뒤뜰로 갔다. 아들과 며느리가 우물가에서 아이를 안고 한데 뒤엉켜 있는 광경을 보고 그녀는 사태를 짐작했다.

"아가 죽었나? 참말로 죽었나?"

정 씨의 목소리가 떨려 나왔다.

정 씨는 죽은 아이를 안아 방 안에 눕히고, 아이가 덮던 비단 이불을 머리까지 씌워 주었다. 슬픔에 경황이 없는 젊은 아들과 며느리보다,

그래도 나이 먹은 자신이 정신을 차려야 할 것 같아 향로를 찾아 향도 피워 놓았다.

해거름에야 돌아온 짝패는 집 안에 진동하는 향냄새에 어리둥절했다. 그렇지 않아도 동학 교주 최제우가 처형당했다는 소식을 막 접하고 온 그는 슬프고 심란한 마음을 가눌 수 없었다. 그 찰나에 그는 자신의 코끝에 스며 오는 향냄새에 울컥 울음이 치밀었다. 짝패는 향냄새를 따라 안채로 갔다. 땅거미가 내려앉기 시작한 어스름에, 잿빛이 된 안방 장지문으로 호롱불 빛이 희미하게 어른거렸다. 그는 기척을 내려고 두어 번 헛기침을 했다. 한참이 지나서야 영업이 핼쑥한 얼굴로 문을 열고 나왔다.

"무슨 일이……."

짝패가 미처 다 묻기도 전에 영업의 눈에서 눈물이 쏟아졌다.

"들어오시지요."

짝패는 얼른 토방에 신발을 벗었다. 이 집에 얹혀 산 넉 달 동안, 그는 한 번도 들어와 본 적 없는 안방으로 들어섰다. 향이 타고 있는 놋쇠 향로 뒤에 조그만 주검이 비단 이불에 덮여 있었다.

"혼자 놀다가 뒤뜰 우물에 빠졌답니다."

영업이 겨우 한마디를 하자, 한금이 다시 울음을 터뜨렸다. 한금의 통곡 소리에 짝패는 자신도 모르게 울음을 토하기 시작했다. 최제우가 처형당했다는 소식을 듣고도 드러내지 못하고 눌러 두었던 울분과 슬픔이 아이의 주검 앞에서 그렇게 터져 나왔던 것이다. 이따금 보듬어 줄 때마다 짝패는 자신의 거친 수염을 잡아당기며 장난을 치던 아이의 해맑간 얼굴이 떠올랐다.

세상은 어찌 이리도 슬픈 일투성이란 말인가. 철없는 아이는 죄 없이 죽고, 왜 좋은 세상을 만들어 보려던 최제우는 죽임을 당했는가.

그는 방바닥에 머리를 처박고 울고 있었다.

7

떠남과 만남

병인년(1866년) 고종 3년, 천주교에 대한 박해가 다시 시작되었다. 그동안 여러 차례 조선 침략을 시도한 프랑스와 미국에 대한 대원군의 보복에서 비롯된 것이었다.

프랑스는 몰래 선교 활동을 하던 프랑스 선교사 세 명을 조선 정부가 처형한 사건을 구실로 1846년과 1847년에 조선을 침략했으나 폭풍우를 만나 실패한 적이 있었다. 기회를 엿보던 프랑스는 1866년 1월, 대원군이 베르누이 주교와 프랑스 선교사 아홉 명을 처형한 것을 구실로 다시 조선을 침략하였다. 1866년 8월에 한강을 거슬러 양화진까지 올라와 연안 측량을 마친 프랑스군은, 그해 9월에 프랑스 신부 리델과 조선인 천주교도를 앞세워 서울의 관문인 강화도를 침략하였다. 그리고 9월 18일에 강화도를 점령한 프랑스군 백이십여 명이 강화도 맞은편 통진에 상륙하자, 조선군과 의용군은 그들을 문수산성으로 끌어들인 뒤 섬멸했다.

프랑스가 조선 침략에 실패한 뒤, 미국 상선 제너럴셔먼호가 조선의 영해를 불법 침입해 무력 통상을 요구했으나 역시 실패하였다. 이후

강화된 대원군의 쇄국정책은 당연히 서양 학문을 받아들인 천주교도에 대한 극심한 박해로 이어졌다.

찾아오는 환자들로부터 이따금 풍문을 듣고 있던 영업은 내심 충주에 있는 김 선비의 신변이 걱정스러웠다. 영업은 약방 구석에 앉아 작두질을 하는 짝패를 건너다보았다. 그가 동학 교주 최제우가 잡히던 즈음, 영업의 약방에 든 것이 벌써 삼 년째였다. 그렇다면 삼걸이 충주의 김 선비를 찾아간 것도 삼 년이 지난 셈이었다.

약방에 머무른 사이, 짝패는 못마땅한 세상에 대한 화기를 많이 가라앉힌 것 같았다. 그는 우물에 빠져 죽은 영업의 아들을 정성스레 묻어 주고, 한금의 청에 따라 뒤뜰에 있는 우물을 돌로 막아 버렸다. 그 대신 동네에 있는 공동 우물에서 물을 길어 와야 했는데, 아침저녁으로 물지게를 지는 일도 짝패의 몫이었다. 작두 앞에 앉은 짝패의 귀밑머리가 장지문을 뚫고 들어오는 뿌연 햇살을 받아 희끗거렸다.

"소문에 따르면, 요즘 천주학의 박해가 다시 시작됐다는데 충주에 계신 스승님이 걱정입니다."

영업이 혼잣말처럼 하는 소리에, 짝패가 작두질을 멈추고 그를 바라보았다.

"글쎄요! 저도 그런 소리는 들었습니다만…… 별 탈 없으시길 빌어야지 어쩌겠습니까?"

"그러게나 말입니다."

영업은 한숨을 나직이 머금었다.

그해(1866년) 가을이 깊어 갈 때쯤, 김해 일대의 천주학쟁이들이 관가에 붙들려 갔다는 소문이 떠돌았다. 영업의 약방이 있는 동상 마을에서도 서너 명 정도가 잡혀 갔다. 같은 동네에 살면서도 그들이 천주학을 하는 사실을 모르던 동리 사람들은 놀라움을 금치 못하며, 관가의 형벌이 너무 잔인해 눈뜨고 볼 수 없다고 혀를 내둘렀다.

잡혀 간 사람들 가운데 끝까지 배교를 거부한 두 명은, 그로부터 며칠 후 참수형을 당했다는 소문이 나돌았다. 그리고 나머지 두 명은 목숨을 부지하기 위해 배교하고 풀려났지만, 모진 고문에 목숨이 경각에 이르렀다고 했다. 그중 한 명은 집에 도착한 지 얼마 지나지 않아 세상을 떠났고, 나머지 한 명은 아직 목숨이 붙어 있다며 누군가가 영업을 부르러 왔다. 영업은 침통보다 상처에 바를 약초를 먼저 챙겨 들었다. 곤장을 치고 주리를 트는 모진 형벌을 당했을 것이 뻔했다. 그러니 보나마나 그 사람의 온몸이 걸레처럼 헤어져 있을 것이 분명했다. 영업은 장독을 푸는 약재를 섞은 약첩도 챙겨 들었다.

영업이 환자가 누워 있는 오막살이에 들어섰을 때, 방 안에는 역겨운 피고름 냄새가 가득 차 있었다. 그런데 뜻밖에도 환자는 여자였다. 한 서른 살이 넘어 보이는 아낙은 유난히 팔과 다리에 피고름이 잡힌 채 온몸이 퉁퉁 부어 있었다. 영업은 침착하게 상처를 씻어 내고, 준비해 온 약초를 환부에 붙인 뒤 무명천으로 싸매 놓았다. 그리고 딸인 듯한 계집아이에게 어혈을 푸는 약첩을 주어 약탕기에 안치라고 했다. 영업은 겨우 정신이 돌아온 아낙을 물끄러미 내려다보았다.

"다 살자고 하는 짓 아닙니꺼? 천주학이 산 목심보다 더 중하단 말입니꺼? 배교를 하려면 이렇게 만신창이가 되기 전에 할 것이지, 와 매 다 맞고 온몸이 찢어진 다음에 했십니꺼? 내 답답해서 한마디 해 보는 소립니다만……."

영업을 올려다보던 여인이 입가에 소롯한 웃음을 머금었다.

"의원님은 모립니더! 내는 죽지 못한 것이 부끄럽십니더! 먼저 아들 아부지가 참수를 당하지 않았십니꺼? 내도 따라 죽고 싶었지만, 어린 것들을 생각해 배교하고 살아났십니더. 하지만 그것이 부끄럽십니더."

다 꺼져 가는 여인의 목소리를 듣고 있던 영업은 기가 막힌 듯 혀만 찼다. 그리고 그는 제 어미 옆에 올망졸망 붙어 앉은 아이들에게 약을 잘 달여 어미에게 먹이라고 당부하고 나왔다. 영업이 방을 나오니 문짝도 없는 부엌 앞에서, 풍로에 약탕기를 올리고 들여다보던 어린 계집아이가 벌떡 일어섰다.

"의원님예! 지금은 돈이 없어예! 약값을 못 드려서 어쩌지예?"

처음부터 영업은 약값을 기대하고 이 집에 왕진 온 것이 아니었다. 그래도 말이라도 건네는 것이 기특하여 계집아이의 하는 양을 바라보았다.

"이담에 지가 꼭 갚아 드릴께예!"

영업은 이제 겨우 열 살쯤 난 계집아이가 깜찍하여 자신도 모르게 웃음을 머금었다.

"그럼, 그러려무나."

그는 아무렇게나 한마디를 흘려 놓고 돌아섰다.

어느새 해가 진 길을 휘적휘적 걸어 집으로 돌아가다 영업은 무심히 하늘을 올려다보았다. 어둠 가운데 걸린 달이 이지러진 채 환히 빛을 발하고 있었다. 그는 신음 같은 한숨을 머금으며 스승 김 선비를 생각했다.

"별일이 없어야 할 텐데…… 어디 몸이라도 피신을 하셨으면 좋으련만……."

그날 밤 잠자리에 든 영업은 유달리 심란한 꿈에 시달렸다. 낮에 왕진 가서 본 여인처럼 피투성이가 된 사람들이 뒤엉켜 비명을 지르고 있었다. 처음에는 그들이 고통스럽게 소리를 지른다고 생각했으나, 다시 들어 보니 그것은 비명 소리가 아니었다. 그들은 모두 얼굴에 웃음을 띠고 생전 들어 보지도 못한 아름다운 노래를 부르고 있었다. 영업은 자신도 모르게 그 노랫소리에 끌려 한 발자국씩 다가가다 사람들 가운데 선 김 선비를 발견하고 우뚝 걸음을 멈추었다.

"스승님! 스승님!"

영업의 간절한 목소리를 들은 김 선비가 고개를 돌렸다. 그 역시 평소의 단정한 모습은 간데없이 찢겨진 옷 사이로 내비치는 상처에서 피가 흐르고 있었다. 헝클어진 상투에서 흘러내린 머리카락이 얼굴을 반쯤 덮고 있는 흉측한 몰골인데도, 그는 이상하게 환하게 빛이 났다.

"스승님! 뵙고 싶었습니더. 와 이래 흉한 모습으로 계십니꺼?"

영업의 눈에서 눈물이 비 오듯 쏟아졌다.

"영업아! 잊었느냐? 내가 너에게 뭐라고 했느냐? 네게 빛이 서려 있다고 했지?"

김 선비의 목소리가 옆에 있는 듯 가깝게 들려왔다. 영업은 고개를 흔들었다.

"무신 빛이예? 저는 그런 거 모립니더, 스승님! 무섭십니더! 이리 나오이소!"

영업이 손짓을 했지만, 김 선비는 묵묵히 미소를 지었다. 그리고 그는 사람들 무리 속으로 사라져 갔다.

"스승님! 스승님! 어데 가십니꺼?"

온몸이 땀에 젖은 채 소리를 지르는 영업을 한금이 흔들어 깨웠다.

"무신 잠꼬대를 이리 하십니꺼? 내사 마 깜짝 놀라 눈을 안 떴십니꺼?"

벌떡 일어나 앉은 영업은, 어둠 속에 앉아 있는 한금의 하얀 속곳 자락을 보았을 때서야 비로소 자신이 꿈을 꾼 것을 알았다.

"하도 꿈자리가 사나워서……."

영업은 다시 자리에 누우며 한금의 어깨를 끌어당겼다.

"꿈이 무서웠대이! 당신 내 좀 진정시켜 주라! 이럴 때는 당신 살이 최고 아니가?"

영업은 한금의 옷자락 속으로 손을 넣으며 그녀를 끌어안았다. 그러나 그의 머릿속에는 피투성이가 된 김 선비의 모습이 점점 더 또렷이 그려졌다.

그 후 영업이 초조한 심정으로 며칠을 지내고 있을 때, 삼 년 전

(1863년) 동짓달에 충주로 떠난 삼걸이 돌아왔다. 거지나 다름없는 모습으로 약방으로 들어선 삼걸은 그사이 부쩍 늙어 있었다. 동상 마을을 떠난 후, 많이 고생한 것이 역력했다. 그는 한금이 차려 준 밥으로 배를 채우고 나서야 김 선비에 대한 소식을 전했다.

"박해가 막 시작되었을 때 참수를 당하셨네. 마님하고 같이……. 마님이 끝까지 배교를 안 하시니, 그냥 그 길을 택하셨네. 두 분만이 아닌기라. 김 선비님 외가 댁이 쑥밭이 된기라! 내도 그 끄나풀로 오인할까 봐 죽어라고 도망 안 왔나? 삼 년 전엔 동학 땜에 도망가고, 이제는 서학 땜에 도망 안 왔나? 참 기가 막힌 세상이대이!"

어느 정도 예상했지만 막상 김 선비의 죽음을 확인하자, 영업은 가슴이 북받쳐 올라 약방 문을 열고 마당으로 나와 버렸다.

"무심도 하시지. 그렇게 떠나신 후 소식 한 장 안 주시더니……."

영업은 흐르는 눈물을 주체할 수 없어 아무도 없는 뒤뜰로 돌아갔다. 담 모퉁이에 선 채 훌쩍거리다 그는 얼핏 장독대 옆 우물을 메운 자리를 바라보았다. 그는 죽은 아이의 모습이 떠올라 다시 가슴이 미어졌다. 충주 땅이 있는 북쪽을 향해 두 번 절하며, 그는 김 선비가 떠난 오 년 전 아침을 떠올렸다. 그때도 스승의 뒷모습에 대고 절을 올렸다. 아침 햇살이 금빛으로 내리던 그 아침에 김해평야 사이로 가물가물 멀어지던 김 선비의 냉정한 뒷모습을 되새기자, 영업은 가슴이 무너져 내리는 것 같았다.

땅바닥에 엎드려 울던 영업은 한금이 부엌 뒷문을 급히 나와 뒤뜰 구석으로 가는 것을 보았다. 그녀는 담 구석으로 가더니 고개를 숙이고 토악질하기 시작했다.

"니, 와 그러나? 체했나?"

눈물을 닦으며 일어선 영업에게 한금은 뭐라 말하려다, 다시 토기가 치미는 듯 담 구석에 얼굴을 처박았다. 부엌에 있던 정 씨가 슬그머니 영업 옆으로 다가섰다.

"태기가 있는가 부다. 입덧하는 거 아이가? 다행한 일이대이! 내는 영 애기가 안 들까 봐 걱정 안 했나?"

어느새 예순 살에 가까운 정 씨는 요즘 들어 부쩍 주름살이 늘어난 눈가에 슬쩍 웃음을 지어 보였다.

"나쁜 일이 있으면, 좋은 일도 있는기라."

정 씨의 나지막한 목소리에 영업은 장독대 옆 우물이 있던 자리를 묵묵히 내려다보았다. 자갈이 덮인 우물 자리 위로, 하늘에 뜬 구름의 그림자가 내려앉았다.

※ 8

약방집의 행복

천주교에 대한 박해는 계유년(1873년)에 대원군이 권좌에서 물러나기까지 계속되었다. 나라 곳곳에서 무려 팔천 명 이상의 천주교도들이 죽어 가는 동안, 영업의 가정에는 평화가 찾아들었다. 김 선비가 죽은 병인년(1866년)에 다시 아이를 가진 한금은 그사이 딸 둘과 아들 둘을 낳았다.

운요호 사건이 일어난 을해년(1875년)에 영업의 큰딸 아이는 어느새 아홉 살로 자랐고, 그 후 연년생으로 낳은 아들 둘도 벌써 여섯 살과 다섯 살이 되었다. 이제 막 말을 배우기 시작한 둘째 딸이 두 돌을 지나 세 살이 되었는데, 한금의 배는 또 불러 왔다. 아이 네 명이 약방집 마당에 모여 고물고물 노는 모양을 바라보며 정 씨는 흐뭇한 웃음을 머금었다. 두 아이를 잃고 얼마나 상심했던가. 그래도 하늘이 무심치 않으셨는지, 그 뒤에 태어난 아이들은 잘 자라났다. 그동안 약방에 드나드는 환자도 꾸준히 늘어나 재물도 좀 모았고, 이제 서른여섯 살로 중년에 이른 영업은 어엿한 의원티가 났다.

삼걸이 충주에서 돌아온 해 약방을 떠난 짝패는 영업의 곁을 떠나기 전에, 메워 둔 뒷마당 우물 곁에 새 우물을 파 주었다. 물론 우물 주위를 높고 탄탄하게 쌓는 것을 잊지 않았다. 산달이 가까워 한금의 몸이 무거워 오자 정 씨는 부엌일을 도울 처녀 아이를 한 명 들였다. 그런데 그 애는 다름 아닌 병인년 박해 때 아이들을 위해 배교를 하고 살아난 천주학쟁이 여인의 작은딸 점례였다. 그 여인은 영업이 지어 준 탕제를 달여 먹고 어느 정도 기운을 차리긴 했다. 그러나 그녀는 모진 고문으로 끝내 한쪽 다리를 저는 불구가 되고 말았다. 그때 문짝도 없는 부엌 앞에서 풍로에 약탕기를 올려놓고 약을 정성스레 달이던 조그만 계집아이 점례는, 어느새 열여덟 살로 자라 약방집 안채에 부엌데기로 들어왔다.

영업은 점례가 자기 집에 든 것에 어떤 의도가 숨어 있음을 짐작하는지라, 한창 물오른 계집아이의 통통한 몸매를 바라볼 때면 공연히 헛기침을 하곤 했다. 지난날 제 어미에게 돈도 안 받고 탕제를 지어주고 상처도 치료해 주었다고, 제 딴에는 영업이 거두어 주기를 바라는 것 같았다. 끼니도 제대로 때우지 못하는 가난한 집에서 마른버짐이 잔뜩 핀 얼굴에 비쩍 마른 모습으로 영업의 집에 찾아왔던 점례는, 한금의 부엌일을 거든 지 한 달이 채 지나지 않아 얼굴이 뽀얗게 피어났다.

아내를 안아 본 지가 언제던가. 하긴 아이들 뒤치다꺼리에, 아내는 밤이면 영업 자신이 잠자리에 들기도 전에 코를 골고 잠들어 있었다. 더구나 요즘은 만삭이 가까워 영업을 얼씬도 못하게 했다. 영업은 점심상을 차려 들고 약방으로 들어서는 점례를 흘깃 바라보았다. 발목이 드러나는 짧은 치맛자락이 버선목을 스칠 때마다, 허리가 잘록한 점례의 몸매가 드러났다. 밥상에 다가앉은 삼걸이 점례의 몸짓을 따라가는 영업의 눈길을 유심히 바라보았다.

"조카! 그 아를 왜 그리 쳐다보는기가? 하긴 동네 소문에 제 에미 뜻이 조카가 소실로나 삼아 줬으면 하고 보냈다던데, 그래서 그 애를 그렇게 보는기가?"

점례가 방문을 닫고 나가자, 삼걸이 서슴없이 물었다. 영업은 공연히 겸연쩍은 마음에 헛기침만 두어 번 하며 밥상 앞에 앉았다.

"외삼촌은 무신 말씀이십니꺼? 뽀얗게 피는 게 하도 신기해 안 바라봤습니꺼? 세끼 밥만 굶지 않고 먹어도 저리 피는 아가, 그동안 얼매나 못 먹었으면 그리 말라 왔겠십니꺼?"

삼걸이 태연히 말하는 영업의 얼굴을 빤히 들여다보았다.

"이보게나 조카! 백성 절반 이상이 지금 다 그런기라! 요즘은 말이다, 밥 세끼도 못 먹는 몰락한 양반들도 많대이. 그 애가 맘에 들면 조카가 거두어 주면 어떻노? 가난한 집 딸을 소실로 들여 배부르게 먹여 주는 것도 좋은 일인기라."

"그런 말씀 마십시오, 외삼촌! 제 주제에 무신 소실입니꺼? 동네 사람들이 욕할 낍니더."

"사내가 축첩하는 게 무신 죄라고? 게다가 조카는 양반 씨라면서? 양반네 소실 두는 것은 당연한 거 아이가?"

"아닙니더. 외삼촌! 저는 여자라곤 아들 에미밖에 모립니더!"

공연히 영업은 얼굴을 붉히며 밥을 뜨던 숟가락을 놓고 손을 저어 보였다.

안채 마당에서 영업의 아이들이 모여 노는 소리가 마치 재재대는 새소리처럼 그의 귓가로 들려왔다. 아이들 소리 사이로 이따금 섞여 드는 점례의 고운 목소리에 영업은 자신도 모르게 귀를 기울였다.

점심상을 물리고 나서 삼걸은 한가한 틈을 타 약방 한쪽에서 낮잠이 들었고, 영업도 자꾸 하품이 나 반쯤은 졸며 앉아 있었다. 안채 쪽에서 막내 계집아이가 울어 대는 소리가 들려왔다. 이제 막 말문이 트인 아이는 제 어미가 동생을 갖고 배가 불러오자 시샘을 하는지 부쩍 떼가 늘었다.

"점례야! 우리 아가 업고 동네 한 바퀴 돌고 오거래이! 우리 떼쟁이!

그만 울고 언니 등에 업히거래이! 대문 밖에 나가 콧구멍에 바람 좀 쏘이고 와라!"

아이를 달래는 정 씨의 목소리가 가느다랗게 들려왔다. 밖에 나가 바람을 쐬고 오라는 말에 아이가 울음을 뚝 그쳤다.

곧 아이를 업고 약방 앞을 지나쳐 대문을 나서는 점례의 발자국 소리가 났다. 영업은 혼자서 웃음을 머금다가 삼걸이 약재를 썰다가 만 작두 앞으로 다가가 앉았다. 이제 삼걸이 나이가 들어 손이 느려지기는 했지만, 약방 일은 그다지 바쁜 편이 아니었다.

이만하면 만사가 순조로운 편이었다. 결혼 초에 아이를 둘씩이나 잃은 불상사를 겪기는 했지만, 이제 네 아이들이 집안에 그득하고 머지 않아 다섯 번째 아이가 태어날 것이었다. 영업은 몇 번 작두질을 하다 하품을 머금었다. 그는 작두를 놓고, 코를 낮게 골고 잠든 삼걸이 곁에 목침을 베고 누워 눈을 감았다.

그가 살포시 잠들었을 무렵이었다. 왁자지껄한 소리가 대문 밖에서 들려왔다. 영업이 눈을 뜨고 일어나 앉았을 때, 어느새 잠이 깼는지 삼걸이 약방 문을 열고 나가는 것이 보였다.

"아니 이게 웬일이고? 이런 세상에!"

막 잠이 깨어 가래가 끓는 삼걸의 목소리가 다급하게 들려왔다. 영업은 뭔가 좋지 않은 일이 일어났다는 것을 직감하고 툇마루로 급히 나섰다. 약방 문턱을 넘은 영업의 발 밑에 피투성이가 된 작은딸이 널브러져 있었다.

"이게 무신 일이고?"

놀라 고함을 치는 영업의 휘둥그레진 눈에, 저고리 소매가 뜯겨져 나간 채 피를 흘리고 선 점례의 모습이 흐릿하게 들어왔다.

"의원님! 죄송합니더! 지가 아가를 업고 동네를 돌고 있는데, 어찌나 등에서 내린다고 버둥거리는지 잠깐 내려놓지 않았십니꺼? 그런데 어디서 나타났는지 크고 누런 개가 갑자기 아가를 덮치는 거라예! 있는 힘을 다해 아가를 떼어 내려 했는데……. 사람들 말이 그 개가 미친 개라 캅니더. 이 일을 우짜면 좋습니꺼?"

영업은 미친개라는 점례의 말에 갑자기 눈앞이 아득했다. 그는 툇마루에 널브러진 아이를 덥석 안고 약방 안으로 들어갔다. 반쯤 혼절한 피범벅이 된 아이는 턱을 달달 떨고 있었다. 솜을 얇게 넣어 누빈 분홍 면 저고리와 작고 앙증맞은 붉은 비단 치마가 갈기갈기 찢겨 있었다. 영업은 아이의 찢긴 옷을 벗기고 상처를 살펴보았다. 작은 몸에 온통 개의 이빨 자국이 가득했고, 어깨 쪽에는 살점이 한 움큼 뜯겨 나간 채 피가 흥건했다. 그는 가슴이 빠개지는 듯한 통증을 참으며 침착하게 아이의 상처를 치료하기 시작했다. 점례를 약방으로 데리고 들어온 삼걸이, 그 애의 찢긴 저고리 소매를 뜯어내고 상처를 살피고 있는 것을 영업은 옆 눈으로 보았다.

며칠 동안 헛소리를 하며 누워 있던 영업의 작은딸은, 삼 일째 되는 날 아침에 숨을 거두었다. 또다시 아이를 뒷산에 묻은 영업은 동네 장정들에게 그 미친개를 산 채로 잡아 오라고 시켰다. 다른 사람들이 피해를 입을까 염려스럽다는 핑계를 댔지만, 사실 영업은 그 개를 잡아 잔인하게 포라도 뜨고 싶은 심정이었다.

개에게 물린 팔의 상처를 싸매고, 여느 때와 다름없이 부엌일을 하던 점례가 약방으로 점심상을 봐서 조심스레 들고 왔다. 영업은 얼굴이 핼쑥한 채 풀이 죽은 점례를 흘깃 바라보았다. 살이 통통하던 볼이 홀쭉해져 목 언저리가 패어 보였다. 그동안 경황이 없어 눈여겨보지 못했지만, 영업은 미친개에게 물린 독기가 점례의 몸에 퍼졌을까 봐 은근히 걱정스러웠다. 점례는 눈길을 들지 못하고 가만히 고개를 숙이고 있었다. 환하게 내리쬐는 봄 햇빛에 점례의 하얀 피부가 더 희게 보였다.

그날 저녁, 미친개를 잡은 동네 청년들은 개의 네 발을 묶은 채 영업의 약방 앞으로 끌고 왔다. 마침 마지막 환자에게 약첩을 지어 막 돌려 보내려던 영업은, 미친개를 보자 분함을 참지 못하고 헛간으로 달려가 장작개비를 들고 왔다. 그동안 제대로 먹지 못했는지 덩치가 크고 털이 누런 개는 비쩍 말라 있었다. 묶인 네 발을 풀려고 요동치는 개의 눈에서 언뜻 푸른빛이 내비치는 것 같았다. 장작개비를 든 영업의 손이 부르르 떨렸다. 피투성이로 변해 온 어린것이 생각났다. 영업은 자신도 모르게 장작개비를 쳐들고 있는 힘을 다해 개를 내리쳤다. 고통스러운 듯 개가 온몸을 비틀며 짖기 시작했다. 그는 또 한 번 있는 힘을 다해 장작개비를 휘둘렀다. 개는 다시 몸을 비틀며 긴 울음소리를 냈다. 영업은 정신없이 개를 계속 내리쳤다. 서쪽에서 붉게 물들기 시작한 하늘빛이 마당으로 내려앉았다. 붉은 피를 흘리며 요동치는 미친개의 누런 털 위로 노을 그림자가 졌다.

부엌에서 저녁밥을 짓던 점례는 약방 쪽에서 들려오는 시끌벅적한 소리에 부엌문 밖으로 고개를 내밀었다. 바깥마당 한가운데에 몸이 비쩍 마른 개 한 마리가 피를 흘리며 꿈틀대는 것을 보았다. 피 묻은 장작개비를 든 영업의 성난 눈에 붉은 노을이 타는 듯했다. 점례는 흠칫 몸을 떨었다. 마당이 온통 피에 잠긴 것 같았다. 그녀는 밥을 푸려고 손에 들고 있던 주발을 그만 떨어뜨리고 말았다. 부엌 문턱을 내리친 주발이 땡그랑 소리를 내며 마당으로 굴러 나갔다. 피 묻은 장작을 든 채 씩씩대고 선 영업이 주발 구르는 소리에 얼핏 부엌 쪽을 바라보았다. 붉은 노을 속에서 얼굴이 새하얗게 질린 점례가 몸을 떨고 서 있었다.

"으 어어어……."

영업과 눈이 마주친 점례의 입에서 의미를 알 수 없는 외마디 소리가 새어 나왔다. 영업은 장작개비를 슬그머니 놓고, 기이한 표정을 짓는 점례를 주시했다. 겨우 숨이 붙어 있는 개를 바라보던 동네 청년들의 눈길이 영업의 눈길을 따라 부엌 쪽으로 옮겨 갔다. 점례가 사시나무처럼 온몸을 떨더니 갑자기 마당 가운데로 달려 나왔다.

"우으으으……."

그녀는 괴성을 지르며 피투성이가 된 개에게 달려들었다. 눈 깜박할 사이에 점례는 숨을 겨우 할딱이는 개의 목 언저리를 물고 늘어졌다. 짧은 순간 힘없는 소리로 깽깽대던 개가, 마침내 몸을 축 늘어뜨렸다. 그 끔찍한 광경에 잠시 주춤하던 동네 청년들이 죽은 개를 점례에게서 억지로 떼어 냈다. 누런 털이 박힌 개의 살점을 물어뜯은 점례의 입 안에서 붉은 피가 흘러내렸다.

"아니 이년이 아무래도 미쳤는갑다!"

청년 한 명이 소리를 치자 다른 청년들이 점례의 사지를 붙잡았다. 그들이 점례를 밖으로 내치려는 듯 대문께로 끌고 갔다. 입가에 붉은 피가 낭자한 점례의 눈동자가 빠르게 움직이며 흰자위가 번득였다. 막 대문에 들어서던 삼걸이 엉망이 된 점례의 몰골을 보고 걸음을 멈추었다.

"아니 도대체 이게 무신 일이고? 야가 와 이러나? 응?"

"미친 것 같습니더. 미친개한테 물린 증세가 이제 나타났나 봅니더! 의원님이 개 패는 걸 보고 이러지 않십니꺼?"

점례를 붙들고 선 청년의 말에 삼걸이 혀를 찼다.

"쯧쯧! 기어이…… 그래 미친 아이를 어디로 데려가는 기고?"

"그냥 밖으로 내칠라 캅니더!"

청년들은 점례를 끌고 대문을 나갔다. 마당에 들어서며 피투성이가 된 채 죽어 있는 개를 발견한 삼걸은 고개를 도리질했다.

"조카! 이게 도대체 무신 짓이고? 미친개를 잡았으면, 동네 젊은이들에게 맡길 것이지 와 조카가 이라노?"

등을 보이고 돌아선 영업이 대답 대신 깊은 한숨을 머금었다.

"조카, 그렇지 않아도 지금 세상이 난리인기라! 왜놈들 배가 영종도에 쳐들어가 관가에 불을 지르고 사람들을 죽였다 칸다! 왜놈들 배 이름이 뭐라 카드라? 맞다! 운요호라는 배라더라! 그 배가 무신 항로 조사를 한다고 강화도까지 갔다가 우리 조선의 포격을 맞고 혼났다 카드라. 항로 조사는 무신 조사겠노? 그놈들이 다 우리 조선을 넘볼라 카는 수작 아니가. 그래, 혼쭐이 난 왜놈들이 즈이 나라로 돌아가는 길에 그렇게 보복을 했다 안 하나. 잘못하면 이제 왜놈들이 우리 조선을 맘대로 드나들게 된다 카더라! 그놈들이 조선을 드나들어도 괜찮다는 무신 약조를 우리 나라님이 하는 수 없이 했다 안 카나. 세상이 온통 뒤숭숭하대이! 그런데 우째 이리 집구석마저 뒤숭숭하노? 어린아가 죽은 것도 죽은 거지만, 이제 미쳐 버린 저 가시나는 우짜면 좋노?"

삼걸이 사설을 늘어놓는 사이, 점례를 내쫓은 청년들이 마당에 널브러진 개의 시체를 거적에 말아 들고 나갔다. 그때서야 정신을 차린 영업이 몸을 돌려 삼걸을 바라보았다. 영업의 핏발 선 눈에 물기가 가득 고여 있었다.

"외삼촌…… 외삼촌!"

금방 울음이 터질 듯한 영업의 일그러진 얼굴 위로 엷은 어둠이 내려앉고 있었다. 그때 약방 마당의 일을 눈치 채고 아이들마저도 잠잠하던 안채에서, 누군가 부산하게 움직이는 소리가 났다. 신발을 급히 끌며 달려온 정 씨가 다급한 얼굴로 삼걸을 바라보았다.

"오라버니! 어서 가서 산파 할매를 불러오이소! 아 어매가 애를 낳을라 캅니더!"

정 씨의 말이 다 끝나지도 않았는데, 안채 쪽에서 한금의 비명 소리가 들려왔다. 제 어미의 비명 소리에 놀란 아이들이 우르르 방에서 나와 정 씨의 치마꼬리를 붙들고 섰다. 삼걸은 뭐라 말할 틈도 없이 정 씨의 손에 떠밀려 대문을 나섰다. 어둠이 짙어지기 시작한 마당은 개가 죽어 배어든 핏자국으로 검붉게 얼룩져 있었다.

안채에서 한금의 비명 소리가 점점 더 커져 왔고, 대문 밖으로 내쫓긴 점례의 괴성도 자꾸만 크게 들려왔다. 영업은 약방 툇마루에 털썩 주저앉았다. 이 약방 마당에 또다시 행복이 찾아올 수 있을까 생각하자, 그는 가슴이 답답해 왔다. 제 할머니 곁에 선 채 안채의 비명 소리와 대문 밖의 괴성을 듣고 있던 아홉 살 난 영업의 큰딸이 기어이 울음을 터뜨렸다. 점점 크게 울어 대는 계집아이의 울음소리에 한금의 비명과 점례의 괴성이 섞여 들었고, 영업은 두 손으로 머리를 감싼 채 차츰 어두워 가는 하늘을 올려다보았다. 달조차 구름에 가려진 하늘은 컴컴하기만 했다.

9

잔가지에 부는 바람

기묘년(1879년)에 이르렀다. 4년 전에 막내딸을 잃고 나서 태어난, 영업의 아들은 어느새 다섯 살로 자라났다. 열세 살 난 큰딸은 제 어미를 닮았는지 키가 쑥 자라 처녀티가 났다. 열 살과 아홉 살 난 두 아들은 동네 서당에 나가 열심히 글을 배우더니, 요즘은 밤이면 글 읽는 소리가 제법 낭랑하게 집 안에 울렸다.

미친개에게 물린 후 정신이 나간 점례는 제 집 골방에 갇혀 있었지만, 이따금 도망을 나와 동네를 배회하곤 했다. 유독 영업의 약방집 대문을 두들기며 울어 대는 것으로 보아, 제 딴에는 맘에 걸리는 것이 있는 모양이었다. 헝클어진 머리카락에 제대로 씻지도 않아 냄새를 풍기는 점례의 더러운 몰골을 대할 때면, 영업은 가슴 언저리가 저려 왔다. 그는 뽀얗고 탐스러운 모습으로 자신의 가슴을 설레게 한 점례가 저 지경에 이른 게 제 탓 같았다.

점례 어미는 천주교 박해 때 고문을 당한 후유증 때문인지, 한쪽 다리를 절뚝이던 몸마저 쇠약해져 아예 자리를 보존하고 누웠다. 아들들은 머슴살이를 떠나, 스물다섯 살이나 먹은 점례의 언니가 시집도 안 간 채 집안을 거두고 있었다. 이따금 어머니 정 씨가 보리 됫박이라도 들고 가 골방에 갇힌 점례를 들여다보는 모양인데, 영업은 한금의 눈길이 무서워 아는 척도 하지 못했다. 한금은 점례라는 이름만 들어도 원수를 만난 듯 눈초리가 매서웠다. 그녀는 점례가 집안에 들어와 영업 앞에서 꼬리를 치는 바람에 그 모든 일이 일어났다고 생각했다.

음력 6월, 장마가 그치자 날씨가 유난히 무더웠다. 김해평야의 너른 들판을 태울 듯한 땡볕이 내리쬐었다. 영업의 아이들은 진종일 동네 개울가에서 미역을 감았다. 이렇게 더운 날에는 어쩌다 더위 먹은 어린애나 노인들이 찾아오지 않으면, 영업의 약방은 대체로 한가한 편이었다. 요즘 들어 부쩍 눈까지 어두운 삼걸은 안채 뒤뜰에 놓인 평상에 누워 있었다. 정 씨는 아이들이 걱정스러워 개울가로 나갔고, 어느새 앞가슴이 볼록해지기 시작한 영업의 큰딸만이 물가에 나가지 못하고 제 어미와 함께 집을 지키고 있었다.

이따금 뒤뜰 대추나무 꼭대기에 붙은 매미가 울어 댈 뿐 집 안은 고요했다. 영업은 크게 하품을 머금었다. 이만하면 사는 일이 그래도 수월한 편이었다. 몇 년 전에 막내딸이 비명횡사하고 그토록 곱던 점례가 미쳐 나간 일이 있었지만, 이제 그것은 영업에게 과거지사였다. 많은 재산을 모아 두지는 않았어도, 영업은 먹고살기에 부족함 없이 생활했다. 그리고 어여쁘게 자라나는 딸아이와 세 아들, 중년에 이르러 몸이 불어나 지금은 결코 예쁘다고 할 수 없는 아내지만 그래도 알뜰살뜰 살림을 잘 살아 주는 한금은 나무랄 데 없는 조강지처였다. 무엇보다도 어느새 다 늙어 버린 어머니 정 씨와 사이가 좋아 한 번도 고부간 갈등으로 영업을 괴롭힌 적이 없는 아내였다. 영업은 인생이 이대로만 흘러 주면 좋겠다고 생각했다.

그는 합죽선을 펴 들고 한동안 구석에 밀쳐놓았던 책을 잡아당겼다. 지난날, 강 주부와 김 선비 밑에서 그 딴에는 공부를 한다고 했다. 그러나 그는 학문에 그리 능통한 편이 아니었다. 하긴 그를 가르친 강 주부나 김 선비가 정통 학자가 아닌 탓도 있었다. 영업 자신이 양반의 씨라지만, 지금은 영락없는 중인 신분 의원일 뿐이었다. 그는 씩씩하게 잘 자라고 있는 세 아들을 떠올렸다. 그놈들만큼은 정통 학문을 가르쳐, 지난날에 할아버지 배수우가 지녔던 양반의 기품을 다시 찾게 해 주고 싶었다. 그래서 그는 하루 종일 물가에 나가 놀기만 하는 아들들이 은근히 걱정스러웠다. 아무리 날씨가 더운 탓이라지만, 글 읽기는 아주 놓아 버리면 다시 몰두하기가 힘들다는 것을 알고 있었다. 그는 내친 김에 아이들을 불러들이기 위해 개울가로 나가려고 몸을 일으켰다.

그는 집 뒤쪽의 둔덕진 길로 천천히 접어들었다. 완만하게 경사진 오르막길은 자연 방죽으로 개울과 동네를 차단해 주었다. 웬만한 장마에도 개울물이 자연 방죽을 넘는 일은 없었다. 그렇다고 가뭄에 물이 쉽게 마르는 일도 없어 개울물은 김해평야 곳곳으로 잘 흘러 들어갔다. 그는 방죽 가운데에 올라가 물가를 내려다보았다. 벌거벗은 아이들이 물 속에서 고물고물 놀고 있었다. 물 속을 한동안 바라보다 영업은 물기에 젖은 아이들의 몸에 반사된 햇살에 눈이 부셔 잠시 눈을 감았다.

"아범이 여기 웬일이고?"

어느새 정 씨가 막내의 손을 잡고 방죽 귀퉁이를 올라오고 있었다. 큰아들과 작은아들은 정 씨를 앞질러 한달음에 방죽을 타고 올라오더니, 물이 뚝뚝 떨어지는 얼굴로 영업에게 달려왔다.

"아부지 나오셨습니꺼?"

영업은 자신의 양손에 매달리는 아이들에게서 비릿한 물 냄새가 나는 것을 느꼈다.

"아범아! 어서 집에 가제이! 어서……."

방죽을 겨우 올라와 숨을 헐떡이는 정 씨의 얼굴이 웬일인지 초조해 보였다.

"와요? 어머이! 어디가 편치 않으십니꺼?"

"아니다! 그게 아니고…… 아이고 이일을 우짜노?"

막내의 손을 잡은 정 씨의 손이 파르르 떨리는 것을 바라보며, 영업은 정 씨의 말이 이어지기를 기다렸다.

"내가 여기 물가에 앉아 있으려니까, 건넛마을에서 온 박물 장수가 내 옆에 와 앉지 않겠나? 니도 알 끼다. 그 여편네가 박물 팔고 다닌 지가 벌써 십 년 가까이 되니까……. 글쎄 그 여편네 말이 건넛마을에서 벌써 여러 사람이 죽어 나갔다는구나."

"예? 사람들이 죽어요? 와요? 와 죽었는데요?"

휘둥그레진 눈을 하고 영업이 재촉했는데도, 정 씨는 한동안 입을 잠잠히 다물고만 있었다. 어느새 두 아이들은 둔덕을 내려가 집으로 달음질쳤고, 그 뒤를 막내가 종종걸음으로 쫓아가고 있는 것이 내려다보였다. 정 씨가 치마꼬리를 들어 눈가로 새어 나오는 눈물을 닦았다.

"아이구! 저것들을 우짜면 좋노? 삼신할미가 지켜 줘야 할 텐데…… 우짜노?"

"아니 어머이, 도대체 와 이라십니꺼? 예?"

"돌림병이란다! 소문을 들으니 왜놈의 나라에서 옮겨 온 거라 안 카나? 어른들보다는 아이들이 쉽게 걸리는데, 온통 열이 나고 얼굴에 딱지가 앉는다더라. 그러다가 열을 못 이겨 죽은 사람들이 여럿인데, 살아남아도 얼굴이 온통 얽어 가지고 볼 수가 없다 안 카나? 왜놈들이 우리 나라님한테 억지로 무신 약조를 맺어, 지네 맘대로 배를 타고 드나들더니만 병까지 옮겨 왔다 안 카나? 우짜면 좋노?"

영업은 눈앞이 캄캄해 왔다. 둔덕진 길을 내려가는 정 씨의 더딘 걸음을 따라 천천히 발걸음을 떼며 그는 온몸을 부르르 떨었다. 왜놈의 나라! 그들이 알게 모르게 조선을 먹어 가고 있다는 소문은 들었지만, 이제 병까지 몰고 와 자신의 금쪽 같은 아이들의 생명을 위협하다니⋯⋯. 어느새 동네 길을 달음질치는 세 아이의 모습이 둔덕길 중턱에 선 영업의 눈에 아득히 보였다.

돌림병이 돈다는 소문을 들은 지 열흘이 채 지나지 않아, 영업의 약방으로 열병을 앓는 환자가 하나 둘씩 모여들었다. 환자들에게 부지런히 해열침을 놓고 약첩을 지어 주었지만, 영업은 그것이 소용없다는 것을 알고 있었다. 그래도 찾아오는 환자들을 뿌리칠 수 없어 받아들이면서도, 영업은 안채의 아이들이 걱정스러웠다. 그렇다고 아이들을 지키기 위해 약방 문을 닫아 걸 수도 없는 노릇이었다. 대책 없는 돌림병이란 것도 알고, 환자 중 절반 이상이 죽어 나갈 수밖에 없다는 것도 알지만, 그들이 죽든 살든 덜 고통스럽도록 도와주는 것이 의원의 의무 아니던가.

동상 마을에 돌림병이 번지고 나서, 보름이 채 지나지 않아 사람 세 명이 죽어 나갔다. 그리고 영업의 둘째 아들이 헛소리를 하며 앓아누웠다. 차츰 정신을 잃어 가는 아이를 돌보던 한금이 영업에게 눈을 부릅뜨며 소리를 질렀다.

"당신은 돌림병인 걸 뻔히 알면서도, 어린아이들이 있는 집에 환자를 받았십니꺼? 어떻게 얻은 자식인데예? 셋이나 죽이고 겨우 남긴 아이들 아닙니꺼? 당신은 이 아를 꼭 살려 내야 합니더! 아비가 온 동네 사람들을 다 돌보는 의원인데, 자기 자식 하나 못 살려 낸다는 게 말이나 됩니꺼?"

식은땀을 흘리는 아이의 얼굴을 닦아 주던 정 씨가 며느리의 성난 얼굴을 물끄러미 바라보았다.

"에미야! 니는 와 아범만 탓하노? 아범은 지 할 일을 다 하고 있는기라. 죽고 사는 것이 다 하늘의 이치에 딸린 일, 아무리 돌림병이 지나가도 살 사람은 다 사는기라. 이 아는 분명히 살기라. 내 밤마다 얼매나 치성을 드리는지 아나? 우리 자손들 무사히 잘 자라라고 말이다."

잔잔히 새어 나오는 정 씨의 목소리에, 한금이 참았던 울음을 터트리며 정 씨의 무릎에 얼굴을 묻었다.

"어머이! 지는 사는 것이 무서워예."

울음 때문에 제대로 말도 못하는 한금을 바라보다 영업은 고개를 돌리고 말았다. 그도 한금의 울음을 따라 소리 없이 울고 있었다.

열병을 앓던 아이는 병난 지 여드레 된 날 숨을 거두었다. 그러나 죽은 아이를 내다 묻기도 전에, 제 어미를 따라 동생을 간호하던 딸아이가 자리에 누웠다. 딸아이가 헛소리를 시작할 무렵, 큰아들과 막내아들이 동시에 열이 나기 시작했다. 영업의 집만이 아니었다. 동상 마을 곳곳에 사람이 죽어 나가지 않은 집이 없었다. 그 무렵 골방에 갇힌 점례도 열에 시달리다 숨을 거두었다는 소식이 들려왔다. 이따금 골방을 뛰쳐나올 때면, 약방집 대문을 두들기며 미친개에게 물려 죽은 영업의 작은딸을 불러 대던 점례였다. 영업은 자신의 아이들이 이미 하나는 죽고 셋이나 앓아누운 상황인데도 점례 생각에 가슴이 저며 왔다.

그는 벌써 자식을 네 명이나 잃었다. 첫 번째는 태어나면서 죽어 나왔고, 두 번째는 한창 예쁜 나이에 우물에 빠져 죽었다. 사 년 전에는 귀여운 딸이 끔찍한 모습으로 피를 흘리며 죽지 않았던가. 그리고 엊그제는 한창 글공부에 열중하던 아들을 잃었다. 또 며칠 전까지만 해도 건강하던 나머지 세 아이들이 열에 들떠 헛소리를 하고 있었다. 그 세 아이들 중에 단 한 명이라도 살아난다는 보장이 없었다.

벌써 동상 마을에서 스무 명이 넘는 사람들이 죽어 나갔다. 그리고 영업의 세 아이들은 막내부터 숨을 거두더니, 그 하루 뒤 딸과 큰아들이 같은 날에 죽었다. 마을은 모두 초상집이라 서로 문상을 갈 형편도 아니었다. 그래도 누가 죽었다는 소식은 서로 인편에 전하곤 했는데, 영업의 딸과 아들이 죽은 날에 다리를 절던 점례의 어머니도 숨을 거두었다는 소식이 들려왔다. 이제 점례의 집안에는 시집을 못 간 큰딸과 열네 살짜리 막내딸만 남은 셈이었다. 격식을 갖춰 장례를 치룰 수 없는 동상 마을 사람들은 대충 집 가까운 곳에 구덩이를 파고 시체를 묻었다. 먼저 세상을 떠난 세 아이들의 작은 무덤 곁에 다시 네 개의 무덤이 늘었다. 자식 일곱을 낳아 일곱 명을 다 땅에 묻은 영업의 마음은 갈기갈기 찢어지는 듯했다. 세 아이의 시체를 같은 날 묻은 뒤, 그중 마지막 아이의 작은 봉분을 다지던 삼걸의 느린 몸짓을 물끄러미 바라보던 한금이 갑자기 나뒹굴며 통곡했다.

"어머이요! 어머이가 밤마다 치성을 드리신다면서예? 그래서 아무 일 없을 거라 하셨지예? 세상에 하늘님이 어디 있어예? 사람들에게 복을 주는 하늘님은 없는 거라예. 와 이리 어린것들한테 병을 주고 데려가신답니꺼? 어찌 다 자라지도 않은 잔가지들을 이리 한꺼번에 뚝 잘라 버릴 수가 있십니꺼? 차라리 날 데려가시지…… 차라리 날 말입니더!"

몸부림치며 토해 내는 한금의 통곡 소리에, 그동안 울음을 참고 있던 정 씨가 땅바닥으로 주저앉았다.

"아이고! 하늘님! 도대체 이게 무신 일입니꺼? 내 얼매나 사는 일을 조심했는지 압니꺼? 내 얼매나 우리 영업이의 자손 복락을 빌고 빌었는데, 이런 날벼락을 주십니꺼? 데려가시려면 저 어린것들 놔두고 이 늙은이나 먼저 데려가시지 참말로 야속합니더!"

정 씨의 통곡 소리에 영업과 삼걸도 속으로만 삭이던 울음을 참지 못하고 소리 내어 울었다.

돌림병이 온 동네를 휩쓸고 지나간 후, 열병에 살아남은 사람들은 온통 얼굴이 얽은 곰보로 변해 버렸다. 집집마다 식구를 잃지 않은 집이 없었고, 인심은 한층 흉흉했다. 영업의 약방을 찾아오는 사람들이 있을 리 만무했다. 영업은 아예 약방 문을 닫아걸고, 아이들이 죽은 후 병석에 앓아누운 정 씨를 보살폈다. 생각해 보면 부부의 정이 무엇인지 겨우 알아 가던 무렵에 남편을 잃고, 겨우 얻은 영업 하나만을 바라보며 살아온 정 씨였다. 밤마다 촛불 아래서 그저 자신의 복락만을 빌고 또 빈 것을 영업이 왜 모르겠는가. 한꺼번에 손주 네 명을 잃은 정 씨가 앓아누운 것은 당연했다. 미음을 몇 숟가락 입에 넣은 정 씨가 부쩍 살이 빠진 몸을 겨우 일으켜 앉았다.

"에미야! 니 전에 죽은 아이들 묻으면서 그랬재? 와 다 자라지도 않은 잔가지들을 꺾어 가느냐고……."

정 씨가 흐릿한 눈에 겨우 초점을 모으며 며느리를 바라보자, 한금이 고개를 가만히 끄덕였다.

"그 아이들이 잔가지라면 너그들은 뭐고? 너그들은 나무 둥치대이! 나는 요 며칠 새 내 치성이 헛되지 않았다는 생각을 했대이. 그래도 너그 둘, 둥치는 멀쩡한기라. 이 얼매나 다행이노? 자식이사 또 낳으면 되지 않겠나? 만약 잔가지가 살아남고, 나무 둥치가 죽었어 봐라. 결국엔 잔가지도 죽고 마는기라. 아이들이 다 떠난 것이 마음이 찢어지는 일이지만, 너그들 아직 젊대이! 나는 이제 그만 가고 싶다. 우리 아가들이 저희들끼리만 얼매나 외롭겠노? 내라도 얼른 가서 보살펴 줘야 하지 않나?"

"어머이! 지금 무신 말씸을 하십니꺼? 저는 자식들 다 잃고 어머이마저 잃는다면 무신 낙으로 살란 말입니꺼? 삼걸 외삼촌은 어머이보다 두 살이나 위이시고, 벌써 몇 년 전부터 골골해싸도 잘 지내지 않으십니꺼. 이번 돌림병에도 무사하셨는데, 와 이러십니꺼? 어서 기운 차리시소!"

영업은 일부러 목청을 높여 정 씨를 야단치듯 말해 보았지만 맥이 탁 풀려 왔다. 그는 점점 힘을 잃어 가는 어머니의 맥박을 느끼며 고개를 떨어뜨렸다.

그해 가을, 정 씨는 숨을 거두었다. 아이들이 떠나고 썰렁하던 집안에 정 씨마저 세상을 뜨자 약방집은 괴괴한 분위기에 휩싸였다. 벌써 영업이 약방 일을 돌보지 않은 것이 여러 달째였지만, 그동안 사 놓은 논 열 마지기에서 수확한 쌀로 양식 걱정은 없었다. 지난여름 사람들이 그렇게 죽어 나갔는데도, 김해평야에는 이상하게 풍년이 들었다. 돌림병 때문에 돌보지도 못하고 내버려 둔 곡식들은 가을이 되자 잘 영글었고, 살아남은 사람들은 벼를 베고 타작을 했다.

약방 문을 걸어 잠근 채 겨울을 지내는 동안, 영업은 오래전에 동상 마을을 떠난 김 선비를 내내 생각했다. 영업의 눈물을 뒤로 하고, 아득히 펼쳐진 김해평야 사이로 냉정하게 사라지던 스승이었다. 그는 문득 어디론가 떠나고 싶었다. 이곳 동상 마을에서 태어나 단 한 번도 타지로 나가 본 적 없는 영업이었다. 정 씨가 세상을 떠난 후, 삼걸은 자신의 본가로 거처를 옮겨 버렸다. 겨우내 한금과 단둘이 커다란 집을 지키던 영업은 봄기운이 스며들자 마음이 술렁거렸다. 그는 한 해 사이 부쩍 나이티가 나는 아내를 바라보았다.

"내가 스물한 살 때 당신과 혼인했으니, 벌써 스무 해를 같이 살았구마. 당신과 사는 동안 한 번도 당신 곁을 떠난 적이 없대이. 어디 당신뿐이가? 늘 내 옆에는 어머이가 계셨는기라. 어머이가 돌아가시기 전에 뭐라 카시더나. 우리 보고 나무 등치라 하셨대이. 참 우리 어머이 인물도 없고 배운 것도 없어도 속이 깊은 분이셨대이. 당신과 스무 해를 살고, 이제 다시 우리 둘만 남았대이. 당신, 날 믿고 집을 잘 지키고 있을 수 있겠나?"

무슨 말이냐는 듯 한금의 눈이 휘둥그레졌다.

"내 맴이 터질 것 같은기라. 겨울 내내, 내는 오래전에 우리 동상 마을을 떠나셨던 김 선비님을 생각했대이. 그 양반이 와 집 떠나 우리 집에 머무르셨는지 알 것 같대이. 그리고 떠나실 때, 왜 그리 냉정하게 뒤도 안 돌아보고 가셨는지 그것도 조금은 알 것 같구만. 세상에 정을 안 두셨던기라. 아무 곳에도 말이대이. 내는 이제까지 세상에 너무 많은 정을 두고 산기라. 내도 한번 떠나 보고 싶대이. 김 선비님처럼 말이다."

한금이 화들짝 놀라며 영업에게 바싹 붙어 앉았다.

"당신 지금 무신 말씀하십니꺼. 떠나다니예?"

금세 한금의 눈에서 눈물이 줄줄 흘러내렸다.

"내 세상을 돌아보고 다시 돌아올기라. 가슴이 터질 것 같아서, 더는 약방 안에 못 앉아 있을 것 같대이. 내를 좀 보내도고!"

한금이 흘리는 눈물에 아랑곳없이, 영업은 오히려 애원하는 말투였다.

개울 얼음이 녹고 아지랑이가 피어오르기 시작할 무렵, 영업은 집을 떠났다. 때는 1880년 경진년이었다. 오래전에 청춘의 영업이 목메어 스승을 부르던 소리를 뒤로 하고 냉정하게 김해평야 사이로 사라진 김 선비처럼, 그는 눈물짓는 아내를 뒤로 한 채 동상 마을을 떠났다. 영업의 가슴 속에 빛이 스며 있다는 말을 남기고 김 선비가 떠난 지 이십 년 만이었다. 이제 장년에 접어든 영업이 그동안 자식 일곱을 다 잃고 아내를 홀로 두고 떠나고 있는 것이었다. 젊었을 때 그는 자신 안에 빛이 스며 있다는 스승의 말 한마디에도 몹시 흥분했다. 그 말을 남긴 스승은 만져 볼 수도 없는 천주학이란 이념 때문에 치명(致命)을 당했다. 그리고 영업은 그 보이지 않는 빛에 대해 꿈꾸었지만, 이제 온갖 아픔을 겪고 혈혈단신 스승이 간 길을 걷고 있었다.

그는 봄빛이 내리쬐는 김해평야 사이로 접어들었다. 겨우내 얼어붙은 땅에 벌써 쟁기질을 한 흔적이 보였다. 그사이 그렇게 많은 사람들이 죽었어도 봄이면 땅을 갈고 모를 심었으며, 여름볕에 벼가 익고 가을이면 추수를 해 왔다. 그렇게 산 사람들은 살아왔다. 영업은 문득 자신이 왜 살아남았는지, 무엇 때문에 살아야 하는지 궁금했다. 아침 햇살에 봄기운이 물씬 느껴지는 동상 마을 어귀를 벗어나며, 그는 등 뒤 멀리에서 한금이 아직도 울고 있을 것 같아 뒤를 돌아보고 싶었다. 그러나 마음과 달리 앞만 보며 걷는 영업의 모습이 김해평야 사이로 가물가물 사라져 갔다.

10

아버지의 고향

충주 고을 손 진사 댁 객사 마당, 따가운 가을 햇살이 붉은 고추가 널린 멍석 위로 쏟아졌다. 툇마루 끝에 앉아 영업은 고추 멍석을 멍청히 내려다보았다. 초점을 잃은 그의 시야로 햇볕에 타는 고추의 빨간 빛이 피처럼 붉게 번졌다. 어찌 보면 한금이 새색시 때 입은 치마 빛깔 같기도 했고, 누군가 선혈을 흥건히 흘려 놓은 것도 같았다.

"뭘 그리 보고 계십니까? 의원님! 고추 멍석에 구멍이 뚫리겠습니다. 그려."

안채에 들어간 짝패가 언제 나왔는지 무명 두루마기에 초롱 갓을 쓴 모습으로 영업을 보고 있었다. 비록 상놈일지라도, 그는 안채에 들어갈 때면 언제나 의관을 갖추곤 했다.

"보기는요. 실은 아무것도 보고 있지 않았습니다. 고추가 어찌나 붉은지 눈이 다 어릿어릿합니다."

짝패는 소리 없는 웃음을 잠시 머금더니 영업이 앉은 툇마루 끝에 걸터앉았다.

"아마도 마님이 그리우신가 봅니다. 집 떠나오신 지 벌써 예닐곱 달

101

에 이르렀지요?"

영업은 허를 찔린 것 같아 얼굴이 슬그머니 달아올랐다. 영업에게 꼭 존대를 하는 짝패였지만, 기실은 아비가 아들을 다루는 듯하는 그였다. 하긴 그의 나이 벌써 예순 살이 가까웠다. 동학운동으로 사람을 잡아들이기 시작할 때, 몇 년 동안 영업의 집으로 몸을 피했던 것이 벌써 십오 년 전의 일이었다.

"집을 떠나신 것이 이번이 처음이시지요? 그러니 그럴 만도 하지요. 거기다 그 모진 일을 겪고 마님 혼자만 남겨 두고 오셨다니, 의원님도 참 냉정한 양반입니다."

"아닙니더. 지금 집 생각하고 있는 게 아니란 말입니더. 이 댁에 신세를 지고 있는 것이 벌써 몇 달쨉니꺼? 스스로 너무 미안하다는 생각을 하고 있었십니더."

짝패는 억지를 쓰는 영업의 마음을 모른 체하며 공연히 헛기침을 두어 번 했다.

"이 댁이야 동학 본부가 아닙니까? 드나드는 사람이 어디 한두 사람이어야지요. 게다가 의원님은 병난 식솔들에게 침 놓아 주고 약 지어 주는 것으로 밥값은 톡톡히 하고 있는 셈입니다. 신세 진다는 생각은 안 하셔도 됩니다."

"그게 아니라 그냥 답답하단 말입니더. 사내대장부가 세상을 한번 돌아보겠다고 집을 떠나왔는데, 너무 편히 지내는 것 같아서 말입니더!"

"그러면 기회를 봐서 언제 저랑 같이, 세상을 한번 돌아보실랍니까? 한양에도 가 보구요."

"한양요?"

영업은 한양이라는 말에 귀가 번쩍 뜨였다.

"예! 손 진사 어른신께서도 제게 심부름시킬 일이 있으신 모양입니다. 세상 떠돌기라면 저처럼 알맞은 사람이 없으니까요. 동학을 알고 나서 겨우 한곳에 붙어사는 법을 알았습니다만, 젊어서 거지 떼를 이끌고 산천을 떠돌던 버릇이 어디 가겠습니까?"

비록 반백이 넘은 나이였지만, 짝패는 자그마한 몸집에 약골인 영업보다 훨씬 힘이 넘쳐 보였다.

"짝패 어른과 함께라면 든든합니다. 사실 저 혼자 겨우 찾아온 곳이 이 충주 땅 아닙니꺼? 할아부지가 벼슬을 지내시고 아부지가 태어난 곳이라 캐서 내 평생에 한 번은 와 보고 싶었습니다만, 사실은 돌아가신 김 선비님과 짝패 어른을 생각하고 이리로 안 왔십니꺼? 얼굴도 모리는 할아부지나 아부지보다는 그래도 날 가르치고 키워 준 김 선비님이 아부지 같아서요. 그 댁 가솔들은 병인년 천주학 박해 때 다 돌아가셨다면서요?"

금세 영업의 눈에 눈물이 고였다.

"그러게 말입니다. 그때 좀 피하실 수도 있었는데……. 아무래도 그냥 죽기를 작정하셨던가 봅니다."

"혼자서 발이 부르트도록 걸어 충주 땅엘 왔지만, 짝패 어른을 만났다는 것밖에는 모든 게 허사인 것 같십니더. 할아부지가 사셨던 집터라 해서 찾아갔더니, 지금은 자취도 없습니더. 그 집은 폐가로 변했다가 벌써 헐렸다고 합니더. 하긴 벌써 팔십 년 전의 일이 아닙니꺼? 어머이가 살아 계실 때, 전설처럼 얘기해 주셨던 것들이 제 기억에 없었더라면 벌써 잊었을 일입니더. 저는 이제 양반 씨라고도 할 수 없십니더. 누가 그걸 믿기나 하겠십니꺼?"

영업이 혼잣말하듯 나직이 중얼거리자, 짝패가 한숨을 가만히 머금었다.

"의원님! 이제는 양반 상놈 그런 거 아무 소용 없는 세상이 올 겁니다. 양반이면 어떻고 중인 신분이면 어떻습니까? 이 짝패 놈이야말로 상놈 중의 상놈이 아닙니까? 한때는 거지 노릇까지 했지만, 동학에 들어오니 사람 취급도 받고 지금은 손 진사 어른의 손발로 일하지 않습니까? 이제 만백성이 평등한 세상이 곧 오고야 맙니다. 우리 동학이 지금 삼남 지방엔 두루 퍼졌습니다만, 한양엔 아직 뿌리를 내리지 못했습니다. 지금 교주 어른은 그 일로 한양에 가 계시지 않습니까? 내 아마도 그 일로 한양에 가야 할 것 같습니다. 우리 동학의 돈줄이 여기 손 진사 어른이신데, 한양에 '도소'를 하나 마련하려면 자금이 필요할 겁니다. 손 진사 어른이 각지의 여러 접주들을 통해 자금을 모으고 있으니 곧 떠날 수 있을 겁니다."

영업을 바라보는 짝패의 눈에 순간 힘이 실리고, 눈빛이 날카롭게 빛났다.

동학운동은 초대 교주 최제우가 처형당할 당시 잠시 주춤했지만, 이제는 제2대 교주 최시형을 주축으로 해 경상도, 충청도, 전라도 이 삼남지방에 고루 퍼져 있었다. 말하자면 충주가 본부인 셈인데 이곳을 '법소'라 하고, 각지에는 '도소'를 두고 있었다. 이 '도소'는 다시 크고 작은 '접'으로 나뉘어, 각 접에는 '접주'라는 책임자가 있었다. 동학을 총 관장하는 충주 '법소'는 부유하고 학식 있는 양반들이 운영했는데, 그 중심인물 가운데 하나가 영업이 묵고 있는 집의 주인 손 진사였다. 그러니까 짝패는 동학의 핵심에 있는 셈이었다. 충주에 도착해 영업은 온통 객사를 열어 놓고 손님을 맞는 집이 있다고 하기에 찾아왔는데, 바로 이곳 손 진사 집이었다. 영업은 객사와 안채, 행랑채를 분주히 오가는 중늙은이 한 명이 눈에 익다 싶어 한참을 쳐다보았고 그 뒤에야 그가 짝패임을 알았다. 짝패도 객사 한 귀퉁이에서 조용히 생각에 잠긴 자그마한 중년 사내를 바라보다 혹시나 싶어 말을 붙여 왔다.

먼저 집안 안부를 묻던 짝패는, 지난해 돌림병으로 아이들을 다 잃었다는 소식에 잠잠히 입을 다물었다. 또 어머니 정 씨마저 세상을 떠났다는 말에, 그는 다부진 얼굴을 일그러뜨리며 눈물을 머금었다.

짝패가 행랑채로 간 뒤, 영업은 객사 안으로 들어갔다. 지난밤만 해도 방마다 손님이 가득 차 있던 객사는 점심때가 지나자 텅 비어 고요하기만 했다. 해가 기울면서 어디에선가 귀뚜라미가 울었다. 찌륵찌륵 울어 대는 소리에 영업은 공연히 가슴이 덜컥 내려앉았다. 문득 한금이 그리웠다. 그녀의 무릎을 베고 노곤히 잠들고 싶었다. 그리고 지금은 세상에 없는 어머니 정 씨와 아이들이 보고 싶었다. 객사의 텅 빈 방 안으로 불그레한 노을빛이 스며들었다. 그는 울컥거리는 가슴을 손바닥으로 누르며 눈을 가만히 감았다.

늦가을, 영업은 동네 약방집으로 거처를 옮겼다. 그곳에서 거동이 불편한 노인 김 의원을 대신해 환자를 진맥해 주며 겨울을 났다. 하는 일 없이 묵기가 불편하다는 영업의 말에, 짝패는 손 진사 집에서 김 노인의 약방집으로 거처를 옮겨 주었던 것이다. 그리고 봄이 오자 영업은 짝패와 함께 한양으로 떠날 차비를 했다. 얼마 되지도 않는 짐을 꾸리고 있는 영업을 김 노인이 물끄러미 바라보았다.

"임자가 떠나면 다시 보기 어렵겠구려! 임자가 돌아올 때까지 내가 살아 있을래나? 그래도 고향으로 돌아갈 때 여기 충주 땅을 들러 가구려!"

노인은 말 몇 마디를 뱉는 것도 힘겨워 숨을 헉헉거렸다.

"그러문요. 충주를 들러서 가지요. 어차피 짝패 어른도 충주로 돌아와야 할 것 아닙니꺼?"

"임자는 경상도 땅에 살아도 본래 본관은 이곳 충주라면서?"

"예! 어릴 때부터 어머이한테 듣기는 그렇게 들었십니더. 하지만 어디 그 흔적이나 찾을 수 있어야지요."

"내 나이가 일흔일곱이네. 어릴 때부터 전설처럼 들은 얘기가 있었네. 하루아침에 여기 충주 고을에서 자취를 감춰 버린 관찰사 배씨집안에 대해서 말이네. 임자가 그 댁 자손이 아닌가 하는 생각이 드네만……. 그 댁의 많던 재산은 관가에서 다 몰수하고, 하나 있던 자식과 배씨 양주(兩主)는 어디론가 뿔뿔이 흩어져 죽었다고 하던데……. 만약 임자가 그 댁 씨라 생각하면 기가 막힌 일이여. 고향을 등지고 산 지 팔십 년 만에, 양반 자손이 객지를 헤매는 중인 신세로 나타났으니……."

노인은 비스듬히 벽에 기대앉은 채로 영업을 바라보았다. 슬며시 웃는 얼굴이 모든 것을 다 짐작하고 있다는 표정이었다.

"다 지난 일이지요. 그리고 앞으로는 그깟 양반 상놈 구별도 없답디더. 오히려 숫자가 많은 민초들이 세상을 지배할 때가 온다 카지 않십니꺼?"

천연덕스러운 영업의 대꾸에 노인이 껄껄 웃다가 숨이 가쁜지 두어 번 깊은 기침을 했다.

"자네도 동학에 물들었나? 하지만 그 동학을 주도하는 사람들이 누군가? 민초들인가? 아니네. 결국 돈푼깨나 있다는 양반님들 아닌가. 돈이 있어야 모든 것은 돌아가기 마련이네. 자네는 모르나? 이제 동학은 처음 시작할 때하고는…… 뜻이 변했네. 신선이 되고 싶은 민초들의 순수한 소망이 아니라, 일부 양반님들의 세력 확장 운동이 되었네."

영업은 괴나리봇짐을 싸다 손을 주춤 멈추었다. 그동안 짝패와 어울리며, 그런 짐작을 하지 않은 것은 아니었다.

"내 너무 오래 살다 보니 세상이 훤히 보이는구먼! 앞으로는 더 시끄러울 걸세. 짝패와 한양에 가 보게. 그러면 내가 왜 이런 말을 하는지 알 수 있을 테니까."

비스듬히 앉아 있기도 힘에 겨운 듯 노인은 아예 아랫목에 있는 때낀 베개를 베고 누웠다.

영업이 짝패와 함께 길을 떠난 것은 1881년 봄이었다. 영업이 김해 동상 마을을 떠나온 지 꼭 일 년만이었다. 그들은 한양에 당도하기까지 충청도와 전라도 지방에 퍼져 있는 동학의 각 접소를 둘러보고, 이 듬해 1882년 여름이 가까워서야 한양에 이르렀다. 손 진사의 명에 따라 각 접소에서 모금한 돈을 전하기 위해, 그들은 교주 최시형을 찾아갔다. 영업은 민가로 위장한, 이른바 한양의 동학 본부에서 최시형을 처음 보았다. 쉰다섯 살 된 그는 짝패의 커다란 덩치에 비하면 골격이 작은 평범한 중늙은이였다. 희끗거리는 수염에 싸인 마른 얼굴 양 옆에는 광대뼈가 튀어나왔고, 탕건에 가려진 넓은 이맛전에 세 줄기의 골이 파져 있었다. 그런데 이상하게도 옴팡한 그의 눈은 무엇을 바라보고 있는지 알 수 없었다. 아무것도 보고 있지 않은 것 같기도, 아니면 세상의 모든 것을 바라보고 있는 것 같기도 했다. 그의 눈에는 무언가 사람의 마음을 서늘하게 하는 이상한 힘이 서려 있었다.

영업과 짝패는 밤길을 걷다 운현궁 근처에서 일본인 패거리 한 무리와 마주쳤다. 영업은 일본인의 행색을 처음 보는지라 신기함에 고개를 빼고 그들을 바라보았다. 짝패가 못마땅한 듯 혀를 찼다.

"뭘 그리 보고 있습니까?"

"저는 왜놈들을 처음 보지 않습니꺼? 옷차림새가 너풀거리는 것이 영 상놈의 행색입디더! 저놈들이 어쩌자고 우리 조선 거리를 저렇게 활보한단 말입니꺼?"

"그러게나 말입니다. 사실 우리 조선은 부글부글 끓고 있습니다. 서양 놈, 중국 놈, 왜놈 할 것 없이 우리 조선에 침을 삼키고 있습니다. 지금 조정은 둘로 갈라져 있지 않습니까? 외국 세력에 힘입어 나라를 개화해 보자는 축과, 이에 반대해 조선의 유교 문화를 살리자는 위정척사파가 으르렁대고 있습니다. 서로 나라를 위하는 척하지만, 사실은 그렇게 해서 세력을 잡아 보자는 것 아닙니까? 결국 백성만 못살게 되는 꼴입니다. 그래도 우리 동학은 오직 백성을 잘 살게 하기 위해 그 세력을 확장하고 있습니다. 언젠가는 개화파도 위정척사파도 다 무너지고, 우리 동학파가 세상을 평정할 날이 올 겁니다."

어둠 속에서도 짝패의 눈빛은 날카롭게 빛났다.

"그라몬 동학은 백성을 핑계 삼아, 또 다른 세력을 형성하려는 일부 양반들의 속셈이 아니란 말입니꺼? 저는 그렇게 들었는데요."

빈정거림을 담은 영업의 목소리에 짝패가 발끈했다.

"아니 누가 그런 말을? 누가 그런 말을 한답니까?"

충주를 떠나온 날, 영업은 숨을 몰아쉬며 말하던 김 노인의 목소리를 생각했다. 그러나 그는 입을 잠잠히 다물었다. 한참을 걷고 난 후에야, 영업은 혼잣말처럼 중얼거렸다.

"세상에 도대체 옳은 것이 무엇입니꺼? 천주학을 해도 잡아가고, 동학을 해도 잡아가고, 나라를 열어 놓으려는 사람도 옳지 않고, 나라를 닫아 두려는 사람도 옳지 않다면, 정말 옳은 것이 무엇입니꺼? 내는 아무것도 모리겠십니더."

영업의 중얼거림을 들었는지, 못 들었는지 어느새 짝패는 앞서 걷고 있었다. 검은 하늘에는 만월에 가까운 환한 달이 떠 있었다. 운현궁 뒷길을 걸어가는 두 사람의 그림자가 궁궐 담벼락에 길게 얼룩졌다.

짝패와 영업이 안국동 민가에 짐을 푼 지 얼마 지나지 않아 임오군란이 일어났다. 때는 임오년 6월이었다. 나라의 개방정책에 따라 신식 군대인 별기군이 편성되어 우대를 받게 된 것에 반해, 구식 군대는 봉급도 제대로 받지 못하는 처지에 이르렀다. 이에 불만을 품은 구식 군대가 반란을 일으키니, 이에 왕십리와 이태원 근처 빈민들이 합세했다. 결국 조선의 개방정책으로 이득을 본 것은 관료층과 상인들뿐이었다. 개항장을 통해 일본으로 곡물이 대량 흘러 나가자, 쌀값이 폭등하고 한양의 하층 계급은 생계를 잇지 못하는 상황에 이르렀다.

병조 판서 민겸호와 일부 관리들을 처단한 군란 세력은 이어 일본 공사관을 습격했다. 영업은 골목 뒤에 서서 미친 듯이 날뛰는 무리를 바라보았다. 거지 차림새나 다름없는 천민들이 온통 거리에서 날뛰고 있었다. 그들은 성난 눈으로 뛰어다녔다. 그러나 영업의 눈에 그들은 단지 '배가 고프다! 배가 고프단 말이다' 라는 무언의 말을 그렇게 몸으로 표현하는 듯했다.

"세상에나 이렇게도 배가 고픈 사람들이 많았구나! 배를 곯는데 무신 놈의 동학이고 서학이노? 왜놈이고 되놈이고 서양 놈이고 무신 구별을 하고 싶겠노? 그냥 배가 고파 저리 날뛰는기라!"

혼자서 중얼거리는 영업의 눈에 눈물이 가득 고였다.

결국 임오군란은 고종이 사태를 책임지고 대원군에게 정권을 다시 물려주는 것으로 수습되었다. 이에 위정척사운동으로 잠시 유배당한 유생들이 풀려났고, 나라의 자주를 지키려는 보수 세력이 전면으로 나섰다. 그러나 이 때문에 일본과 제물포조약이 체결되어 조선이 일본에 배상금을 지불해야 하는 사태에 이르렀다. 또한 일본 공사관원과 상인들에게 행동 구역을 넓혀 줄 수밖에 없어, 조선의 입지는 더욱 약화되었다. 즉 일본의 정치적 · 경제적 간섭이 더 심해진 셈이었다.

"이 쥑일 놈들! 이렇게 해서 우리 조선을 야금야금 삼키려고? 내 이 놈들을!"

짝패는 사태가 돌아가는 것을 바라보며 깊은 신음을 삼켰다. 그는 교주 최시형을 설득해 하루빨리 동학파가 반란을 일으켜 세상을 지배하는 것을 꿈꾸며 노심초사했다. 그러나 동학 세력 내부에서도 갈등은 있었다. 비교적 안정한 생활을 하는 몰락한 양반 출신이 많은 충청도의 북접 교인들은 되도록 종교적인 차원을 크게 벗어나고 싶어 하지 않았다. 반면에 소농과 빈농이 많이 모여 있는 전라도의 남접 교인들은 정치 투쟁을 선호했다. 그리고 한양에는 아직 이렇다 할 뚜렷한 세력이 형성되지 않아, 짝패와 영업은 동학이 한양 땅에 뿌리를 내리기까지 얼마나 더 이곳에 머물러야 할지 짐작할 수 없었다.

갑신정변이 일어난 1884년 12월까지 영업은 그대로 안국동 민가에 묵으며 병난 동학인들에게 약첩을 지어 주었다. 그러다 보니 자연히 영업은 동네 인근에 경상도에서 온 의원으로 소문이 났다. 이제 그는 동학인들뿐만 아니라, 그를 찾아오는 일반 환자들의 진료도 봐 주어야 했다.

영업은 나날이 늘어나는 환자들을 대하며 자신이 쉽게 한양을 떠나지 못할 것 같아 가끔 초조하기도 했다. 그사이 두어 번 산천을 떠돈 짝패 편으로 한금에게 잘 있다는 기별을 보냈지만, 아무도 없는 빈집에서 홀로 늙어 가고 있을 한금을 생각할 때마다 가슴이 저려 왔다. 그는 어서 이 떠돌이 생활을 청산하고 고향인 동상 마을로 돌아가고 싶었다. 영업은 자신의 뿌리를 찾아 충주까지 찾아갔지만, 그곳은 아버지의 고향일 뿐 자신에게는 낯선 타향이나 마찬가지였다.

1884년 11월, 우표를 인쇄해 조선 최초로 우편 업무를 시작한 우정총국이 개국되었다. 그리고 12월 4일 밤에 우정총국의 개국을 기념하기 위한 피로연이 열렸는데, 우정총국이 있는 전동(典洞)의 한 민가에 불이 난 사건이 일어났다. 이른바 개화파가 일으킨 '갑신정변'이었다. 그날 밤, 신분을 알 수 없는 몇 사람이 영업을 가마에 싣고 어디론가 끌고 갔다. 그들이 영업을 데려가며 내뱉은 말은 단 한마디뿐이었다.

"그 용하다는 의원 맞지? 남쪽 땅에서 왔다는……."

창문이 봉쇄된 흔들리는 가마에 실린 그는 어느 거리를 가고 있는지 짐작조차 할 수 없었다. 영업의 마음은 초조하기 이를 데 없었다. 혹시 동학의 끄나풀인 것이 탄로 난 것은 아닐까. 아니면 그 옛날에 천주학을 한 할아버지 배수우의 자손임을 누가 알아본 것이 아닐까. 그도 아니라면 병인박해 때 세상을 떠난 김 선비의 제자임을 알고 잡으러 온 것이 아닐까.

그가 불안에 떨다 당도한 곳은, 당장에 세도가의 집으로 짐작되는 으리으리한 기와집이었다. 가마에서 내려 엉거주춤하게 서 있다가 그는 집 안 깊숙한 곳에 있는 한 방으로 인도되었다. 불이 환히 켜진 커다란 방에는 얼굴에 개기름이 흐르는 사람 대여섯 명이 분주히 움직이고 있었다. 그중 한 명이 피에 젖은 무명 조각을 들고 방을 나갔을 때서야, 영업은 피투성이가 된 채 보료에 누워 있는 사람을 보았다. 그는 직업의식에 무심코 다가가 환자의 맥을 짚어 보았다. 아직 목숨은 붙어 있는 듯 맥이 희미하게 뛰었다. 곁에 앉아 있는 사람들이 웬 촌놈이냐는 듯 영업을 곁눈질했다. 그때서야 그는 환자 곁에 있는 이들이 한양에서 이름깨나 있다는 의원들일 것이라고 짐작했다. 그렇다면 피투성이 환자는 분명 고관대작 가운데 한 사람일 것이 분명했다. 초저녁에 사람들이 우르르 몰려다니는 기척을 느끼기는 했지만, 하도 뒤숭숭한 세상이라 관심도 두지 않던 그였다. 누군가 "반란이다! 반란!" 하고 길거리에서 외쳐 대는 소리를 듣기는 했어도, 두해 전에 있은 임오군란 때의 비참한 상황이 떠올라 영업은 내다보지도 않았다.

"민 대감님! 정신 좀 차려 보십시오. 민 대감님!"

그가 환자의 손목을 잡고 있는 사이, 깍듯한 한양 말을 쓰는 중년 사내 하나가 방 안으로 뛰어 들어왔다.

"나는 새도 떨어뜨린다는 우리 민영익 대감님을 누가 이렇게? 세상에! 내 김옥균 이놈! 요절을 내고 말 테다. 일본을 드나들며 설치고 다닐 때부터 알아봤어야 했는데…… 나라를 팔아먹을 놈이 기어이 일을 저지르고 말았습니다."

마침내 사내는 흑흑 흐느끼기 시작했다. 완전히 정신을 놓은 듯하던 환자가 통통 부어오른 눈을 가느스름히 뜨고 그를 바라보았다. 뭔가 하고 싶은 말이 있는 것 같았지만, 그는 입이 떨어지지 않는 듯 도로 눈을 감았다. 영업은 무려 일곱 군데나 칼에 찔려 목숨이 경각에 이른 민영익을 바라보았다.

'아니, 이 사람이 현세 최고의 세도가 민영익 대감이란 말인가?'

그는 놀라움을 참지 못해 벌어지는 입을 손으로 틀어막았다. 영업은 한낱 시골 의원일 뿐인 자신이 왜 이곳까지 불려 왔는지 의아했다. 사내가 피투성이가 된 민영익의 손을 붙들고 통곡하는 사이, 의원으로 보이는 사람 몇 명이 방 안으로 내몰리듯 들어왔다. 그들 중에는 고관대작의 병 수발을 드는 듯한 차림새가 말끔한 의원들도 있었지만, 영업처럼 촌티가 나는 꾀죄죄한 사내들도 있었다. 아마도 급한 김에 인근에 사는 손에 잡히는 의원은 다 끌어 모은 것 같았다.

한 의원이 환자의 상처를 씻어 내자, 다른 의원이 지혈을 위해 상처 부위에 역청을 넣어 막기 시작했다. 그리고 다른 몇 명은 끌어 온 보따리를 뒤져 약재를 처방해 밖에서 기다리고 있는 아랫것들에게 탕제로 달이라고 이르고 있었다. 그런 중에도 민영익은 몇 번인가 신음을 토하더니 금방 숨이 넘어갈 듯했다. 모두 초긴장 상태에서 환자를 주시하고 있는데, 소리 없이 방문이 열렸다. 그리고 다음 순간 언뜻 괴물처럼 보이는 커다란 짐승이 방 안으로 성큼 들어섰다. 얼결에 놀라 몸을 반쯤 일으킨 영업은, 그것이 짐승이 아니라 생김새가 이상한 사람이란 것을 알았다. 그 커다란 사람은 웃음을 슬며시 머금었다. 뒤로 넘겨쥐 꼬랑지처럼 하나로 묶은 머리카락은 방 안을 환히 밝혀 놓은 촛불에 노랗게 빛이 났다. 흔들리는 불빛이 반사된 그의 푸른 눈은 안이 환히 비칠 듯 투명했다. 푸른 유리구슬처럼 낯선 눈동자였으나, 그의 눈에는 이상하게도 따뜻한 기운이 감돌았다. 그 사람은 몸에 딱 붙는 잿빛 옷을 입고 있었는데, 조선 사람의 옷에 비하면 턱없이 통이 좁은 바지가 그의 긴 다리에 들러붙어 있었다.

"오! 노우!"

그는 영업이 알아들을 수 없는 한마디 말을 하더니 냉큼 환자에게 다가앉았다. 동시에 그와 함께 온 다른 거인 한 명이 엉거주춤 서 있는 의원들을 모두 방 밖으로 몰아냈다. 거의 열 명이나 있던 의원들 중 대부분을 밖으로 내쫓았다. 그러나 그는 방 한 귀퉁이에 앉아 있는 영업을 심부름꾼으로 알았는지 그냥 내버려 두었다.

그 서양 거인은 자신이 들고 온 커다란 가죽 가방에서 쇠로 된 도구들을 꺼내 놓고 환자를 침착하게 치료하기 시작했다. 먼저 그는 조선 의사들이 상처에 붙여 놓은 역청을 뗐다. 그리고 낯선 냄새가 나는 액체로 상처를 닦더니, 아랫것들을 시켜 물에 끓여 온 자신의 쇠 도구들을 집어 들었다. 방 한구석에 쥐 죽은 듯이 앉아, 영업은 조선 최초의 수술 장면을 지켜보았다. 거인은 커다란 바늘에 뻣뻣한 실을 꿰어 바느질하듯 칼에 맞아 벌어진 환자의 상처를 꿰매기 시작했다. 바늘이 환자의 살갗을 뚫을 때마다 영업은 진저리쳤다. 필시 저 거인은 사람 잡는 백정이리라 싶었다. 어떻게 사람의 몸을 쇠꼬챙이로 뚫을 수 있단 말인가. 그는 민영익 대감이 곧 숨이 넘어가고 말 것이라고 생각했다. 바늘이 살갗을 뚫을 때마다 민영익은 몸을 꿈틀거리는 듯했지만, 이내 의식을 잃고 잠잠했다. 상처가 다 꿰매지자, 거인은 붉은 액체를 다시 상처에 발랐다. 그 뒤 눈처럼 희고, 폭이 좁은 두루마리 헝겊을 민영익의 몸에 감았다. 아마도 치료가 끝난 것 같았다. 숨죽이고 지켜본 방 안에 있던 몇 사람이 잠시 긴장을 푸는 사이, 영업은 방 안을 살그머니 빠져나왔다.

조용한 방 안과 달리 마당은 아직도 사람들로 웅성거렸다.

"저 사람이, 서양 의원 알렌이라면서?"

누군가 희끄무레한 달빛 속에서 속삭였다.

"의원이라지만, 사실은 또 무슨 신종교를 믿으라고 왔다더군. 천주학 비슷한 것인데, 천주학은 아니라던데……."

"그건 또 무슨 학문이래?"

"글쎄! 아마 저 사람, 한양에 온 지 얼마 안 될걸. 지난가을이라던가? 벌써 나라님을 배알할 만큼 힘 있는 사람이래."

"그런데 저렇게 해서 민영익 대감이 살아날까?"

"그거야 모르지. 우리를 이렇게 몰아내 놓고, 못 살려 놓기만 해 봐라. 저 서양 괴물은 당장에 조선에서 쫓겨날걸!"

어둠 속에서 웅성거리는 의원 무리를 뒤로 하고, 영업은 슬그머니 민영익 대감의 사저를 빠져나왔다.

"알렌? 거 참 괴상한 이름도 다 있구나!"

영업은 혼잣말을 중얼거리며 어두운 길을 허위적 허위적 걸었다. 가마에 갇혀 오느라 길을 가늠할 수 없었지만, 그의 짐작으로는 묵고 있는 안국동 민가가 그리 멀지 않은 것 같았다. 개화파 김옥균이 반란을 일으켰다지만, 민가가 밀집한 한적한 골목길은 평화롭기만 했다. 어디에선가 개 짖는 소리가 들렸다. 장옷으로 얼굴을 가린 여인 둘이 초롱불을 밝혀 들고 살며시 영업의 곁을 스쳤다. 여인들의 체취가 슬쩍 영업의 코 끝으로 날아들었다. 순간 그는 자신도 모르게 아랫도리가 묵지근해 오는 것을 느꼈다. 어둠 속에서 그는 공연히 겸연쩍어 혼자 얼굴을 붉혔다. 도대체 여자를 안아 본 것이 언제인가. 지난봄, 짝패와 함께 갔던 객주 집에서가 마지막이었다. 이십 년을 여자라고는 아내 한금만을 알던 그가, 객지 생활을 하는 동안 벌써 여러 여자를 경험한 터였다.

어느새 그는 객주 집으로 발걸음을 재촉하고 있는 자신을 발견하고 움찔 멈춰 섰다. 그는 자신의 행동에 공연히 헛웃음이 나왔다.

'이 서울 장안에 반란이 일었다. 그리고 최고의 벼슬아치 민영익 대감이 자객의 칼에 쓰러져 사경을 헤매고 있다. 그런데 내는 한순간뿐인 정욕에 사로잡혀 객주 집 여인을 찾아가고 있다니……'

영업은 알렌이라는 서양 거인의 투명한 눈빛을 떠올렸다. 뭐든지 환히 비칠 것 같은, 그 선한 눈빛! 서양 거인이 털이 부슬부슬한 손으로 민 대감의 살갗을 바느질하던 것을 믿을 수 없었다. 그러나 영업은 왜 그런지 그 거인의 따뜻한 눈빛에 신뢰가 갔다. 그런 생각을 하는 동안, 어느새 거치적거리던 그의 아랫도리는 가라앉아 있었다. 빠른 걸음으로 거처로 가는 그의 등 뒤로 달그림자가 졌다.

겨울을 나는 사이, 영업은 민영익 대감의 상처가 아물어 건강을 회복했다는 소문을 들었다. 그리고 그날 정변을 일으킨 김옥균 무리는 반란에 실패해 일본으로 망명했다는 소문도 떠돌았다. 민심은 날이 갈수록 더 흉흉했다. 영업은 이제 고향으로 돌아가고 싶었다. 넓은 세상을 구경한다고 짝패를 따라온 한양에서 그가 본 것은 온통 들끓는 민심과 서로 권력을 잡으려는 벼슬아치들의 세력 싸움뿐이었다. 조선의 자주성을 핑계 삼아, 아니면 외국 세력을 등에 업고 개화를 주장하며 저마다 외쳐 대는 소리 뒤에는 피 흘리는 권력 다툼이 있을 뿐이었다. 그는 짝패가 열성적으로 전교하는 동학도 이와 다름없다고 생각했다. 개화파와 보수파의 틈바구니에서 가난한 민초들을 등에 업고 하나의 세력을 형성하고 있는 동학은, 이제 종교가 아니라 하나의 민생 운동이었다.

1885년 봄, 그는 다시 괴나리봇짐을 꾸렸다. 한금을 떠나온 지 만오 년만이었다. 그는 돌아가는 길에 다시 충주에 들리고 싶었다. 그가집 떠나온 첫해 겨울에 잠시 몸을 의탁한 충주 약방집의 김 노인이 아직 살아 있는지 궁금했던 것이다. 만약 그가 살아 있다면, 그동안 겪은일들을 이야기하고 싶었다.

동상 마을을 떠나온 오 년 전과 같이, 이른 아침에 그는 길을 떠났다. 그해 봄날에 아버지의 고향을 향해 갔듯이, 그는 또다시 아버지의고향으로 가고 있었다.

11

같은 땅이건만

뒤뜰 대추나무 꼭대기에 붙은 매미가 울어 댔다. 영업은 엷은 졸음
이 스르르 밀려왔다. 약방 문은 열어 놓았지만, 한창 농번기로 바쁜 철
이라 환자가 드는 일은 드물었다.

그가 집을 비운 세월 동안 동상 마을 약방집은 쇠락해 버렸다. 기왓
장에 이끼가 끼고 마당에는 잡초가 무성했다. 그동안 한금과 외삼촌
삼걸이 근근이 집을 지켜 왔는데, 한꺼번에 자식을 모두 잃고 남편마
저 객지로 떠나보낸 한금에게 집을 가꾸고 싶은 마음이 있었을 리 만
무했다. 더구나 이제 삼걸은 여든 살의 고령이었다. 빈집을 지키며 홀
로 살아온 마흔세 살의 한금은 몸이 바짝 말라 버린 채, 이제 여자로서
의 생명은 다한 것 같았다.

육 년 만에 돌아와, 영업은 아내를 안았다. 그러나 그는 도저히 아무
런 의욕이 일지 않았다. 그렇지 않아도 큰 키에 한금은 이제 거친 살결
과 뼈만 남아 있었다. 그사이 풍만한 가슴은 말라붙고 그녀의 입에서
는 신 내까지 났다. 영업은 아내를 안으려다 실패하는 밤이 자꾸만 늘
어 갔다.

작년 봄(1885년)에 한양을 떠난 영업은 충주를 거쳐 거의 일 년이 걸려 동상 마을로 돌아왔다. 혹시 짝패나 잠시 몸을 의탁한 약방집의 김 노인을 만나 볼 수 있을까 하여 일부러 충주에 들렀던 것이다. 그러나 예상대로 김 노인은 세상을 떠났고, 짝패도 객지 어느 곳을 떠돌고 있는지 동학 법소인 손 진사의 객사에는 낯선 사람들로 가득 차 있었다. 영업은 자신을 희미하게나마 알아보는 손 진사와 수인사(修人事)를 하고, 잠시 여독을 풀고 나서 곧바로 김해를 향해 갔다. 육 년 만에 고향으로 돌아오는 그의 가슴 속에는 잠시 스친 인연이었지만, 결코 잊을 수 없는 세 사람의 눈빛이 아른거렸다. 그들은 충주 약방집의 김 노인과 한양에서 잠깐 본 동학 교주 최시형, 그리고 갑신정변이 일어난 밤에 민영익 대감 집에서 만난 서양 의사 알렌이었다. 그 세 사람은 서로 다른 사람들이었는데도, 영업의 가슴속에 마치 한 사람처럼 어우러져 있었다. 밭은기침 속에 목숨이 쇠잔해 가면서도 세상을 꿰뚫어 보던 충주 김 노인의 눈빛, 광대뼈가 불거진 얼굴에 옴팡한 눈으로 모든 것을 보는 것 같기도 아니면 아무것도 보지 않은 것 같기도 하던 동학 교주 최시형의 눈빛, 그리고 몹시도 낯선 모습이었지만 이상하게도 온기가 어려 있던 알렌의 푸른 눈…….

　뭐라고 설명할 수 없었지만, 영업은 그 세 사람이 한데 어우러져 자신의 가슴속에서 출렁이고 있음을 느꼈다. 그가 객지 생활 육 년 동안 얻은 것이 있다면, 세상 너머 무엇인가를 보고 있는 듯한 그들의 눈빛이었다. 날이 갈수록 그는 뭔가 형용할 수 없는 기운이 자신의 내부에서 꿈틀거리는 것을 느꼈다. 그것은 아직 가 보지 않은 세계에 대한 희망 같기도 했고, 아니면 감당할 수 없는 외로움 같기도 했다.

　그는 곧 거미줄투성이로 변한 약방을 청소하고, 늙은 몸으로나마 영업을 도우려 애쓰는 삼결과 함께 약방 문을 열었다. 예전처럼 약방을 지키고 앉아 있었지만, 그는 예전과 전혀 다른 사람으로 변해 있는 자신을 느꼈다. 그는 약재를 썰다 말고 들창 밖을 멍청히 내다보는 일이 찾았다. 바람에 떨리는 나무 잎사귀나 환한 햇볕이 내리쬐는 허공을 한없이 바라보곤 했다. 그러다 문득 눈길을 거두면 그는 자신의 가슴속에 각인된 세 사람, 김 노인과 최시형, 알렌의 눈빛을 흉내 내는 자신을 느꼈다. 그것은 아주 아득하고도 편안한 세계에 대한 갈증이었다.

잠시 매미 울음이 멎는가 싶더니, 누군가 짚신을 끌며 약방을 지나 안채로 걸어가는 소리가 났다. 약방 구석에 누워 있던 삼걸이 몸을 부스스 일으켰다.

"이제 왔나 보네!"

영업은 무슨 말인가 싶어 삼걸의 조글거리는 얼굴을 바라다보았다.

"아 자네 소실 말하는 거 아니가. 에미가 말 안 하더나?"

"제가 소실을 들이라고 허락한 일은 없십니더."

"꼭 자네 허락이 있어야 하나? 에미는 이제 자손을 보기엔 지 몸이 늙어 버렸다는 것을 다 아는기라. 그라고 이 집은 너무 쓸쓸한기라. 새 식구 들여 자식도 낳고, 옛날처럼 마당에서 아이들이 뛰노는 것을 보다 죽는 것이 내 소원이라. 내가 도대체 자네 자식 몇을 갖다 묻었노?"

영업은 순간 울컥 가슴이 치밀어 올라 자신도 모르게 소리를 질렀다.

"외삼촌! 이제 그 말씸은 그만하이소! 뭐, 좋은 일이라고 죽은 아이들 내다 묻은 얘기를 그리 자주 꺼내십니꺼?"

삼걸은 뭐라 대꾸할 듯 입술을 달싹거리다 그저 입맛만 쩍쩍 다시며 다시 누워 버렸다. 그때 약방 문 밖에서 인기척이 났다.

"이리 좀 나와 보이소! 드릴 말씀이 있어예."

나지막한 한금의 목소리에 떨림이 담겨 있었다. 영업은 장지문을 벌컥 열고 툇마루로 나섰다.

"무신 일이고?"

"잠시 안채로 건너와 보이소."

한금은 영업을 외면한 채 문 앞에 서서 말했다. 그녀의 무명 저고리 앞섶이 파르르 떨리고 있었다. 잠시 그친 매미 울음이 다시 들려왔다. 그는 낮은 한숨을 내뱉으며 벌써 안채로 총총히 걷고 있는 한금의 뒤를 따랐다. 안채 댓돌 위에 낡은 짚신 두 켤레가 가지런히 놓여 있었다. 짐작은 했지만, 어디서 끼니도 잇기 어려운 가난한 집안의 여자를 데려온 것이 분명했다. 영업이 방 안으로 들어서자 문가에 앉은 두 여인이 얼른 몸을 일으켰다. 영업은 중년쯤으로 보이는 나이 든 여인과 갓 스물이 넘어 보이는 처녀 아이가 어딘가 낯익다고 생각했다. 그들이 다시 자리에 앉자, 한금이 입을 가만히 떼었다.

"당신이 모리는 사람들이 아닙니더. 이 사람은 죽은 점례의 언니고예, 여기 이 처자는 점례의 막내 동생입니더."

그때서야 영업은 병인년 천주학 박해 때 제 언니 품에 안겨 있던 갓난아이를 떠올렸다. 그때 아홉 살쯤으로 보이던 점례는 제 어미의 약을 달이느라 풍로에 올려놓은 약탕기를 들여다보고 있었고, 지금 중년에 이른 점례 언니는 막내인 갓난아이를 안고 있었다. 그 세월 동안 점례와 다리를 절던 그 어머니는 죽고, 머슴살이를 떠난 아들들은 소식이 없다고 하더니, 지금은 영업 자신 앞에 앉은 큰딸과 막내딸만 남은 모양이었다.

"우리 점순이가 벌써 스물하나입니더. 인물은 죽은 점례만 못해도 손끝은 아주 야무집니더. 몸도 건강하니, 이 댁에 자손을 많이 낳아 드릴 수도 있을 깁니더. 거두어만 주신다면……."

제 언니가 채 끝맺지 못하는 말에, 점순의 귀밑이 붉게 달아올랐다.

"지는 천주님께 이 한 몸 바치고자 이제까지 혼인도 하지 않았십니더. 또 병든 점례나 어머이를 두고 시집을 갈 수도 없었지예. 하지만 우리 점순이는 예사 사람처럼 잘 살게 해 주고 싶습니더. 이 아를 거두어만 주신다면, 지는 이곳 김해를 떠날까 합니더. 이제 나라에서 천주학을 해도 잡아가지 않는다 카는 소리를 들었십니더. 한양 근처 어디에 지처럼 혼인을 안 하고 천주님만 모시고 사는 여자들이 모여 있는 곳이 있다 캅니더."

헛기침만 두어 번 하다 영업은 점순을 가만히 바라보았다. 그러고 보니 고개를 숙이고 앉은 점순의 이맛전이 점례를 닮은 것도 같았다. 생각해 보면, 벌써 오래전 일이었다. 영업의 가슴을 설레게 한 곱디고운 모습의 점례가, 이 집에서 미쳐 나간 것이 벌써 십일 년 전의 일이었다. 그리고 칠 년 전, 영업의 아이들이 죽은 해에 점례도 세상을 떠났다.

"시간 끌 것 없십니더. 사실 점순네는 지금 끼니도 어려운 형편이니, 오늘이라도 이 아를 여기 두고 가소. 내하고 정도 붙이고 있다가 좋은 날을 잡아 보지요. 혼인 한 번 안 한 처잔데, 아무리 소실이라도 찬물이라도 떠 놓고 예를 갖춰야 하지 않겠십니꺼?"

한금이 아무 말 없는 영업을 싸늘한 눈길로 바라보았다.

영업은 슬그머니 일어서 방을 나왔다. 매미가 뒤뜰에서 어지간히 울어 댔다.

"내 나이 마흔 일곱에 스물한 살짜리 처자라?"

그는 홀로 중얼거렸다. 뭔가 엉뚱한 일에 휘말리고 있는 것 같았지만, 전혀 가슴이 설레 오지 않는 것도 아니었다. 가난 때문에 옷차림이 초라하기는 해도, 그만하면 점순은 예쁜 얼굴이었다. 한금이 저렇게 서두르고 나오니, 영업이 거절할 이유는 없었다. 알렌의 푸르고 투명한 눈빛을 가슴속에 새겼고, 알지 못할 세계를 향한 갈망이 가슴속에 출렁거렸지만, 그렇다고 평범한 남자의 육체적 갈망까지 잠재운 것은 아니었다.

여름에 영업의 집으로 들어온 점순은 가을에 이르기까지 부지런히 한금이 하는 집안일을 거들었다. 점순은 마당에 무성하던 잡초를 뽑

아냈고, 나뭇결이 터실터실한 대청마루와 툇마루에 콩기름을 먹여 닦았다. 영업이 돌아왔어도, 미처 손 닿지 않은 집 안 구석구석에 있던 거미줄도 털어 내었다. 영업은 약방에 앉아 여름 내내 바쁘기만 한 두 여인의 움직임을 바라보며 향수처럼 아련한 행복이란 말을 떠올렸다. 젊고 아리따웠던 한금과 건강하게 잘 자라던 아이들, 그리고 늘 묵묵히 집안을 잘 챙기던 어머니 정 씨……. 지금 그는 전과는 사뭇 다르게 자신이 행복하다는 것을 실감했다. 그것은 단지 새로운 여인을 또다시 취할 수 있다는 육체적 희망에서 비롯된 것이 아니었다. 집으로 돌아온 후, 그가 끊임없이 갈망한 세계로부터 도달한 가느다라한 빛 한 줄기가 자신의 일상에 스며 있었기 때문이다.

그해(1886년) 초가을, 말끔히 단장한 안채 대청마루에 간단한 초례청이 차려졌다. 녹의홍상에 쪽을 찐 스물한 살의 점순과 흰 바지저고리에 옥색 두루마기를 입은 마흔일곱 살의 영업이 마주 앉았다. 단장을 시켜 놓고 보니, 어느 대갓집 처자 못지않게 곱고 어여쁜 점순을 바라보며 한금은 한숨을 내쉬었다.

그날 밤, 한금은 시어머니 정 씨가 거처하던 아래채에 금침을 폈다. 이부자리를 펴는 한금의 손이 가늘게 떨렸다. 문득 한금은 자신의 첫날밤이 떠올랐다. 이제는 기억 속에 완전히 묻힌 것만 같던, 오래전의 설렘이 가슴속에서 불쑥 되살아났다. 어쩌다 세월이 이렇게 흘렀는지……. 그녀는 자신의 주름진 손을 물끄러미 내려다보았다. 굵은 손마디 위로 촛불 그림자가 어른거렸다. 그녀는 마치 불그림자를 털어 내려는 듯 손을 급히 털며 일어섰다. 준비가 끝난 신방을 둘러보고 나오며 한금은 입술을 가만히 깨물었다. 아직 해거름이라 그래도 마당 안에는 빛의 여운이 남아 있었다. 대청마루에서 영업이 삼걸과 마주 앉아 술을 마시고 있었고, 문이 열린 안방에는 촛불 아래서 곱디고운 점순이 고개를 숙이고 있었다. 그녀는 신방에 들 영업과 점순을 부르러 안채로 천천히 건너갔다.

점순이 영업과 합방한 후, 점순의 언니는 천주학을 하는 사람들이 모여 산다는 한양 근처 외딴 마을을 찾아 떠났다. 어미나 다름없는 제 언니를 떠나보낸 점순은 섭섭함을 참지 못해 밥을 짓다가도 울곤 했다. 또 점순은 밤이면 영업의 품을 눈물로 흥건히 적셔 놓기도 했다.

동상 마을을 떠나 있은 육 년 동안, 객지 여자를 안아 본 경험이 있는 영업은 점순의 젊은 몸을 만끽하며 그동안 가둬 둔 욕망을 불태웠다. 그러면서도 영업은 몸에서 끊임없이 일어서는 욕망과 달리, 항상 다른 곳을 바라보며 갈망하는 자신을 느꼈다.

'그것이 무엇일까? 내는 지금 무엇을 그리워하는 것일까?'

이따금 스스로에게 질문을 던지며 어떤 힘에 이끌리듯, 그는 동상 마을에서 십 리나 떨어진 바닷가를 배회하곤 했다. 푸른 파도는 힘차게 굽이쳐 와 그의 가슴에 소용돌이쳤다. 영업은 문득 오래전에 자신에게 빛이 스며 있다고 한 스승 김 선비의 말을 떠올렸다. 할아버지 배수우와 아버지 광국, 그리고 그들을 거쳐 자신에게 빛이 스며 있다고 한 그 말뜻을 희미하게 감지할 수 있었다. 그는 어렴풋이 지금 자신의 가슴속에 일렁이고 있는 것이, 그 숨은 빛의 경미한 움직임이란 것을 느꼈다. 그러나 그는 그 빛의 움직임을 따라 자신이 무엇을 해야 할지 알 수 없었다.

1888년 봄, 점순이 딸을 낳았다. 그녀를 소실로 들이고 한 해 반이 지나서였다. 은근히 아들을 기다리던 한금은 딸이라는 말에 짙은 실망의 기색을 감추지 못했다.

"죄송합니더! 아들을 낳았어야 하는데예."

점순의 목소리가 기어들었다.

"아니다! 니 아직 젊으니, 이 담에 또 낳으면 되지. 아이구! 어디 우리 아기 좀 볼까나? 오랜만에 태어난 우리 배씨집안의 자손 아니가?"

한금의 손길에 잠을 자는 것 같던 아이가 입술을 쫑긋대며 배가 고픈 듯 울어 댔다.

"이런! 아직 에미 젖도 안 불었는데, 이리 배고파 하나? 이 아 좀 보래이. 이거 보통이 아니겠대이. 어째 이리 야물딱지게 생겼노? 아이고 우리 야무레기! 야무레기대이!"

한금은 자신의 가슴에 작고 따뜻한 생명이 안겨 있다는 사실에 벅차오르게 기뻤다. 비록 소실을 통해 얻은 생명이지만, 이제 집 안 가득 울려 퍼질 아이의 웃음소리를 기대하며 이미 세상을 떠난 자신의 아이들을 떠올렸다. 한금의 눈에서 눈물이 한 줄기 흘러내렸다.

12

야소와의 만남

점순이 낳은 영업의 딸이, 벌써 첫돌이 지났다. 이름을 '정명'이라 지었지만, 모두 그 애를 '야무레기'라고 불렀다. 태어난 날, 어찌나 야무지게 울던지 무심결에 한금이 부른 것이 그만 별명이 되었다.

적적한 집에 오랜만에 태어난 아이라, 이미 팔순을 넘긴 삼걸은 말할 것도 없고 영업도 정명을 무척 사랑했다. 발음도 잘 되지 않는 입술로 "아부이! 아부이!" 하고 불러 대는 아이를 볼 때면, 영업은 모든 시름을 잊은 듯 환하게 웃다가도 이상하게 마음이 쓸쓸했다.

지난날, 어느 순간에도 그는 이렇게 환한 행복을 느낀 때가 있었다. 그 뒤에 도사린 어두운 불행을 전혀 짐작 못한 순간에 말이다. 어린 딸을 안고 촉촉한 행복감에 젖어 있다가도, 첫아이를 낳고 뽀얗게 살이 오른 점순을 품에 안다가도, 정명이 태어난 후 아이를 거두며 새삼 삶의 의욕을 되찾은 한금의 소리 없는 웃음을 바라보다가도, 그는 문득 삶이 두려웠다.

영업은 바다를 자주 찾아갔다. 바다로 가는 길은 김해평야를 엇비껴 십 리를 걸어야 했다. 그러나 그는 언제나 바다를 향할 때면 이상하게도 힘이 솟구쳤다. 그것은 날마다 좁은 약방 안에서 이어지는 그의 지루한 일상을 뒤흔드는 듯한 이상한 설렘을 안고 있었다.

들판은 황금빛으로 물들어 있었다. 가뭄이 들어 흉작이라지만 그래도 영글 것은 영글었고, 산자락에 물든 단풍은 곱기만 했다. 그는 비취빛으로 치솟은 하늘을 머리에 이고, 따사로운 햇살 속에 황금빛 들판을 옆에 낀 채 바다를 향해 갔다. 들판 맞은편 산 모서리에 물들어 있는 붉은 단풍이 그의 흰 두루마기 자락에 어른어른 비쳤다.

그가 주위의 풍광을 가슴에 새기며 느린 걸음으로 바다에 도착했을 때, 해는 서산에 걸려 있었다. 푸르게 밀려오는 파도를 대하자 그의 가슴속은 시원했다. 머릿속에 가득 찬 정명의 재롱도, 점순의 애교스런 웃음도 모두 파도에 밀려 지워지는 것 같았다. 푸르고 투명한 바다, 그러나 결코 헤아릴 수 없는 수심(水深)⋯⋯. 그는 결국 사람이 헤아릴 수 있는 것은 세상에 없다고 생각했다.

수평선 못 미처에 고기잡이 배 몇 척이 떠 있었다. 그는 커다랗고 붉은 해가 수평선 위에서 출렁이는 것을 굽어보았다. 먼 거리에 사람 몇명이 모래밭을 서성이는 것이 가물거릴 뿐, 근처 바닷가는 비어 있었다. 그는 눈을 가늘게 뜨고 수평선 끝을 바라보았다. 문득 바다로 뛰어들어, 저 수평선 끝까지 가 보고 싶었다.

산다는 것이 무엇이던가. 모진 풍파 끝에 다시 안정을 얻은 듯하지만, 그의 가슴속에는 표현할 수 없는 슬픔이 출렁거렸다. 바다 앞에 선 그의 온몸으로 갑자기 슬픈 기운이 싸하게 번져 왔다. 그는 온몸을 저릿하게 만드는 견딜 수 없는 느낌에 몸을 떨었다. 그대로 바다에 뛰어들어 죽고 싶었다. 왜 그런지 바다가 자신을 부르는 것 같았다. 그는 한발 한발 파도를 향해 아주 천천히 걸어갔다. 멀리에서 아름답게 부서지는 하얀 파도는 가까이 다가갈수록 아가리를 한껏 벌린 푸른 짐승의 흰 이빨처럼 번득였다. 순간 두려움이 그의 온몸으로 확 끼쳐 왔다.

"이보이소! 이보이소!"

그는 파도 소리 사이로 사람 음성이 들리는 것 같아 고개를 돌렸다. 멀리서 모래사장을 서성이던 세 사람이 그에게 다가오고 있었다. 밀려오는 파도 끝이 거의 발에 닿을 듯한 자리에 선 채, 영업은 조금씩 또렷해지는 그들을 바라보았다. 한 사람은 영업처럼 흰 무명 두루마기에 중인 갓을 쓴 사람이었고, 다른 한 사람은 초립을 쓰고 동저고리 차림인 것이 시중드는 하인 같았다. 그리고 나머지 한 사람은 멀리서 보기에도 몹시 낯선 차림을 하고 있었는데, 그는 느티나무처럼 키가 컸다. 막대기처럼 기다란 두 다리에 달라붙는 바지와 겨우 허리 밑까지 내려오는 짧은 웃옷은, 바다의 푸른빛과 수평선에 걸린 붉은 해 사이에서 잿빛으로 보였다.

영업은 해괴한 차림의 사람이 어딘가 낯익었다. 만약 그가 사람이 아니라면, 해거름에 사람을 잡아먹으러 바다에서 솟아나온 귀신일지 모른다고 생각했다. 영업은 망연히 선 채 그들을 바라보았다.

"이보이소! 당신 지금 바다로 뛰어들 참입니꺼?"

갓 쓴 사람이 흰 두루마기 자락을 바닷바람에 휘날리며 다가왔다. 어느새 노을이 졌는지 그의 옷자락이 불그레해 보였다.

"지금 죽을라 카는 깁니꺼?"

가까이서 보니 나이가 지긋한 중늙은이였다. 중늙은이 뒤를 부리나케 따라온 초립 갓 쓴 하인은 이제 겨우 스물이 됨 직한 앳된 청년이었다. 그 뒤를 낯선 모습을 한 사람이 천천히 따라오고 있었다. 수평선에 걸린 타는 듯한 해의 붉은 빛이 키 큰 사람의 한쪽 볼에 어렸다. 이윽고 그는 영업 앞으로 아주 가까이 다가왔다.

"무슨 일입니까?"

발음은 부정확했지만, 그는 분명 조선말을 했다.

"이분은 선교사 알렌이라는 사람입니더. 아까부터 바닷가에 혼자 찾아온 당신을 바라보고 있었는데, 당신이 곧 바다에 뛰어들 것 같다며 이리로 와 보자고 했십니더. 그라고 우리는 이 양반을 모시고 부산에서 온 사람들입니다."

"알…… 렌……."

그는 무심결에 그 이름을 발음해 보았다. 무척 생소했지만, 언젠가 자신의 혀에서 발음된 듯한 낯설지 않은 이름이었다.

"아엠 호라스 알렌."

그는 찡긋 웃으며 알아듣지 못할 말을 지껄였다. 영업은 그의 미소가 몹시 따뜻하다고 생각했다. 커다란 키와 긴 다리, 거기에다 푸른 물이 담긴 우물처럼 둥글고 깊은 눈, 산등성이처럼 높고 길게 뻗은 콧날과 얇은 입술……. 그토록 생경한 생김새를 한 그에게서 따뜻한 한 줄기 기운이 영업의 가슴속으로 날아오는 듯했다.

"알…… 렌……. 알렌?"

영업은 다시 한 번 그 이상한 이름을 발음해 보았다. 그때서야 갑신정변이 일어난 밤, 민영익 대감의 상처를 바느질하던 이상한 모습을 한 서양인을 떠올렸다. 세상에 태어나 처음 대한 몹시 낯선 모습을 한 사람이었지만, 한순간 영업의 가슴속에 형용할 수 없는 따뜻함을 전해 주었던 사람……. 소문에 따르면 그는 몹시 지체 높은 신분이라 했는데, 영업은 어째서 그가 양반 신분도 아닌 저런 중늙은이와 바닷가에 서 있는지 알 수 없었다.

영업은 발끝을 거의 적셔 오는 파도를 피해 한 걸음 뒤로 물러나며 중늙은이를 바라보았다.

"벌써 몇 년 전이다 싶습니더. 저 양반을 한양 어디에서 한 번 만난 적이 있십니더. 맞십니더, 이름이 알렌이라 캤십니더. 그때 정변이 일어난 밤이었십니더. 자객의 칼에 찔려 다 죽어 가는 민영익 대감의 몸을 백정처럼 꿰맨 사람입니더!"

영업은 자신도 모르게 목소리를 높였다. 중늙은이는 뭐라고 알아들을 수 없는 말을 알렌에게 지껄였다. 알렌이 고개를 크게 끄덕이더니, 눈에 웃음을 가득 담고 영업에게 손을 내밀었다. 그가 손을 내미는 뜻을 알 수 없어, 영업은 그저 중늙은이를 바라보았다.

"서양 사람들은 서로 손을 잡고 인사를 합니더. 손을 내주이소."

영업은 중늙은이의 말에 따라 얼결에 양손을 내밀었다. 알렌은 자신의 큰 손아귀로 영업의 오른손을 꼭 잡고 흔들며 뭐라고 알아들을 수 없는 말을 했다.

"당신을 기억할 수는 없지만, 그날 조선 사람 여러 명이 그 자리에 있었다고 합니더. 혹시 당신이 의원이냐고 묻고 있십니더."

중늙은이는 허술한 차림새와 달리 서양말을 통역하는 역관인 모양이었다.

"예, 맞십니더. 그때 저는 잠시 집을 떠나 한양에 있었는데, 한밤중에 영문도 모리고 가마에 실려 갔다 안 합니꺼? 으리으리한 집 앞에 가마를 세우고 집 안 깊숙이 있는 큰방으로 저를 데리고 갔는데, 거기서 이 사람을 안 보았십니꺼? 그런데 저 양반이 우째 이 김해 땅까지 왔십니꺼?"

"이 양반은 선교사라예."

"선교사가 뭐하는 사람입니꺼?"

"말하자면 야소를 믿게 하는 사람입니더. 그 수많은 천주학쟁이들도 목심을 빼앗기면서도 야소를 믿지 않았십니꺼? 같은 야소라예. 하지만 그 방식이 조금 다르다 캅니더. 이 양반은 저기 먼 나라 미국이라는 곳에서 왔다 캅니더. 말하자면 지금 그 기반을 만들려고 한양에서 여기까지 온 거라예."

영업과 역관이 말을 주고받는 동안, 알렌은 미소를 띤 채 그들을 보고 있었다.

"하긴 이제 나라님이 무신 귀신을 믿어도 안 잡아간다 하는 소리를 듣긴 했십니더. 이자는 내놓고 서양 사람이 야소를 믿으라고 조선을 휘젓고 다닌단 말입니꺼?"

영업은 한양 밤거리를 활보하고 다니던 왜놈 패거리를 떠올리며, 이제 조선 땅에 왜놈과 되놈도 모자라 서양 사람까지 판을 치고 다니는 것 같아 공연히 부아가 치밀었다. 영업의 굳은 표정을 살피던 알렌이 역관에게 무슨 말인가를 했다.

"당신 정말 바다에 뛰어들라 캤는지 묻고 있십니더. 와 그랬는지 말입니더."

역관의 말을 듣다 영업은 고개를 돌려 바다를 바라보았다. 수평선에 걸려 있던 해가, 어느새 절반이 넘게 가라앉아 있었다. 바닷가는 검붉고 침침했다.

"저도 모립니더. 그냥 죽고 싶었십니더."

영업은 깊은 한숨을 내쉬었다. 그를 잠잠히 바라보던 알렌의 푸른 눈에 슬픈 기운이 어렸다. 영업은 혼잣말하듯 중얼거렸다.

"야소라면 저도 낯설지 않십니더. 알고 보면, 저도 야소쟁이의 자손입니더. 아주 오래전에 제 조부가 야소를 믿다 고향 산천을 버리고, 이곳 김해까지 왔다 캅니더. 아버지는 타향에서 저를 낳고 돌아가셨지예. 어찌어찌 인연이 되어 저는 어릴 때부터 의술을 전수받았고, 좋은 가르침을 준 스승도 계셨습니더. 제가 혼인을 해 낳은 아이들이 일곱입니더. 첫아는 사산이었지예. 그리고 둘째 아는 막 첫돌이 지났을 때, 우물에 빠져 죽었십니더. 다 사내아들이었지예. 그 뒤로 다시 딸 둘에 아들 둘을 낳아 잘 키웠십니더. 그런데 막내딸이 미친개에게 물려 죽었십니더. 그래서 이자 풍상도 이만하면 됐다 싶었는데, 돌림병으로 남은 자식들을 다 잃고 말았십니더. 그게 벌써 십 년 전 일입니더. 이자 소실한테서 가시나도 하나 보고 이래 맘 잡고 살고 있지만, 제 맴은 항상 밖에 나가 있는 거라예. 이래 바다를 보고 있으니, 모든 것이 덧없는 것 같아 저도 모리게 바다로 뛰어들려 했십니더."

영업이 나직이 중얼거리고 있는 동안, 역관은 간간히 알렌에게 작은 소리로 통역했다. 잠시 팔짱을 낀 채 생각에 잠긴 듯하던 알렌이 영업의 팔을 다정하게 잡았다. 그는 뜻을 알 수 없는 말을 짧게 지껄였는데, 그 말투는 몹시 힘이 있었다.

"야소를 믿어라! 그러면 너와 네 집이 구원을 얻으리라!"

알렌의 말을 통역하는 역관의 목소리 역시 힘이 실려 있었다. 순간 영업은 자신의 머릿속에 섬광이 번쩍 이는 듯해 온몸을 꼿꼿이 세웠다. 그는 입을 잠시 다문 채 알렌을 바라보았다. 알렌이 미소를 지었다.

"저와 제 집이 구원을 얻는다 캤십니꺼? 야소를 믿으면?"

동시에 역관과 알렌이 고개를 끄덕였다.

"그라몬 어찌해야 야소를 믿을 수 있단 말입니꺼?"

영업의 목소리가 급히 흘러 나왔다. 그는 이제 다시 앞날에 대한 두려움 없이 행복할 수만 있다면, 누구인지도 모를 야소란 사람을 믿고 싶었다.

"그래서 우리가 여기 안 왔십니꺼? 야소를 믿고 따르려면, 야소를 알아야 합니더. 그러려면 야소에 대해 사람들이 모여 앉아 얘기를 들을 집도 필요하고, 그 얘기를 해 줄 사람들도 필요합니더. 말하자면 여기 알렌 양반처럼 야소를 먼저 안 사람들 말입니더. 그래서 우리가 그 기반을 마련하려고, 여기까지 온 것입니더. 여기 이 알렌 양반은 곧 한양으로 돌아가야 합니더. 얼매 안 있어 이 양반이 여기 다시 오든가, 아니면 딴 사람이라도 또 오게 될 깁니더. 아마도 의원 양반과 여기 알렌 선교사가 인연이 있는 것 같십니더. 이름 석 자라도 가르쳐 주이소."

"저는 여기 김해 동상 마을에 사는 배영업이라고 합니더."

알렌이 알아들었다는 듯 고개를 끄덕였다.

"주님의 가호가 있으면, 또 만나리라고 생각합니더. 꼭……."

깜깜한 바닷가에, 역관의 목소리와 파도 소리가 뒤섞였다.

그들은 영업의 가슴에 야소라는 한 사람의 이름을 새겨 주고 떠났다. 그는 이제 죽지 않아야 하는 이유가 충분했다. 자손 복락과 무병장

수해 사람으로서 행복을 얻을 수 있다면 무엇을 더 바라겠는가. 그것이 야소라는 한 사람을 믿는 것으로 이루어진다면 못할 것도 없는 일이었다. 세 사람의 뒷모습이 바닷가에서 아주 사라져 버렸을 때서야, 그는 천천히 집을 향해 걸었다. 바다를 등지고 산길로 접어든 그의 귓가로 파도 소리가 점점 작게 들려왔다. 멀어져 가는 파도 소리는 마치 그에게 '야소! 야소!' 하며 그가 의지해야 할 이름 하나를 속삭이는 것 같았다.

그날 밤, 집에 돌아온 영업은 점순의 방으로 가지 않고 오랜만에 안방에 들었다. 속곳 차림으로 막 쪽머리를 풀던 한금이 깜짝 놀라 일어섰다.

"당신 어쩐 일이십니꺼? 와 점순이 방으로 들지 않고……."

태연한 척했지만, 한금의 얼굴에는 반가움이 어려 있었다.

"내 할 말이 있는기라. 할 말이……."

영업은 한금의 두 손을 잡고 펴놓은 이부자리 옆에 앉았다. 촛불에 비친 그의 얼굴이 술에 취한 것처럼 붉었다.

"내 오늘 한 사람을 만났는기라! 아주 귀한 사람을……."

"누굴 만났는데, 이리 좋아하십니꺼? 당신이 이렇게 어린아이처럼 좋아하는 것을, 지는 참말로 오랜만에 보는 것 같십니더."

"아주 귀한 사람을 만났제. 그 이름은 야소라고 한다네!"

"야소예? 야소라면? 천주학쟁이들이 모두 그 야소를 믿다가 죽지 않았십니꺼? 사람의 목심을 그렇게 앗아 가는, 그 끔찍한 양반을 당신이 만났단 말입니꺼? 야소가 살아 있는 사람입니꺼? 구신이 아니고?"

한금은 영업의 마음을 알 수 없다는 듯 목소리를 높였다.

"내도 잘 모리겠다. 내 맴이 왜 이리 설레는지……. 야소가 사람인지 구신인지 내도 자세히 모른다. 다만 내는 오늘 들은기라! 야소를 믿으면 '나와 내 집이 구원을 얻으리라!'는 말을 말이다. 이제 내도 당신하고 우리 야무레기하고 또 점순이하고 잘 살 수 있을 것 같은 자신이 생겼는기라. 이 얼매나 쉬운 일이고? 야소만 믿으면 된다 카는데……."

영업의 목소리가 떨렸다.

"하기사 이제는 야소를 믿어도 나라에서 안 잡아간다 카니……. 이 무신 인연인지 모리겠십니더. 당신네 조부도 처음엔 천주학쟁이셨다 안 합니꺼? 어머이가 살아 계실 때, 심심하면 그 얘기를 하셨지예. 당신이 귀한 양반 핏줄이라고 말입니더. 또 점순이도 따지고 보면, 천주학쟁이 딸이니 참 인연도 묘합니더. 결국 이 집안엔, 오래전부터 야소라는 사람의 기운이 숨어 있던 거라예."

"내도 모리겠다. 그냥 오늘 밤 당신에게 내 마음을 말하고 싶은기라. 말 못하면, 그냥 가슴이 터질 것 같은기라."

마치 어린아이처럼 천진한 영업의 표정을 바라보며, 한금은 가만히 미소 지었다. 그녀는 쉰 살이나 먹은 늙어 가는 남편을 아이처럼 품에 안았다. 후끈한 그의 체온이 그녀의 가슴으로 파고들었다. 한금의 눈에서 눈물 한 줄기가 고요히 흘러내렸다.

남편의 체취를 느끼는 것이 얼마 만인가. 소실로 점순을 들인 뒤, 삼 년 동안 영업은 한 번도 한금을 여자로 대하지 않았다.

영업이 두 손을 그녀의 어깨에 얹었다.

"니, 울고 있나?"

영업은 붉게 타는 촛불 밑에서 고개를 살포시 숙인 한금의 얼굴을 가만히 바라보았다. 그가 객지를 헤매다 돌아온 삼 년 전, 그때 그토록 거칠던 그녀의 얼굴에 어느새 생기가 돌고 있었다. 영업의 사랑을 받지 못했어도, 한금은 어린 정명을 거두며 사는 일에 나름대로 보람을 느꼈다. 그녀는 자신을 빤히 바라보는 영업의 눈길에 얼굴을 살짝 붉혔다. 영업은 새삼 마흔여섯 살 된 아내가 아름답다고 생각했다. 그는 한금을 덥석 안은 채 그대로 이부자리 위로 쓰러졌다. 두 사람의 몸짓에 타고 있던 촛불이 파르르 떨렸다.

"우리 말이다. 야소를 믿어 복을 받고 한번 잘 살아 보재이."

영업은 아내의 귓불에 대고 속삭였다. 그의 손길에 숨을 몰아쉬던 한금이 고개를 가만히 끄덕였다. 오랜만에 몸을 부둥켜안은 두 사람의 가쁜 숨길에 붉은 촛불이 꺼질 듯 흔들렸고, 장지문 밖에서 우는 귀뚜라미 소리에 가을밤이 깊어 갔다.

图 13

길을 닦는 사람들

경인년(1890년) 봄, 영업은 따사롭게 쏟아지는 봄 햇살 속에 다시 김해 바닷가에 서 있었다. 마치 누군가를 기다리는 것처럼……. 이렇게 자주 바닷가에 찾아오지 않으면, 그는 자신의 가슴속에 새긴 야소란 이름이 지워질 것 같았다. 그는 혼자서 푸르게 넘실대는 바다에 대고 외쳤다.

"야소! 야소! 내게 복을 주이소! 복을 주이소!"

그의 외침은 금세 밀려오는 파도 속에 잠겨 버렸다.

그는 멀리 모래사장을 바라보았다. 전날 알렌이 걸어온 그 모래밭, 거기 찍힌 그의 발자국을 헤아려 보려는 듯이……. 눈을 가늘게 뜨고 모래사장을 응시하는 영업의 눈에, 거짓말처럼 지난가을의 장면이 펼쳐졌다. 멀리 모래밭에서 걸어오고 있는 세 사람. 한 사람은 흰 두루마기에 중인 갓을 쓴 역관이고, 그 뒤를 따라오는 초립 갓을 쓴 젊은 하인, 그리고 낯선 생김새의 한 사람……. 영업은 손등으로 두 눈을 비볐다. 그날의 기억을 너무 깊이 가슴속에 새겨 헛것이 보인다고 생각했다. 그러나 그들 세 사람은 모래사장을 걸어 영업에게 점점 더 가까이 오고 있었다.

"배 의원님! 안녕하십니꺼? 역시 여기 계셨네예. 지를 잊지는 않으셨겠지예?"

봄 햇살에 역관이 얼굴을 찌그러뜨리며 웃었다. 그 뒤를 괴나리봇짐을 진 젊은 하인이 따라왔다. 그리고 또 한 사람……. 영업은 언뜻 그가 알렌이라고 생각했다. 그러나 그는 느티나무처럼 키가 큰 알렌보다는 작았다. 몸에 달라붙는 낯선 옷을 입은 것은 같았지만, 창호지처럼 하얗던 알렌의 얼굴에 비해 그의 피부에는 불그레한 빛이 감돌았다. 가까이 다가온 그가 영업에게 싱긋 웃음을 날렸다.

"여기, 지가 모시고 온 분은 지난가을 다녀가신 알렌 양반에 이어 다시 이곳을 둘러보러 오신 데이비스라는 분입니더. 이 양반은 저기 먼 나라 호주라 카는 곳에서 왔다 캅니더. 젊은 양반이 아주 열기가 대단하십니더. 야소를 예배할 기반을 마련하실라고, 서울에서 경기도, 충청도를 거쳐 여기 경상도까지 안 왔십니꺼? 지금 부산으로 가는 길인데, 배 의원님 생각이 나 여기 들러 보았십니더. 지난번에 아무것도 못 드리고, 그냥 떠난 것이 영 서운해서예."

젊은 하인이 멘 등 봇짐에서, 역관은 무엇인가를 꺼냈다. 그것은 좀 두꺼운 책이었다.

"야소 말씸입니더. 이 책을 읽고 깊은 깨달음을 얻길 바랍니더. 여기 데이비스 양반은 아마도 부산에 자리를 잡기로 결정하신 것 같습니더. 이 양반은 목사님이라예. 말하자면 야소를 예배하고 가르치는 공부를 많이 한 사람입니더."

역관의 말에 무심히 눈길을 건넨 영업에게 데이비스는 다시 웃음을 머금었다. 영업은 역관이 준 성경책을 가슴에 가만히 품었다. 그를 바라보던 데이비스가 더 깊은 웃음을 머금으며 역관에게 뭐라고 말했다.

"배 의원님을 꼭 다시 만나고 싶답니더. 자기가 부산에 자리 잡으면, 찾아오라고 합디더. 집회소를 곳곳에 마련해야 하는데, 이곳 김해엔 배 의원님이 적격일 것 같다고 말입니더. 꼭 찾아오이소."

데이비스가 영업에게 오른손을 내밀었다. 지난가을 자신의 손을 잡고 흔들던 알렌을 떠올리며, 영업은 얼른 오른손을 내주었다. 크고 탄탄한 데이비스의 손이 영업의 자그마한 손을 꼭 그러쥐었다. 짧은 순간, 깊은 언약을 한 듯 영업의 가슴이 뛰었다.

그들은 꼭 다시 만나자는 약속을 남기고 바닷가를 떠났다. 예전에 알렌을 만났을 때처럼, 영업은 그들이 보이지 않을 때까지 서 있다가 천천히 바다를 떠났다. 그들이 전해 준 야소의 말씀을 소중하게 품에 안고서⋯⋯. 산길을 돌아 집으로 돌아온 영업은 금은보화를 품에 안은 듯 행복했다. 야소란 이름만을 가슴에 새겼을 때도 그렇게 설레었는데, 이제 그 말씀이 자신의 품속에 있었다. 그는 아무것도 두렵지 않았다. 이제는 정말 한금과 야무레기, 그리고 점순과 함께 행복한 삶을 살 수 있을 것 같았다.

영업은 약방 일을 보는 틈틈이 성경을 읽었다. 그동안 야무레기는 두 돌이 다가와 말문을 틔고 부쩍 조잘거리기 시작했다. 영업의 사랑을 받고 나서, 여자로 다시 피어오르기 시작한 한금에게 뜻밖에 태기가 있었다. 속이 좋지 않다고 해 한금의 맥을 잡은 영업은 손끝에 짚이는 태맥에 놀라움을 금치 못했다.

"당신, 이 달에 그거이 치렀나?"

영업은 자신의 아내가 아직 달거리를 치르는 젊음에 머무르고 있다는 것에 놀랐다. 사실 그는 그러하리라는 생각을 잊은 지 오래였다.

"태맥이 잡히는기라. 언제부터 구역질을 했노?"

"뭐라꼬요? 당신 지금 지를 놀립니꺼?"

한금의 얼굴이 하얗게 질렸다.

"참말이라니까. 아마도 야소님이 주셨나 보다. 안 그리 생각하나?"

놀라 입을 다물지 못하고 고개를 가만히 끄덕이는 한금의 눈에 눈물이 글썽거렸다.

"내 야소님 말씀을 읽다 보니, 이런 대목이 있는기라. 아브라함이라는 사람이 늦도록 자식을 못 보았던기라. 그러나 하늘님은 꼭 아들을 주신다고 약조를 하셨지. 아브라함은 기다리다 기다리다 자신이 하늘님 말씀을 잘못 알아들었다고 생각해 종년에게서 자식을 보는기라. 그런데 얼마 안 있어 아브라함의 본처 사라가 임신을 한기라. 달거리도 끊어진 늙은 나이에 말이다. 그때서야 아브라함은 하늘님의 약조가 참말이었음을 믿게 된기라. 어째 우리 부부 얘기하고 비슷하지 않나? 하늘님은 우리에게 약조를 안 하셨지만 말이다. 아니다! 약조를 하셨을기라. 우리 일곱 아이들을 그렇게 데려가실 때, 내게 약조를 하셨을기라. 정말 귀한 자식을 주시겠다고 말이다."

한금이 끝내 울음을 터트리자, 영업은 들썩이는 아내의 어깨를 가만히 보듬어 안았다.

이듬해 신묘년(1891년) 3월 21일, 한금은 아들을 낳았다. 지난 기묘년에 전염병으로 아이들을 모두 잃고 난 후 십이 년 만이었다. 영업은 아이의 이름을, 복을 가득히 받아 행복하게 살라는 소망에서 '만복'(萬福)이라 지었다.

삼걸은 만복이 태어나기 얼마 전부터 거동을 못하고 방 안에 누워 있었는데, 결국 아이가 백일을 지나기도 전에 세상을 뜨고 말았다. 어느새 그의 나이는 여든다섯 살이었다. 젊은 나이에 허랑방탕하게 세상을 떠돌다, 서른 중반에 이르러 우연히 강 주부의 약방 일을 돕다가 영업의 아이들 주검을 묻는 일까지 한 그였다. 또 한때는 거지 대장 짝패를 따라 동학운동에도 연루된 그였다. 그러나 말년에 그는, 진종일 성경을 끼고 사는 영업의 이야기에 귀 기울이며 고개를 끄덕였다. 길지 않은 시간이었지만, 영업 곁에서 '야소'란 이름을 가슴에 새긴 삼걸은 평온하게 숨을 거두었다.

삼걸의 장례를 치른 뒤, 만복의 백일이 가까워 왔다. 젖살이 뽀얗게 오른 얼굴로 벙긋거리는 만복을 안고 있다가, 영업은 작년 봄에 김해 바닷가에서 만난 데이비스를 떠올렸다. 부산에 자리를 잡겠노라며 꼭 한 번 찾아오라던 데이비스의 말이 기억났다. 그날, 데이비스와의 우연한 만남이 자신에게 늦둥이 아들을 선물한 것 같았다.

"이 모든 것이 하늘님이 내리신 복이거늘, 내 야소 말씀을 읽고 복을 받아 이리 귀한 아들을 얻었다고, 그 양반한테 소식이라도 전해야 하는 거이 아닌가? 이제 우리 만복이 백일잔치도 해야 할 긴데, 내 그 양반을 잔치에 모셔야 하지 않겠나?"

아이를 안은 채 혼자 중얼거리던 영업은 갑자기 마음이 조급해 왔다. 그는 부산 저잣거리에 나가면 데이비스 일행을 만나는 일이 쉬우리라고 생각했다. 당장에 약방 문을 닫아걸고, 그는 간단한 행장을 꾸렸다.

여름으로 접어든 부산 저잣거리는 많은 사람들로 북적거렸다. 배가 들고나는 항구 지역이라 바다 건너에서 온 일본인들도 적잖게 눈에 띄었다. 데이비스가 머물 만한 곳을 찾아다녔지만, 영업은 그를 만날 수 없었다. 그를 쉽게 만나리라 생각한 영업은 하루 반나절을 저잣거리에서 헤매었다. 따가운 여름 햇살에 분주히 걷던 그는 기진맥진한 채 저잣거리 한 추녀 밑에 앉아 숨을 잠시 돌렸다.

무작정 찾아간 바닷가에서 그토록 쉽게 만난 그를, 일부러 찾아 나선 이 길에서는 왜 이리 만나기가 어려운지 영업은 한숨이 절로 나왔다. 영업은 일 년 전의 우연한 만남이 꼭 오늘의 필연적 만남으로 이어질 것이라고 생각했다. 그는 달덩이처럼 탐스럽게 자라고 있는 아들 만복의 모습을 데이비스에게 꼭 보여 주고 싶었다. 그리고 그에게 말하고 싶었다.

'야소의 말씀이 내게 이렇게 복을 내렸다……'

그는 모시 적삼 소맷부리에 있는 합죽선을 펴 들고 땀을 식혔다. 맹렬히 부채질을 해 대는 영업의 손놀림에, 추녀 끝에 좌판을 펴고 앉은 늙은이가 그를 무심히 돌아보았다.

"날씨가 무척이나 덥십니더."

늙은이가 말을 붙여 왔다.

"그러네예. 진종일 돌아 댕겼더니 땀에 흥건히 젖었십니더."

영업의 부채 바람에 잠시 눈을 껌벅이던 늙은이가 웃음을 가만히 머금었다. 허연 머리카락을 틀어 올려 맨 상투와 허름한 옷차림이 무척이나 초라해 보이는 노인이었으나, 이상하게도 그의 웃음에 기품이 흘렀다. 늙은이는 잠시 좌판 밑을 뒤적이더니 동그란 약과처럼 생긴 과자 하나를 내밀었다.

"잡숴 보시오."

늙은이가 내민 것은 약과보다는 좀 넙적하고 두께가 얇은 것이었다. 처음 보는 과자였지만, 영업은 마침 출출한 터라 냉큼 받아 입으로 가져갔다. 과자는 혀에 닿자마자 달콤하게 녹아내렸다. 뭐라 표현할 수 없이 부드럽게 입에 감기는 것이 한 번도 느껴 본 적 없는 맛이었다.

"무엇이 이리 맛이 좋십니꺼? 저는 이렇게 맛있는 과자는 처음입니더."

노인은 아쉬운 듯 쩝쩝 입맛을 다시는 영업에게 가만히 웃음 지었다.

"그것은 서양과자라오. 그것이 그렇게 맛있습니꺼? 사실 내는 그보다 더 맛 좋은 것을 알고 있소. 그것이 무엇인지 아시오?"

"이보다 더 맛 좋은 것이 있단 말입니꺼? 제가 출출한 터에 잘 됐십니더. 어서 그 맛을 좀 보여 주이소."

영업의 재촉에 소롯한 웃음을 머금고 있던 노인은 다시 좌판 밑에 손을 넣었다. 그러나 노인의 손에 딸려 나온 것은 뜻밖에 또 다른 과자가 아니라 책 한 권이었다. 그것은 일 년 내내 영업의 품을 떠나 본 적 없는 너무나 눈에 익은, 이른바 야소의 말씀이 적힌 성경이었다.

"여기엔 지금 당신이 먹은 과자보다 더 희한하고 달콤한 말씸이 수없이 적혀 있십니더. 그깟 과자 맛에 비교가 됩니꺼?"

"아니, 노인장이 어떻게 이 책을? 야소 말씸이라면, 저도 갖고 있다 아닙니꺼? 그라몬 노인장은 그 사람을 알고 있을 깁니더. 전, 그 사람을 찾아 이리 저잣거리를 헤매고 있지 않십니꺼?"

"누구를 말씸이오?"

노인이 뜻밖이라는 듯 영업을 빤히 바라보았다.

"서양 사람입니더. 데이비스라고……. 작년 봄에 저랑 김해 바닷가에서 우연히 만났십니더. 그때 저한테 이 책을 주었십니더. 그때부터 저는 이 책을 끼고 살지 않았겠십니꺼? 그러다가 늙은 마누라한테서 뒤늦게 아들을 얻었지예. 며칠 있으면 우리 아들 백일입니더. 전, 그 양반을 우리 아들놈 백일잔치에 모시고 갈라고 이래 안 왔십니꺼?"

노인은 성경책을 무릎에 내려놓더니 입을 잠시 다물었다.

"그 양반을 어디에 가야 만날 수 있십니꺼? 분명 부산에 자리를 잡을 끼라고 저 보고 찾아오라 캤십니더."

영업의 재촉에 노인은 하는 수 없다는 듯 입을 천천히 떼었다.

"그 양반 죽었소!"

"예?"

"지난가을 마마에 걸려 고생을 하다가 여기 부산에서 죽었소. 참 아까운 젊은이였는데……."

"뭐라꼬요? 데이비스가 마마에 걸려서? 그라몬 그 사람을 따라 댕기던 그 늙은 역관은요?"

"모르겠소, 같이 병에 걸려 죽었는지. 하여간 데이비스라는 서양 젊은이는 그렇게 세상을 떠났다오. 그 대신 여기에 다른 서양 사람들이 와 있는데 만나 보실랍니꺼?"

"아닙니더. 다른 사람은……다른 사람은 필요 없십니더. 세상에 그 젊은 사람이 죽다니……. 저는 그 사람을 만나 생명을 얻었는데, 그 사람은 와 죽었십니꺼? 야소 말씀을 믿으면 복을 얻는다 했는데, 그 말씀을 가르치러 일부러 먼 나라에서 온 젊은이가 와 죽었십니꺼? 와요?"

"하늘의 뜻입니더. 내 같은 이런 늙은 목심은 이렇게 붙들어 두시고, 그런 젊은이는 일찍 데려가시는 것도 다 하늘의 뜻입니더. 하늘의 맘을 어찌 우리 같은 미물들이 알 수 있단 말입니꺼? 그래도 그 젊은이는 뜻을 이룬 겁니더. 젊은이의 고국에서 다시 사람이 여럿 오지 않았능교? 데이비스의 죽음을 전해 듣고 달려온 겁니더. 그러니 그 죽음이 헛되지는 않았다 이겁니더. 세상의 이치가 다 그렇지 않십니꺼? 힘들여 길을 닦는 사람이 있는가 하면, 그 길을 걷는 사람은 또 따로 있지 않십니꺼? 그 젊은이는 길을 닦아 놓은 겁니더. 새로 온 사람들을 한 번 만나 보지 않을랍니꺼? 젊은 부부와 여자 두 명이 왔십니더. 한 명이 죽고 네 명이 다시 왔으니, 오히려 덕 본 것이 아닙니꺼?"

영업은 합죽선을 접고 일어섰다.

"아닙니더. 저는 그 사람들을 만나고 싶은 생각이 없십니더. 노인장 고맙십니더. 만약 노인장을 만나지 않았으면, 이 더운 날 거리를 더 헤맬 뻔했십니더. 고마운 맘에 존함이라도 기억하고 싶습니더."

"내는 김수업이요. 뜻밖에 야소 말씀을 아는 이를 만나 내도 반갑소. 부산까지 왔는데, 헛걸음쳐 많이 섭섭은가 본데 너무 아쉬워 마소. 인연도 목심도 다 야소 뜻입니더. 데이비스 양반 대신 내 그 귀한 아들을 위해 기구하리다. 조심해서 가소."

"노인장 정말 고맙습니더."

공손히 절하고, 영업은 그 자리를 급히 떠났다.

그는 더 이상 부산에 머무르고 싶은 마음이 없었다. 짧은 만남이었지만 깊고 투명한 눈에 힘 있는 광채가 어리어 있던 데이비스의 모습이 생생히 떠올랐다.

'내가 아브라함처럼 뒤늦게 아들을 낳았다는 말을, 꼭 해 주려 했는데……. 길을 닦는 사람이 따로 있고, 그 길을 걸을 사람이 따로 있다니……. 그토록 훌륭한 젊은이도 그저 길을 닦으러 온 사람에 불과했다면, 도대체 내는 뭐꼬? 내는 혹시 길도 닦기 전에 돌만 부수다가 가는 하찮은 사람 아닌가? 그래서 그렇게 풍파 속에 일곱 자식을 다 죽였나? 그라몬 우리 만복이는 내가 부숴 놓은 돌 위에 또 길을 닦는 사람이 되어나 하나? 아니다! 아니다! 우리 아들은 이제 그 길을 걸어가는 사람이 되어야재. 그래! 내 오래 오래 살아서 길을 닦아 줄 거구마. 우리 만복이가 편히 걸어가게 말이다.'

김해로 돌아가는 그의 발걸음이 빨랐다. 그는 부산에 머무는 며칠 동안 보지 못한 아들의 얼굴이 떠올랐다. 바라만 봐도 헤벌쭉 잘도 웃는 녀석이 며칠 새 또 얼마나 달라졌을지 부쩍 보고 싶었다. 걸음을 재촉하는 영업의 얼굴 위로 땀인지 눈물인지 알 수 없는 물줄기가 쉼 없이 흘러내렸다. 그는 울고 있었다. 아들에게 행복한 생애를 물려주겠노라는 결연한 결심 속에, 영업은 입술을 지그시 깨물었다.

다시 이어진 인연

갑오년(1894년), 햇볕이 내리쬐는 마당에서 아이 셋이 고물고물 노는 모양을 바라보다 성두는 자신도 모르게 흐뭇한 웃음을 머금었다. 지난날, 영업은 이름을 성두로 개명했다.

사 년 전, 김해 바닷가에서 데이비스로부터 성경을 전해 받은 그는 단 하루도 읽기를 게을리 하지 않았다. 그의 가슴속으로 차츰차츰 스며든 진리의 말씀은 그의 내면을 미세하게 변화시켰다. 데이비스를 만나기 위해 부산까지 갔다 헛걸음치고 온 뒤, 그는 혼란한 머릿속을 정리하려고 침묵의 시간을 잠시 보냈다. 아들의 탄생과 데이비스의 죽음 사이에서, 기쁨과 슬픔의 이랑에서 그는 좀처럼 헤어 나오지 못할 듯했다. 그러나 얼마 후 그는 한동안 닫아 둔 약방 문을 열고 다시 생업을 시작했다. 물론 그는 성경 탐독도 계속했다.

그 혼란의 늪을 헤치고 나와, 제일 처음 그가 한 일은 자신의 이름을 바꾼 것이었다. 그는 불교식으로 지어진 '영업'이란 이름을 버리고, 스스로 '성두'라고 불리기를 원했다. 거룩할 성(聖), 말 두(斗)로, '곡식을 담아 세는 거룩한 말'이란 뜻이었다. 곡식은 농촌 지역인 김해에서는,

곧 삶을 의미했다. 그는 그렇게 신으로 말미암아 삶을 거룩히 여기는 사람이 되고 싶었다.

두 번째로 그가 한 일은 아들 만복의 이름을 '동석'으로 바꾼 일이었다. 동녘 동(東), 클 석(晳)으로, 이 이름은 '동쪽에서 크게 밝아 온다'는 뜻이었다. 어두운 새벽녘 동쪽에 환한 해가 떠오르듯, 그의 어두운 가정에 스며든 성령의 빛으로 아이가 잉태되었다는 뜻에서였다.

세 번째로 성두는 아내 한금의 이름을 '한나'로 개명했다. '한나'란 성경 사무엘서에 나오는 사무엘 어머니의 이름이었다. 성두는 성경을 찬찬히 읽어 내려가다, 아들을 얻기 위해 성전에서 눈물로 기도하는 한나가 자신의 아내와 비슷하다고 생각했다. 아내 한금은 자식 일곱 명을 다 잃은 뒤, 여자로서 절망하고 있을 때 기적처럼 아들을 낳지 않았던가. 한나가 신의 가호 아래 기적처럼 사무엘을 얻었다면, 아내 역시 마찬가지라 생각되었다.

가을 햇볕이 내리쬐는 약방집 뜰 안, 이제 네 살 난 동석과 제법 계집애 꼴이 나는 일곱 살 난 정명이 햇살을 따라다니며 그림자놀이를 하고 있었다. 동석의 백일이 다가올 때 입덧을 한 점순이 낳은 아들 창석도, 이제 막 두 돌이 지나 뒤뚱거리며 누이와 형을 뒤따라 다녔다.

성두는 아이들이 노는 모습을 바라보다 먼 옛날의 전설처럼 이와 비슷한 기억 속의 장면을 떠올렸다. 참으로 오래전 일이었다. 막내딸이 미친개에게 물려 죽기 전이니까, 벌써 십오 년 전의 일이었다. 어머니 정 씨도 그토록 어여쁜 점례도 살아 있던 시절, 아이들이 이렇게 햇빛 속에 놀고 있었다. 그때 성두는 행복했다. 그러나 지금 다른 아이들이 마당에서 놀고 있다. 세상을 떠난 그 아이들 대신…….

이제 성두는 감히 자신이 행복하다고 생각하지 않았다. 그는 다만 삶이 두렵지 않다고 생각할 뿐이었다. 그는 자신의 가슴을 채우는 든든한 힘이, 아직은 확연히 볼 수 없는 절대적 세계에서 날아와 자신에게 도달해 있다는 것을 느꼈다. 그것은 신을 사랑하는 사람만이 가질 수 있는 충만감이었다.

　그는 문득 이 충만감을 자신의 아이들에게도 전해 줘야겠다고 생각했다. 어디 아이들뿐이겠는가. 그의 곁에 있는 한나와 점순이 그러한 마음을 어렴풋이 나누고 있었다. 그러나 어찌 집 안의 범위에서 그치랴. 그는 가까운 이웃들에게라도 자신의 마음을 전해야겠다고 생각했다. 하지만 그들에게 어떻게 이 가득 찬 가슴을 설명하랴. 동리 사람들 중에는 언문도 깨치지 못한 사람들이 많았다. 무턱대고 성경을 읽으라고 권해 볼 일도 아니었다. 그런데 그사이 부산에서 선교를 하고 있다는 젊은 서양인 부부가 몇 차례 이곳 동상 마을 근처에 나타난 적이 있었다. 그때까지 성두는 그들을 아는 척하지 않았다. 꼭 다시 만나 보고 싶던 데이비스가 그만 세상을 떠나 버린 것에 대한 섭섭함 때문이라고 할까.

　가을 햇살이 서서히 기울었다. 삼걸이 세상을 떠난 후, 혼자 약방을 지켜 온 그는 새삼스레 자신을 도와줄 사람이 하나도 없다는 것을 깨달았다. 성두는 자신의 곁에서 희미하게나마 '야소'란 이름을 가슴에 새긴 삼걸의 마지막 모습이 몹시 평화로웠던 것을 떠올렸다. 그는 갑자기 삼걸이 그리웠다.

　1894년 2월부터 시작된 동학 민란이 전국에 들끓고 있었다. 전라도 지방에서 고부 접주 전봉준의 지휘 아래 시작된 민란은 충청도로 확산되었으나, 올가을 들어 패전을 면치 못하고 있다는 소문이 김해 고을까지 들려왔다. 성두는 오래전에 헤어진 짝패를 생각했다. 고희를 맞았을 늙은 몸으로 어느 산천을 떠돌고 있을지……. 그 건강하던 체력으로 미루어, 지금쯤 어딘가에 분명히 살아서 맹렬히 동학 민란에 참여하고 있으리라 짐작했다.

　성두는 짝패를 생각하다 한양 어느 골목의 민가에서 만난 동학 교주 최시형을 떠올렸다. 초라하고 평범해 보이던 그의 마른 얼굴에서 은은히 빛나던 눈, 아니 빛을 낸다기보다 뭔가 처연한 슬픔을 풍기는 듯하던 눈⋯⋯. 그제야 그는 최시형의 눈빛을 조금이나마 이해할 수 있을 것 같았다. 그것은 보이지 않는 세계에 삶을 다 맡긴 사람만이 발할 수 있는 가라앉은 눈빛이었다.

따가운 가을빛이 찾아들자, 마루 끝에 앉은 그의 목 언저리로 찬 기운이 몰려들었다. 그렇지 않아도 놀기에 정신 팔린 아이들이 고뿔에 걸릴까 염려하고 있는데, 안채에서 점순이 달려 나왔다.

"우리 창석이, 이자 그만 들어가재이."

아이를 불끈 안아 올리는 점순의 허리께에 묶인 젖은 행주치마가 펄럭였다. 어미 품을 빠져 나오려고 버둥대는 창석을 꼭 끌어안은 점순은 한 손을 내려 동석의 손을 잡았다.

"이봐라! 성아도 이제 들어갈 끼라. 그렇재? 동석이도 이제 손 씻고 방에 들어갈 끼지?"

동석을 내려다보는 점순의 눈에 다정함이 가득 어려 있었다. 점순은 한나가 낳은 동석을 지극 정성으로 대했다.

"어머이! 우리 쪼금만 더 놀 끼다. 아직 해가 환한데⋯⋯."

금세 시무룩해진 정명이 제 어미를 따라가면서도 약방 툇마루에 걸터앉은 성두를 돌아다보았다. 어릴 때 붙은 야무레기란 별명을 아직도 달고 다니는 아이는 입을 꼭 다물고 아비에게 구원 요청을 하는 듯했다. 성두는 어서 어미를 따라 들어가라는 뜻으로 고개를 끄덕여 보였다.

가을빛을 삼켜 가는 하늘이 어느새 어스름했다. 성두는 이제 그만 약재를 정리하려고 약방 안으로 들어섰다. 그는 어둑한 방 안에 언뜻 스치는 자신의 그림자에 잠시 주춤거리다 서둘러 방 안을 정리하기 시작했다. 환자가 많이 들지 않아도 약재를 어질러 놓기는 마찬가지였다. 양이 줄었을 뿐 약재 가짓수가 줄어든 것은 아니었기 때문이다. 그가 밖으로 나왔을 때, 어느새 사방은 어두웠다. 안채 쪽에서 밥상을 차리는지 그릇 부딪치는 소리가 들려왔다. 가을밤이 평화롭게 깊어 가고 있었다. 그는 안채로 건너가기 위해 발걸음을 떼다 무엇인가 스치는 사그락 소리에 주춤 걸음을 멈추었다. 사방을 둘러보았지만 아무것도 보이지 않았다. 바람이 불고 있다면 나뭇잎이 스치는 소리라 하겠지만, 바람 한 점 없는 가을밤이었다.

그가 다시 걸음을 떼려하자 다시 한 번 소리가 들려왔다. 그때서야 성두는 그것이 아주 작게 속삭이는 사람의 목소리라는 것을 알아챘다. 그는 소리가 들리는 쪽으로 조심조심 걸어갔다.

"이보시오! 이보시오!"

대문 옆에 붙은 좁은 헛간 안에서 누군가 성두를 부르고 있었다. 그는 헛간 문 앞에 선 채 조심스레 안쪽을 살폈다.

"누구시오? 안에 누구 있십니꺼?"

안쪽에서 누군가 움직이는 기척이 나더니 낯설지 않은 목소리가 들려왔다.

"배 의원님! 저요! 저! 거지 대장 짝패요!"

어둠 속에서 그가 천천히 걸어 나왔다.

"아니…… 짝패 어른! 아니 참말로 짝패 어른이……."

짝패가 성두의 몸을 덥석 끌어안았다.

"그렇지 않아도 제가 오늘 어른 생각을 했십니더. 곁에 계시면 오죽이나 좋을까 하고 말입니더. 그 생각을 하자마자 이리 나타나시다니, 꼭 무엇에 홀린 것 같십니더. 도대체 이게 몇 년 만입니꺼? 한 십 년 됩니꺼? 아니 십 년도 넘었지예."

스스로도 모르게 목소리가 높아지는 성두를 향해, 짝패가 조용히 하라는 듯 손가락을 입에 가져갔다.

"사실 저는 쫓기는 몸이오. 낮에 헛간에 들어와 늘어지게 한잠 잤구려."

"쫓기다니요? 동학 때문에 말입니꺼?"

"제가 그 일이 아니면 쫓길 일이 뭐가 있겠소?"

"그라몬 여기서 이럴 게 아니라 어서 안으로 들어가입시다. 지금 막 저녁을 먹으려는 참입니다."

짝패의 팔을 잡고 마당으로 나온 성두는, 달빛 아래 드러난 짝패의 초라한 행색에 그가 그동안 얼마나 고생이 심했을지 짐작할 수 있었다. 그토록 단단하게 벌어졌던 그의 어깨는 이제 늙은이처럼 주저앉아 있었고, 어둠 때문인지 날카롭던 눈빛도 힘이 없어 보였다.

안채 호롱불 밑에서 한나가 차려 준 저녁밥을 게 눈 감추듯 먹어 치운 짝패는, 벌써 쉰한 살이 된 늙은 한나를 물끄러미 바라보았다.

"세월이 참 많이 흘렀습니다, 그려. 그때는 꽃각시더니만……."

혼잣말처럼 중얼거리는 짝패의 목소리에, 한나가 밥상을 치우다 그를 올려다보았다.

"언제 말씀이십니꺼? 지 혼사 때 말씀입니꺼? 그때가 언제라고……."

한나가 쓴웃음을 짓더니 밥상을 들고 방을 나갔다.

그날 밤 짝패와 성두는 밤이 깊도록 지난 이야기들을 나누었다. 점순을 소실로 들이고 정명과 창석을 본 일, 무엇보다도 나이가 든 한나가 뒤늦게 동석을 낳은 일을 이야기하며 성두는 자신이 새로운 세계에 눈떴다는 것을 누누이 강조했다. 그 때문에 아내와 자신이 이름을 바꾸었다는 것까지도……. 성두의 새로운 세계에 대해 듣는 둥 마는 둥 한 짝패는 삼걸이 세상을 떠났다는 이야기에 침통한 표정으로 눈물을 지었다.

"하긴 나이가 몇이시라고! 그래도 참 오래 사셨습니다. 저도 이제는 그만 떠돌고 죽을 자리를 봐야 하는데, 나이 칠십이 되어서도 자식 하나 없이 떠돌이 신셉니다. 거기다 지금은 동학 민란이 실패해 쫓기는 몸이 아닙니까?"

"드릴 말씀인지는 몰라도 동학이 참된 종교라면, 그렇게 민란을 일으킬 일이 아니라고 봅니더. 결국 동학이란 것을 내세워 세상을 뒤집어 보고자 한 배고픈 민초들의 몸부림 아닌교? 그거이 진정한 종교라면 사람의 내실을 기하는 게 먼저 아니겠십니꺼?"

힘없이 가라앉은 것 같던 짝패의 눈이 순간 호롱불 아래서 날카롭게 빛났다. 그러나 다음 순간 그는 다시 눈빛을 가라앉히며 탄식처럼 중얼거렸다.

"글쎄! 뭐가 뭔지 모르겠습니다. 저는 동학에 청춘을 바쳤다 해도 과언이 아닙니다. 신앙심은 무슨? 저야말로 못 배우고 가난한 설움에 동학을 빌미 삼아 패거리를 형성하려고 했는지 모르지요. 이제 몸은 늙고……. 동학 세력의 우두머리들은 다 체포되고, 그 언저리에 붙어 있는 저는 쫓기는 신셉니다. 세월이 지나면 동학 잔재를 잡아들이려는 것도 좀 가라앉겠지요. 그때까지 저를 여기 좀 있게 해 주시오. 전처럼 약방 일도 거들어 드리다."

성두는 짝패를 바라보며 웃음을 싱긋 머금었다.

"참 이상한 일입니더. 제가 아까 전에 짝패 어른 생각을 했다 안 합니꺼? 누군가 약방 일을 도와줄 사람을 생각하다 짝패 어른이 어디 살아 계시면 좋겠다고 생각했십니더. 그런데 제가 그 생각을 하고 있을 때, 어른은 벌써 우리 집 헛간에서 주무시고 계셨네예."

"배 의원이 야소 귀신을 믿더니 신기가 있는 모양이군요. 하! 하!"

"그리 생각하시면, 제가 믿는 야소가 얼마나 영험한 분인지 한번 믿어 보실랍니꺼?"

농으로 받아친 말에, 성두가 진지하게 대꾸해 오자 짝패는 입을 잠시 다물었다.

"야소를 믿으면 안 죽는답니까? 저야 이제 죽을 날이 가까운 늙은인데, 소망이 있다면 남은 날들이나 오래 잘 사는 것뿐 아니겠습니까?"

한결 낮아진 짝패의 목소리에 성두는 마른침을 삼켰다.

"그라문요. 죽었다가도 다시 살아난답니더. 야소를 믿으면……."

"뭐라고요? 죽었다가 다시 살아난다고요? 별 희한한 소리를 다 하

149

십니다, 그려!"

"그렇지요. 희한한 소리지요. 그렇지만 저는 그걸 믿십니더."

밤이 깊어서야 짝패는 한나가 자리를 봐 놓은 약방으로 건너갔고, 성두는 잠을 이루지 못하고 몸을 뒤척였다.

"와 그라십니꺼? 혹시 짝패 어른을 관가에서 잡으러 올까 봐 걱정이 되십니꺼?"

성두는 대답에 앞서 깊은 신음을 머금었다.

"그거이 걱정이 아니라……여기 경상도 땅이야 그래도 동학쟁이 잡아들이는 기는 좀 느슨하지 않나? 민란이야 다 전라도 땅에서 났지. 다 늙은 양반을 뭐 의심하겠나? 멀리서 찾아온 친척 늙은이라고 하면 되지. 거지 대장 짝패를 기억하는 사람은 돌아가신 삼걸 외삼촌 또래 인데, 거진 반 다 세상 떠나고 없는기라. 내는 지금 그걸 걱정하고 있는 거이 아니다."

"그럼 딴 걱정이 있어예?"

성두를 향해 한나가 몸을 돌려 누웠다.

"걱정은 아니고……. 내는 이제 내 가슴속에 가득 찬 것을 자꾸만 여러 사람에게 말하고 싶은기라. 전날 부산 저잣거리에서 만났던 그 노인처럼 말이다. 내도 이제는 알 것 같대이. 그……김수업이란 노인 장 얼매나 가슴속에 야소 말씸이 넘쳐흘렀으면, 그 더운 날에 늙은 몸으로 나와 앉아 있었겠노? 이제 내도 말하고 싶다. 그런데 뭐라고 말을 꺼내야 할지 모리겠다. 아마 내는 그 말씸을 전하는 방법을 차근차근 배워야 할 것 같대이. 당신 혹시 동리 사람들한테 여기 동상 마을에도 코쟁이 서양 사람 부부가 다녀갔다는 말을 못 들었나? 아무래도 그 사람들을 만나야 할 것 같대이."

"당신 뜻이 그렇다면 그렇게 하이소. 마침 짝패 어른이 때맞춰 찾아왔으니, 약방 일을 거들 사람도 생겼고……. 짝패 어른이 여독을 풀고 자리를 잡는 대로 부산에 한 번 나가 보시든가예."

"그래! 내도 그럴 생각인기라. 그때 우리 동석이 백일을 앞두고 부산으로 데이비스를 찾아갔을 때, 그 사람이 죽었다는 소식에 하도 낙담해 그 서양인 부부를 만나 보라는 노인의 제의를 듣는 둥 마는 둥 하고 오지 않았나? 사실 그때는 내 아무 준비도 되어 있지 않았던기라. 그 뒤로 벌써 삼 년이 안 흘렀나? 그때 그 젊은 데이비스가 죽었다는 소식에 내사 머릿속이 뒤숭숭했대이. 다시 산다는 일이 무서운기라. 겨우 동석이를 낳고 좋아라 하고 있는데, 또 무신 일이 생길까 봐서……. 참 지난 일을 생각하면 그렇대이. 아이들이 다 죽고, 어머이도 돌아가시고, 나는 세상을 떠돌고 당신은 내를 기다리다 산 귀신이 되고……. 그런 날이 없었으면, 내가 지금 이리 됐을까? 가슴 터질 듯이 야소를 믿는 일 말이다. 그러니까 하늘님은 내를 이리 맨드실라고, 그 시련을 주셨던기라. 이제야 내 그것을 알 것 같대이."

한나는 아무 말이 없었다. 그녀는 성두의 말을 듣다 그만 잠이 든 것 같았다.

어느새 동쪽 들창으로 여명이 스며들었다. 그제야 성두는 자신이 무엇에 들뜬 듯 잠 한숨 자지 못한 것을 깨달았다. 들창이 더 환해지자, 어디선가 닭 울음소리가 들려왔다.

■ 15

약방집 교리공부

1895년 봄, 성두는 서양인 로스 목사와 마주 앉아 있었다. 그의 조선 이름은 노세영이었다. 얼마 전, 그는 미국에서 와 이곳 김해에 도착했다. 작년 가을 부산을 방문한 성두는 역시 미국에서 온 베어드를 만나 자신이 선교에 뜻을 갖고 있다고 밝혔다. 베어드는 마침 부산을 떠날 채비를 한 터라, 성두와 인연 맺을 기회를 만들지 못했다.

베어드가 떠난 후, 부산에 거점을 두고 선교 활동을 시작한 로스는 성두와 금세 친교를 이루었다. 그는 일주일에 한 번씩 동상 마을을 찾아와, 우선 성두네 가솔부터 교리를 가르치겠다고 약조했다. 로스 목사가 아내를 대동하고 성두의 집을 찾아온 것은 작년 가을부터 지금까지 이어져 왔다.

부산에서 아무리 일찍 떠난다 해도, 그들이 동상 마을에 도착하면 어느새 해질녘이었다. 한나와 점순이 정성껏 마련한 조선식 저녁을 어설프게 먹은 후, 그들은 피곤함도 잊은 채 성두네 온 식구를 모아 놓고 서투른 조선말로 교리를 가르쳤다.

어미의 눈치를 보느라 하는 수 없이 쪼그리고 앉은 정명은 쉼 없이 하품을 해 댔고, 동석과 창석은 초저녁 무렵에 각자 제 어미의 무릎을 베고 잠들기 일쑤였다. 어른 중에 유난히 눈을 반짝이며 집중하는 사람은 점순이었다. 그녀의 나이, 이제 갓 서른 살이었다. 로스 목사의 말 한 마디 한 마디를 귀 기울여 듣던 성두는 초롱초롱한 점순의 눈빛을 건너다보며 웃음을 가만히 머금었다.

로스 목사가 성두네 식구에게 맨 처음 가르친 것은 주기도문과 사도신경 암송이었다. 초저녁부터 읽기 시작한 주기도문은 성두네 약방집 마당에 낭랑하게 울려 퍼지다, 밤이 이슥할 무렵에야 멈췄다. 성두도 하품을 머금고, 초롱한 점순의 눈빛마저도 졸음으로 흐려질 무렵이면, 한나는 안방을 서둘러 치우고 로스 목사 부부의 잠자리를 보았다.

그들은 아무리 깜깜한 밤이라도 꼭 뒤뜰 우물가로 가 입을 헹구고, 손과 발을 씻고 나서야 잠자리에 들었다. 처음 로스 목사 부부가 어둠을 헤집고 우물가로 가는 모습을 바라본 짝패는 이해할 수 없다는 듯 고개를 갸웃했다.

"금방 잘 거면서 왜 입을 헹구고 몸을 씻지요?"

"서양 사람들은 그렇게 한다 안 합니꺼? 그러니 우리 조선 사람 보고 얼마나 더럽다고 하겠십니꺼? 우리는 아침에 소세하면 그뿐 아닙니꺼?"

약방으로 가려고 토방을 내려온 성두가 말을 받았다.

로스 목사 부부가 성두의 약방집에서 첫 밤을 보낸 날, 한나는 그들이 뒤뜰 우물가로 씻으러 간 사이 방 안에 놋요강을 들여놓았다. 혹시 한밤중에 소피가 마려우면, 낯선 집에서 뒷간 가기가 불편할 거라고 생각한 한나의 배려였다. 곧 뒤뜰에서 돌아온 로스 목사 부부는 방구석에 놓인 반짝거리는 금속 물체를 발견하고, 그 용도를 몰라 한참을 들여다보았다. 항아리처럼 동그란 것이 분명 무엇을 담는 물건인 것 같은데 속은 텅 비어 있었다. 마침 목이 말랐던 그들은 한나가 그것에 물을 담아 두려다, 그들이 우물가에서 몸을 씻고 있어 차마 다가오지 못해 그냥 빈 그릇을 두고 간 모양이라고 생각했다.

다시 아내와 함께 우물가로 간 로스 목사는 그 요강에 물을 채워 급한 김에 먼저 벌컥벌컥 들이마셨다. 그다음은 그의 아내가 요강을 들이컸다. 그들은 요강에 물을 절반쯤 담아 방에 가져다 놓고, 자다가 목이 마르면 마셔야겠다고 생각했다.

그즈음 점순의 방에서 막 잠이 들려다 한나는 뒤뜰 쪽에서 인기척이 느껴져 그들이 아직도 우물가에 있음을 짐작했다. 그녀는 문득 손님 방에 자리끼를 갖다 놓지 않은 것이 생각나 벌떡 일어났다. 어느새 젊은 점순은 잠들었는지 정명과 창석 사이에 누워 낮게 코를 골았다. 서둘러 방을 나온 한나는 작은 목판에 물 대접을 얹어 안채로 가려다가 요강을 들고 뒤뜰에서 나오는 그들과 마주쳤다. 한나를 발견한 로스 목사는 어둠 속에서 하얀 이를 드러내며 웃었다. 마침 보름이 가까워 훤한 달빛 아래 그가 든 놋요강이 반짝 빛났다. 한나는 왜 로스 목사가 요강을 들고 우물가에서 오는지 알 수 없어 잠시 주춤했다.

"목사님! 지가 자리끼 갖다 놓는 것을 잊었습니더."

어둠 속에, 가만가만 울리는 한나의 목소리에 로스 목사가 의아한 표정을 지었다.

"자리끼? 자리끼……."

"아, 예! 주무시다가 혹시 목이 마르면 드실 물 말입니더."

한나는 물 대접이 올려진 목판을 내밀었다. 로스 목사는 자신의 손에 든 요강과 한나가 내미는 물 대접을 번갈아 보며 고개를 갸웃했다.

"그러면 이건 뭡니까? 이 동그란 그릇이 물 담아 먹는 것 아닙니까?"

그는 요강 안에 반쯤 채운 물이 철렁거리게 흔들었다. 그때서야 한나는 사태를 짐작하고 아연실색했다.

"아닙니더! 그건 밤에 주무시다가, 혹시 소피가 마려우시면 거기에……그러니까 그건 소피를 보는 요강입니더!"

"요강? 요강? 여기에 오줌을?"

먼저 인상을 찡그린 것은 로스 목사보다 그의 부인이었다.

"오 마이 갓! 오 마이 갓!"

연거푸 외마디 소리를 지르는 그녀와 달리, 로스 목사는 난처해하던 표정에 곧 웃음을 실었다.

"하도 깨끗하고 반짝거려서 영락없이 물그릇인 줄 알았습니다. 왜 물을 담아 놓지 않았나 싶어, 지금 막 우물에서 물을 담아 오는 길입니다. 아, 참! 저와 이 사람이 먼저 여기에 물을 담아 몇 모금 마셨지요."

한나는 입을 딱 벌리고 서서 아무 말도 하지 못했다. 아무리 깨끗이 닦았다고 하지만 그 놋요강은 한나 자신이 시집올 때 혼수로 가져와 지금까지 수십 년을 사용해 온 것이 아니던가.

"이를 우짭니꺼? 지가 진작에 말씀을 드렸어야 했는데……. 죄송합니더! 죄송합니더!"

연신 머리를 조아리며 어쩔 줄 몰라 하는 한나를 보며 로스 목사는 더 환한 웃음을 머금었다. 달빛 속에 그의 고른 치열과 놋요강이 반짝거렸다.

"하! 하! 괜찮습니다. 제가 다른 나라에서 온 탓이지요. 부인은 아무 잘못 없으니 미안해하지 마십시오."

남편의 웃음을 바라보고 선 그의 아내가 한나에게서 물 대접을 받아 들며 웃음 지었다.

"예! 부인 잘못이 아닙니다. 미안해하지 마세요. 괜찮습니다. 우리가 오줌을 마신 것도 아니고……. 하하! 오늘 한 가지를 배웠습니다. 요강이란 것을 말입니다."

한나는 고개를 들지 못하고 아래채로 가려고 몸을 돌렸다. 등 뒤에서 안채로 걸어가는 로스 목사 부부의 발걸음 소리가 들려왔다. 한나의 가슴이 울컥 치밀어 올랐다.

"도대체 야소가 뭐라고? 저 사람들이, 이 먼 나라에 와서 요강에 물까지 담아 마신단 말이고? 그러고도 저렇게 신선 같은 얼굴을 하다니……."

한나는 자신도 모르게 흘러내리는 눈물을 훔치며 달빛이 훤한 마당을 가로질러 아래채에 이르렀다. 방 안에서 점순과 어린것들의 숨소리가 희미하게 들려왔다. 그녀는 방문을 열려다 말고 툇마루에 쪼그리고 앉은 채 하늘을 올려다보았다. 어두운 하늘 가운데 있는 환한 달 속에서 어른어른 그림자 같은 것이 비쳤다. 누군가 하늘 위에서 자신을 내려다보고 있는 것 같았다.

로스 목사는 안채 대청마루에 앉아 봄볕이 내리쬐는 마당을 내려다보았다.

"목사님! 지난가을부터 저희 집을 방문하신 것이 벌써 여러 달째입니더."

봄볕을 하염없이 바라보던 로스 목사의 시선이 성두에게 천천히 옮겨 갔다. 그는 대답하려다 말고 무언가 우스운 생각이 난 듯 어깨를 으쓱하며 웃음을 머금었다.

"예! 그렇습니다. 그러니까 요강에 물을 받아 마신 그 가을날에서 벌써 몇 달이 흘렀군요."

아무렇지도 않게 내뱉는 로스 목사의 말에 성두가 얼굴을 붉혔다.

"그 일이라면, 동석 에미한테 들어서 알고 있습니다만……."

"재미있지 않습니까? 낯선 나라에서 낯선 풍물을 대하는 데 당연한 실수지요."

"동석 에미가 그날 목사님의 태도를 보고 감명을 받았던 모양입니더. 목사님 부부가 뭐가 아쉬워 이 낯선 곳까지 오셔서 고생하시냐고 말입니더. 거기에 야소님의 힘이 실려 있다는 것을 그제사 깨달은 모양입니더."

한동안 미소만 짓던 로스 목사가 무엇인가 갑자기 생각난 듯 정색을 하며 성두를 바라보았다.

"참! 배 의원님! 제가 전부터 생각한 것인데, 그분 이름을 똑바로 발음해야 할 것 같습니다. 더구나 다른 사람들에게 그분을 알리려면 말입니다. 그분의 이름은 '야소'가 아니라 '예수'입니다. '예수'라고 해 보십시오."

"예. 수. 예. 수. 예수!"

"예! 맞습니다. 그분의 이름은 예수, 나사렛 예수입니다. '나사렛'이란 곳에서 태어났다 해서 그렇게 부릅니다. 그 당시엔, 그 사람이 태어난 지방의 이름을 성처럼 사용했습니다. 예를 들면 이곳 동상 마을에서 태어난 배 의원님을 '동상 성두'라고 부르는 것과 같지요."

성두는 알아들은 듯 고개를 끄덕였다.

"이제까지 저는 그분이 태어나시기 전부터 얼마나 오랫동안 준비해 오셨는지, 어떻게 태어나셨고, 어떻게 핍박을 받다 돌아가셨는지를 말했습니다. 그리고 무엇보다 죽으셨다 다시 살아나셨음을 강조했습니다. 생각해 보십시오. 사람들이 가장 무서워하는 것이 무엇이라고 생각하십니까? 그것은 죽음입니다. 이 세상에 죽지 않는 사람이 없지요. 그 죽음조차 이겨 내신 분이, 바로 예수십니다. 죽음을 이긴다는 얘기는, 이 세상 모든 것을 이긴다는 것과 같은 말입니다."

성두는 다시 고개를 끄덕였다. 지난 몇 달 동안, 그는 자신의 가슴에 로스 목사의 가르침을 잘 새겨 두고 있었다.

"성경은 공부하고 헤아리자면 끝이 없습니다. 당신의 가슴속에 그 거룩하신 분의 사랑을 새기고 있다면, 곧 전교(傳敎)를 시작하십시오. 말하자면 전교는 그분에 대해 아는 지식으로 하는 것이 아니라, 그분을 사랑하는 당신 가슴으로 하는 것입니다."

"예! 그러지요! 저는 아직도 뭔가 더 알아야 한다고 생각하지만, 목사님 뜻이 그러하시다면 그렇게 하겠십니더."

성두의 목소리가 결연하게 울려 나왔다.

"이제는 사도신경과 주기도문을 다 외우시지요? 그냥 암송만 하지 말고, 그 뜻을 새기고 계시겠지요?"

"예!"

"그저 기도 몇 줄 같지만, 그 안에는 심오한 뜻이 담겨 있습니다. 사도신경에는 예수가 태어나고 죽고 부활하신 생애 전부가 담겨 있지요. 그 기도를 암송함으로써 우리는 그분을 믿는다는 신앙고백을 하는 것입니다. 그리고 주기도문에는 우리가 원하는 모든 기도가 담겨 있지요. 우리 한번 같이 암송해 볼까요? 그냥 입으로만 하지 말고, 거기에 당신의 마음을 담아 간절히 원해 보십시오. 그분은 모든 것을 다 들어주십니다."

로스 목사는 한없이 자애로운 표정을 지었지만, 눈빛은 몹시 엄격했다. 쉰여섯 살이나 먹은 성두는 이제 겨우 마흔 살이 넘을까 말까 한 이 서양 목사에게 매료된 자신을 느끼며 입을 천천히 떼었다.

"하늘에 계신 우리 아버지여!"

성두가 암송을 시작하자, 로스 목사는 눈을 지그시 감으며 자신의 본토 말인 영어로 작게 읊조리기 시작했다. 알아들을 수 없는 말을 중얼거리는 로스 목사의 표정을 보며, 성두는 자신의 영혼이 로스 목사를 따라 어디 알 수 없는 곳으로 날아가고 있는 듯한 착각에 빠져 들었다.

"이름이 거룩히 여김을 받으시오며, 나라에 임하시오며, 뜻이 하늘에서 이루어진 것같이 땅에서도 이루어지이다."

성두는 기도문을 암송하면서, 마음속에 다른 기도를 새겨 넣었다.

(당신처럼 거룩히 되는 일을 여기 우리 집에 허락하소서!)

성두는 눈을 감았다. 그의 입에서는 주기도문이, 동시에 가슴속에서는 또 다른 기도가 터져 나왔다.

"오늘 우리에게 일용할 양식을 주옵시고……."

(우리 식구, 우리 자손들이 절대로 배고프지 않게 해 주시고……)

"우리가 우리에게 죄 지은 자를 사하여 준 것같이 우리 죄를 사하여 주옵시고……."

(제가 참 잘못하고 살아온 것이 많사오나 용서하시고…… 다른 사람을 미워하지 않게 해 주시고……)

"우리를 시험에 들게 하지 마시옵고……."

(제가 나쁜 짓 앞에서 망설이지 않게 하옵시고……)

"다만 악에서 구하옵소서!"

(나쁜 생각과 일은 생각도 말게 하옵소서!)

성두의 기도문 암송이 끝났는데도, 로스 목사는 알아들을 수 없는 말을 계속 웅얼거렸다. 로스 목사가 감은 눈을 뜨기를 기다리며, 성두는 마당 가운데를 잠시 건너다보았다. 환한 햇빛 속에 마당 귀퉁이에서 아지랑이가 피어오르고 있는 것이 희미하게 보였다. 울타리를 따라 심어 놓은 개나리 가지에 노란 꽃망울이 하나 둘씩 터지고 있었다. 그는 한순간 무엇에 홀린 듯, 그 개나리 꽃망울 사이를 스쳐 가는 어린아이 하나를 본 것 같았다. 아니 어린아이는 하나가 아니라 여러 명인 것도 같았다. 그는 눈을 감았다가 크게 떠 보았다. 그러나 노오란 꽃가지를 휘감고 피어오르는 아지랑이가 희미하게 그의 시야에 들어올 뿐이었다.

성두는 이미 저세상으로 떠난 일곱 아이들을 본 것 같았다. 그러나 그리움이나 슬픔이 아닌 어떤 아늑한 느낌이 그의 가슴에 가득 차 왔다.

이윽고 로스 목사의 웅얼거림이 그쳤을 때, 마치 때를 맞춘 듯 대문 쪽이 시끌벅적했다. 머리카락이 허연 짝패가 무언가 절박한 상황에 몰린 듯 숨을 씩씩대며 안채 마당으로 뛰어들었다.

"전봉준 장군이 사형을 당했다고 합니다. 기어이…… 교주 최시형 어른께서도 체포당했다던데, 그래도 아직 살아 계신가 봅니다. 이렇게 허무하게 끝나다니……."

짝패는 그대로 마당에 무릎을 꿇더니 갑자기 대성통곡했다.

성두는 오래전 어느 날에 짝패가 지금처럼 통곡하던 때를 떠올렸다. 막 돌이 지나 아장아장 걷던 아들이 우물에 빠져 죽은 날이던가. 하필 그날에 짝패는 동학의 초대 교주 최제우가 처형당했다는 소식을 듣고 온 슬픔이 겹쳐선지 하염없이 눈물을 쏟았다. 그때 장년이던 그도 이제 영락없이 늙은이였다. 한평생 세상을 떠돈 그의 늙은 몰골은 초라하기 이를 데 없었다. 성두는 눈을 가만히 감았다. 조금 전, 아지랑이 사이로 언뜻 본 어린아이의 환상이 짝패의 통곡과 무관하지 않은 것 같았다. 삼십 년 전 아이가 죽던 날에 그는 최제우의 처형 소식에 울었고, 오늘 아이의 환상이 스친 날에 그는 또 녹두장군 전봉준의 처형 소식에 울고 있었다.

성두는 대청마루에서 일어서 마당으로 내려섰다. 그리고 그는 무릎을 꿇고 앉은 짝패의 손을 가만히 잡았다.

"짝패 어른! 우리가 인연을 맺어 온 것이 벌써 몇십 년입니다! 그 오랜 세월에 어른이 눈물을 흘리는 걸 딱 두 번 봤는데, 첫 번째 우실 때 저는 아무것도 못해 드렸십니더. 그러나 오늘 저는 어른께 이제 해 드릴 게 있십니더."

짝패가 눈물을 잠시 그치고 성두를 올려다보았다.

"자, 이리 오시이소."

성두는 그를 대청마루에 앉혔다.

"짝패 어른, 그동안 로스 목사님이 가르쳐 주신 기도문 외우고 계십니꺼? 우리는 지금 막 주기도문을 암송했십니더. 이제 사도신경을 암송할 차례인데, 같이 해 보실랍니꺼? 로스 목사님이 기도문을 외우면서, 마음속으로 자신이 원하는 바를 바쳐 보라 하셨십니더. 그렇게 한번 해 보실랍니꺼?"

성두가 하는 양을 본 로스 목사가 웃음을 빙그레 머금었다.

"동학교라는 것에 대해, 저도 들어 알고 있습니다. 그러나 생각해 보십시오. 하늘에서 보시기에 합당치 않은 종교는, 잠시 그 가지가 뻗어 나는 것 같아도 오래가지 못합니다. 그러나 올바른 종교는 어떤 탄압 속에서도 오래 살아남는 법입니다. 이제 무엇이 사라지고 무엇이 남았는가를 생각해 보십시오. 우리 같이 사도신경을 암송해 봅시다."

로스 목사의 조용한 목소리가 대청마루에 울려 퍼지자 들썩이던 짝패의 어깨가 차츰 가라앉았다. 짝패는 로스 목사와 성두를 따라 가슴에 두 손을 모으고 눈을 가만히 감았다. 가난한 천민으로 태어난 울분에 한평생 산천을 떠돌며 혈기를 뿌리던 그는, 이제 어깨뼈가 앙상한 초라한 늙은이가 되어 기도문을 읊조리고 있었다. 이 날을 위해 한평생을 방황한 듯, 그의 주름진 얼굴에는 오랜만에 고향에 돌아온 사람 같은 평온함이 감돌았다.

"전능하사 천지를 만드신 하나님 아버지를 내가 믿사오며……."

이번에는 로스 목사도 성두와 짝패를 따라 조선말로 기도문을 읊었다.

"그 외아들 우리 주 예수 그리스도를 믿사오니……."

세 사람의 음성이 함께 어우러져 봄빛이 가득한 약방집 마당으로 퍼져 나갔다.

"이는 성령으로 잉태하사 동정녀 마리아에게 나시고……."

서로 다른 표정으로 기도를 시작한 그들은 점점 똑같은 얼굴로 변해 갔다.

아이들을 데리고 봄볕을 쏘이고 돌아온 한나와 점순은 안채에서 들려오는 웅얼거림에 발걸음을 멈추고 귀를 기울였다. 그것이 기도문을 암송하는 소리임을 알아챈 한나는 아이들을 점순에게 맡기고 안채로 걸어 살금살금 들어갔다.

대청마루에서 로스 목사와 성두, 그리고 짝패가 사도신경을 외우고 있었다.

"몸이 다시 사는 것과 영원히 사는 것을 믿사옵나이다."

마지막 기도 구절을 외우고 있는 그들을 보며, 한나는 자신도 모르게 중얼거렸다.

"에그머니! 저 양반들 좀 봐! 얼굴이 꼭 신선 같대이!"

이어서 세 사람이 함께 "아멘!" 하는 소리가 들렸다.

한나는 자신도 모르게 꿀꺽 침을 삼키며 그들을 따라 말했다.

"아멘! 아멘……."

한나가 발을 딛고 선 마당 한 귀퉁이에서 아지랑이가 피어올랐다. 그녀의 무명 치맛자락을 스쳐 오른 아지랑이는 봄볕에 섞여 어디론가 사라졌고, 울타리 곁에 선 개나리 가지에 맺힌 꽃망울 하나가 노랗게 터져 나왔다.

16

서 푼짜리 풀 한 덩이

　매서운 겨울바람이 성두의 코끝을 스쳤다. 그는 목에 칭칭 두른 명
주 수건 자락을 들어 얼굴을 감싸며, 그래도 조금 볕이 내리쬐는 길가
담벼락에 기대앉았다. 방금 서 푼 주고 산 차가운 풀 한 덩어리가 그의
손에 들려 있었다. 그는 얼음처럼 차가운 풀 한 덩어리를 호호 불며 입
으로 천천히 가져갔다. 그리고 입술로 풀 한 덩어리를 조금 베어 물었
다. 한입에 그깟 풀 한 덩어리를 삼켜도 그만이지만, 그는 오랫동안 의
원으로 일한 사람답게 빈속에 갑자기 차가운 것을 삼키면 탈 날 것을
염두에 두고 있었다.

　겨우 아침밥을 먹고 집을 나와 이곳저곳을 다니다 이 낯선 동네에
이른 그는, 흐린 하늘에 가려진 햇살이 서쪽으로 기울기 시작했을 때
서야 배가 고팠다. 그러나 처음 와 본 동네에서 밥 한 끼 얻어먹을 곳
이 마땅치 않았다. 점심때도 지나 이제 곧 저녁밥을 준비해야 할 시간
인데, 누가 낯선 객에게 밥을 차려 주겠는가. 게다가 생전 들어 보지도
못한 서양 사람 예수를 믿으라고 외쳐 대는 그를 반갑게 맞아들일 사
람은 아무도 없었다.

배도 고팠고 하루 종일 추위 속을 걸어다니다 보니 그의 두 발은 벌써부터 얼어붙어 감각을 잃은 지 오래였다. 그만 집으로 돌아가고 싶은 생각이 든 것도 사실이었다. 그러나 성두는 아직 훤한 햇살을 바라보며, 해가 질 때까지라도 더 다녀야겠다고 생각했다. 우선 허기진 배를 채우고 싶던 그는 동네 어귀에서 봐 둔 주막집을 떠올렸다. 그러나 수중에 지닌 돈이 겨우 서 푼이 고작이었다.

집을 떠날 때 밥 한술이라도 사먹을 만한 돈을 준비해 왔지만, 이 동네 초입에 들어섰을 때 그는 길가에 쪼그리고 앉아 눈물을 흘리고 있던 한 청년에게 다 주어 버리고 말았다. 청년의 사연인즉, 늙은 어머니가 병을 앓고 있는데 약은커녕 끼니조차 못해 드린다는 것이었다. 그동안 날품을 팔아 살아왔지만, 겨울이라 일감도 없어 벌써 며칠 째 굶고 있다는 청년의 말에 그는 있는 돈을 다 내주고 말았다. 그것도 모자라 성두는 내친 김에 청년의 오막살이로 가 앓아누운 노파를 진맥해 주었다.

허리를 한참 구부려 쪽문에 들어서니, 굴속처럼 시커먼 방에 몸이 한 줌밖에 안 되는 노파가 시체처럼 누워 있었다. 방 안에는 노파의 몸에서 풍겨 나왔는지 퀴퀴한 냄새가 가득했다. 성두는 자신도 모르게 직업의식에 성큼 노파에게 다가가 맥을 짚었다. 그래도 아직 살아 있음을 알리는 희미한 맥박이 성두의 손가락 끝으로 전해 왔다. 그는 힘없이 앉아 있는 청년을 돌아다보았다.

"이보게 젊은이! 내는 저 재 너머 동상 마을에 사는 배 의원이라고 하네. 자네 어머이는 노쇠한 몸에 끼니까지 굶어 잠시 기진하신 것이니, 너무 걱정 말거래이. 우선 내가 준 돈으로 요깃거리라도 구해 드시게 하고, 일간 나를 한 번 찾아오면 내 약을 몇 첩 지어 줄 거구만."

청년은 그저 눈물만 뚝뚝 떨어뜨리며 고맙다는 말만을 반복했다.

"그라고 말이다. 내가 왜 이 낯선 동네까지 왔냐면……."

막 '예수'라는 이름을 꺼내려던 성두는 한순간 머리를 스치는 생각에 그만 입을 다물었다. 우선 먹을 것이 배고픈 사람에게 먼저인 것 같았다. 오늘 이 모자에게 필요한 예수는 진리를 말하는 신이 아니라 배고픔을 채워 주는 신일 것이었다. 성두는 하나님이 자신의 손을 빌려 그들 모자에게 동정을 베푼다고 생각했다. 정신을 놓았던 노파가 방 안의 인기척에 겨우 실눈을 뜨고, 낯선 방문객인 자신을 바라보는 것을 보고 나서야 성두는 자리에서 일어섰다.

차가운 풀덩이를 베어 문 성두는, 싸리문 앞에 서서 연신 고개를 주억거리던 그 청년을 생각했다. 그는 이 세상에서 배고픔만큼 참기 힘든 것이 없음을 알고 있었다. 지난날 객지를 헤맬 때 그는 그 어려움을 여실히 경험한 터였다. 그러나 지금 얼굴을 스쳐 지나가는 차가운 바람 속에서 얼음 같은 풀덩이 하나로 주린 배를 달래면서도, 그는 자신의 가슴을 채우고 있는 혼곤한 만족감에 미소 지었다. 그는 자신이 가진 것을 털어 가난한 모자의 배를 한 끼나마 채워 줄 수 있었다는 기쁨이 온몸으로 뻗치는 것을 느꼈다.

어느덧 풀덩이는 그의 입속 체온으로 미지근해져, 진저리나게 차갑던 것이 오히려 달게 삼켜졌다. 성두는 자청해서 나선 이 선교의 고행을 이토록 기쁘게 받아들이는 자신의 힘이 어디에서 오는지 생각했다. 그것은 그의 내면에 견고히 뿌리내린 예수란 한 이름에서 기인한 것이었다.

지난봄, 로스 목사는 성두에게 선교를 시작하라고 권유했다. 그래서 그는 우선 동리에 있는 집들을 방문해 자신의 신앙을 열심히 설명했다. 그러나 사람들의 반응은 생각보다 냉담했다. 오랜 세월 유교적 미신 사상에 젖어 있는 그들에게 서양인 예수란 이름은, 지금 조선을 먹어 들어오는 일본처럼 하나의 사상적 침략자로 오인받기 일쑤였다. 더구나 지난 늦여름(1895년 8월)에 명성왕후 민비가 일본 자객의 칼에 살해당한 뒤, 그 시체마저 불살라진 사건이 있어 일본인에 대한 백성의 미움은 극에 달해 있었다. 거기에 일본의 강요로 전국에 상투를 금지하는 단발령마저 내려져, 사람들이 서양 문물에 대한 거부감을 갖는 것은 당연한 일이었다. 그의 집 주변에는 오래전부터 그를 알아 온 사람들이 살고 있었다. 그들 대부분은 어린 시절부터 강 주부의 약방에서 자라나 순탄한 세월을 살 듯했던 그가, 자식을 모두 잃는 재앙을 당했음을 기억했다. 또 육 년이나 객지를 떠돈 그의 행적 역시 묘연했고, 돌아오자마자 자손을 얻는다는 핑계로 점순을 첩실로 들여앉힌 것을 트집 잡는 사람들도 있었다.

"산전수전 다 겪더니, 아주 서양 구신 예수한테 미쳤는갑다. 믿을라 카먼 지 혼자나 믿지, 와 우리까지 믿으라 난리노?"

그는 동리를 헤매는 자신의 등 뒤에서 수런거리는 소리를 들으며 잠시 절망에 빠졌을 때도 있었다. 그럴 때마다 그는 하루를 꼬박 걸어 부산 선교 회관의 로스 목사를 찾아갔다. 로스 목사는 침울한 성두의 표정을 살피며 은은한 미소를 머금을 뿐, 특별히 성두를 위로하지 않았다. 어찌 보면 예수란 한 이름을 전하기 위해 낯선 나라에 와 있는 로스 목사의 처지는 성두보다 더 고생스러웠다. 이제 겨우 성두는 자신이 살아온 동네 인근에 그 이름을 전하려 했을 뿐이다. 성두는 로스 목사가 성경을 펼치며 한 말을 분명히 기억하고 있었다.

"배 의원님! 예수님도 그러셨습니다. 자신이 태어났던 나사렛 고을 회당에서 진리의 말씀을 폈지만, 사람들은 단지 예수님의 어린 시절을 잘 알고 있다는 이유로 그 말씀을 들으려 하지 않았습니다. '저 사람은 목수 요셉의 아들이 아닌가?' 하고 비웃기까지 했답니다. 그들은 예수님이 누구신지 알아보지 못하고, 다만 지난날의 인간적인 예수만을 생각하고 있었던 겁니다. 그러나 예수님은 상처 받지 않으셨습니다. 다만 그들이 알아듣지 못하는 것을 안타까워하며 한 말씀을 하셨을 뿐입니다. '예언자는 고향에서 환영받지 못한다'고 말입니다. 지금은 배 의원님이 절망하셔야 할 때가 아닙니다. 다만 진리를 알아

보지 못하는 그들을 불쌍히 여기십시오. 그리고 어쩌면 배 의원님을 잘 모르는 사람들이 더 잘 알아들을지도 모르니, 다른 동네부터 선교를 시작하는 것도 좋을 것 같습니다."

물 흐르듯 조용히 이어지는 로스 목사의 목소리는 잠시 침울하던 성두의 마음에 한 줄기 빛으로 스며드는 듯했다.

"그리고 우선 예식을 갖춰 세례를 받으십시오."

"세례라면?"

"예! 전에 제가 설명했지요? 바로 하나님의 자녀로 다시 태어나는 의식입니다. 당신은 어머니 몸에서 살과 피를 받아 태어났지만, 그때에도 이미 당신 영혼의 주인은 하늘에 계신 분이셨습니다. 이제 세례를 통해 당신이 그분의 아들이란 것을 증명하는 것입니다. 그렇게 해서 당신은 한 사람의 인간 배성두가 아니라, 그분의 아들인 진리의 사도로서 더 강인한 힘을 얻게 되는 것입니다."

자신을 그윽이 바라보는 로스 목사의 큰 눈 위로, 언뜻 낯익은 다른 푸른 눈이 겹쳐 성두는 잠시 정신이 아득했다. 그 눈은 자신과 두 번 마주쳤던 서양 의사 알렌의 눈 같기도, 김해 바닷가에서 잠시 만난 뒤 세상을 떠나고 만 호주 선교사 데이비스의 눈 같기도 했다. 아니면 이제껏 자신의 삶을 바라보며 지켜준, 한 번도 실제로 본 적 없는 예수란 분의 눈인지도 몰랐다. 그 눈은 성두 자신의 이마에, 거룩한 도장을 새기기를 재촉하는 것 같았다.

지난가을, 로스 목사는 동상 마을 약방집을 다시 방문했다. 그는 성두의 가솔과 자신에게 동조한 마을 사람 서너 명이 보는 앞에서 세례 예식을 거행했다. 배성두, 그는 김해 고을에서 최초로 세례를 받는 사람으로 다시 태어났다. 세례식이 진행되는 동안, 그의 머릿속에는 지난날의 삶이 주마등처럼 스쳤다. 결코 짧지 않은 쉰다섯 해 삶의 기억들은 세례를 통해 사라지는 것이 아니라, 오히려 더 선명하게 그의 가슴속에 각인되었다. 그러나 그 기억들은 전과 사뭇 다르게 그의 가슴을 채웠다. 그는 똑같은 이름과 똑같은 모습을 한 배성두였지만, 씻김 받은 자신의 기억과 영혼으로 진리 전파에 애쓸 힘이 솟아났다.

그 후, 그는 주로 인근에 있는 낯선 동네를 헤매고 다녔다. 가을 추수기에 바쁜 사람들을 논두렁으로 찾아 나서다 핀잔을 받기도 했고, 철모르는 아낙네의 구정물 세례를 받은 적도 있었다. 그렇게 헤매고 다니다 보면 끼니때를 넘겨 배가 고픈 적이 한두 번이 아니었다.

지금 성두는 햇볕이 내리쬐는 양지에 앉아 차가운 풀덩이일망정 배를 채울 수 있다는 것이 행복했다. 대충 고뿔 약 정도는 지어 내며 약방을 지키는 짝패와 성두의 신앙에 동조한 동리 사람 몇 명은, 주일이면 약방 안에서 예배를 올렸다.

성두는 한 입 남은 풀덩이를 마저 호호 불어 입에 넣으며, 이제 다섯 살 난 동석이 제법 기도문을 줄줄 외우는 것을 떠올렸다. 어린것이 딴에는 사내라고 어른들과 함께 약방에 버티고 앉아 기도문을 따라 외우는 것이, 성두는 여간 기특하지 않았다. 지금 조선으로 신학문이 물밀 듯 들어오는데, 동석만큼은 시대에 뒤지지 않는 공부를 시켜야 한다고 생각했다. 성두는 지난 갑신정변이 일어난 밤, 민영익 대감의 상처를 꿰매던 서양 의사 알렌을 떠올렸다. 칼에 베인 상처를 바느질하던 그의 민첩한 손놀림도 생각났지만, 성두는 그의 푸른 눈에 감돌던 어떤 사명감 같은 것을 기억했다.

'그래! 우리 동석이는 꼭 그런 사람으로 키울 거구마. 다 죽어 가는 사람을 살려 내던 알렌 같은 그런 의술을 공부시켜야재. 세상이 달라지고 있는데, 나처럼 약방에 앉아 맥이나 짚는 의원으로 자라게 할 수 없재. 그 아이가 누구고? 지난날 충주 고을을 호령한 관찰사 배수우 어른의 증손이 아닌가! 잘 가르치고 키워 조상이 잃어 버린 광영을 찾게 할 거구마. 세상을 호령하는 벼슬 같은 거보다도 세상을 살리는 힘을 지닌 사람으로 키워야 안 하겠나?'

마지막 남은 풀을 삼킨 성두는 풀기로 끈끈한 손을 담벼락에 문지르며 일어섰다. 해가 지기 전에 한 집이라도 더 돌아다녀야겠다고 생각했다. 지금은 사람들이 자신의 방문을 외면할지 몰라도, 그는 자신이 뿌린 말씀의 씨앗이 발길마다 떨어져 언젠가는 반드시 새싹이 돋을 것이라고 믿었다. 그리고 그 새싹은 잎사귀가 무성한 나무로 자라 열매를 맺으리라는 것을 의심하지 않았다. 그는 추위 속에 이미 감각을 잃은 두 발로 길을 재촉했다.

밤이 깊어서야 집에 돌아온 성두는 지친 몸을 아랫목에 파묻었다. 온종일 추위에 떤 몸이 따뜻한 방바닥에 닿자 근질거렸다. 그는 발등부터 시작해 온몸을 긁적거렸다.

"아이고! 이러다 당신 온몸에 동상이 걸리겠십니더. 당신 정성이야 하늘이 알겠지만, 좀 날씨라도 봐 가면서 돌아댕기이소."

저녁상을 차려 들고 들어온 한나가 걱정 반 통박 반으로 쏘아붙였다.

"점심이라도 드시고 댕기시는교? 또 지난번처럼 가진 돈으로 길가 거렁배이 밥 사 맥이고, 당신은 굶은 거 아닙니꺼?"

한나가 밥술을 허겁지겁 뜨는 성두를 보며 혀를 찼다.

"그래도 오늘은 길가 풀 장수한테 서 푼짜리 풀이라도 한 덩이 사먹었지."

"뭐라고요? 이 엄동설한에 찬 풀덩이를 먹었단 말입니꺼?"

"와? 그거이 어때서? 배가 고프니 달기만 하던걸. 있는 돈은 불쌍한 청년을 만나 다 줘 버렸지. 아마 그 청년, 일간 우리 집을 한 번 찾아올 기구마. 내 그 어머이 약을 지어 준다 캤거든."

한나가 기막히다는 듯 고개를 저었다.

"당신, 약방은 저래 짝패 양반한테 팽개쳐 놓고 이래도 괜찮습니꺼? 그나마 논마지기 있는 데서 양식 못 거두었으면, 우리 식구 겨울도 못 날 뻔했십니더. 당신 몸도 돌보고 집안 식구들도 좀 생각하면서

하이소. 이러다가 식구들이 절단 나면 그거이 옳은 일입니꺼?"

"절단이 나다니, 그런 일은 없다. 이래 우리 식구 밥 먹고 살지 않나? 약방이사 크게는 못 벌어도 짝패 양반이 약도 짓고 침도 놓지 않나? 그래도 옛날에 내랑 있을 때 배워 둔 것을 잊지 않아서 다행이대이. 이러면 됐지, 뭘 더 바라노? 우리 동석이 잘 크지. 창석이도 정명이도 별 탈 없이 크지 않나? 내도 예수님 위해 뭔가 해야, 그 양반도 내게 복을 주실 거 아니가? 안 그러나?"

성두는 이불 속에 누워 고이 잠든 동석을 돌아보았다. 오랜만에 찬찬히 살펴보니, 요즘 들어 부쩍 키가 자란 것 같았다.

"이 놈은 아무래도 당신만 닮았나 보다. 어린놈이 어찌 이리 키가 크노? 한 열댓 살 되면 내보다 훨씬 크겠대이."

"그라몬 사내아가 조막만 한 당신을 닮아 어디다 쓸라고요? 차라리 지를 닮은 것이 안 낫십니꺼?"

한나가 살짝 눈을 흘겼다.

17

약방집 예배당

1896년, 늦여름 성두네 약방집으로 사람들이 모여들었다. 남자들은 약방 안으로 들어가 앉고, 여자들은 툇마루에 걸터앉거나 토방에 돗자리를 깔고 앉았다. 요즘 들어 부쩍 의젓한 동석이 성두 곁에서 양반다리를 하고 앉아 있었다.

"저 똘망똘망 생긴 아이가 이 집 도령인가? 참말로 총기 넘치게 생겼대이."

토방에 앉아 있는 노파가 빠진 앞니 사이로 우물우물 말했다.

"이 집 배 의원님이 예수 믿어 하늘에서 내리신 자석이 아닙니꺼? 내는 저 아를 보고, 그만 예수님 믿어야겠다고 생각했십니더. 그런데 할마이는 저기 산 너머 재골에 사신다면서, 노친네가 어떻게 여기까지 오셨십니꺼?"

노파 옆에 앉은 젊은 아낙이 참견을 하고 나섰다.

"산 아니라 더한 것이라도 넘어 와야재. 내 죽어 가는 목심을, 저 배 의원님이 안 살려 줬나? 그거이 벌써 지난겨울 아니가. 우리 아들이 일거리가 없어, 내 굶어 죽어 가지 않았나? 그런데 배 의원님이 내를 살린기라. 저기 앉아 있는 우리 성철이가 길가에서 혼자 울고 있다가 배 의원님을 만나지 않았나?"

노파가 약방 문가에 앉은 젊은이를 가리켰다. 상투를 틀지 못한 나이 먹은 총각 장성철이 슬그머니 제 어머니를 바라보다가, 그 옆의 젊은 아낙과 눈이 마주치자 얼른 고개를 돌렸다.

"그라몬 할마이는 예수님 좋아서 온 거이 아니라, 배 의원님이 고마워서 오셨단 말입니꺼?"

"그게 그거 아니가? 내는 배 의원님도 고맙고, 그 고마운 배 의원님이 믿으라 카는 예수님도 고맙대이."

"그래예? 내는 배 의원님보다는 늦게 얻은 아들 동석이가 이뻐서 안 옵니꺼? 내도 꼭 그런 아들 하나만 점지해 주십사고 말입니더."

"그라몬 새댁도 예수님 좋아서 오는 거이 아니라, 삼신할미한테 부탁할 자식을 예수님한테 부탁하러 오는 기구만!"

노파의 주름진 입가가 슬쩍 삐뚤어졌다. 곁에서 두 사람이 주고받는 말을 들으며 다소곳이 앉아 있던 점순이 입을 가만히 열었다.

"어째서 오셨던 여기 오셨으니 되었십니더. 하나님은 다 다른 이유를 들어 우리를 여기 부르신 깁니더. 우리에게 그분의 복주머니를 풀어 주실려고 말입니더. 하지만도 우리가 그 복을 받을 자격이 없으면, 그 아까운 복은 그냥 흘러 나가고 말 깁니더. 우리는 하나님이 주시는 복을 받을 자격이 있는 사람들이 되기 위해 여기 모인 깁니더."

툇마루에 걸터앉아 그들이 주고받는 말을 듣고 있던 한나가 빙그레 웃음을 머금었다. 한나는 성경을 펼쳐 놓고 열심히 설명하는 약방 안의 성두를 바라보았다. 그동안 낯선 동네도 마다 않고 그가 발품을 판 덕에 그래도 이만큼 사람들이 모여들었다. 부산의 로스 목사는 이렇게 신도들이 늘어나면 이제는 교회당을 마련해야 한다며 그 작업을 서둘렀다. 이미 두 해 전부터 성두 가족을 중심으로 김해예배당이 그의 집에서 생겨났지만, 이제는 더 많은 사람들이 모여들 수 있는 그야말

172

로 첫 번째 공인된 김해 고을 예배당 준비 작업이 시작되었다. 로스 목사는 일주일에 한 번씩 주일날이면 꼭 성두의 약방집을 찾아와 신도들과 예배를 드렸고, 성두는 로스 목사가 없는 평일에 두 번 성경을 가르쳤다. 비록 건물은 없었지만, 그래도 명실 공히 교회라고 부를 수 있는 공동체가 이미 자리 잡고 있었다.

성경공부가 끝날 무렵, 점순이 조용히 일어서 부엌으로 갔다. 가마솥에 안쳐 놓은 고구마가 이미 익었으리라 싶어 그녀는 대소쿠리를 들고 솥뚜껑을 열었다. 훅 솟아오르는 더운 김 속에 물씬 익은 고구마의 달짝지근한 냄새가 풍겼다. 막 손을 내밀어 고구마 하나를 대소쿠리에 담던 점순은 갑자기 욕지기를 느끼며 부엌 바닥에 주저앉았다. 속이 메슥거리며 구역질이 올라왔다. 그녀는 대소쿠리를 부뚜막에 내동댕이친 채 몇 번인가 헛구역질을 해 대었다.

"고구마 다 익었나? 사람들이 일어설라 카는데, 어서 내가야 안 하나? 아니……자네 어디 아프나?"

막 부엌으로 들어선 한나가 바닥에 주저앉은 점순의 창백한 얼굴을 보고 놀란 표정을 지었다.

"혀……형님요! 아무래도 애기가 들어섰나 봅니더."

"뭐라꼬! 애기가? 잘 했대이! 아들이나 하나 더 낳았으면……."

한나는 내심 반가워하면서도 알 수 없는 섭섭함에 목소리가 까부라들었다. 그녀는 이제 더 아이를 가질 수도 낳을 수도 없는 자신의 늙은 몸을 생각했다. 한나는 부뚜막에 나동그라진 대소쿠리를 들어 고구마를 담아 넣었다.

"형님! 지가 할랍니더!"

점순이 얼른 일어나 소쿠리를 빼앗아 들었다.

"이건 내가 할 테니, 자네는 물이나 챙기소!"

한나가 다시 소쿠리를 빼앗자, 점순은 목판 위에 물 사발을 묵묵히 챙겨 들었다.

"그라몬 산달이 언제고?"

"아마 내년 4월이지 싶습니더."

"좋은 때다! 또 하나님이 점지해 주시지 않았겠나? 사람들이 우리 집에 모여들어 예배를 보고 나서 들어선 아이니 분명 좋은 자손이 태어날 기구마."

한나는 슬그머니 자신의 가슴에 번지는 섭섭함을 다독이며 한결 다정한 목소리로 말했다.

"고맙십니더! 형님!"

점순은 배시시 웃음을 머금으며 물 사발이 담긴 목판을 들고 한나를 따라나섰다.

성경공부를 끝낸 사람들은 툇마루에 갖다 놓은 대소쿠리 속 찐 고구마를 하나씩 손에 들고, 남자끼리 여자끼리 모여 앉아 담소를 나누었다. 그들 중에는 단지 고구마 하나를 얻어먹으려 성경공부에 낀 사람들도 있었다. 청나라와 러시아 그리고 일본, 이 삼국이 넘보는 조선의 불안한 정치 상황 속에 백성은 모두 배가 고팠다. 올해 2월에는 일본의 손아귀를 벗어나려는 의도에서 고종 임금이 러시아 공사관으로 몸을 피신한, 이른바 '아관파천'이 일어나지 않았던가. 결국 또 다른 외세의 힘을 빌려 친일 세력을 물리치기 위한 것이었다. 약방 안에서 고구마를 베어 물던 남정네는 저마다 한마디씩 말했다.

"임금님은 로소아 공사관으로 몸을 피하셨다는데, 언제나 돌아오시려나? 도대체 나라가 언제나 평탄할라나?"

"임금님이 그리로 피신하셨다지만, 왜놈들 피할라 카다가 외려 로소아 코쟁이 놈들한테 또 간섭당하는 거이 아니가?"

"로소아 놈들뿐이가? 청나라 뙤놈들은 어떻고? 우리 조선을 가운데 두고 서로 집어삼킬라고 입을 날름거리고 있지 않나? 참 우리나라 운명도 얄궂대이!"

"누가 아니라 카나? 우리 죄 없는 백성은 도대체 어느 장단에 춤을

취야 하노?"

"도대체 외국 문물이란 것이 뭐란 말입니꺼? 처음 천주학이 들어왔을 때도 얼마나 많은 사람들이 목심을 잃었십니꺼? 왜놈이고 뙤놈이고 로소아 놈들이고 간에, 전부 우리 조선을 뒤흔들고 삼키려는 사람들뿐입니더. 솔직히 내가 여기 오기는 했지만, 사실은 반신반의 안 합니꺼? 예수를 믿는다 카는 것도 결국은 서양 문물을 받아들이는 것이 아닙니꺼?"

산 너머 동네에서 오늘 처음 장성철을 따라온 중년 남자가 언성을 높였다. 옆에 앉아 있던 장성철이 어찌할 바를 모르겠다는 표정으로 성두의 눈치를 살폈다.

"우리는 지금 일본이나 청나라, 로소아 때문에 고통을 받지만, 하나님은 어느 한 나라의 임금이 아닌 온 세상 임금이십니더. 온 세상을 다스리시는 분이 그깟 일본이나 로소아를 못 이기시겠십니꺼? 그냥 믿으라예. 그 안에 오직 구원이 있을 뿐입니다."

성두는 스스로도 놀라울 정도로 강한 어조의 말이 자신의 어디에서 흘러 나오는지 알 수 없었다. 자신의 내부에 둥지를 튼 영원한 세계에서 흘러 나오는 목소리에, 그는 순간 아뜩한 현기증을 느끼며 자리에서 일어섰다.

툇마루를 내려서는 성두를 한나가 빙그레 웃으며 보았다. 이미 비어 버린 고구마 소쿠리를 들고 그녀는 안채로 천천히 걸어가는 성두를 뒤따랐다.

"무신 일이고?"

안채 마당에 들어섰을 때, 성두가 뒤돌아다보았다.

"지가 할 말 있는 거 어찌 알았십니꺼?"

한나가 깜짝 놀라는 시늉을 했다.

"당신과 한두 해를 살았나?"

"참말! 이제는 지 숨소리만 들어도 무신 소리를 할래는지 알겠구만

예."

"그래! 당신 뭐 좋은 일 있나?"

"그라믄예. 지보다는 당신한테 더 좋은 일이지예. 정명 어매가 아를 가졌다 안 합니꺼?"

"그래? 그것 잘되었구만!"

"당신 지금 남 애기 하십니꺼? 당신 자식을 또 잉태했단 말입니더!"

"그래! 안다! 정명 어매 또 열 달 동안 고생하겠구만……."

성두는 말을 불쑥 내뱉어 놓고 돌아섰다.

점순의 배가 불러 오는 동안, 성두의 약방집에 몰려드는 교인 수는 조금씩 늘어났다. 더러는 한두 번 나오다가 마는 사람들도 있었지만, 대부분 꾸준히 예배를 보고 성경공부를 하였다. 이듬해 1897년 4월, 점순은 딸을 출산했다. 기대한 아들이 아니라서 성두와 한나, 아이를 낳은 점순도 좀 섭섭하기는 했다. 하지만 교회 공동체가 시작되고 태어난 아이라, 세 사람은 하나님의 특별한 뜻이 있다고 생각했다.

이름을 짓기에 고심하던 성두는 아이의 이름에 하늘 천(天)자를 넣어 '천례'라고 지었다. 천례를 임신한 그해 2월, 아관파천으로 러시아 공사관에 있던 고종 임금이 일 년 만에 경운궁(지금의 덕수궁)으로 돌아왔다. 그해 8월 16일에, 임금은 연호를 '광무'라고 고쳐 부국강병책을 내세웠다. 그리고 10월 12일에는 고종 임금이 문무백관을 거느리고 황제 즉위식을 거행한 후, 국호를 '대한제국'으로 바꾸었다. 전국에 선포된 이 소식은 경상도 김해의 산골 마을까지도 퍼졌지만, 백성은 낯선 국호보다 아직도 조선이란 이름이 주는 익숙함에서 쉽게 빠져나오지 못했다.

1898년 4월, 천례가 첫돌을 맞을 즈음 성두는 부산 근교에 세워진 최초의 교회인 김해교회 건물을 마련했다. 자금 대부분은 성두가 출자했지만, 그동안 푼푼이 모은 헌금이 한몫 차지했다. 로스 목사가 속

176

한 미국 북장로교회 본부에서도 도움을 주겠다고 약속했지만, 성두는 그 자금은 다른 교회를 세우는 데 보태라며 거절했다.

새 교회는 로스 목사의 도움으로 서양식으로 설계되고 지어졌다. 지붕 뾰족탑 위에 십자가를 세웠고, 교회 마당에 들어서서 제일 먼저 눈에 들어오는 종탑은 주일예배 시간이나 성경공부 시간이면 뎅그렁 뎅그렁 울려 퍼졌다. 시간 관념 없이 산 김해 고을 농촌 사람 대부분은 교회 종소리가 울리는 것으로 어림잡아 시간을 짐작하기도 했다. 남자와 여자가 교회 안에서 엄격하게 자리를 구별해 앉았고, 그 구분 선으로 흰 광목천이 마룻바닥 가운데 놓여 있었다. 이제 열한 살 난 정명은 철이 좀 난 편이었지만, 아직 어린 동석과 창석은 가운데 쳐진 광목천을 뜀뛰기 놀이하듯 넘어 다니며 장난질을 심하게 쳤다.

성두의 네 아이들이 자라나는 동안, 김해의 새로운 교회도 성장을 거듭했다. 그러나 조선 정국은 날이 갈수록 뒤숭숭해, 교회에 모인 사람들은 예배가 끝나면 여기저기서 주워들은 나랏일을 걱정하기에 바빴다.

"독립협회라는 것이 있다면서요?"

누군가 말을 꺼내자 사람들의 시선이 그쪽으로 몰렸다.

"독립신문이란 것도 있다 캅니더."

"그래 벌써 발간된 지 두 해가 지났다 카는데, 이런 산골까지 그 소식이 전해 오자니 우리는 이제 아는 거 아니가? 그런데 독립이 무신 독립이고? 우리 조선이 언제 누구한테 매였나?"

"겉이사 안 매였재. 하지만 알게 모르게 지금 우리 조정을 쥐고 있는 것이 뉘고? 청나라 아니가? 그 독립은 청나라에서 독립한다는 얘기라 카더라."

"아하! 언제는 왜놈 세력을 떼어 내려 로소아 힘을 빌리더니, 이제는 청나라 간섭을 받는다 말이가? 이래 가지고 나라 꼴이 제대로나 되겠나? 큰일이래이."

"그래서 독립협회를 만들었다 안 하나? 외세의 힘을 안 빌리고, 순전히 우리 조선의 힘으로 나라를 지키려고 말이다. 지금 한양에서는 유생들뿐 아니라 너도나도 독립협회 일원이 되었다 안 카나? 심지어 아녀자들까지 말이다."

"그렇나? 아녀자들까지? 세상이 참 많이 달라졌대이. 예로부터 남녀칠세부동석이라 했는데, 이제는 우리 교회만 해도 남자 여자 나란히 앉아 예배를 보지 않나? 지금은 가운데 광목천을 둘러놓았지만, 언젠가는 그것도 없어질 끼라."

"지금 니는 무신 남자 여자 얘기나 해쌌노? 우리는 지금 독립협회라는 것을 말하고 있는기라. 독립협회!"

"그래 말이다. 한양에서는 너도나도 난리라 카는데, 우리도 여기서 김해 고을 독립협회 같은 것을 만들어 볼까?"

저마다 한마디씩 하는 소리를 조용히 듣다 동석이 갑자기 눈을 깜빡 빛내더니 사람들 무리 가운데에 나섰다.

"그 김해 고을 독립협회라는 거 만들면, 저도 끼워 주이소! 저도 독립할랍니더!"

아이의 당찬 목소리에 어안이 벙벙해 사람들은 놀란 표정을 지었다. 가만히 그 광경을 바라본 성두가 헛기침을 머금더니 동석에게 다가왔다.

"동석아! 이건 어른들 일이대이. 어린아이가 나설 일이 아닌기라."

"아닙니더! 저도 다 압니더! 저도 다 들었단 말입니더! 저도 독립할 거라예!"

다시 울려 나오는 동석의 당찬 목소리에, 사람들이 수런수런 웃음을 머금었다.

"그래! 니 말이 옳기는 하다. 하지만 니는 아직 어린아이 아니냐? 독립을 할라 하면, 좀 커서 하거라!"

이제는 늙고 쪼그라져 구석에 앉아 있던 짝패가 한 말에, 사람들은 일제히 웃음을 터트렸다. 어린아이가 나서는 것도 우스웠지만, 이제 껏 한구석에 앉아 산송장처럼 조용하던 늙은이가 거들고 나서는 것이 더 우스운 모양이었다.

일흔 살 중반에 이른 짝패가, 그 옛날 거지 떼를 이끌던 혈기 넘치던 거지 대장이었다는 것을 교회에 있는 장년층들은 알지 못했다. 더구나 그가 지금은 망해 버린 동학운동의 선두 주자였다는 것을 아는 사람은 더더욱 없었다. 성두는 요즘 들어 부쩍 기운이 노쇠해져 가는 짝패를 바라보며 씁쓸함을 느꼈다. 한평생 가정 한 번 가져 보지 못한 짝패는 누구보다도 동석을 애지중지했다. 그리고 은근히 아이가 세상을 뒤흔들 재목으로 자라 주기를 바라는 것도 같았다. 한 번쯤 세상을 호령하고 싶어 한 짝패가 아니던가. 세상을 향한 울분을 다 삭히지 못한 채 늙어 버린 그가 동석에게 거는 소망은 어쩌면 당연한 것인지도 몰랐다.

성두는 냉큼 동석의 손을 잡고 예배당 구석으로 데려갔다.

"동석아! 니 참말로 독립운동하고 싶나?"

"예! 아부지!"

"그라몬 독립운동할라 카면 어찌해야겠노? 먼저 뭘 해야겠는가 말 이다."

눈빛을 굴리며 뭔가 생각하는 듯했지만, 동석은 말이 없었다.

"먼저 공부를 해야재? 그렇재? 니 벌써 소학은 떼었지만, 요즘 세상은 그 공부만 갖고 안 되는기라. 서양 학문도 알아야 한대이. 니 대처에 나가 공부할래?"

순간 휘둥그레 뜬 동석의 검은 눈에 반가운 기운이 스쳐 지나갔다. 한평생 김해 고을 약방에서 늙어 버린 자신의 처지를 생각하며, 그는 아들만큼은 서양 의사 알렌처럼 훌륭한 의사로 키우겠다고 굳게 결심하고 있었다.

"그래! 동석이 니는 예전에 잃어 버린 니 증조부 배수우 어른의 광영을 다시 찾아야 한대이! 이 애비가 그분의 빛을 품고 있다면, 니는 이제 그 빛을 발하는 사람이 되어야 한대이."

성두는 눈시울을 붉히며 아들의 손을 꼭 그러쥐었다.

이제는 걸음걸이마저 시원찮은 짝패가 막 예배당 문을 나서려다 어린 아들의 손을 꼭 쥔 채 눈이 붉어진 성두를 바라보았다. 짝패는 긴 한숨을 가만히 머금었다.

그 옛날 꽃 같던 새신랑은 어디로 갔는가. 이제 환갑이 가까운 노인인 성두가 늦게 얻은 어린 아들의 손을 그러쥔 모습은, 왜 그런지 짝패의 가슴을 서늘하게 했다.

"그래 산다는 게 그런 것이지. 나고, 늙고, 죽고, 또 나고……이제 배 의원도 아들의 광영을 기대할 나이가 되었구먼. 나도 갈 날이 머지 않은데, 그저 변하지 않는 것은 우리 하나님의 사랑뿐이라. 내 죽을 날이 가까워 그거나마 깨달았으니 한평생 산천을 떠돈 세월 아깝지는 않다마는, 젊어서 깨닫지 못한 것이 한이구나!"

짝패는 혼잣말로 중얼거리며 예배당을 어기적어기적 걸어 나갔다. 젖은 눈으로 무심코 짝패의 뒷모습을 바라보다 성두는 한순간 그의 초라한 어깨에 십자가가 걸려 있는 듯한 환상을 보았다. 그는 동석의 손을 급히 놓고 두 눈을 비볐다. 유리창을 통해 들어온 햇빛이 짝패의 내려앉은 어깨 위로 쏟아지고 있었다.

18

의로운 동석

1905년 을사년, 동석의 나이는 열다섯 살이었다. 교회를 이끄는 아버지 배성두를 따라 어릴 때부터 어른들 사이에서 성장한 동석은 남달리 조숙했다.

청일전쟁과 러일전쟁에 승리하면서 점점 조선 경제와 정치에 침투해 들어온 일본은, 드디어 그해 11월에 을사조약을 계기로 조선 침략 의사를 노골화했다. 이에 분노한 국민의 항일운동이 곳곳에서 거세게 일어나기 시작했다. 김해교회 사람들은 주일예배가 끝나기 무섭게 모여 앉아 나랏일을 걱정하며 수군거렸다. 이제 키가 큰 미소년으로 성장한 동석의 귀에도 당연히 어른들의 걱정이 예삿일로 들리지 않았다. 그는 신앙심이 깊은 아버지 밑에서 자유와 평등에 대한 사상을 전수받았고, 교회 공동체 속에서 성장하며 강한 민중의식을 쌓아 왔다.

아들이 지닌 의협심을 벌써부터 짐작하고 있던 성두는 때때로 불끈불끈 치솟는 동석의 혈기를 내심 걱정하고 있었다. 기름한 얼굴에 곱기만 한 모습과 달리 이따금 칼날처럼 번뜩이는 아들의 눈빛과 마주칠 때마다, 때때로 성두는 젊은 날 날카롭던 짝패의 눈매를 떠올리며 섬뜩하곤 했다. 이제 팔순이 넘은 짝패는 근래 들어 기력이 부쩍 쇠해, 얼마 전부터 자리를 보전하고 누워 있었다. 성두가 교회 기반을 마련하는 데에 적잖게 도움을 준 그는, 이제 이백여 명으로 늘어난 신자들을 바라볼 때마다 흐뭇한 웃음을 짓곤 했다. 그러다 지난가을부터 짝패는 아예 기동을 못하고 누워 버렸다. 젊은 날에는 거지 대장으로, 장년에는 동학 패거리로 힘깨나 쓴 그도 이제 한낱 늙은이에 불과했다. 젊은 날에 그의 삶이 너무 동적이었다면, 성두 곁으로 돌아온 말년의 삶은 정반대로 정적이었다.

김해교회에는 세례 교인만도 열일곱 명이었고, 학습을 받고 있는 사람들도 스물다섯 명이었다. 또 교인들이 낸 헌금과 미국 펠리스처치 대학에서 보내온 후원금으로, 총 이백팔십 명을 수용할 수 있는 삼십삼 평의 새 기와 예배당이 거의 완성 단계에 있었다. 유난히 기근이 심한 을사년의 사정에 비춰 본다면, 신자들이 낸 자발적인 헌금은 대단히 가치있었다.

예배가 끝나자 성두는 집으로 서둘러 돌아가기 위해 발걸음을 재촉했다. 부쩍 차가운 날씨에 고뿔까지 걸린 짝패의 상태가 심상치 않았기 때문이다. 예배당을 벗어나 열댓 걸음쯤 걸어갔을 때, 어느새 동석이 제 아버지를 따라 나왔다.

"아부지! 벌써 나가시고도 이것밖에 못 오셨습니꺼? 참 걸음이 느리기도 하십니더."

성두는 자기보다 머리 하나는 큰 아들을 올려다보았다.

"니, 아부지 다리 짧은 것 모리나? 니는 키가 커서 좋겠다. 이래 아부지 걸음도 따라잡고 말이다."

"하모요. 저는 아부지를 따라잡을랍니더. 이렇게 예배당에 앉아서만 평등이네 사랑이네 하지 않고 넓은 세상에 나가 몸으로 평등을 외칠랍니더."

성두는 아들의 곱디고운 얼굴 위로 번지는 심상치 않은 미소를 걱정스레 올려다보았다.

"동석아! 아부지는 행복하게 살고 싶어 예수를 믿었대이. 아부지는 지금 행복하대이. 하나님이 주신 자식인 니가 이래 잘 크지 않았나? 평등은 꼭 대처에 나가지 않아도, 우리 교회 안에서도 얼마든지 행할 수 있대이."

"아부지는, 저 보고 어릴 때 대처에 나가 공부하게 해 주신다더니 잊으셨습니꺼? 저는 서양 의학교에 들어갈 깁니더. 그래서 전부터 아부지가 말씀하시던 서양 의사 못지않은 사람이 돼 병에 시달리는 사람들을 낫게 할 깁니더. 그게 아부지 소망 아니십니꺼?"

"그랬재. 서양 의학교에 가야재. 하지만 딴 생각은 말거래이. 나라 꼴이 말이 아닌 거는 안다만, 아부지는 왜놈들한테 대항하는 데 니를 빼앗기고 싶지 않은기라. 그동안 별꼴 다 겪었대이. 조선 땅 위에서 왜놈하고 뙤놈들이 싸우지를 않나, 그것도 모자라 작년까진 왜놈이 로소아 놈들하고 싸우지 않았나? 이래저래 등골 빠지는 것은 조선 백성이대이. 분한 마음에 반란도 일으켰고, 홍길동전에 나오는 활빈당이란 것도 생겨 얼마나 난리를 피웠노? 그런데도 왜놈들이 강제로 을사보호조약이란 것을 맺어 버린기라. 지들이 조선 일을 다 참견할라고 말이다. 임금님은 옥새를 안 찍고 버티었다마는, 왜놈들이 외무대신 박제순의 직인을 가져다가 지네 맘대로 찍어 버렸다고 안 하나?"

"저도 압니더. 다 들은기라예."

"그래도 니는 그 간악한 왜놈들을 이길 수 있다고 생각하나?"

"하모요. 대적할 수 있는 데까진 해야지예."

"어떻게 대적한단 말이고?"

"사람들이 다 일어서야지예. 온 백성이 다 마음을 합쳐서 말입니더."

성두는 아들의 결연한 목소리에 한숨을 살며시 머금었다. 섣달의 찬 공기 사이로 그의 입김이 길게 뿜어 나왔다.

"동석아! 대적하는 방법에는 여러 길이 있는기라. 니가 말한 대로 봉기를 일으켜 대적하는 사람들도 있고, 그냥 제 할 일을 잘하면서 백성의 자리를 지키며 대적하는 사람들도 있고……. 그리고 우리는 기도하는 사람들인기라. 조용히 기도로써 대적하는 사람들도 있어야 되는기라."

동석은 잠시 아무 말 없이 걷기만 했다. 성두는 약방 문전에 이르러서야 발걸음을 멈추고 한두 걸음 처진 동석을 돌아다보았다. 입을 쑥 내민 채 고개를 숙이고 있던 동석이 눈길을 슬그머니 들었다.

"아부지! 아부지가 기도하는 사람이라고, 저도 그래야 합니꺼?"

무엇이 그리 분한지 동석의 목소리가 불거져 나왔다. 성두는 안타까운 마음에 아들 앞으로 한 걸음 다가섰다.

"니 당장에 짝패 할배만 봐도 모르겠나? 그 양반 한평생 자기 몸으로 세상을 바꿔 보겠다고 떠돈기라. 그런데 어찌되었나? 종래는 이리로 돌아와 하나님 믿으면서, 세상을 바꾸는 것은 몸이 아니라 마음이란 것을 이제야 알지 않았나? 여기저기서 분한 마음에 봉기를 일으켜 싸도, 왜 세상이 안 바뀌는지 아나? 그 사람들이 그저 울분 한 가지로 움직이기 때문이다. 마음 준비가 안 된 거다. 니는 마음을 먼저 준비하는 사람이 되어야 한다. 알겠나?"

성두는 아들의 손을 덥석 잡았다. 키가 큰 줄은 알았지만, 언제 이렇게 큰 손이 되었는지……. 그는 아들의 커다란 손아귀에 덮여 버리는 자신의 늙은 손이 땀으로 끈끈한 것을 느꼈다.

대문에 들어서자, 교회에서 먼저 돌아온 천례가 마당에서 놀고 있다가 동석에게 얼른 매달렸다. 아홉 살 난 나이에 오라비한테 부끄러움을 탈 만도 한데, 막내라 그런지 어리광이 심한 천례였다. 동석의 저고리 소매에 매달리는 천례를 바라보다 성두는 막내딸의 하는 양이 귀여워 자신도 모르게 미소 지었다.

성두가 약방으로 들어서자, 퀴퀴한 한약재 냄새 속에 몸이 쪼그라든 짝패가 한구석에 누워 있다가 몸을 일으켰다.

"누워 계시소. 오늘은 좀 어떠십니꺼?"

짝패는 대답에 앞서 깊은 기침을 했다. 한 번 시작되면 여간해서 그치지 않는 기침을 뱉으며 그는 겨우 말을 이어 갔다.

"아무래도……이 겨울을 못……못 넘기지 싶습니다……. 제가 묻힐 자리……괜찮으니 아무 데나 야산에……묻어 주소……. 어차피…… 근본도 없이 떠돈 몸……죽어서 아무 데나 묻히면 어떻습니까……. 혼이 하나님 계신 곳에 간다면……다 늙은 몸 짐승이 뜯어 먹은들 아까울 것 없지요……."

기침 때문인지 짝패의 눈가로 눈물이 흥건히 묻어났다.

"무신 말씀이십니꺼? 어른이 오래 사셔야, 제가 예배당 일에 더 매달리지요. 누가 약방을 지키란 말입니꺼? 동석이한테는 시킬 생각도 안 했십니더. 그 아는 이미 맘이 딴 데 있십니더. 전 애초부터 객지로 보내 공부시킬 생각도 했십니다만, 아이의 혈기가 어찌나 뻗치는지 걱정입니더. 어떤 때 그 아 눈을 보면, 꼭 젊은 시절 짝패 어른 같다 안 합니꺼?"

짝패의 가라앉는 기침 소리 사이로 낮은 웃음이 묻어났다.

"보통 놈은 아니요. 어릴 때부터 예사스럽지 않다고…… 그렇게 보았소. 배 의원이 예수 믿고 얻은 자식인데, 보통 놈을 주셨겠습니까? 잘 다독이면……좋은 재목이 될 겁니다."

"나라가 망해 가는 판에 재목이 되어 뭘 하겠십니꺼?"

"나라가 어려운 때일수록 더 재목이 필요한 시대가 아니겠습니까? 동석이는 이 어려운 시대에……꼭 자기 몫을 할 놈이요. 약방을 맡기려면 창석이도 있지 않소? 이만하면 배 의원은 복받은 사람이오. 한평생 그만한 풍상 안 겪은 사람이 어디 있겠습니까? 또 김해 고을에 예수를 전파했으니……그보다 더 보람 있는 일이 어디 있겠소? 제가 배의원을 만난 보람은 바로 그것이오. 떠돌던 영혼이……배 의원을 통해 예수께 정착했다는 것! 이제 죽어도 여한이 없소."

성두는 볼품없이 늙어 버린 짝패의 가슴속에 형용할 수 없는 평화가 가득 차 있음을 느낄 수 있었다. 이미 생명을 포기한 자만이 차지할 수 있는 평화……. 성두는 짝패의 임종이 얼마 남지 않았음을 정말 실감했다.

마당에서 천례가 동석의 등에 업혀 까르륵대었다. 창석은 안채 툇마루 끝에 앉아 보일 듯 말 듯한 웃음을 머금은 채 그 모양을 바라보았다. 성두는 창석 곁에 슬그머니 걸터앉았다.

"니도 오늘 예배당 갔드노?"

워낙 말이 없는 아이라 성두는 아들이라도 입을 조심스레 열었다.

"예! 어머이하고 큰어머이는 바쁘신 것 같아, 천례만 데리고 먼저 왔십니더."

"그렇나? 니, 약방을 지키는 짝패 할배가 많이 편찮으신 것 아나?"

"그러문요. 어머이 말씸이 오래 못 사실 것 같다고 걱정이십니더."

"그래. 짝패 할배가 돌아가시면, 누가 약방을 지키노? 걱정이대이. 아부지는 예배당 일도 바쁘지 않나?"

무심히 뱉는 성두의 말에 창석이 의아하다는 듯 바라보았다.

"성님이 안 있습니꺼? 우리 성님은 잘생기고 똑똑하다고 모두 그랍디더. 저 보고는 성만 못한 아우라 안 합니꺼."

금세 창석은 풀이 죽어 고개를 숙였다. 성두는 창석이 본처 자식인 동석의 그늘에서 기 죽은 채 자라 왔음을 알았다. 동석처럼 덩치가 크지 않아도, 창석은 이목구비가 반듯한 것이 어디다 내놓아도 빠지지 않는 인물이었다.

"아니다! 니도 잘났다. 이래 이쁘게 생긴 총각이 또 어디 있겠노? 동석이는 약방엔 맘이 없는기라. 자꾸 대처로 나가 공부하겠다고 안 하나? 기회를 봐서 느그 성은 내보낼 기구마. 그러니 약방은 당연히 니가 도와야 안 하나?"

창석은 눈을 번쩍 떴다.

"지가요? 참말입니꺼? 아부지?"

성두는 말없이 아들의 손을 잡았다. 보드랍고 자그마한 손이 그의 손바닥 안에 들어왔다. 성두는 문득 자신의 손을 덮던 동석의 큰 손아귀를 생각했다.

'그 애는 너무 크다. 뭔가 넘쳐! 이 일을 어쩌면 좋을꼬! 이 어려운 시대에 빛을 품는다는 것은, 곧 고난을 뜻하는 게 아닌가.'

그는 창석의 조그만 손을 만지작거리며 한숨을 뱉었다. 마당 가운데 천례를 업은 동석이 맴을 돌고 있었다. 천례는 동석의 등에 매달린 채 햇빛처럼 말간 웃음을 지었다.

그 겨울을 못 넘기고 이듬해 정월, 예상한 대로 짝패는 세상을 떠났다. 한평생의 방랑을 마감하고 말년에는 신앙에 귀의한 복된 죽음이었다.

성두는 짝패를 뒷산 일곱 아이들의 무덤 곁에 묻어 주었다. 언 땅을 파고 짝패의 시신을 안장한 성두는, 그렇게 한 시대가 가고 있음을 실감했다. 그는 문득 자신의 나이를 생각했다. 어느새 그의 나이는 예순 일곱 살이었다.

하관예배를 마치자, 하늘이 붉게 물들기 시작했다. 성두의 하얀 두루마기 깃에 발그레한 노을이 내려앉았다. 앞서 산을 내려가고 있는 동석과 창석, 천례의 저고리 잔등이 붉게 물들어 갔다. 아이들은 노을 속을 허우적거리듯 산비탈을 내려갔다. 두 사내아이의 빠른 걸음을 따라잡지 못해, 조금씩 뒤로 처지던 천례는 성두가 가까이 가자 제 아비의 저고리 소매를 붙잡고 늘어졌다.

"아부지! 짝패 할배가 하늘나라 가셨다더니, 어째 저기 땅속에 드러누워 있십니꺼? 아부지 지한테 거짓말했지예. 짝패 할배가 가신 데는 하늘나라가 아니고 땅속이라예. 그렇지예?"

성두는 천례의 천진한 물음에 웃음을 가만히 머금었다.

"짝패 할배는 하늘나라 가셨다. 그러니까 할배의 생각들은 다 날아서 벌써 하늘나라 가신기라. 생각이 떠난 몸은 빈 껍질이재. 그래서 땅속에 묻은기라. 알겠나?"

제 아비를 올려다보다 천례의 얼굴이 금세 울상으로 변했다.

"그라몬 지도 이다음에 죽어 저리 됩니꺼? 땅속에 지를 묻을 깁니꺼? 안 됩니더! 아부지! 지는 땅속에 들어가기 싫단 말입니더!"

천례의 눈에 금방 눈물이 고여 들었다.

"아니다! 니는 아니다! 니는 땅속에 안 묻히고, 날개 달고 하늘나라 갈 끼다. 우리 천례는 날개 달고 간다니까……."

성두의 달램에도 천례는 그만 큰 소리로 울음을 터트리고 말았다. 앞서 가다 동석이 그 울음소리를 듣고 비탈길을 되짚어 올라왔다. 동석은 천례 앞에 대뜸 등을 돌리고 앉아 업히라는 시늉을 하였다. 눈물을 뚝뚝 떨어뜨리며 냉큼 동석의 등에 업힌 천례는 얼굴을 오라비의 등에 바싹 붙인 채 쉽게 울음을 그치지 않았다.

동생을 업고 산길을 내려가는 동석 뒤에서 창석이 걷고 있었다. 불덩이처럼 점점 더 붉어지는 노을이 세 아이들 위로 떨어져 내렸다.

일본이 강제적으로 을사조약(1905년)을 맺은 후, 의병 활동은 전국적으로 확산되었다. 정부 관료들 중에도 분을 참지 못해 스스로 목숨을 끊는 사람들이 나왔다. 고종 임금의 시종무관인 민영환이 백성에게 보내는 유서를 남기고 자살한 데 이어 여러 관리들이 스스로 목숨을 끊음에 백성의 의병 활동을 부채질하였다. 그중에서도 활동이 가장 치열한 곳은 충청도와 전라도, 경상도 지방이었다.

의병 활동에 대한 소문은 김해 동상 마을 성두네 약방집까지 흘러들어왔다. 1906년, 열여섯 살이 된 동석은 유난히 의병에 관한 소문에 관심이 많았다. 진작부터 동석의 기질을 알던 성두는 아들이 행여 의병이 되겠다고 집을 뛰쳐나갈까 봐 남몰래 가슴을 졸였다.

동석은 주일예배가 끝나고 나서도 예배당을 떠나지 않고 사람들의 수군거리는 말에 귀를 기울였다. 아들이 하는 양을 유심히 지켜보다 성두는, 어느 날 동석과 단둘이 약방에 앉았다.

"니 요즘 의병이 출몰했다는 얘기만 나오면, 귀를 쫑긋해 듣는 거 아부지는 다 알고 있다."

동석은 성두를 잠시 한 번 건너다보았을 뿐 아무 말이 없었다.

"니, 그거 아나? 그 의병 우두머리에 누가 있는지……. 다 전에 벼슬아치를 하던 사람들인기라. 그라몬 실제로 싸움을 하고 죽는 사람들이 누군지 아나? 그건 못 배우고 배고픈 불쌍한 백성이다. 니가 만약 의병이 된다 카몬, 니는 우두머리는 못 되는기라. 그렇재?"

동석이 고개를 가만히 끄덕였다.

"그라몬 우두머리는 못 되니까 창칼 들고 앞에 나가 싸울라나?"

동석이 눈을 동그랗게 뜨고 성두를 바라보았다.

"그러기엔 니는 너무 어린기라. 그라고 또 할 일도 많은기라. 내 뭐라 했노. 먼저 기도하라 했지? 그러면, 올바로 기도하는 마음속에 모든 일은 저절로 이루어질 거라고……. 알겠나?"

잠잠히 입 다문 동석의 눈에, 순간 뭔가 결연한 빛이 스치는 것을 성두는 놓치지 않았다. 그는 꿈틀대는 아들의 영혼을 감지하며 신음을 나직이 머금었다.

"오! 주여! 저 아이에게 당신의 뜻이 넘치지 않게 해 주소서! 제 아들의, 당신 아들의 복된 생애를 제게 약속해 주소서!"

자신도 모르게 가슴속에서 터져 나오는 기도를 중얼거리며, 성두는 가만히 일어서 약방을 나왔다. 마당 안에는 봄을 재촉하는 햇살이 하얗게 깔려 있었다.

19

동석의 출가

1906년, 베어드 목사의 추천으로 동석은 대구 계성학교에 입학하기 위해 집을 떠났다. 계성학교는 1901년경에 부산 지역을 중심으로 선교 활동을 펼친, 미국 북장로교회 베어드 목사의 처남인 제임스 아담스가 설립한 학교였다. 김해에는 김해교회와 성두를 중심으로 한 가칭 합성학교가 설립 단계에 있었지만, 성두는 아들을 좀더 큰 도시로 보내 공부시키기로 작정했다. 지난날, 성두는 쉰 살이 넘어서야 김해 지방을 벗어나 보았다. 그는 아들만큼은 더 빨리 외지에 눈뜨게 하고 싶었다.

그해 초봄, 성두는 이제 열여섯 살이 된 아들이 떠나가는 뒷모습을 바라보았다. 아직 춘풍이 불기에는 이른 봄날 아침, 동석은 큰 키에 잿빛 두루마기를 걸치고 김해평야를 가로질러 성큼성큼 걸어갔다. 그동안 길게 땋아 내렸던 머리를 며칠 전에 짧게 자른 아들의 뒷모습은 성두에게 낯설기만 했다. 1895년, 이미 나라 안에 단발령이 내렸다. 그리고 얼마 후 단발령은 폐지되었지만, 김해 고을에도 일찍 깨인 사람들은 상투 머리를 자른 이들이 있었다. 성두는 서양 문물이나 다름없

190

는 예수를 일찍 영접했는데도 단발을 하는 것이 내키지 않았다. 그러나 그는 대처로 나가는 아들에게, 더구나 신식 학교로 공부하러 떠나는 아들에게 좀더 큰 세계의 학문을 배우고 오라는 뜻에서 단발을 허락했다.

한 번쯤은 뒤돌아보리라 생각했는데, 동석은 쟁기질도 아직 안 한 스산한 평야 사이를 잰 걸음으로 멀어져 갔다.

"우째 저리 야박하노? 어머이 아부지가 여기 서 있는 걸 뻔히 알면서도, 뒤 한 번 안 돌아본대이."

한나는 참다 못해 울음을 터트렸다.

"저 아 맘속에, 지금 우리가 있겠나? 맨날 피끓는 혈기를 어쩌지 못하더니, 객지로 나가는 발길이 날아가는 것 같을 텐데……."

성두는 한나를 달래며 돌아서려다 가물가물 멀어져 가는 아들의 뒷모습을 다시 보았다. 거기에 먼 옛날의 전설처럼 벌써 수십 년 전에 자신의 곁을 냉정히 떠난 스승 김 선비의 모습이 겹쳤다. 성두는 그때 그토록 애달프던 자신의 마음이 불현 듯 다시 가슴속으로 뭉클 밀려왔다. 김 선비를 마치 아버지처럼 따른 성두는 갓 스무 살을 넘긴 자신을 두고 떠나던 그의 뒷모습에, 청천벽력을 만난 듯 서럽게 울지 않았던가.

이제 예순일곱 살이 된 성두는 같은 길 위에서 아들을 떠나보내고 있었다. 그는 울컥 치밀어 오르는 울음을 참으려 애썼다. 그러나 어느새 그의 얼굴 위로 눈물이 흘렀다.

대문에 들어서서야 마음이 가라앉은 성두는 툇마루에 걸터앉아 입을 가만히 열었다.

"내 문득 그 옛날 떠나시던 김 선비님 생각이 난기라. 동석이 저 놈이 뒤도 안 돌아보고 가는 모습이 꼭 그때 김 선비님만큼이나 냉정해서, 내 그때 생각이 나서 이래 안 우나? 저놈의 아야 무신 걱정이노. 우리 하나님이 다 지켜 주실 텐데 말이다."

잔잔히 가라앉은 남편의 목소리를 들으며, 한나는 긴 한숨을 내쉬었다.

"당신이 그리 믿으신다면, 지도 무신 걱정이 있겠십니꺼? 올해는 나이가 꽉 찬 우리 정명이나 시집보낼 생각해야지예. 벌써 열아홉 살 아닙니꺼?"

"그렇지 않아도 엊그제 약방에 누가 찾아와 우리 정명이를 물어보는기라. 저기 강동강(김해 근처 낙동강의 샛강) 근처에 사는 이 씨 집이라 카는데…… 신랑감이 우리 정명이 동갑이라 카더라."

"혹시 우리 예배당에도 몇 번 드나들던……그 샛강 가에 산다는 총각 말입니꺼?"

한나의 말을 듣고 보니, 성두는 키가 자그마한 떠꺼머리총각 한 명이 슬그머니 떠올랐다.

"그래! 내 그 총각을 본 듯도 한데……."

생각을 더듬느라 눈을 가늘게 뜬 성두 앞에, 막 부엌에서 나오는 점순의 모습이 보였다. 그녀는 두 사람의 대화를 들었는지 툇마루 근처에 가만히 와 섰다.

"정명이 혼사 문제라니, 지도 드릴 말씀이 있어서예."

입을 다소곳이 여는 그녀의 모습은 처음 성두네 집에 들어왔을 때나 지금이나 변함이 없었다.

"무신 말이라도 들었나? 말해 보거래이."

성두보다 한나가 먼저 재촉했다.

"소문에 들으니 총각이 다리를 다쳤다 안 합니꺼?"

점순이 한숨을 머금으며 눈길을 떨어뜨렸다.

"내 그 얘기를 들은 바가 있다만……. 이 총각이 아홉 살 때 다리를 다친 적이 있다 하더라. 서당에서 글공부를 하고 있었는데, 그날따라 봄 햇살이 우찌나 따사롭던지 아이들이 다 졸았던 모양이라. 훈장 영감이 아이들 잠을 깨우려고, 마당에 나가 감나무에 내려앉은 까치가 몇 마리인지 세어 보라 했다더라. 총각이 까치를 셀 욕심에, 그 높은 감나무에 기어 올라갔다 안 하나? 그런데 그만 발을 헛디뎌 나무에서 떨어져 버린기라."

"그라몬 그때 다친 다리를 지금도 절름거린다 말입니꺼?"

점순이 걱정스런 눈빛으로 성두만 물끄러미 바라보자, 한나가 성두에게 재촉을 했다.

"끝까지 얘기를 들어 보거래이. 그래서 이 총각 다리를 고치려고 일본으로 갔다 안 하나? 자세히는 몰라도 일본을 드나드는 선교사를 따라갔나 보더라. 거기서 다리를 수술해 고치면서 예수를 영접했다고 하더라. 그리고 지금 다리를 저는 것은 아니라 하더라."

"그라몬 지는 마음 편히 가만히 있을랍니더. 혹 혼사를 치른다 해도, 이래 저래 준비를 하려면 가을이나 되어야 하지 않겠십니꺼?"

점순은 웃는 것인지 찡그리는 것인지 알 수 없는 표정을 지었다.

그해 늦봄, 성두네 집안에서 혼인할 의사가 있음을 안 강동강가 이 씨 집에서 매파가 찾아왔다. 이 씨네 생각에는, 김해 고을에서 배 약방 집만 한 혼처도 없었다. 한평생 꾸준히 약방을 지켜 온 탓에 살림도 넉넉한데다, 누구보다도 일찍 예수를 영접해 예배당까지 세운 배성두가 아니던가. 이 씨 내외는 올가을 추수를 한 후, 혼사를 치르자고 정혼을 서둘렀다. 그러나 굳이 한 가지 맘에 걸리는 것이 있다면, 성두가 자애심이 지나쳐 얼마 전부터 나환자들을 가까이하기 시작한 점이었다. 그가 만들어 낸 만병수란 약을 얻으려고 점점 더 많은 나환자들이 성두네 약방을 찾아온다는 소문이 있었다. 가까이 다가서기조차 꺼리는 나환자의 상처를 씻고 치료하는 의원인 성두가 존경스럽기는 했지만, 그 집을 드나드는 흉한 몰골을 한 나환자들을 생각하면 영 꺼림칙했다.

10월 초이튿날로 혼인 날짜를 받아 놓고, 한나와 점순은 여름 내내 바쁘기만 했다. 그녀들은 혼수를 준비하느라 부산 저잣거리까지 나가 비단과 무명필, 목화를 사들였다. 찌는 날씨 속에서도 두 여인은 방에 들어앉아 정명의 혼수 이불을 만들었다. 희게 빨아 바랜 소창에 새 솜을 놓아 청홍 비단 이불을 꿰매는 점순의 손이 가늘게 떨렸다.

"성님! 우리 야무레기가 벌써 시집을 가다니요? 참말로 꿈만 같십니더."

"벌써가 뭐꼬? 작년쯤은 시집을 보냈어야 안 하나? 늦어도 한참 늦었지."

한나가 햇빛에 바늘귀를 갖다 대고도 실을 꿰지 못해 눈살을 찌푸렸다.

"성님! 이리 주이소. 지도 꿰기 어려운 바늘귀를 성님이 어찌 꿰실라 하십니꺼?"

"자네도 벌써 그리 됐나?"

"지도 벌써 마흔한 살입니더. 눈이 나이보다 일찍 가는 모양입니더."

"그런 소리 말거래이. 내는 마흔일곱에 우리 동석이를 안 낳았나? 자네도 앞으로 아를 낳으려면, 서넛은 낳아도 되겠구만 벌써 눈이 가다니 말이 되는 소리가?"

한나는 손에 든 바늘과 실을 점순에게 건네며 땡볕이 내리쬐는 마당을 내다보았다. 이른 아침에 빨아 널은 옷가지가 빨랫줄에 매달린 채 벌써 바싹 말라 있었다.

"이 더운 날에 밥이라도 제대로 챙겨 먹는지? 무심한 자석, 편지도 잘 안 하는구만."

한나는 한숨을 내쉬었다.

"동석이 말씸입니꺼?"

바늘귀를 겨우 꿰어 한나에게 건네는 점순의 눈길도 아득한 곳을 바라보듯 마당 한가운데로 내리꽂혔다.

"그놈의 아가 별일이 없어야 할 텐디, 거기서도 불쑥거리는 것이 아닌지 모르겠다."

"걱정 마이소. 성님! 우리 하나님이 어련히 알아서 지켜 주실까 봐서예. 그분이 주신 자식이 아닙니꺼?"

한나는 입 가장자리에 소릇이 웃음을 머금은 점순을 가만히 바라보았다. 그래도 한나는 때때로 두려웠다. 나라 안이 온통 왜놈들 천지로 변해 가는데, 아들 동석에게 깃들어 있는 꼿꼿한 기질이 영 편치 않았다. 그녀는 한숨을 내쉬었다.

따갑던 여름이 저물고 김해평야의 벼 이삭이 누렇게 익어 갔다. 정명의 혼사 날도 임박해 있었다. 가을로 접어들면서, 성두네 약방으로 나환자들이 모여들기 시작했다. 처음에 한두 사람 돌봐 주기 시작한 것이 소문이 난 모양이었다. 성두는 이미 예배당에서 눈에 익은 사윗감 이영옥을 쉽게 불러들여 나환자를 돌보게 했다.

이영옥은 체격은 그리 크지 않았지만 몸이 단단하고 야무진 청년이었다. 어릴 때 다리를 다친 적이 있다지만, 그의 걸음걸이는 정상인과 다름없었다. 굳이 자세히 관찰하면 탈골상을 입은 오른쪽 다리가 걸음을 걸을 때마다 약간 끌리는 듯 보였다.

혼사 날을 열흘 앞둔 밤, 그는 성두네 약방 일을 거들고 집으로 돌아가고 있었다. 가을밤의 선선한 바람이 그의 목덜미를 스쳤다. 그는 그날따라 유난히 몰골이 사나운 나환자를 돌본 터라 입 안이 씁쓰레해 왔다. 자신의 집이 있는 강동강 어귀에 이르자, 멀리 보이는 검은 강물 위로 일그러진 하현달이 노랗게 잠긴 채 출렁거리는 것이 눈에 들어왔다. 그는 자신이 열흘 있으면 장가를 든다는 사실이 믿어지지 않았다. 노란 달이 잠긴 검은 강물 위로 막 돋아난 별들이 비쳐 들었다. 달빛과 별빛을 안고 잔 바람결에 출렁이는 강물은 황홀하기만 했다. 이영옥은 약방집을 방문할 때마다 먼빛으로 바라본 정명의 아리따운 자태를 떠올렸다. 이제 겨우 열아홉 살 난 그의 젊은 가슴이 힘차게 뛰기 시작했다. 그는 잠시 강을 바라보고 선 채 심호흡을 했다. 그때였다. 강기슭에서 무언가 허연 것이 꾸물거리는 듯했다. 그는 순간적으로 몸을 주춤했다.

"이 새끼, 그 문둥이 사위 아니가? 맞재? 너 저기 사는 이가 놈 맞재? 너네 장인이 문둥이라면서?"

사내 세 명이 가까이 왔을 때서야, 그는 그들이 투전판을 떠돌며 싸움질이나 하는 동네 청년들이란 것을 알아챘다. 문둥이 사위라는 말에, 이영옥은 주먹을 불끈 쥐었다.

"뭐라 카노? 왜 우리 장인 될 분이 문둥이란 말이고? 그분은 문둥이들을 보살피는 의원인기라."

"뭐가 어째? 문둥이들과 어울려 지내는 사람이 문둥이나 다름없지 뭐꼬? 니도 혹시 문둥이 아니가?"

사내 세 명 가운데 유난히 어깨가 벌어진 사내가 이영옥에게 한 걸음 다가왔다.

"너그들 투전판을 기웃거리는 그 패거리 맞재? 그만하자. 내는 그만 집에 가 볼란다."

영옥은 싸움을 벌여 보았자 승산이 없을 것을 알아채고 그만 몸을 돌렸다.

"보래이! 어델 가노? 하던 말은 마저 해야 안 하나?"

사내가 영옥의 어깨에 손을 얹었다.

"이거 놓지 못하나?"

영옥의 목소리가 거칠게 튀어나왔다. 바싹 약이 오른 영옥을 향해 웃음을 킬킬 머금는 사내의 얼굴 위에 달빛이 어렸다. 스물다섯 살은 넘어 보였으나 사내는 떠꺼머리였다.

"니, 장가간다며? 그 문둥이 소실 딸하고 말이다."

"뭣이 어째?"

영옥의 얼굴에 분노가 어렸다.

"내 니 색시 봤다. 참한 것이 그만하면 먹을 만하게 생겼더라. 니 장가가기 전에, 니 색시 내가 데려다 먼저 손봐 줄까? 내는 아직 장가도 못 간기라. 가난이 원수 아니가? 니는 평생 끼고 살 색시, 하룻밤만 내한테 먼저 빌려 주면 어땠노?"

"이 놈이 말이면 다 하는 줄 아나?"

잔뜩 분노가 치민 이영옥의 주먹이 순식간에 사내의 면상으로 날아갔다. 얼결에 얼굴 정면을 얻어맞은 사내의 코에서 피가 흘러내렸다.

"아니 이 문둥이 새끼가? 너 다리병신이라며? 어라! 소문과 달리 멀쩡한데! 정말로 병신 한번 되고 싶나?"

사내는 저고리 소매로 피가 흐르는 코를 문지르더니 뒤에 서 있는 두 사내에게 턱짓을 했다. 갑자기 두 사내가 이영옥에게 덤벼들었다. 버둥대는 영옥의 사지를 사내들이 붙들고 있는 사이, 어깨가 벌어진 사내는 강가에서 어린아이 머리통만 한 커다란 돌을 주워 들고 왔다.

"어디 이놈! 내 정말 다리병신 만들어 주마."

사내가 있는 힘껏 이영옥의 오른쪽 정강이를 돌로 내리쳤다. 순간 사내의 눈에 번뜩 불빛이 일었다.

"아악!"

영옥의 비명 소리가 달빛이 교교한 강가로 번져 나가자, 그를 붙잡고 있던 사내들은 손을 천천히 풀었다. 영옥은 풀썩 쓰러지며, 밤이슬이 축축한 땅에 엎드렸다. 그는 몇 번인가 자신의 엉덩이와 등판을 걸어차는 사내들의 발길질을 느꼈지만 아프다는 감각도 없었다. 멀어져 가는 그들의 발자국 소리가 아련히 들려오고, 강이 쏴쏴 흐르는 기척이 느껴질 뿐 귓속이 먹먹했다.

"오! 주여!"

그는 입속으로 중얼거렸다. 약방집 뒤뜰에 서 있다 우물가로 가려던 자신을 보고 얼굴을 붉히던 정명의 아리따운 자태를 떠올렸다.

"오! 하나님! 저를 이대로 죽게 하시렵니꺼? 저를 이대로……"

이영옥은 그대로 정신을 잃고 말았다. 축축한 땅바닥에 널브러진 그의 자그마한 몸 위에 달빛이 어렸다.

정명의 혼사 날에 맞추어 동석이 돌아왔다. 그러나 정작 혼사는 이영옥의 뜻하지 않은 부상으로 내년 봄으로 미뤄진 터였다. 혼사를 열흘 앞두고 일을 당한 이영옥과 배성두네를 두고 양쪽 동네 사람들은 한마디씩 수군댔다.

"야손지 예순지 믿더니만, 동티가 안 났나?"

"그 장인 될 사람 말이다. 혼사 날을 앞두고, 몰골이 흉한 문둥이들은 뭐 할라고 불러들이노? 그러니 이런 꼴 당한 것 아니가?"

"뭐, 예수가 복을 줘? 웃기는 일이대이. 복 받아서 이런 일이 생겼나?"

수군거리는 동리 사람들의 시선 속에 정명은 풀이 죽어 문밖 출입도 하지 못했고, 한나는 아예 이불을 펴고 자리에 앓아누웠다. 그토록 그리워하던 아들 동석이 돌아와 위로를 했지만, 한나는 속상한 마음을 가눌 길 없어 식음을 전폐하다시피 했다.

"어머이! 뭘 그리 속상해 하십니꺼? 매형감이 죽은 것도 아니고, 다리 좀 다쳤다 하는데 말입니더."

한나는 벽을 향해 누웠던 몸을 돌리더니, 그사이 더 늠름해진 아들을 물끄러미 올려다보았다.

"우리가 뭐이 부족해서 다리병신 사위를 본단 말이고? 이제 와서 다리를 다쳤으니, 혼사를 취소한다고 할 수도 없고, 내 속이 상해 죽겠는 기라."

다시 돌아눕는 한나를 보며 동석은 빙긋 웃음을 머금었다.

"사위도 자식이라 하는데, 내 자식이 다쳤다고 생각하이소. 이왕에 동네방네 소문난 혼사, 이제 와서 무를 수도 없고 말입니더. 저는 온 김에 혼사는 못 봐도 매형감이나 한 번 만나 보고 갈랍니더. 저한테도

형이 생겼다 안 합니꺼?"

"보든지 말든지 니 맘대로 하려마."

한나는 돌아누운 채 말을 불쑥 내뱉었다.

동석이 방을 나오자, 약방 마당에서 아버지 성두가 먼 산을 보고 서 있었다.

"어데 갈라 카나?"

아버지의 목소리에 힘이 없었다.

"예! 온 김에 매형 될 사람이나 보고 갈랍니더. 어차피 혼사가 미뤄졌다면, 저는 곧 돌아갈까 합니더."

"그래! 공부하기는 어떻노? 먹는 것은 괜찮고?"

아들의 얼굴을 올려다보는 성두의 눈에 물기가 어려 있었다.

"먹고 자는 기야 별 걱정이 없습니더. 왜놈들이 야금야금 나라를 먹어 치우는데, 저는 편히 앉아 공부나 하고 있는 것이 잘하는 짓인지 모리겠십니더. 낫이라도 들고 나가, 그놈들 목덜미를 쳐내는 것이 더 급한 일이 아니겠십니꺼?"

"니 또 그리 숭한 소리를 하나? 내 뭐라 캤노? 때를 기다리며 힘을 길러야 하는기라. 서양 학문을 배우는 것은, 니 안에 힘을 기르는 일인기라."

성두는 아들이 걱정스러워 한 걸음 다가섰다. 가까이서 보니, 어느새 코밑의 솜털이 가무스름해 있었다. 집을 떠날 때보다 사내티가 물씬 났다.

"그람, 저는 샛강 가 매형네 집에 가 보겠십니더."

공손히 인사하고 막 돌아서는 동석의 뒷모습을 본 성두는 무언가 생각난 듯 입을 급히 떼었다.

"야야! 만약에 얘기를 하다 해가 지면, 그냥 거기서 자고 오니라. 절대 어두운 길을 혼자 오지는 말거래이. 니 매형감을 두들겨 팬 그놈들이 또 나타날지 누가 아나?"

신신당부하는 성두를 보며 동석은 빙긋 웃음을 머금었다. 싱긋 웃는 아들의 모습이 어찌 그리 곱단 말인가. 성두는 자신도 모르게 숨을 머금었다. 세상에 무서울 것 없는 시퍼런 청춘을 만난 아들 동석의 모습이, 언제 깨질지 모르는 유리구슬처럼 아름다우면서도 불안하기 그지없었다. 대문간으로 사라지는 동석의 뒷모습을 바라보며, 성두는 혼자 중얼거렸다.

"다리병신 사위를 보게 된 것도 다 당신 뜻이 있을 깁니더. 다만 저 젊은 아이들을 지켜 주옵소서."

성두의 눈가로 물기가 고여 들었다. 어느새 가을 햇살은 하얗게 바랜 그의 턱 수염으로 쏟아졌다.

동석이 이영옥의 집에 도착한 때는, 짧은 가을 해가 저물어 그 동네 샛강에 불그스름한 노을이 막 내려앉을 무렵이었다. 이영옥의 집으로 들어서자, 부엌에 있던 그의 어머니가 반색을 하며 달려 나왔다. 훤칠하게 잘생겼다고 소문이 난, 배 의원 댁 적실 아들 동석을 못 알아볼 리가 없었다.

"아이고! 사돈총각이 어쩐 일이신교? 누이 혼사를 보려고 오셨단 말씀은 들었지만, 여기까지 오실 줄은 몰랐십니더."

듣기에 어색할 정도로 호들갑스런 그녀의 목소리는 유독 '사돈총각'이란 말에 힘이 들어가 있었다. 경우에 따라 평생 다리를 절게 될 아들과의 혼사를, 배 의원 댁에서 물릴 수도 있다는 점을 염두에 둔 그녀의 심중이 그대로 내비친 것이었다. 동석은 이번 혼사를 두고 아예 자리에 앓아누운 어머니 한나를 떠올리며 한숨을 내쉬었다.

"아주머이! 걱정하지 마이소. 만약 혼사를 파하면, 손해는 우리 누부가 봅니더. 한 번 정혼했다 파혼한 처자를 누가 데려가겠십니꺼? 우리 집에서도 그리 생각하고 계시니, 내년 봄엔 꼭 혼사를 치르게 될 깁니더."

나이 어린 동석의 의젓한 말투에, 그녀의 눈에 금세 눈물이 고여 들었다. 그녀가 치마꼬리를 들어 눈물을 씻는데, 방 안에 있던 영옥이 방문을 벌컥 열었다.

"어머이! 이제 그만하이소! 그리 울면, 제 다리가 다시 성해집니꺼?"

그는 소리를 버럭 지르더니 동석을 잠잠히 바라보았다.

"어서 오게나, 처남!"

동석은 예배당에서 낯이 익은 영옥에게 다가갔다. 다친 다리에 칭칭 감아 놓은 무명천에는 상처에서 배어 나온 얼룩이 묻어 있었다. 영옥이 동석의 두 손을 덥석 잡았다. 가을바람을 묻혀 온 동석의 차고 커다란 손이 영옥의 짧은 손마디에 감싸였다. 아무 말 없이 서로 바라보고 있었지만, 어떤 교감이 그들 사이에 흐르는 듯했다. 하늘을 물들이던 발그레한 노을이 두 젊은이의 얼굴에 쏟아졌다.

이영옥의 집에서 하룻밤을 묵고 돌아온 동석은, 집을 다시 떠나기 위해 짐을 꾸리다 말고 어젯밤에 이영옥이 한 말들을 떠올렸다.

"내사 이제 다리병신으로 평생을 살겠지만 낙담할 것도 없네. 다 하늘 뜻이지 않겠나? 성한 몸으로 사방팔방 돌아댕기면, 내 언제 조용히 앉아 하나님을 생각하겠나? 또 병신이 병신 마음을 안다고, 내 이래 다리를 절게 됐으니 몸 성치 못한 다른 사람 마음을 더 잘 헤아릴 거 아니가? 사실 그렇대이. 장인어른 따라 문둥이들을 좀 돌보았지만, 내 그 사람들 맘을 한 번도 헤아려 보지 않은기라. 그냥 장인어른이 만드시는 만병수 약이나 나누어 주며, 그 볼썽사나운 몰골에 남 몰래 얼굴을 찡그린 적이 어디 한두 번이가? 내는, 그동안 혼자 누워 참 많이 생각했대이."

장지문 사이로 스며든 달빛에 영옥의 얼굴이 하얗게 빛나던 밤이었다. 동석은 미소를 가만히 머금었다. 왜 그런지, 그는 영옥에게 무척 믿음이 갔다.

"내는 다리가 부러져 누워 있으면서, 성경에 나오는 야곱을 생각했대이. 밤새도록 하나님과 싸움을 벌이다 다리가 부러진 야곱을 말이대이. 물론 내랑 싸움질한 놈들은 하나님이 아니라 동네 불량배지만, 야곱이 평생 다리를 절면서도 하나님 사람으로 산 것처럼, 내도 이제는 더 확실히 하나님의 종이 된 기분인기라. 내 사실 이런 말 아무에게도 할 수가 없는기라. 사흘 걸러 한 번씩 다리를 치료해 주러 오시는 장인어른한테도 말이다. 그런데 처남을 만나니, 나도 모르게 말이 쏟아지네."

가슴이 벅차오르는 듯 영옥은 나란히 누운 동석의 손을 꼭 잡았다. 그러다 그는 이내 잠들었고, 동석은 장지문을 유난히 환히 비취는 달빛에 눈이 부셔 거의 날밤을 새웠다.

동석은 지난밤을 되새기며 짐을 꾸리다 말고 벌렁 드러누웠다. 그는 매형감이 의젓하고 괜찮은 사람이라며 어머니 한나를 달랬다. 그러나 그녀는 곧 동석이 집을 떠날 거라는 생각에 다시 통곡했다. 그런 그녀의 모습이 동석의 가슴에 묵직하게 걸려 왔다. 어머니…… 마흔일곱 살에야 동석을 낳고, 이제 초라하게 늙어 가는 한나는 슬픔을 잘 걸러 내지 못했다.

전설처럼 들려오는 집안 이야기에 따르면, 많은 자식을 다 잃고 늘 그막에 얻은 동석 자신을 애지중지하시는 어머니가 아니던가. 내일 아침, 떠날 일이 동석은 걱정스러웠다. 동구 밖에서 자신의 뒷모습을 눈이 시리도록 바라볼 아버지 배성두의 모습도 벌써부터 맘에 걸렸다.

동석은 몸을 뒤치며 돌아누웠다. 어제저녁 그리도 환하던 달은 하룻밤 사이에 어디로 숨었는지 장지문 밖은 캄캄하기만 했다. 초저녁부터 구름이 모여든 하늘에는 곧 가을비가 내릴 것 같았다. 잠에 살며시 빠져 드는 동석의 귓가로 빗방울 떨어지는 소리가 후드득 들렸다.

20

대구의 봄

　동석이 집을 떠나 계성학교에서 생활한 지 벌써 이 년째로 접어들었다. 1906년 3월, 계성학교는 학생 스물 네 명을 모집해 임시 수업을 시작했다. 이영옥이 당한 갑작스런 사고로 미루어진 정명의 혼사에 참석하지 못하고 동석이 돌아온 그해 10월, 계성학교는 경상도 지역 최초로 정식 중등학교로 개교했다. 그래도 학생 수는 서른 명이 덜 되었다.

　1907년 12월 초순, 겨울 해는 일찍 기울고 사방은 깜깜했다. 학생 기숙사는 온돌방이 여럿 딸린 조선 기와집으로 보통 방 하나에 네댓 명씩 묵고 있었는데, 그날 동석의 방 앞 댓돌 위에는 유난히 신발이 수북했다. 기숙 학생들은 교사들의 눈을 피해 모여들어 촛불 아래서 눈을 빛내고 있었다.

　"이제 더는 참을 수 없는기라. 왜놈들이 만든 조선 통감부 우두머리 이토 히로부미란 자가 우리 황태자 이은 저하를 인질로 일본에 데려간다 안 하나? 이제 겨우 열 살밖에 안 된 어린 황태자를 말이다. 벌써 궁궐을 떠나 제물포로 갔다 하더라. 제물포 항에서 배를 타고 일본으로 가려고 말이다. 조선을 야금야금 먹어 치울 또 하나의 방책인기라."

동석과 같은 방을 쓰는 최자선은 늘 외지 소식에 밝은 편이었다.

"이제는 그냥 있을 수 없다. 소위 신학문을 공부하는 우리라도 뭔가좀 소리를 내야 하지 않나? 조선 백성이 살아 있다는 것을 왜놈들에게보여 줘야 하지 않나 말이다."

최자선의 나지막한 목소리에 결연한 의지가 담겨 있었다. 방 안에모여 있던 계성학교 학생 대부분은 동바지저고리 차림에 이미 장가를들어 상투를 튼 사람도 있었다. 그리고 동석처럼 단발을 한 앳된 얼굴들도 있었는데, 그들의 눈동자에 똑같이 담겨 있는 것은 불끈거리는분노였다.

"다음 장날에, 우리 저잣거리에 모여 한번 보여 주자! 조선이 이렇게 살아 있다고 말이다. 여기 대구 저잣거리만 해도, 왜놈들 상권이 얼마나 들어섰노? 우리 거기다 돌팔매질이라도 하잔 말이다."

자선의 목소리가 흥분으로 떨리고 있었다.

"돌팔매질을 한다고?"

묵묵히 듣고 있던 동석은 자신도 모르게 눈을 부릅떴다.

"지금 우리 맴을 나타낼 수 있는 길은, 그것뿐인기라. 우리 조선 사람들은 왜놈들이 황태자를 인질로 잡아가는 것을 용납할 수 없다고 말이다. 그리고 느그 왜놈이 죽기보다 싫으니, 조선 땅을 떠나라고 시위하는 방법은 그것밖에 없는기라."

마른침을 삼키며 속삭이는 자선의 목소리에 동석은 잠시 생각에 잠겼다. 그래! 그렇게라도 마음을 표현할 수 있다면, 동석은 조선의 황태자를 잡아 가는 분이 좀 풀릴 것도 같았다.

"장날이라면, 며칠이나 남았노? 바로 내일모레가 아닌가?"

낮게 울려 나오는 동석의 목소리에 칼날 같은 날카로움이 서려 있었다.

"맞다. 바로 내일모레다. 그날은 모두 수업을 거부하고, 장으로 나가는기라. 물론 호주머니에 돌멩이를 준비해서 말이다. 어떻노? 느그들 모두 합세할 거지?"

자선은 방 안을 둘러보며 학우들의 기색을 살폈다. 이미 젊은 눈동자 가득 분기를 담고 있던 학생들은 모두 고개를 끄덕이며 동의한다는 뜻을 나타냈다.

"그런데 단지 돌팔매질과 고함만 질러 가지고 될 일인가? '우리 계성학교 학도들은 조선 황태자 이은 저하의 일본 이송을 결사반대한다'는 결의문 같은 것이 있어야 되지 않겠나?"

유달리 깊은 생각에 잠겨 있는 듯하던 동석은 자선에게 바짝 다가가 앉았다. 자선은 미소를 슬며시 머금었다.

"그라몬 그 학도 결의문은 누가 적노? 동석이 니가 할래?"

"하모. 내가 적을기다. 거기에 느그들 이름을 다 올리면 될 거 아니가?"

"그래. 그라몬 그건 니한테 맡기고, 내는 거기 참여할 학도들 명단과 그날 움직일 구체적인 행동 대안을 짤기다."

자선은 자신도 모르게 동석의 손을 불끈 쥐었다.

두 사람이 주고받는 말을 귀 기울여 듣고 있던 방 안의 학도들은 서로 눈을 마주 보며 고개를 끄덕였다. 그들 중 누구 하나 각자의 방으로 그만 돌아가자고 말하지 않았지만, 학생들은 하나 둘씩 조용히 일어나 방문을 열고 밖으로 나갔다. 마당 안에서, 흩어지는 젊은이들의 모습 위로 달빛이 내려앉았다.

자리에 누운 동석은 내일 쓰리라 마음먹은 학도 결의문에 대한 내용을 생각했다. 문득 이것도 성령의 역사하심이 아니면 할 수 없는 일이라는 느낌에, 그는 낮게 기도를 중얼거렸다.

"오! 제 아버지를 깨우친 예수여! 제게도 깨우침을 주사 조선인이 애국 애족을 깨치고, 저 왜놈 무리가 조선 땅을 삼키려는 자신들의 야욕을 부끄러워할 수 있는 그런 학도 결의문을 쓸 수 있게 저를 깨우치소서!"

어릴 때 '애비슨'이라는 미국 선교사에게 이미 세례를 받은 동석은 분명 자신 안에 하나님이 역사하고 있으리라 굳게 믿었다.

다음 날 수업에 참석한 학우들은 평소와 같이 학업에 열중하는 것처럼 행동했다. 그러나 동석은 학우들 사이에 흐르고 있는 뜨거운 물줄기를 감지했다. 홍안의 얼굴들은 알 수 없는 환희로 빛났고, 그들의 입가에는 결연한 미소가 번져 가고 있었다. 점심시간에 학우들을 몰고 뒷산으로 간 자선은 주머니 가득 돌멩이를 주워 모으게 했고, 동석은 붓을 들어 학도 결의문 초안을 잡았다. 그 결의에 참여하기로 한 학우는 총 스무 명이었다. 계성학교 전체 학생 수가 통틀어 스무명 남짓했음을 감안한다면, 이미 상투를 튼 겁쟁이 몇 명을 제외하고 모두 참석한 셈이었다.

동석은 붓에 먹물을 찍어 학도 결의문을 단숨에 써 내려갔다.

우리 계성의 학도 20인은 조선 땅이 왜놈의 발아래 더럽혀지는 것을 볼 수 없어 이를 결의하기에 이르렀노라. 왜놈들은 조선의 조정에 침입해 왕비를 시해하더니 이제는 조선의 고귀한 황태자 저하를 바다 건너 왜놈 땅으로 압송하기에 이름에, 우리는 더 이상 분을 참을 수가 없어 일어났노라. 우리는 훗날 이 조선을 이끌고 갈 젊은이들로 나라의 앞날을 부흥시키기 위해 신학문에 몰입하고 있는 바, 대구 시내 상권을 좀먹어 가는 왜인의 처사에 또한 분개를 금치 못하노라. 그들은 우리 조정에까지 들어와 정치권을 행사해 나라를 난세로 몰고 이제는 저잣거리에서 상권을 휘두르며 조선 백성의 살림살이까지 위협하는 바, 우리는 그들을 경계하고 축출할 책임을 느끼노라.

조선인의 이름으로, 조선을 책임질 젊음과 지성의 이름으로 왜인들에게 고하노니, 그들은 속히 황태자 이은 저하의 압송을 중지할 것이며 이 땅에서 물러갈지어다.

　　　　　　　　　　　　　　　　　　－학도 대표 배동석 이하.

　동석은 자신의 이름을 대표자로 당당히 적은 뒤, 자선과 나머지 열여덟 명 학도들의 이름을 썼다.

　그날 밤, 계성학교에 다니는 젊은이들은 나름의 거사를 앞두고 잠을 설쳤다. 드디어 유난히 매서운 바람이 불며 그날이 밝았고, 동석과 자선을 비롯한 젊은이들은 수업을 거부하고 대구 저잣거리로 뛰쳐나갔다. 동석의 손에는 학도 결의문이 적힌 두루마리가 들려 있었고, 자선과 다른 젊은이들은 호주머니 안에 있는 자갈을 만지작거렸다.

　젊은 그들이 몰려가고 있는 거리의 담장에는, 희끄무레한 겨울 하늘 아래 잎사귀를 다 떨어뜨린 마른 나무들이 고개를 내밀고 지켜보고 있었다.

　드디어 저잣거리 한가운데 도착한 그들은, 싸전 담벼락에 쌓인 쌀가마니 위에 올라선 동석을 중심으로 몰려섰다. 동석은 손에 든 두루마리를 펼쳐 들었다. 겨울 아침의 찬 기운이 묻어나는 바람 한 줄기가 그의 곱디고운 얼굴을 살며시 스쳤다. 그는 학도 결의문을 낭독하기에 앞서 마른침을 삼켰다. 복숭아씨처럼 불거져 나온 목젖이 그의 목 한가운데서 꿈틀거렸다.

　"학도 결의문!"

　우렁차게 동석의 목소리는 차가운 아침 공기 속으로 퍼져 나갔고, 최자선을 포함한 젊은이 열아홉 명은 상기된 얼굴로 그를 바라보았다.

　"우리 계성의 학도 20인은 조선 땅이 왜놈의 발아래 더럽혀지는 것을 볼 수 없어……."

　그가 결의문의 첫 문장을 낭송하기 시작했을 때, 무심하게 저잣거리를 지나던 사람들이 하나 둘씩 모여들었다. 때 낀 무명 바지저고리 차림에 빈 지게를 진 남자 한 명이 고단한 표정으로 동석을 바라보았다. 또 광주리를 머리에 인 젊은 아낙이 얼굴을 찡그린 채 그들 앞에 멈춰 섰다.

동석은 다음 대목을 읽어 내려갔다.

"우리는 훗날 이 조선을 이끌고 갈 젊은이들로 나라의 앞날을 부흥시키기 위해 신학문에 몰입하고 있는 바, 대구 시내 상권을 좀먹어 가는 왜인의 처사에 또한 분개를 금치 못하노라."

그의 목소리에는 더욱 힘이 실렸고, 흰 무명옷의 백성은 점점 더 그들의 주변을 에워싸기 시작했다. 사람이 모여들수록 목소리가 커지는 동석의 목줄기에서 핏줄이 불거져 나왔다. 꿈틀거리는 핏줄은 젊은 피부 위에서 금방이라도 파열될 듯했고, 그의 얼굴은 홍시처럼 달아올랐다. 이윽고 동석이 결의문 낭독을 마치자, 자선은 학도들을 향해 소리쳤다.

"조선 땅을 좀먹는 왜인 무리를 이 땅에서 몰아내자! 황태자 이은 저하의 일본 압송을 즉각 멈추게 하라!"

자선의 고함 소리에 계성학교의 학도들은 일제히 호주머니 안에 있던 자갈을 꺼내 손에 쥐었다. 그리고 왜인들 가게가 몰려 있는 싸전 뒤쪽 술집 거리로 몰려갔다. 그들은 "와" 하는 함성을 지르며 왜인들 가게를 향해 돌팔매질을 시작했다. 추운 날씨에 목을 움츠리고 게다짝을 끌며 거리를 지나던 일본인 한두 명이 혼비백산해 도망갔고, 돌멩이에 명중된 왜인들 가게의 유리창이 와장창 깨어져 내렸다. 젊은이들의 혈기에 합세한 조선인 몇 명이 길에 떨어진 돌을 주워 들고 일본인 가게를 향해 던졌고, 그 근처에서 주춤대던 일본인 한 명이 이마에 돌을 맞고 머리를 감싸쥔 채 도망쳤다.

그들의 대열 맨 뒤에서, 동석은 펼쳐진 결의문을 움켜쥐고 있었다. 늘 자신의 혈기를 걱정하던 아버지 배성두의 얼굴이 눈앞에 스쳐 갔지만, 그는 이제 한 번 달려 나가기 시작한 길을 멈출 수 없었다.

학생과 군중이 합세해 일본인들을 기습하자, 처음에는 당황하던 일본인들도 가만히 있지만은 않았다. 날아온 돌을 주워 들고 조선인을 향해 던지던 일본인 몇 명은 급기야 검도를 빼 들고 덤볐다. 차가운 아침 햇살에 번득이는 칼날을 바라본 학생들과 조선인들은 주춤 한 걸음 물러섰다. 하지만 그들은 그에 그치지 않고 손에 잡히는 대로 부러진 나뭇가지나 각목을 들고 일본인들과 맞섰다.

매서운 바람이 불었지만, 그들이 몰려선 자리에서는 열기가 뿜어져 나왔다. 시간이 갈수록 일본인과 조선인 사이의 충돌로 부상자가 발생했다. 일본인이 마구 휘두른 검도에 어깨를 베인 계성학교 학생 한 명이 피를 흘리며 풀썩 쓰러졌다. 순간 주변에 있던 학생들은 모두 공격 행동을 멈추고 쓰러진 학생 곁으로 몰려들었다. 그 틈을 이용해 마구 돌진해 오는 일본인들을 바라보던 동석은 동료들의 사기를 돋우기 위해 다시 소리쳤다.

"일본인은 물러가라! 우리의 황태자 저하를 돌려보내라!"

우렁차게 울려 나오는 동석의 목소리에 학생들은 고개를 번쩍 들었고, 자선은 다친 학생을 동석에게 부탁한다는 눈짓을 하고 다시 일본인들을 향해 돌아섰다.

동석은 재빠르게 부상 당한 학생을 부축해, 길가 모퉁이로 몸을 피하며 그 치열한 혈전을 바라보았다. 다친 학생의 어깨에서 흐르는 붉은 피가 동석의 하얀 두루마기 위에 번졌다. 동석은 섬뜩한 전율을 느끼며 지금 벌이고 있는 일이 과연 옳은 것인지 다시 생각했다.

'아아! 우리의 소리를 저들이 알아들을 것인가. 우리의 마음을 하늘이 알아들을 것인가. 이 미약한 힘이 과연 잘못돼 가는 세상의 기운을 바꿀 수 있을 것인가.'

어디서 몰려왔는지 일본인의 수는 점점 늘었고, 학생들과 저잣거리에 나와 합세한 조선인들은 차츰 기진해 쓰러졌다. 뒤이어 일본인 헌병 한 부대가 호각을 불며 달려 나왔고, 길에 널브러진 자선과 동료들이 오랏줄에 묶이고 있었다. 동료의 피가 묻은 채 동석의 손에 들려 있던 학도 결의문 두루마리가 분노에 찬 그의 눈빛과 함께 부르르 떨렸다. 동석은 다친 학생을 모퉁이 벽에 기대 앉혀 놓고, 피 묻은 두루마기 자락을 바람에 휘날리며 길 한가운데로 달려 나왔다. 그리고 있는 힘을 다해 그는 소리쳤다.

"왜놈들은 물러가라! 조선 황태자 이은 저하를 돌려보내라!"

두 손이 뒤로 묶인 채 헌병의 손에 이끌려 일어서던 자선이 고개를 번쩍 들었다. 장 가운데 선 동석의 앳된 얼굴 위로 햇살이 한 무더기 쏟아졌고, 그 빛 가운데서 동석과 자선의 눈이 마주쳤다. 자선은 동석과 똑같이 외치기 시작했다.

"왜놈들은 바다 건너로 물러가라! 우리 황태자 이은 저하를 돌려보내라!"

자선이 목청을 돋우자, 손이 묶인 채 기진해 있던 학도와 군중이 다 같이 소리쳤다.

"왜놈들은 물러가라! 조선 황태자를 돌려보내라!"

당황한 헌병들은 마구 호각을 불어 대며 소리치는 학생들을 내려쳤고, 당장 헌병 몇 명이 칼을 빼든 채 동석에게 달려왔다. 그들은 동석의 손에 들린 피 묻은 두루마리를 낚아채고 그의 두 손을 뒤로 돌려 묶기 시작했다. 동석은 반항하지 않고 두 손을 순순히 내놓았지만, 눈빛에는 어떤 흔들림도 없었다. 그리고 그의 입에서는 똑같은 소리가 흘러 나왔다.

"왜놈들은 물러가라! 조선 황태자 저하를 돌려보내라!"

동석과 자선을 비롯해, 그날 거사에 참석한 학생 스무 명 모두는 일본 헌병에게 붙잡혀 갔다. 이 거사에 합세했다가 미처 도망가지 못한 조선 백성 십여 명도 포박된 채 체포당했다. 대구 소재 일본인 헌병 부대에 계성학교 안의와 교장이 호출되었다. 만 사십 세의 미국인 선교사인 그는 콧수염으로 절반쯤 가려진 얄프리한 입술을 꾹 다문 채 침통한 표정을 지었다. 본래 선교를 목적으로 1895년에 조선 땅으로 들어와 1897년부터 대구 선교부를 맡게 된 인물이었다. 그는 막상 대구 지역에 도착해 보니, 선교와 함께 교육이 시급하다는 것을 절감했다. 양반층과 여유 있는 집안 자제들만 서당이나 향교에서 한학을 배우고 있을 뿐, 과학을 바탕으로 한 서양식 신식 교육은 전혀 이루어지지 않고 있었다. 이를 안타깝게 여긴 그는 조선 청소년들에게 배움의 길을 터 주고 싶은 소망에 계성학교를 열었다. 그리고 그는 자신의 이름마저 친근감을 주기 위해 안의와(安義窩)로 개명했다. '안'(安)은 그의 본명인 '제임스 아담스'(James E. Adams)에서 따온 성이며 '의와'(義窩)는 '바르고 옳은 사람이 사는 움집'이란 뜻으로 바로 자기 자신을 표현한 말이었다.

헌병 부대 취조실에 들어서자마자, 그는 먼저 피투성이가 된 채 의자에 널브러진 부상 학생에게 다가가며 탄식했다.

"오우 노우! 어떻게 이럴 수가 있습니까. 이 어린 학생을……."

그의 커다란 눈에 눈물이 핑 돌았다. 헌병 대장은 뒷짐을 진 채 안의와를 거만하게 쏘아보았다.

"당신이야 말로 학생들 교육을 어떻게 시키는 거요? 서양 학문을 가르친다면서, 오히려 이들에게 폭력을 가르쳐 온 것 아니오? 당신은 이 학교 교장으로서 사태를 어떻게 책임지겠소?"

거침없이 흘러 나오는 헌병 대장의 말에 안의와는 고개를 들고 그를 가만히 바라보았다.

"이 학생들은 거짓이 없습니다. 자기 나라를 지키려는 것이 무슨 죄가 된단 말입니까?"

차분히 흘러 나오는 안의와의 목소리에, 헌병 대장은 얼굴을 붉혔다.

"뭣이? 이보시오! 이건 엄연한 폭력이오. 나는 당신이 사태를 책임지고, 여기 잡혀 온 모든 학생을 퇴학시키기를 원하오. 먼저 종이를 펼쳐 들고 선언문을 낭독한 저 배동석이란 학생과 돌팔매질의 선두에 선 최자선은 우리가 구금하고, 그 배후 세력이 있는지 더 캐 볼 것이오."

순간 헌병 대장을 바라보던 동석의 눈이 분노로 들끓었다. 안의와 교장은 기도하듯 두 손을 앞으로 모으며 차분한 눈길로 헌병 대장을 바라보았다.

"그건 안 됩니다. 이 학교는 비록 조선 땅에 세워졌으나, 분명 미국 북장로교회 재단에 속하는 학교입니다. 지금 당신들 일본이 조선을 좌지우지하듯 함부로 하지 마십시오. 학생들은 조선인이나 이들은 모두 미국 북장로교회 소속입니다. 만약 당신네가 원하는 대로 처리한다면, 우리 선교 본부에서 미국 정부에 어떤 사항을 건의할지도 모르는 일입니다."

헌병 대장은 순간 움찔했다. 두 해 전 1905년에 일본이 조선 정부와 을사조약을 체결했지만, 지금 조선 땅을 완전히 장악했다고는 볼 수 없는 형편이었다. 물론 영·일동맹에 따라 일본의 조선 침략을 영국으로부터 인정받았다. 미국도 필리핀에 대한 지배의 대가로 일본이 조선을 지배하는 것을 승인했다. 즉 1905년 7월에 미국 국무장관 태프트와 일본 외상 가쓰라 타로가 맺은, 이른바 태프트-가쓰라 각서가 그것이었다. 그런데도 조선에 파견된 이 일본인은 안의와가 언급한 미국 북장로교회 세력에 겁을 먹고 있었다.

헌병 대장은 공연히 큰 기침을 두어 번 하였다. 그의 심중을 눈치 챈 안의와는 때를 놓치지 않고 재빠르게 말했다.

"이 학생들 모두를 지금 당장 풀어 주십시오. 같이 잡혀 온 조선인들까지 말이오. 부상자는 빨리 치료해야지 한시가 급하단 말입니다."

안의와는 부상 학생에게 숙였던 자신의 몸을 벌떡 일으켜 헌병 대장을 똑바로 바라보았다. 미국인치고는 자그마한 체구라도 동양인 헌병 대장을 훨씬 넘어서는 키였다.

"뭐라구? 이 학생들과 조선인들을 모두 풀어 주라고? 그건 안 되오."

헌병 대장의 목덜미가 시뻘개졌다.

그때까지 가만히 앉아 있던 동석이 갑자기 벌떡 일어섰다.

"다른 사람들은 죄가 없소. 다 내가 한 짓이오. 내가 학도 결의문을 쓰고 읽었지 않소. 다 내가 주동한 거요. 이들은 내가 하자는 대로 했을 뿐이니, 나만 잡아 가두면 되오."

동석의 목소리에 먼저 놀란 것은 안의와 교장이었다. 김해 땅에서 왔다는 키가 큰 이 학생은 평소 말이 별로 없는 편이었다. 대부분 가난한 집안 출신인 학생들 중에서, 그래도 비교적 부유한 시골 약방집 아들이란 것을 염두에 두었을 뿐인 동석이 이토록 용기를 보일 줄이야.

곧 최자선이 무슨 말인가 하려고 입을 달싹거렸지만, 동석이 입을 다물라는 듯 그에게 눈을 부릅떴다. 그는 자선이 보잘것없는 빈농의 자제라는 것을 알고 있었다. 이번에 계성학교에서 쫓겨나면 신식 교육을 받을 기회가 그에게 영 오지 않을지도 모를 일이었다.

헌병 대장은 키가 큰 미소년을 가만히 올려다보았다.

"그래. 네가 다 했다고? 그렇다면 저 돌팔매질에 앞장선 학생도 네가 시켰단 말이지?"

그는 사태를 이쯤해서 수습하는 것이 덜 골치 아플 듯했다. 배후에 미국의 선교 세력이 있는데, 그는 공연히 트집을 잡아 여러 사람을 구속해 봐야 자신에게 돌아올 것이 없을 듯했다. 그는 안의와의 깊은 눈을 바라보며 빙긋 웃음을 머금었다.

"그러면 안 교장은 다시 이런 일이 일어나지 않도록 할 자신 있소? 학교를 창립한 지 얼마 지나지 않았는데 문을 닫으라 할 수도 없고, 저 학생이 저리 자청하고 나서니 저 선동 학생을 퇴학시키는 조건으로 다른 학생들은 전부 풀어 주겠소. 저들이 아직 어린 학생이란 것을 감안

213

해서 말이오. 그러나 나머지 민간인 열 명은 안 되오."

안의와는 학생들을 풀어 준다는 말에 얼굴이 환해졌지만, 민간인들을 잡아 두겠다 하자 고개를 그만 떨어뜨렸다. 그러나 우선 학생들만이라도 구하자는 생각에, 그는 헌병 대장이 한 제의를 받아들이기로 했다. 그리고 동석을 남겨 둔 채 최자선을 비롯한 학생들을 데리고 학교로 돌아왔다.

학생들이 항거를 했는데도, 결국 영친왕 이은은 그해 겨울 유학이란 명목으로 인질이 되어 일본으로 건너갔다. 동석은 학생들을 선동해 폭력을 행한 죄로, 겨울 내내 대구 일본인 부대 감옥에 감금되었다. 그때 같이 체포당한 민간인 열 명은 대부분 심한 고문을 당한 뒤 풀려났다.

동석의 복역 소식은 김해장로교회를 발칵 뒤집어 놓았다. 아버지 배성두는 아들을 구하기 위해 미국 북장로교회 재단 사람들을 만나 보았다. 그러나 아들의 목숨이 그나마 붙어 있고 계성학교가 무리 없이 수업을 계속할 수 있다는 것을 다행으로 여겨야 할 뿐, 성두는 더 이상 아무 방법도 찾을 수 없었다.

긴 겨울이 지나고 난 1908년 3월, 안의와 교장이 계성학교에서 동석을 퇴학시킨다는 각서를 쓰고서야 동석은 겨우 풀려났다. 미리부터 대구에 도착해 아들의 출감을 기다리던 배성두는 주름에 묻힌 오목한 눈에 눈물을 글썽거리고 있었다. 유치장의 차가운 마룻바닥에서 겨우내 버텨 온 동석은, 그 고생에도 아랑곳없이 키가 더 자란 듯 보였다. 동석은 제대로 영양 섭취를 못해 수척했지만, 눈빛은 더 깊어지고 거무스레한 수염이 코밑을 덮고 있었다. 태어나 생전 처음 당해 본 고난은 정의감에 불타는 한 조선 청년을 더 다부지게 만들어 놓았다.

그동안 안의와 교장과 동석의 장래를 의논해 온 배성두는, 아들을 데리고 먼저 그를 찾아갔다. 조선식 기와 건물로 된 계성학교에서, 안의와 교장이 온화한 얼굴로 성두 부자를 맞아들였다.

"배동석 학생! 고생이 많았어요. 내가 동석을 돌봐 줄 수 있는 길이 여기까지인 모양입니다. 동석이 정을 겨우 붙인 우리 계성학교를 이렇게 떠날 수밖에 없어 유감입니다. 그러나 아버님과 의논해 우린 동석을 한양으로 보내기로 했습니다."

내내 미소를 잃지 않는 안 교장의 깊은 눈을 바라보던 동석은 한양이란 말에 귀가 번쩍 뜨였다. 한양으로 간다는 말은, 아직 앳된 소년에 불과한 동석의 호기심과 모험심을 자극하기에 충분했다. 동석의 기색을 알아차린 안 교장은 빙그레한 웃음을 머금으며 말을 계속했다.

"하나님은 우리를 어디로 인도하실지 모릅니다. 고난을 주시는 것 같지만, 사실은 더 좋은 길을 열어 주실 수도 있답니다. 우리 계성학교와 같이 미국 북장로교회에서 설립한 '경신학교'가 한양에 있습니다. 내가 추천서를 써 줄 테니 그리로 전학해 학업을 계속하도록 해요. 지난겨울의 일을 거울 삼아 그곳에 가서는 조심해야 합니다. 한양은 이곳과 다르게 일본군의 경비가 삼엄하고, 경신학교는 이미 1885년에 설립돼 벌써 번듯한 학교 틀을 갖추고 있으며, 학생 수도 많습니다. 이미 조선 조정은 일본 정부에 의해 좌지우지된다고 해도 과언이 아닙니다. 그러나 이 억울한 사태를 젊은 학생의 뜨거운 피만으로는 해결할 수 없습니다. 먼저 학업을 마쳐야 합니다. 그래야 힘을 기를 수 있습니다."

안의와의 조선말은 발음이 좀 어눌해도 유창했다. 동석은 고개를 가만히 돌려 아버지 배성두를 바라보았다. 동석이 감옥에서 겨울을 나는 동안, 김해와 대구를 수없이 오간 성두의 얼굴이 부쩍 늙어 있었다. 동석은 아버지에게 미안했다.

'아버지. 제가 이 세상에 태어난 이유를 저는 모릅니더. 다만 그분만 아실 뿐입니더. 제가 그분 뜻대로 쓰이기 위해, 더 큰 뜻이 되기 위해 아버지 당신을 버리고 당신의 가슴을 아프게 한다 해도 저를 용서해 주십시오.'

동석의 퀭한 눈에, 순간 섬광 같은 빛이 지나갔다.

동석의 눈길을 느낀 성두는 고개를 슬그머니 돌리며 잘못된 세상을 향해 불끈거리는 아들의 기운, 그것이 불가항력이라는 것을 알 수 있었다. 아브라함에게 이삭을 번제물로 바치라고 한 것처럼, 하나님의 뜻을 위해 이 귀한 아들을 바치라 한다면 자신은 그 뜻에 순명(順命)할 수밖에 없노라고 생각했다.

1908년, 대구의 봄은 동석에게 고난 뒤에 오는 빛을 실어 주었다. 그리고 그들 부자는 안의와 교장이 써 준 전학 증명서를 들고 한양 경신학교를 향해 갔다.

예순아홉 살 된 아버지와 열여덟 살 난 아들의 가슴에 똑같이 출렁이는 것은 하늘에서 온 빛이었다. 그러나 늙은 아버지의 가슴에는 칼날처럼 예리한 빛이 아프게 스며들고 있었다.

21

거룩함은 희생을 부르고

경신학교는 미국 북장로교회 선교사 언더우드가 기독교 정신에 입각한 신교육을 통해 지도자와 교사를 양성하기 위해 세운 곳이었다. 이 학교는 1885년에 정동에 있던 언더우드 자신의 집에서 시작했는데, 처음에는 몇몇 학생에게 국어, 영어, 성경을 가르치는 일반 서당처럼 운영되었다. 그러다 1886년 3월에 언더우드가 자신의 집 옆에 붙어 있던 건물을 빌려 고아원 형식으로 학교를 건립해 그 이름을 '언더우드 학당'이라 했다. 그리고 1905년에야 비로소 '경신학교'로 개칭했다.

1908년 8월 12일, 경신학교는 사립 학교령 인가를 받았는데, 배동석은 학교가 발전하고 있던 이 시기의 봄 학기에 입학했다. 국어, 영어, 한문, 역사, 지리, 자연 과학, 번역, 음악, 도화, 체육, 궁술, 성경, 교회사 등이 학과 과목으로 있어, 동석은 막 시작 단계인 대구 계성학교보다 이곳에서 훨씬 많은 지식을 접할 수 있었다.

동석을 경신학교에 무사히 정착시켜 놓은 배성두는 한양을 떠나기에 앞서 봄볕이 내리쬐는 교정에 아들과 나란히 앉았다. 멀리 남산에는 붉은 철쭉과 노오란 개나리가 울긋불긋 어우러지고, 교사를 빙 둘러놓은 화단에도 막 봄꽃이 피어나고 있었다.

"동석아! 이제 집하고 이리도 멀리 떨어져 있는데, 니 잘 지낼 수 있 겠나? 어머이가 보고 싶어도 자주 올 수도 없고 말이다."

겨우내 아들의 옥살이에 가슴을 태운 배성두는 부쩍 주름진 얼굴에 봄 햇살을 가득 받으며, 막 피어나는 꽃과 같이 아름다운 아들을 눈부 시게 바라보았다.

"걱정 마이소, 아부지. 경신학교에서는 안의와 교장 선생님 말씀대 로 조용히 힘을 기를 거라예. 저도 경험했십니더. 힘도 없이 정의감 하 나 갖고 나서는 것이, 얼마나 힘든 일인가를 말입니더. 그라고 지난겨 울 대구에서 한 일은, 비록 실패는 했을 망정 후회 안 합니더."

성두는 이토록 곱게 생긴 아들의 어디에, 이런 결연한 의지가 숨어 있는지 알 수 없었다. 동석이 뿜어 내는 빛이 봄볕보다 더 반짝거리며 자신의 눈앞에 어른대는 것 같아 성두는 그만 현기증을 느꼈다. 그는 홀로 중얼거렸다.

"거룩함은 희생을 부른다……. 예수님이 피 흘리며 십자가에서 죽 으셨기에 그 거룩함이 세상을 거쳐 조선 땅에 사는 내 가슴에 찾아왔 듯, 꽃 같은 동석의 가슴에 그 거룩함을 위해 남모르는 십자가를 새겨 놓았다……. 저 아이는 거기서 빛을 뿜어내고 있다……."

봄날처럼 피어오르는 젊은 아들을 봄 교정에 남겨 둔 채, 성두는 김 해로 떠났다. 그는 아들을 계성학교로 처음 떠나보낼 때와 사뭇 다른 심정이었다. 단순한 이별에 대한 슬픔만이 아닌 비장한 각오가 그의 가슴을 파고들었다. 망국의 징조가 뚜렷한 이 가파른 시대에 아들을 버려두고 가는 듯해 그의 가슴이 서늘해 온 것이었다. 그러나 그는 알 고 있었다. 사람이 지닌 의지를 다 버린다는 것은, 하나이신 분께 온전 히 맡기는 일이라는 것을……. 한 사람의 아버지로서 외로움을 느끼 면서도, 이제야 육신의 아들인 동석을 온전히 하나님의 아들로 맡기 고 돌아서는 듯한 뿌듯함이 그의 마음속에 가득 차 왔다. 김해로 돌아가는 하나님의 늙은 종 앞에 그윽한 봄 햇살이 쏟아져 내렸다. 그래서 그는 작은 몸을 봄 햇살에 의지한 채 김해로 갔다.

경신학교 기숙사에 머물면서, 동석은 대구에 있을 때보다 훨씬 많은 세상 소식을 들을 수 있었다. 1905년 을사조약 후 곳곳에서 일어난 의병 항쟁은, 1907년 겨울에 마침 동석이 황태자 이은의 일본 압송에 분노해 학생 시위를 일으킨 때와 비슷한 시기에 절정에 이르렀다. 전국 각지에서 의병 만여 명이 양주에 집결해 '13도 창의군'을 결성하던 때였다. 각 지방이 창의 대장을 정해 24개 진을 편성하고, 1908년 1월에 한양 진공작전을 개시했다. 그러나 선발군 삼백 명이 일본군의 선제공격으로 서울 동대문 밖 근교에서 패하고, 결국 한양 진공작전은 실패로 끝나고 말았다.

바로 이런 전투가 일어난 지 얼마 지나지 않아 한양에서 신학문을 공부하던 젊은 학생들은, 언더우드 선교사가 가르친 신앙적 지침에도 불구하고 피를 부르는 의병 항쟁에 많은 관심을 두고 있었다. 그중 한 학생이 바로 대구 출신 이갑성이었다. 기숙사에서 이갑성과 같은 방을 쓰는 동석은 벌써부터 의협심이 강한 그에게 매료되어 있었다. 곱디고운 얼굴에 키가 장대 같은 동석을, 처음에는 무심히 대하던 이갑성도 그에게 차츰 친근감을 느꼈다. 두 젊은이가 처음 만난 1908년은 의병 항쟁이 가장 치열한 시기였다. 그해만 해도 전투는 이천 회에 이르렀으며, 참가한 연인원이 팔만 명이었다. 그중 전사자는 만 칠천여 명에 이르렀고, 부상자는 삼만 육천여 명에 달했다. 이런 전쟁 중에 모든 소식의 집결지인 수도 한양에서 공부하던 젊은이들의 귀에는 자고 일어나면 온통 전투 소식뿐이었다.

경신학교 안에서, 동석은 대구 계성학교에 다닐 당시 일본인을 혼내주는 데 앞장서다 옥고를 치른 학생 영웅으로 벌써 소문이 나 있었다. 그래서 언더우드 박사는 어쩔 수 없이 영남내기 키 큰 학생을 주시할 수밖에 없었다. 당시 조선에 있던 교육 기관은 거의 선교계에 의해 사립학교로 창설되었다. 학생들은 저물어 가는 조선 조정과 득세해 가는 일본 세력, 그리고 미신을 타파하고 참된 신앙과 학문을 전파하려는 이 선교계 세력의 삼각 지대에서 젊음의 공허한 공명을 울리고 있었다.

학교와 기숙사의 규율은 엄격했다. 정해진 규율에 따라 일사불란하게 행동하는 경신학교에 다니던 학생들은 저물어 가는 나라의 기운을 제각기 느끼며 비운의 시대에 성인으로 점점 성숙해 갔다. 포로로 잡힌 의병들은 일본군에 의해 공개 처형당했으며, 서대문 밖에 나가면 교수형을 당한 채 형틀에 매달린 시신들이 눈에 띄곤 했다. 그것은 조선인에 대한 일본 군대의 시위이자 협박이었다.

경신학교에서 생활한 지 이 년째에 접어들 무렵, 동석은 그동안 학과 수업을 열심히 배워 익힌 학문으로 무조건 혈기로 끓어오르던 자신의 젊은 가슴을 적당히 식혔다. 학교 안에는 외국인 교사로 언더우드 말고 또 다른 미국인 한 명이 있었는데, 동석은 그가 지난날 자신의 아버지 배성두와 짧고도 깊은 인연을 지닌 선교사 알렌인 것은 알지 못했다.

1909년, 가을이 깊어 갔다. 뜻있는 조선 백성이라면, 나라의 운명이 바람 앞 촛불이라는 것쯤은 모두 알고 있었다. 그즈음 배동석과 이갑성은 부쩍 청년티가 났고, 그들의 몸과 마음은 이제 한 사람의 독립인으로 여물어 있었다. 갑성과 함께 생활하는 동안, 동석은 함부로 나서지 않는 갑성의 영민함에 영향을 받아 때때로 솟아오르는 자신의 분기를 다스리는 침착함을 기를 수 있었다. 반면 갑성은 동석의 순수한 열정을 자신도 모르게 닮아 갔다. 그해 가을에 두 젊은이는 이미 소등이 된 한옥 기숙사 어두운 방에 누워, 이듬해 졸업을 앞두고 자신들의 진로를 이야기하고 있었다.

"내는 고향 근처로 내려가 선생이 될란다. 아직도 서당이나 드나드는 것이 공부의 다인 줄 아는 사람들이 많대이. 내가 여기서 공부를 하고 보니, 아는 것이 힘인기라. 내 아부지는 평생 약방 서생으로 시골구석에서 약재나 썰었지만, 아부지 말씀이 하나도 안 틀린기라. 힘을 쓰기에 앞서 기도하라 안 하셨나. 그리고 학문을 통해 안으로 힘을 길러야 밖으로 쓰는 힘이 제대로 분출된다고 가르쳐 주신기라. 나라를 구할 힘은 나 혼자만으로 되는 게 아니고, 할 수 있다면 여러 사람들 힘을 합쳐야 한대이. 난 그렇게 힘을 모을란다. 학생들을 가르치면서 말이다."

늦가을 달빛이 들창으로 교교히 스며들어 동석의 기름한 얼굴을 비추고 지나갔다. 눈을 반쯤 감고 동석의 이야기를 듣던 갑성이 동석을 향해 슬며시 돌아누웠다.

"내는 어째야 할지 모리겠다. 내 맘 같아서는 조선 팔도 돌아다니며 세상도 살피고, 이제 공부도 좀 했으니 왜놈들의 등쌀에 요즘 좀 시들해지긴 했어도 그 의병이란 것에 들어가 한번 힘을 써 보고 싶다만, 집에선 내년 봄에 장가를 들라고 난리 아니가. 처자가 생기면 팔도를 돌아다니기는 다 틀렸재. 니는 집에서 장가들라는 말 없나?"

동석은 자신도 모르게 웃음을 머금었다.

"뭐 그런 소리 하긴 하더라. 하지만 내가 아직 싫다고 했다. 내 나이 이제 열아홉인데, 뭐 그리 서둘 것 있나. 하지만 갑성이 니는 내보다 두 살이나 위 아니가? 사내대장부가 벌써 스무 살이 넘었는데, 여자를 몰라서야 되겠나? 마, 장가가 버려라. 안 좋나? 밤마다 보듬고 잘 야들 야들한 여자가 늘 옆에 있다면 말이다."

진지하게 말을 받던 동석이 점점 장난조가 되자, 갑성은 다부지게 여문 몸을 휙 일으켜 동석을 걷어차려는 듯 한발을 높이 치켜들었다.

"와 그러는데? 니 좋아서 그러지?"

어느새 두 젊은이는 한데 엉클어져 방 안을 뒹굴며 낄낄대었다. 그때였다. 장지문 밖에 웬 그림자가 어른거렸다. 분명 취침 시간 점검을 나온 숙직 교사일 거라는 생각에, 두 젊은이는 얼른 떨어져 누워 숨을 골랐다. 그러나 문밖에서 의외의 목소리가 들려왔다.

"너희들 자니? 아직 안 자면 나 좀 들어가도 되지?"

귀에 익숙한 그 목소리는 학교 안에서 소식통으로 알려진 김학천이었다. 그는 대답을 기다릴 것도 없다는 듯 방문을 후다닥 열고 안으로 들어섰다.

"무신 일 있나? 니 얼굴에 땀이 번들번들하대이."

외출하고 돌아온 듯 두루마기 차림을 한 김학천을 동석은 바라보았다. 기숙사에 사는 학생은 대부분 지방 학생이었다. 그러나 한양이 집이더라도 더러 기숙사 생활을 하는 학생이 있었는데, 학천이 바로 그런 경우였다. 전에 중국을 드나들던 역관 아들인 학천은, 학교에서 가까운 안국동 근처의 집에 다녀오는 날이면 세상 소식을 물어다 주곤 했다.

"니 또 무신 얘기를 들은 모양이구만. 퍼뜩 말해 보거래이."

그들과 마주 앉는 약골의 한양 청년은 갑성의 재촉에 침을 삼켰다. 벌써부터 의협심 강하기로 소문이 나 은근히 학생들 사이에 영웅시 되고 있는 두 영남내기 배동석과 이갑성을, 학천은 흠모하는 눈으로 바라보고 있던 터였다. 그래서 언제나 새로운 소식을 듣는 날이면, 그는 이들이 있는 방부터 찾아오곤 했다. 그가 들려주는 세상 이야기는 늘 분통 터지는 소식뿐이었다. 시대가 그런 탓이기도 했다. 며칠 전에도 의병을 잡겠다고 일본군이 전라도 지방에 대토벌 작전을 세워 의병이 근거지로 삼을 만한 촌락과 가옥을 닥치는 대로 방화, 약탈, 폭행하고 있다는 소식을 전해 들었다. 그 소식에 이들은 뻗쳐 오는 분노를 참을 길 없어 기숙사가 떠나가라 소리를 쳤다.

또 얼마나 분통 터지는 소식을 듣고 왔기에 이 밤중에 찾아온 것일까 싶어, 동석과 갑성은 어둠 속에서 조금은 원망스런 눈빛으로 학천을 바라보았다. 그러나 희미한 달빛에 비친 학천의 얼굴에 혼곤한 미소가 머금어져 있는 것이 아닌가.

"오늘은 기막히게 통쾌한 소식을 가지고 왔다."

학천은 못 참겠다는 듯 '으허허허' 하고 한바탕 웃어 제꼈다. 평소에 웃음소리마저 얍삽한데다 자그마한 체격에 어울릴 만큼 소심하던 학천을 떠올리며, 동석과 갑성은 눈을 휘둥그레 뜨고 서로 마주 보았다.

"도대체 무신 일인데, 이 아가 이리 웃나? 어서 말해 보거래이!"

다그치는 갑성의 목소리에 학천이 무릎걸음으로 한 걸음 다가앉았다.

"너희들 그 원수 같은 일본 우두머리 이토 통감 알지? 그놈이 죽었단다."

"뭐! 어떻게⋯⋯?"

동석은 기쁨보다 의문이 앞서 물었다.

"황해도 해주 출신 안 씨 성을 가진 사람이 죽였다 하더라. 안중근이라고⋯⋯. 만주 하얼빈 역에서 총을 품고 있다가, 그놈을 한방에 쏴 죽였단다. 그리고 그 안 의사(義士)는⋯⋯ 벌써 사람들은, 그 안 씨를 의사라고 부른단다. 세상에 의로운 일을 했다고 말이다. 아무튼 안 의사는 그 자리에서 체포당했다고 하더라. 자기 목숨 내놓고 나라를 구하려고 한 거지. 이런 사람이 우리 중에도 나와야 하지 않겠어? 너희 갑성이와 동석이 말이다. 우리 경신학교에서 너희들만큼 학업에도 열심이고, 이 잘못된 세상을 통탄해하는 사람이 또 누가 있니? 나는 그 소식을 좀더 자세히 알아 가지고 오려다 이렇게 늦었다. 너희들에게 제일 먼저 이 통쾌한 소식을 전해 주려고 말이다."

학천이 어둠 속에서 희미하게 웃음 지었다. 동석은 갑자기 자신의 가슴이 쿵쿵 뛰는 소리를 들었다. 그동안 애써 학문과 기도로 다스려 온 열정이 공중으로 뻗쳐오르는 듯한 느낌을 가눌 수가 없어, 그는 가쁘게 숨을 몰아쉬기 시작했다. 그것은 갑성도 마찬가지였다.

"그 안 씨란 사람 참말로 멋지대이. 몇 살이나 먹은 사람이라 카드나?"

흥분으로 떨려 오는 갑성의 목소리에 학천은 신이 난 듯 대답했다.

"뭐 서른도 못 되었다 하더라. 신학문은 아니라도 공부도 할 만큼은 했다 하던데…… 못 배운 사람만 무식하게 앞장서 싸우던 시대는 이제 지났단다. 배운 사람이 영리한 머리로 정면대결을 해야 할 시대가 왔다는 것을, 안 의사가 표본으로 보여 줬다고 사람들이 그러더라."

"하긴 그렇다. 이제까지 학문깨나 했다는 양반 세력은 못 배운 백성 위에서 조종만 해 오지 않았나? 이제 중인이나 평민도 학문을 깨치는 시대인기라. 체통으로 자리만 지키는 양반들보다 오히려 행동력 있는 평민들이 배움으로 부딪쳐 가야 하는 세상이 온기다."

동석은 그런 말들이 자신의 어디에서 나오는지 알 수 없었다. 그는 침착하고 나직한 자신의 목소리에 스스로 귀 기울였다. 동석의 눈에 엷은 물기가 어렸다.

"니는 양반 자손이라 카지 않았나? 너그 증조할아버지가 충청도 관찰사를 지낸 어른이라며?"

왠지 비아냥거리는 듯한 갑성의 말에 동석은 조금 비위가 틀렸다.

"양반은 무신 양반? 내는 다만 집안에 전해 내려오는 얘기를 들었을 뿐이다. 세월 속에 내 할아부지는 천민처럼, 평민처럼 살다 갔고 내 아부지도 그저 약방을 지키는 중인으로 살았는기라. 혈통이 무신 소용이고? 양반 혈통은 무시하더라도 천주학 때문에 벼슬도 버렸다는 그 신앙심만큼은, 내 아부지를 통해 나한테 계승됐는지도 모리겠다. 옳은 뜻이라면 목숨을 내놓아도 아깝지 않을 것 같은 이런 맘이 드는 것 말이다."

갑성에게 대꾸한다고 시작한 말이었는데, 동석은 뭔지 울컥한 것이 솟아올라 견딜 수 없었다. 그것은 단지 이 비운의 시대에 대한 분노도 아니었고, 그렇다고 하얼빈에서 이토 통감을 쏘아 죽였다는 안 씨 성을 가진 자에 대한 통쾌함과 존경심만도 아니었다. 그동안 응축된 동석 자신의 열정을 일깨우는 각성의 바람이었다.

학천이 돌아가고 나서, 동석은 갑성과 나란히 누워 잠을 청했다. 갑성은 잠을 이루지 못하고 뭔가 골똘히 생각하는 눈치였으나, 밤이 깊자 코를 골며 그만 잠들었다. 그러나 동석은 잠을 이루지 못하고 뒤척이다 새벽이 가까워 올 무렵 기숙사를 가만히 빠져나왔다. 그는 자신도 모르게 교사 옆에 있는 예배당으로 가고 있었다. 동쪽 하늘 끝이 붉은 댕기 자락 같은 한 줄기 빛을 머금고 있을 뿐, 사방은 아직 어두웠다.

예배당 앞에 다다랐을 때, 어스름 속에 우뚝 서 있는 한 사람이 있었다. 늦가을 차가운 바람 속에 동저고리 바람으로 허겁지겁 달려오는 동석을 물끄러미 바라보고 있던 사람은, 다름 아닌 선교사 알렌이었다. 미국 북장로교회 선교사로 조선 땅에 가장 먼저 들어온 인물이었다. 그는 선교사인 동시에 의사로서 경신학교 학생들에게 과학과 교회사를 가르치고 있었다.

희미한 새벽빛 속에서, 예사롭지 않은 동석의 거동을 주시하던 알렌은 예배당 앞에 다다른 동석을 가만히 바라보았다. 동석의 훤칠한 키는 서양인 알렌의 키에 좀 못 미쳤지만, 서로 눈을 마주할 만은 했다.

"학생! 무슨 일이 있나요? 이 새벽에……."

온화한 알렌의 표정에 동석은 뛰는 가슴을 애써 가라앉혔다.

"선생님! 어젯밤에 저는 황해도 출신 안 씨 성을 가진 사람이 이토 통감을 쏴 죽였다는 소식을 전해 들었습니다."

"그 소식이라면, 나도 들었습니다. 벌써 학생들에게 그 말이 돌았군요."

"선생님! 저는 이토 통감이 죽었다는 통쾌함 때문에 이리 흥분하고 있는 것은 아닙니더. 그보다……그보다는 그 안 씨라는 사람이 자기가 체포될 것을 뻔히 알면서도 그렇게 과감한 일을 했다는 겁니더. 그 자리에서 금방 죽을 것도 아닌, 체포되면 온갖 고문을 당하고 고생하다가, 결국 죽게 될 것을 알면서도 그 모진 길을 택했다는 것입니더. 왜 그런지…… 왜 그런지 말입니더. 제가…… 저는……."

말을 잇지 못하는 동석을 물끄러미 바라보았지만, 알렌은 이 청년의 아버지를 오래전에 두 번씩이나 만난 적이 있다는 사실을 알지 못했다. 갑신정변이 일어난 밤, 모여 앉은 조선 의원들 앞에서 자객이 찌른 칼에 맞은 민영익 대감을 서양 의술로 수술해 동석의 아버지 배성두를 감동케 한 알렌이었다. 동석도 날카로운 재주와 따스한 눈빛으로 아버지 배동석의 마음에 잊혀지지 않고 기억된 사람이, 바로 알렌이라는 것을 알지 못했다. 더구나 알렌은 인생의 무상함에 바다에 빠져 목숨을 버리려 한 배성두를 우연히 발견해 신앙을 심어 준 사람이었다. 그러나 그들은 그런 사실을 서로 모르고 있었다.

뭔가 벅차게 예시되는 동석의 운명 앞에, 그들은 새벽 예배당 앞에서 그렇게 조우했다. 알렌은 동석을 자세히 바라보고 나서야, 그가 학생들 사이에 소문이 분분한 대구 계성학교에서 학생 시위를 주동한 배동석임을 알아차렸다.

"무슨 말입니까? 학생! 안중근이란 사람이 자기 목숨이 어떻게 될 것을 뻔히 알고도 행한 일이 학생과 무슨 연관이라도?"

"아닙니더. 그게 아니라…… 뭔가 저도 그런 삶을 살아야 할 것 같은 생각에 가슴이 벅차고 두렵습니더. 그래서 이렇게 달려온 것입니더."

알렌은 미소를 조용히 머금었다.

"학생은 부르심을 들었군요. 우리 새벽 공기가 찬데 예배당으로 들어갑시다."

동석은 예배당 문을 열고 안으로 들어서는 알렌의 뒤를 따랐다. 그는 추운 줄도 모른 채 새벽 공기를 가르며 달려왔으나, 텅 빈 예배당으로 들어서자 오히려 선뜻한 공기가 땀에 젖은 목덜미를 가로질렀다.

알렌은 동석을 예배당 마룻바닥에 앉히고 손을 가만히 잡았다.

"학생! 그대는 참으로 어려운 시대를 살아가는 젊은이입니다. 또한 할 일이 많은 사람이기도 합니다. 문맹 천지인 이 조선 땅에서 신학문을 배운다는 것은, 먼저 깨달은 신앙인으로 산다는 것은, 어둠에 빛을 뿌려야 하는 어려운 사명을 맡은 것입니다. 그러나 두려워하지 마십시오. 하나님은 우리를 어디로 인도하실지 모릅니다. 다만 그분의 손에 맡기는 평화를 가지십시오."

알렌의 체온이 동석의 손에 따스하게 스며들었다. 동석은 자신의 깊은 마음을 감지하는 사람이 있다는 안도감에 감싸여 '훅' 하고 깊은 숨을 내쉬었다.

"선생님! 지금 이 조선엔 살아나기 위한 두 갈래의 흐름이 지나고 있는 듯합니다. 하나는 우직하게 맞대들어 무조건 힘으로 승리를 거두자는 사람들이고, 다른 하나는 우선 학문으로 힘을 길러 실력을 양성해 승리하자는 사람들입니다. 저는 처음엔 힘으로 승리를 꾀하는 것이 옳다고 생각한 사람이었십니다. 그래서 전에 다니던 대구 계성학교에서 한바탕 그런 일을 벌이다가 퇴학을 당하고 여기로 전학 왔십니다. 이곳으로 오며 저는 힘보다 실력을 길러야 한다고 생각을 바꾸었십니다. 그리고 여기 경신학교에서 잠잠히 공부해 왔십니다. 그런데 오늘 안 씨 성을 가진 사람이 배움도 남 못지않은데, 목숨을 내놓고 힘으로 승리를 꾀했다는 사실에 가슴이 뛰는 것입니다. 왜 그런지 지도 그런 사람으로 살아야 할 것 같은 운명의 예감에서 말입니다."

고요한 새벽 예배당을 울리는 젊은 청년의 목소리를 들으며, 알렌역시 뭔가 신의 예시가 자신과 동석을 휩싸고 있는 듯해 가슴이 떨렸다.

"학생! 어린 학생이 세상을 보는 눈이 보통이 아니군요. 사실 이 조선 땅에는, 그 두 가지 흐름의 구국 계몽 운동이 벌어지고 있답니다. 그러나 힘을 기르자는 사람들은 일본인에 맞서다가 결국 붙잡혀 가고, 또 실력을 길러 독립을 도모하자는 자들은 자기들도 모르게 친일 세력으로 변해 가고 있습니다. 힘의 원리를 주장하는 사람들은 '신민회'라는 것을 조직했으나 일본 군대의 탄압을 받고 있습니다. 또 실력을 길러 독립하자던 사람들은 '일진회'라는 것을 만들기는 했는데, 결국 일본 정부를 돕는 꼴이 되고 말았습니다. 학생은 마치 이런 세상을 훤히 보듯이 지금 새로운 체제의 항거 세력을 발견한 것 같습니다. 그러나 두려워 마십시오. 우리 곁에는 항상 그분이 계십니다. 혹 학생을 하나님이 택하셨다면, 그분은 반드시 도우실 것입니다. 두려움은 그분과 함께 가지 않고, 나 홀로 가려할 때 생기는 것입니다."

동석은 숙인 고개를 들어 알렌을 바라보았다. 어느새 예배당 유리창으로 새벽빛이 환하게 비춰 들었다. 빛이 어리는 알렌의 파란 눈이 조선의 한 청년을 평화롭게 바라보며 미소 지었다. 그 파란 눈빛이 오래 전에 자신의 아버지 배성두의 가슴에도 똑같이 평화로운 빛을 심어 주었다는 것을 알지 못한 채, 동석은 가슴을 스르르 적셔 오는 혼곤함에 젖어 들었다.

"학교를 졸업하기 전까지는, 학생으로서 임무에만 충실하십시오. 그리고 그다음은 무엇을 해야 할지 하나님께서 가르쳐 주실 것입니다."

동석의 손을 한 번 더 힘주어 잡은 뒤, 알렌은 가만히 일어서 예배당을 나갔다.

홀로 앉은 동석은 밝아 오는 빛 속에서 예배당 정면에 있는 나무 십자가를 바라보았다. 그는 아침처럼 스스로 밝아 오는 빛이 자신 안에서 꿈틀거리는 것을 느꼈다.

圖 22

믿음으로 맺어진 청춘

1910년 봄에 경신학교를 졸업한 동석은, 곧바로 전라도 목포에 있는 유일학교에 영어 교사로 부임했다. 경신학교에서 공부하는 동안, 그의 영어 실력은 교사들과 학생들 사이에서 이미 인정된 바였다. 동석은 본래 김해 땅에 아버지 배성두가 세운 합성학교의 교사로 일하기를 희망했으나, 김해보다 도시인 목포에서 먼저 제의가 들어왔다.

그가 젊은 교사로서 직분을 차분히 다져 가던 그해 5월, 일본은 육군 대신 데라우치 마사타케를 새 통감으로 임명했다. 데라우치 마사타케는 헌병 이천여 명을 조선으로 데리고 들어와 경찰 업무를 담당케 했다. 이때 이미 일본은 정치적·군사적·경제적으로 조선을 완전히 장악하고 있는 실정이었다.

어쩔 수 없이 일본의 손에 휘둘리던 조선 땅은, 드디어 8월 29일에 한일병합을 맞게 되었다. 황제에게 억지로 양위의 조서를 내리도록 강요했던 것이다.

이 서러운 소식은 조선 팔도를 눈물로 물들였고, 김해 동상 마을로 돌아와 여름 방학을 보내고 돌아가려던 동석의 귀에도 들려왔다. 아버지 성두와 동석, 창석, 그리고 샛강 가에 사는 정명의 남편 이영옥까지 달려와, 여름 말미에 혼곤히 울어 대는 매미 울음을 들으며 모두 비탄에 젖어 있었다.

"야금야금 먹어 들어올 때부터 끝내 이렇게 될 줄……왜놈들 속셈은 알았지만, 이제 우리는 어째야 합니꺼? 예? 아부지! 뭐라 말씀 좀 해 보이소."

성두를 바라보며 끝내 불거지는 동석의 분기 어린 목소리에 이영옥이 눈을 빛냈다.

"참말입니더. 아버님! 저희가 이렇게 가만히 있어도 되는 깁니꺼?"

이영옥이 입을 조심스럽게 떼었지만, 성두는 눈만 그저 지그시 감고 있을 뿐이었다. 창석은 세 사람의 눈치만 슬그머니 살피다가 힘없이 고개를 떨어뜨렸다. 삼복이 다 지났지만 세상이 잠시 멈춘 듯 바람 한 점 불지 않는 가운데, 네 사람의 표정도 어둡게 멈춰 있었다. 하릴없이 울어 대는 매미 소리만이 그들 사이를 흔들었다. 성두가 주르르 흘러내리는 목덜미의 땀을 닦아 내다 체념한 듯한 표정으로 곰방대를 찾아 들었다.

"퍼뜩 점심이나 차려 온나."

부엌에 대고 소리치는 그의 목젖에 가래가 끓어올랐다.

"임금님을 몰아내고 나라를 빼앗긴 내 분함이, 와 너그 젊은이들만 못하겠노. 그러나 한두 사람 힘으로 지금 이 일을 돌이킬 수가 없다. 공연히 젊은 혈기에 퍼떡거리지 말고, 너그들 일이나 잘하거래이. 동석이는 곧 목포로 돌아가 선생질이나 잘하고, 내년쯤엔 장가들 생각도 좀 하거래이. 그렇잖아도 함안 땅 천석꾼 집안이라는 김 씨 댁에서 혼삿말을 전해 오지 않았나. 부잣집이기도 하지만 무엇보다도 우리 같은 예수교 집안이라니 놓칠 자리가 아닌기라. 처자도 천자문을 뗐다 하더라. 그만하면 배움도 니하고 못 맞출 바도 아니지 않나."

성두의 나지막한 목소리에, 동석은 나라를 잃은 분노와는 또 다른 더운 기운이 뒷목에서 달아오르는 것을 느꼈다.

"창석이는 우선 약방 일이나 잘하거라. 차츰 네가 맡아 꾸려 나갈 약방이니, 게으름 피우지 말고 그 일에나 전념하거래이. 그라고 이 서방은 이제 처자가 딸린 몸 아니가? 함부로 행동하면 안 된대이. 니는 다리가 성치 않아 어디서 무슨 일을 저지르면, 사람들이 금방 기억하게 된대이. 각별히 행동 조심하거래이. 이 세상의 모든 일엔 하나님 뜻이 있는 법, 우리가 할 일은 각자 맡은 일에 충실하며 하나님 잘 섬기는 일뿐인기라."

성두는 막 곰방대에 불을 붙이려다 한쪽으로 밀어 놓았다. 예수를 섬기기로 결심한 날부터 간간히 피워 오던 담배를 뚝 끊었지만, 요 며칠 들려오는 나라 소식에 하도 속이 상해 벽장 깊이 넣어 놓은 곰방대를 다시 찾아 들었다. 그러나 그는 가만히 생각하자니 아들과 사위 앞에서 할 짓이 아닌 듯했다.

점심상을 든 점순이 요즘 들어 부쩍 불은 몸을 뒤뚱거리며 부엌에서 나왔다. 그 뒤로 물 양푼을 든 천례가 촐랑촐랑 걸어 나왔다. 열네 살이 되어 여자티가 좀 나긴 했지만, 솜털이 보소소한 그 모습은 앳되기만 했다. 세상에 무슨 일이 있냐는 듯 천진하기만 한 천례의 표정을 보았을 때서야, 툇마루에서 침통해하던 네 사람의 얼굴에 엷은 웃음기가 어렸다. 이제 일흔한 살이 된 성두는 어린 딸을 보며 웃는다는 것이 그만 눈에 눈물이 고여 왔다.

"얘들아! 세상에 전쟁이 난다고 산천에 꽃이 피지 않는 것을 본 적 있더나? 아니면 강물이 흐르기를 멈춘 것을 본 적이 있드나? 조선 땅을 왜놈들이 먹어 들어갔어도, 우리 천례는 저리 이쁘게 크고 너희들도 더 어른이 되어 가지 않나? 때를 만나면 너희의 분함을 마음껏 터트릴 날이 있을 거구마. 그러니 우리 우선은 밥부터 먹자. 자 여기 밥상이나 내려놓으소."

상 내릴 자리를 내주며 성두는 뒷걸음으로 물러나 앉았다. 밥상이 놓이자 상에 묵묵히 둘러앉은 네 사람은 숟가락질을 시작했고, 한일병합의 서러움은 그들의 입 안에서 밥알과 함께 잘근잘근 씹혔다. 동석은 자신의 목덜미를 덥힌 함안 규수와의 혼삿말을 벌써 잊은 채 다시 분노를 씹고 있었다.

김해 동상 마을 약방집 마당에는, 그 여름 매미가 나랏일을 아는 듯 울어 댔다. 그리고 더위에도 아랑곳없이 팔랑거리며 마당을 뛰어다니던 천례의 붉은 치마폭 사이로 바람이 한 줄기 지나갔다.

경술년(1910년)의 한일병합이 있은 그 며칠 뒤, 동석은 유일학교의 개학에 맞춰 목포로 돌아왔다. 목포 땅은 김해보다 훨씬 더 나라 잃은 슬픔으로 술렁거렸지만, 재빠르게 세태에 가담해 친일 행보를 디딘 인사들도 있었다. 열 명 남짓한 유일학교 교사들 가운데서도 슬픔을 고수하려는 자들과 세태에 적응하려는 자들이 구분되었다.

조선이 일본 식민지가 되자, 구국 염원을 불태우던 조선 인사들의 두 갈래 흐름에는 변화가 일어났다. 독립을 우선시하며 힘의 논리를 주장하던 신민회 계통에 속한 인사는 대부분 중국으로 망명해 독립운동의 발판을 마련하고자 하였고, 도산 안창호를 중심으로 한 실력 양성파는 미국으로 망명해 훗날 흥사단 조직의 기반을 만들었다.

조선 땅을 빠져나가는 구국 세력들 뒤에서, 동석은 한반도 남쪽 항구 초야에 묻힌 이름 없는 교사로 말없이 살아갔다. 그러나 그의 가슴속에서는 늘 불씨가 타고 있었으며, 그것은 그의 내부를 벌겋게 밝히고 있었다.

1911년에 국내에서 독립을 꾀하던 인사들이 두 파로 나뉘어 중국이나 미국 등으로 거의 망명한 뒤, 아직 조선 땅에 남아 있는 나머지 인사들을 잡아들일 계획으로 일본은 '데라우치 총독 암살미수사건'을 조작했다. 이 때문에 인사 백오 명이 유죄 판결을 받았는데, 이 '105인 사건'은 목포에 있던 배동석을 다시 한 번 흔들어 놓기에 충분했다. 목포 시내 유일학교 근처에서, 홀로 하숙 생활을 하던 그는 썰렁한 방에 누워 한숨을 삼켰다. 주변 동료 교사들은 아무도 믿을 수 없었다. 그들이 독립 욕구를 갖고 있는 사람인지, 아니면 친일을 하는 사람인지 겉으로는 나타나지 않았다. 섣불리 자신의 마음을 표현하지 못하는 동석 역시, 동료들 눈에는 친일이나 하면서 배부르게 살고 싶어 하는 속 없는 젊은이로 비춰질지도 모를 일이었다.

그는 문득 너무 외로웠다. 학생 시절 기숙사에서 생활할 때와 달리 홀로 지내는 하숙 생활이 벌써 이 년째로 접어들자, 그는 학생들에게 신학문을 전파해 나라의 힘을 기르겠다는 의욕도 무력하게 가라앉는 것 같았다. 더구나 이제 이 땅에 남은 몇 안 되는 독립 인사들마저 사전에 치밀히 조작된 암살미수사건에 연루해 잡아들이고 있었다. 동석은 왜 그런지 혼자 남은 것 같은 쓸쓸한 감정에 젖어 하숙방에 누워 있었다. 이제 좀 있으면 겨울 방학이었다. 어서 방학을 맞아 김해로 돌아가고 싶었다. 그래도 거기에 가면 늘 따스한 어머니와 아버지, 그리고 동생들이 있었다. 무엇보다 동상 마을 배 의원 집 장남인 것을 알아보고 꾸벅 절을 하는 동네 사람들이 있었다. 그는 갑자기 그 사람들이 그리웠다.

김해에 갈 때마다 함안 땅 규수를 들먹이던 어머니 하나에게 결혼할 생각이 없다며 퉁박했는데, 이제는 그도 그럴 일이 아닌 듯했다. 동석은 이번 겨울 방학에 고향에 가면 결혼 의사를 밝혀야겠다고 생각했다. 그동안 이성에 대해 생각하지 않은 것은 아니었다. 동료 교사들 중에도 여성이 있었고, 훤칠한 키에 미남인 동석을 예사롭지 않게 바라보는 눈빛을 한두 번 느끼기도 했다. 또 여기 하숙집 딸만 해도 동석의 식사 시중을 들며 유난히 여자티를 내는 것을 동석이 모르는 바 아니었다. 어디 그뿐인가. 동료들과 어울려 한두 번 가 본 유곽에는 분 냄새를 피우는 고운 여성들이 넘쳐났다. 그들은 하나같이 동석의 청춘을 살며시 흔들었지만, 그의 가슴에 심겨진 견고한 그 무엇을 감히 침범하지 못했다. 그것은 딱히 독립 일념이라기보다 아버지 배성두에게서 내려온, 아니면 전설처럼 증조부 배수우에게서 내려온 진리의 빛인 듯도 싶었다. 함부로 살면 안 되는, 동석 자신이 아무리 끓는 청춘에 이르렀다고 해도 무방비로 여성에게 기울어지지 않는 어떤 고고함이었다. 그러나 이 겨울에 그는 부쩍 흔들리고 있었다.

방학을 맞아 김해에 돌아간 동석은 아버지에게 혼인 의사를 밝혔다. 동석이 결혼할 뜻을 비치자 일은 일사천리로 진행되었다. 동석과 동갑인 신부감은 그만하면 나이를 너무 먹은 노처녀라 신부집에서 혼사를 서둘렀다.

그해 겨울 동석은 아버지 성두와 함께 함안 칠북면 김 씨 댁을 찾았다. 겨울날, 흰 눈을 지붕에 인 인근 초가집에 비해 과연 천석꾼이라는 김 씨 댁은 추녀 끝이 날아갈 듯한 기와지붕이었다. 그 댁도 인근 예수쟁이들의 집회를 위해 대문은 거의 개방 상태였다. 동석과 성두는 들어서면서 행랑에 사람들이 많이 들어앉은 기척을 느낄 수 있었다. 행랑아범의 안내로 사랑방에 앉은 이들 부자 앞에 집 주인 김세민이 탕건을 쓰고 나타났다. 윤택한 생활을 내보이듯 그의 비단 마고자에는 커다란 호박 단추가 달려 있었다. 별로 크지 않은 키에 어깨가 벌어진 것이, 그는 보통 다부진 사람으로 보이질 않았다. 그에 비하면 배성두는 작은 체구에 약골인데다 이제는 일흔을 넘긴 늙은이였다.

그들은 먼저 미래의 사돈끼리 예를 갖춰 맞절을 했다. 그리고 자리에 앉은 김세민을 향해 동석이 절을 올렸다. 양복 차림의 키가 큰 젊은이가 덥석 무릎과 허리를 꺾어 절을 하자, 김세민은 흡족한 미소를 띠었다. 그는 그동안 딸을 노처녀로 늙히며 기다린 보람이 있다 싶었다. 도저히 가까운 곳에서 자신의 딸 복남에게 견줄 만한 혼처를 찾기 어렵던 터에, 같이 예수를 믿는 사람 중 누군가가 김해교회의 배성두의 아들을 말했던 것이다. 교회를 세운 집안이라고 하나 그래도 덥석 혼삿말을 넣을 수 없어 미리 알아보다, 김세민은 동석이 대구 계성학교 시절 학생 주동자로 감옥살이를 했다는 말을 전해 들었다. 사실 김세민은 그 일이 맘에 걸렸다. 곱디곱게 기른 딸인데 공연히 불쑥거리는 성정을 지닌 사위를 보았다가 딸의 팔자만 세게 만드는 것은 아닌가 싶었다. 그러나 그 일이 있은 것도 벌써 여러 해 전이고, 목포에서 교편을 잡고 착실히 살고 있다는 말에 작년 여름 매파를 보냈던 것이다.

김세민은 절을 한 후 막 무릎을 꿇고 앉는 동석을 바라보며 미소를 흘렸다. 그리고 그는 배성두에게 다정히 말을 건넸다.

"추위가 심한데, 오시느라 고생이 많았십니더."

목소리마저 우렁찬 김세민의 기세에 좀 눌리는 듯했지만, 성두는 아들 가진 유세를 한번 해 보고 싶어 허리를 곧게 펴고 앉아 일부러 먼저 호탕하게 웃었다.

"무슨 말씀을요. 혼인이란 인륜지대사인데 집안에 새 사람을 들이려면, 이 정도 고생쯤은 당연히 해야지요."

성두를 따라 껄껄 웃어 제끼는 김세민은 복남을 맏딸로 둔 만큼 아직 40대였다. 사실 성두는 그의 아버지뻘이나 다름없었다. 김세민의 턱 밑에 풍성한 검은 수염을 보며, 성두는 문득 자신의 나이를 실감했다. 먼저 낳은 자식들이 그렇게 죽지만 않았어도 김세민만 한 아들은 있고도 남았다.

그들이 사랑방 안에서 담소하고 있을 때, 문밖에서 기척이 났다. 장지문이 조용히 열리고 커다란 소반에 정성껏 차린 밥상을, 찬모인 듯한 여인이 들여놓았다. 그리고 그 뒤를 따라 쟁반에 놋 주전자를 얹어 들고 오는 남색 치마폭이 보였다. 버선코를 치맛자락 끝으로 애써 감추는 조심스런 태도가 찬모의 발걸음과 짐짓 달랐다. 긴 댕기머리를 등 뒤로 늘인 아리따운 자태가 동석의 눈에 들어왔다. 막 해지기 시작하여 밝혀 놓은 호롱불이 그녀의 치맛자락이 일구는 실바람에 깜박 흔들렸다. 동석은 괜히 숨이 헉 막혔다. 딱히 곱다 할 구석도 그렇다고 밉다 할 구석도 없어 보이는 처녀였지만, 고개를 살포시 숙인 자태가 왜 그런지 동석의 마음을 사로잡았다. 동료 여선생들보다 확실히 나긋했고, 하숙집 딸보다 품위가 있었다. 그리고 유곽에서 스친 여인들 같이 향기는 없었지만, 왜 그런지 편안한 느낌을 갖게 하는 여자였다.

복남이 동석의 눈길을 의식한 듯 볼을 살포시 붉히는 것이 호롱불 앞에서도 감지되었다. 그녀는 물 쟁반을 소리나지 않게 소반 옆에 내려놓고 뒷걸음질로 물러나 방을 나갔다.

"어떠십니꺼? 우리 딸이 밉지나 않으신지?"

김세민이 밥상 앞에 앉아 입을 떼자, 배성두는 대답에 앞서 손사래부터 쳤다.

"무슨 말씀을요. 따님을 참 조신하게 잘 기르셨습니더. 우리 동석이와 동갑이라면, 처자치고는 나이를 먹었어도 아직 앳되기만 합니더."

김세민은 처자치고는 나이를 먹었다는 배성두가 한 말에 언뜻 마음이 편치 않았지만, 사실 틀린 말은 아니라 그만 허허 웃으며 대답했다.

"제 친어미가 저 애 아홉 살 때, 둘째 딸을 낳고 나서 세상을 뜨고 말았십니더. 어찌 보면 어미 없이 자란 것이 좀 딱하기도 합니더. 동생들에게는 저 애가 어미나 다름없기도 합니다만……."

"예, 그 일에 대해 들은 바 있습니더. 저희는 처자가 동생들에게 어미 노릇을 한다는 것을 오히려 높이 샀습니더. 아시다시피 저희 집안은 교회를 세운 집안이라 넉넉치는 않아도 살림이 좀 큽니더. 그래서 마음이 넉넉한 처자를 며느리로 들이고 싶었답니더."

두 어른이 나누는 대화를 들으며 숟가락질을 묵묵히 하던 동석은, 좀 전에 방을 나간 복남의 치맛자락 스치는 소리가 귀에 어른어른 들리는 듯해 마음이 공연히 심란했다.

"뭐, 미룰 거 있습니꺼? 아이들 나이도 있고 하니, 봄이 되는대로 서두르지요."

김세민은 아예 못을 박아 놓겠다는 심산인 듯했다. 사실 배성두도 이 혼사를 거절하거나 미룰 이유가 없었다. 그러나 한 가지 맘에 걸리는 것이 있다면, 아들은 자고로 내리혼사를 시키라 했는데 김세민의 가세가 자신보다 나은 것이 좀 움츠려지긴 했다.

"그라십시더. 미룰 것이야 없지요. 온 김에 아예 택일을 해 주시면, 저희도 준비를 하겠습니더. 우리 집 안늙은이도 며느리 보기를 눈이 빠지게 기다리고 있다 안 합니꺼. 그나저나 이 댁엔 안사돈이 아직 안 계신 듯한데, 따님을 우리 집에 출가시키면 사돈도 수발들 사람이 필요치 않겠십니꺼? 이 혼사 치르고 사돈도 재혼을 하시지요?"

성두가 넌짓 건넨 말에, 호탕해 보이는 모습과 달리 김세민은 얼굴을 붉히며 민망해했다.

"그거야 뭐……나중에야 생각해 볼 일입니더."

경상도 함안군 칠북면의 겨울밤은 그렇게 깊어 갔다. 김세민의 사랑방은 새 사돈과 사윗감을 맞은 흡족함의 열기로 가득 찼다.

그 겨울을 넘긴 이듬해 1912년 3월, 칠북면 김세민의 집 마당에 초례청이 차려졌다. 아직 꽃샘바람이 차가웠지만 멍석이 깔린 마당으로 봄 햇살이 소롯이 스며들었고, 연지 곤지로 치장을 한 복남의 가슴은 한없이 설레기만 했다. 지난겨울 호롱불 아래 얼핏 바라본 동석의 모습이 눈앞에 어른거렸다. 그때 잠깐이었지만 자신을 바라보던 신랑감의 그윽한 눈길이 그대로 온몸에 와 닿는 듯했다. 어른들끼리 정해 버린 혼사였어도 잠시 눈이 마주친 동석을 연모하기에 충분했고, 그 그리움을 태우던 겨울에서 봄까지는 긴 시간이었다.

밖에 신랑 행렬이 도착한 기색이 있었지만, 내다볼 수 없는 그녀는 원삼과 족두리가 무거워 목덜미에 땀이 솟았다. 혼례 준비를 끝낸 듯 복남을 데리고 나갈 찬모와 이웃 여인이 들어왔다. 그들의 팔에 의지해 힘겹게 원삼을 펼치며 일어선 복남은 고개를 숙이고 눈을 내리깐 채 장지문 앞에 조심조심 섰다. 문이 스르르 열리자 마당에 서 있던 하객들의 눈길이 일제히 신부에게 몰렸다.

"곱기도 하지. 신랑감도 잘생겼지만, 신부도 저리 꾸며 놓으니 딴 사람 같이 곱네."

누군가 그렇게 소리치자 마당은 웃음으로 가득 찼다. 사모관대 차림으로 초례청에 선 동석은 마당으로 천천히 내려서는 복남을 바라보았다.

'저 여자가 이제부터 내 여인이라니……'

그의 젊은 가슴이 쿵탁쿵탁 뛰었다. 그것은 다만 청춘의 목마름 같기도 하고, 인연에 대한 환호 같기도 했다. 드디어 신부가 초례청 앞에 섰고, 젊은 그들은 서로를 살포시 마주 보았다. 정오에 이른 햇살이 초례청 마당을 비추고 미래를 약속하는 그들의 얼굴 위로 봄기운이 어른거렸다. 그 순간 믿음의 집안끼리 믿음으로 맺어지는 두 젊은이를 지배하고 있는 것은, 서로를 애타게 원하는 청춘의 충동이었다. 그러나 이미 오래전 그들 내부 깊숙한 곳에 예비된 만남을 실천하는 신의 목소리가 있었다. 단 한 번 만났을 뿐인 그들을 이토록 설레게 하고 그렇게 하는 그 힘 뒤편에, 어떤 운명의 끈이 이들을 묶고 있는 듯했다.

맞절을 나누는 신랑과 신부를 바라보던 한나의 눈가로 눈물이 스며들었다. 성두와 살아온 오십 년 세월이 물결 흐르듯 그녀의 머릿속을 스쳤다.

어떻게 얻은 자식이던가. 젊어 얻은 자식을 다 잃고 소실 자식까지 보고 난 후, 여자로서 모든 희망을 포기했을 즈음 참으로 기적처럼 그녀의 몸에 생겨난 아들이었다. 어쩌면 이리도 늠름하게 성장했는가. 이제 며느리까지 맞게 됐으니, 그녀는 여한이 없다고 생각했다.

'참말 예수를 믿어 기적처럼 얻은 자식이라면, 내 모든 것을 다 빼주어도 아깝지 않으리라.'

한나는 자신도 모르게 옷고름으로 눈물을 찍어 내었다. 배성두도 어떤 감격 같은 것에 울컥 울음이 솟을 듯했다. 그는 감정을 억누르려고 일부러 찡그린 표정을 짓고 있었다.

초례청의 수탉이 마당 가운데로 날아오르고, 곳곳에서 함성이 터져 나왔다. 천석꾼 김세민 집안의 혼사인 만큼 먹을거리는 풍부했고, 하객들의 웃음소리가 그치지 않는 속에 초봄의 해가 조금씩 기울기 시작했다. 첫날밤을 기다리는 두 젊은이는 혼자 앉았다가도 까닭 없이 얼굴을 붉혔고, 복남의 가슴은 터질 듯 뛰었다.

안채에 있는 복남이 머물던 방에 신방이 꾸며졌고, 그녀는 금침 옆에 다소곳이 앉아 있었다. 웃음소리가 그치지 않던 바깥마당이 좀 조용해졌을 무렵, 술기로 얼굴이 붉어진 동석이 방문을 거칠게 열고 들어왔다. 사모관대 때문에 키가 더 커 보이는 그를 올려다본 순간, 복남의 가슴이 철렁 내려앉는 듯했다. 동석에게서 풍겨 오는 은근한 술 냄새가 복남의 코끝을 어지럽혔다. 그녀는 자신도 모르게 앉은걸음으로 한 걸음 물러나 앉았다.

"에그머니나!"

무심코 터져 나온 복남의 외마디 소리에 장지문 밖이 수런거렸다. 짓궂은 동네 여인들이 신방을 엿보며 킥킥대는 소리가 들려왔다. 그 기척을 알아챈 동석이 갑자기 호롱불을 불어 꺼 버렸다.

"에그머니나!"

또 복남은 자신도 모르게 소리를 지르고 말았다. 어두운 방 때문에 낭패를 본 듯 이웃 여인들이 차츰 돌아가는 기척이 느껴졌다. 어둠 속에서 동석은 사모관대를 벗고 복남에게 다가앉았다.

"또 에그머니나 할 거요? 첫날밤 신부가 뭐 그리 방정맞소?"

복남이 놀란 기색을 하기도 전에 동석이 덥석 그녀의 손을 잡았다. 복남은 얼결에 손을 빼려 했지만, 새신랑의 손아귀는 억세기만 했다. 동석이 입을 가만히 열었다.

"우리는 참으로 하늘이 맺어 준 인연이지 싶으오. 지난겨울 당신을 한 번 보았을 뿐인데, 오랫동안 안 사람처럼 낯설지 않고, 오늘이 오기까지 당신을 너무도 그리워했소."

어둠 속에서 은은히 울려오는 동석의 목소리에 복남은 가슴이 저미듯 아팠다. 그것은 뭔가 감미로운 아픔이었다.

두 사람은 누가 먼저라 할 것 없이 서로 마주 보았다. 잡고 있던 복남의 손을 살그머니 놓은 후, 동석은 그녀의 족두리를 조심스레 벗겨내었다. 그리고 동백기름 냄새가 풍겨 오는 복남의 머리카락을 한동안 쓸어내렸다. 이윽고 동석의 손이 그녀의 목덜미를 더듬다 옷고름 근처로 떨어져 내렸다. 스르르 풀리는 옷고름 뒤에서 복남의 가슴이 일순 멈춘 듯했다. 그대로 복남을 안고 금침 위로 나뒹군 동석은 왜 그런지 어머니 품에 안긴 듯 포근했다.

'아내란 어머니와 같단 말인가. 내 인생에서 온통 자애의 숲을 이룬 어머니…….'

그는 거칠게 복남의 입술을 덮치며 어머니의 풍성함이, 그 따뜻함이 자신을 가득 지배해 오는 것을 느꼈다. 그 순간 그의 입에서 참으로 알 수 없는 이름이 튀어나왔다.

"오! 나의 혜림! 혜림……."

그는 세상에 태어나 단 한 번도 불러 본 적 없는 여인의 이름이, 이토록 쉽게 불러지는 이유를 자신도 알 수 없었다. 다만 그는 은혜 혜(惠), 수풀 림(林)을 생각하며, 이 여인이 주는 포근함이 어머니처럼 은혜의 숲과 같다고 느꼈다. 그는 풀어헤쳐진 복남의 가슴에 손을 깊숙이 찔러 넣으며 말했다.

"나는 앞으로 당신을 혜림이라고 부르겠소. 오직 나만이 당신을 부를 수 있는 이름으로 말이오. 혜림, 나의 혜림……."

저항도 못한 채 그의 품에 안긴 복남의 가슴에, 이제 부끄러움보다 혼곤한 아늑함이 밀려왔다.

'혜림…… 참 이쁜 이름이구나. 날 이토록 이쁜 이름으로 불러 주는 이 세상에 있는 단 한 사람…….'

그녀는 문득 눈물이 솟구쳤다.

그렇게 칠북면의 봄밤은 깊어 갔고, 그들은 미래를 꿈꾸며 하나가 되었다.

23

유일학교의 불꽃

함안 땅 처가에서 혼인식을 마친 동석은 아내를 데리고 김해 동상 마을 본가로 돌아왔다. 약방집 아들의 혼인 행렬은 그 마을의 구경거 리여서 동네 사람들이 길가로 쏟아져 나왔다. 더구나 천석꾼 집 맏딸 인 복남의 혼수는, 새색시가 타고 오는 가마 뒤에 열두 마리 소가 끄는 달구지마다 가득해 더 볼 만했다.

봄 햇살은 혼례를 올리던 그날보다 더 그윽이 김해 땅에 쏟아졌고, 두 젊은이의 혼인 행렬은 약방집 대문 앞에 멈추었다. 녹의홍상 차림 으로 가마에서 내린 복남은 대문을 들어서기 전부터 시댁의 가세가 자 기 집만 못함을 알아차렸다. 대문에 들어서자 한약재 냄새가 복남의 코를 찔렀다. 행랑채처럼 대문 옆에 붙은 약방 토방에는 작은 멍석에 한약재가 널려 있었다.

복남의 혼수 용품들은 신방으로 꾸며진 안채 건넌방에 놓였고, 저녁 때가 가까워지자 먼 길을 온 여행에도 불구하고 복남은 당장 앞치마를 두르고 부엌에 내려가야 했다. 피곤이 역력한 얼굴로 부엌에 들어선 복남에게 점순이 다정히 말을 걸어왔다.

"이보거래이. 난 작은 어매라도 우리 동석이를 참말 친자식처럼 사랑해 왔는기라. 이래 며느리를 보니, 내 가슴이 참말 벅차구마. 그런데 이 부잣집 딸을 어떻게 부릴꼬?"

점순은 곱디고운 복남의 손마디를 바라보며 짐짓 측은한 표정을 지었다. 복남은 왠지 두 눈에 눈물이 그렁그렁 고였다. 오늘 밤을 지내면, 동석은 다시 목포로 돌아가야 했다. 아직은 낯선 집에 홀로 남을 생각을 하자, 그녀는 가슴이 저렸다. 급기야 복남의 눈에서 눈물이 한 방울 뚝 떨어져 부엌 바닥에 번졌다.

다음 날 아침 동석은 다시 목포 유일학교로 돌아가기 위해 동네 어귀에 섰다. 그는 아침 햇살 아래서 솜털이 보송한 아내의 얼굴을 내려다보았다. 시댁에 와서 보낸 첫날 밤이 왠지 낯선데다 동석이 떠날 것이 서러워 밤새 훌쩍이던 그녀는 얼굴이 수척해 있었다. 그는 그 모습이 애처로워서 일부러 외면한 채 어른들에게 인사를 드리고 길을 떠났다.

환한 봄볕 속에 길을 떠나는 아들의 훤칠한 뒷모습을 바라보던 배성두는 뭔가 깊은 감회에 사로잡혔다. 이제 아내를 얻어 주었으니, 아비로서 할 바를 다한 것 같았다. 그런데 왜 이리도 마음이 놓이지 않는지 알 수 없었다. 배성두 자신의 평생에, 이 동네 어귀 길은 참으로 많은 감회가 어린 곳이었다. 꼭 동석만 한 나이에 장가를 들고 나서 아버지처럼 따르던 스승 김 선비를 떠나보냈고, 훗날 자신 역시 그 길로 떠났다. 그는 젊어 얻은 자식을 다 잃고, 이곳저곳 유랑하던 시절이 있었다. 그리고 열여섯 살 난 앳된 아들이 신학문을 공부하기 위해 떠나갔던 때가 엊그제 같은데, 이제 아내까지 거느린 어엿한 어른으로 성장한 아들이 다시 동네 어귀 길을 떠나고 있었다.

배성두가 가물가물 멀어지는 동석의 뒷모습을 보고 있는데, 애써 눈물을 참고 있었는지 새 며느리가 기어코 훌쩍이는 소리를 냈다. 성두는 며느리를 슬며시 돌아보았다.

"아가야! 울지 말거래이. 니는 여기서 나랑 할 일이 많대이. 너그 친정집과 우리 집안이 맺어진 이유가 뭐겠노? 예수 믿는 집안끼리 세상의 믿음 번성을 위해 힘쓰라는 뜻 아니겠나? 우리 교회 신도들이 자꾸만 늘고 있는기라. 또 가난하고 병든 사람 돌보기도 벅찬 일이라, 우리는 한 사람이라도 일꾼이 더 필요하대이. 하나님이 니를 우리 집에 보내신기라."

봄날 아침 햇살은 동상 마을 어귀에 활짝 피어났다. 그 아침에, 늙은 두 아내와 며느리를 거느린 약방집 배성두 의원은 약방으로 휘적휘적 돌아가고 있었다.

목포에 도착한 동석은 새로 시작한 봄 학기 학생들을 맞아 수업에 열중했다. 한일병합 직후에 나라 안은 친일의 빛이 짙어지는 듯했지만, 국외에서는 만주 땅으로 탈출한 인사들의 활동이 전개되고 있었다. 1912년 상해에서 '동제사'를 조직한 신규식은 중국 국민당과 긴밀한 협력 관계를 유지했는데, 그의 활동은 훗날 대한민국 임시정부의 활동에 큰 영향을 주었다. 국내외 소식들은 당대 지식층에 속한 교사들 사이에 쉽게 퍼졌고, 목포 땅이 한반도 남단에 있기는 해도 소식은 얼마 지나지 않아 유일학교 교사들 사이에도 오갔다.

누가 친일의 빛을 띠고, 누가 구국 일념을 품은 사람인지 구별할 수 없던 한일병합 첫해와 달리 시간이 지나자 유일학교 교사들 사이에 점점 구국의 빛이 짙어 가고 있었다. 유일학교 학생 수가 늘어 가자, 그에 따라 교사를 새로 영입해 왔는데 대부분 일본인이었다. 자연히 교무실은 일본인과 조선인 그룹으로 나뉘었고, 시간이 지남에 따라 그들은 서로 대립하기에 이르렀다.

교실에도 일본 학생이 차츰 늘어 갔다. 일본인 교사들은 노골적으로 일본 학생들을 편애하기 시작했고, 조선인 학생들이 일본 교사에게 억울한 체벌을 받는 일이 빈번히 일어났다. 처음에는 참고 있던 조선인 교사 사이에 점점 불만이 터져 나왔고, 일본인 교사들은 이제 조선인 교사들 앞에서까지 방자한 언행을 감추지 않았다. 애써 가라앉힌 혈기가 다시 일어서는 것을 감추느라 동석은 애먹고 있었다.

그러나 여름 방학 전, 동석의 혈기가 불끈 일어서는 일이 생기고 말았다. 일본 학생과 싸움을 한 조선 학생을 일본인 교사가 체벌했는데, 그만 정강이뼈가 부러졌다. 싸움이 일어난 자초지종을 들어 보니, 먼저 약을 올리며 놀려 댄 쪽은 일본 학생이었다. 조선 학생은 참다못해 그만하라고 소리를 질렀고, 그에 한술 더 떠 일본 학생이 침을 뱉고 도망치자 분노를 참지 못한 조선 학생이 쫓아가 주먹을 날렸다. 나약한 일본인 학생은 한주먹에 코피를 흘리며 나가떨어졌다. 조선 학생은 담임인 일본 교사에게 불려가 심하게 종아리를 맞았다. 학생의 두 다리는 멍이 들고 피가 터지다 못해 그만 뼈까지 부러졌다.

조선인 교사들은 이제 더 참고 있을 일이 아니라며 술렁거렸다. 그들은 어디서 들었는지, 동석이 대구 계성학교 시절 일본인을 공격한 학생 주동자인 것을 알고서 그의 주위에 몰려들었다.

"이제 가만히 있을 일이 아닙니다. 사실 수업에 들어가도 일본 학생들은 저를 선생으로 바라보는 것이 아니라, 여자로 바라보며 놀리는 눈빛을 합니다. 그 굴욕적인 순간을 얼마나 많이 참아 왔는지……."

하나뿐인 여선생이 의외로 더 분노했다.

"수업에 들어가도 일본 학생들은 딴전을 피웁니다. 완전히 조선인 교사를 무시하는 거지요. 욕지기가 올라오는 것을 참은 적이 한두 번이 아닙니다."

올해 초에 부임해 온 갓 스물이 된 젊은 교사도 얼굴을 붉혔다.

"어떻게든 부당함을 표현해야지요. 이래서는 안 됩니다."

저마다 한마디씩 말하며 동석의 얼굴을 바라보았다. 그도 분한 마음이 가득했지만 난감했다.

"그렇다면 우리 진정서를 써 교장 선생님께 건의해 봅시더. 일본인 교사들을 더 이상 영입하지 말라고 말입니더. 그리고 그들이 조선 학생에게 부당한 체벌을 한, 이번 일의 경위를 상세히 적어 그 해당 교사에게 징계를 내려 달라고 말합시더. 그래도 우리는 아이들을 가르치는 선생들인데, 일본인 교사들과 맞붙어 폭력을 휘두를 수는 없지 않습니꺼?"

동석은 그들보다 한결 차분하게 말했다.

"마음 같아선, 저것들을 다 한 우리에 몰아넣고 두들겨 주고 싶지만 하는 수 없습니다. 배 선생님 말씀대로 하지요."

조선인 교사들은 동석의 의견에 동조했고, 결국 진정서를 쓰는 몫은 동석에게 돌아왔다. 그는 그 일을 굳이 피하고 싶지 않았다. 감정이 차오르는 대로 한다면, 조선 학생의 다리를 부러뜨린 그 일본인 교사를 잡아다가 다시는 일어서지 못하도록 패 주고 싶은 심정이었다. 그는 조선인 교사들이 보는 앞에서 책상에 앉아 백지를 펼쳤다.

펜을 잉크에 찍어 들고 보니, 지난날 계성학교에서 학도 결의문을 쓴 일이 생각났다. 그때는 자신의 행위 때문에 어떤 결과가 생길지 알지 못하던 나이였다. 그러나 지금 동석은 달랐다. 그는 자신이 하고 있는 이 행위로 인해 무엇이 다가올지 알고 있었다. 이 미약한 힘으로 조선 땅을 먹어 가는 일본 세력을 어찌한단 말인가. 새삼 국외로 빠져 나간 애국 인사들이 원망스러웠다. 훗날을 도모하자는 뜻에서 껍데기 조선 백성만을 남겨 두고 떠날 수밖에 없었음은 알고 있었다. 그러나 그는 저들의 방자함에 어린 조선 학생의 다리뼈가 부러지는 이 현실 앞에서, 이 땅에 남은 신문고처럼 소리를 울려야 하는 자신의 처지가 문득 고독했다.

진정서를 써 내려가다 동석은 아내 복남의 얼굴을 떠올렸다. 믿음이 깊은 집안에서 태어난 그녀는 아마도 자신을 이해하리라 싶었다. 정의의 소리를 내기 위해, 이 현실의 십자가를 지는 자신의 심정을…….

유일학교 교장은 조선인이었지만, 그는 세태에 적응하는 친일 인사였다. 보나마나 일본인 편을 들 것이 분명했고, 이 진정서에 서명한 교사 중 몇 명은 해고당할 것이 뻔했다. 진정서를 작성한 동석은 물론이었다. 동석은 입 안이 씁쓸했지만 두렵지는 않았다.

그는 평소 일본인 교사의 조선 학생에 대한 부당한 체벌과 일본 학생이 조선인 교사나 학생을 대하는 문제점을 열거한 후, 이번 사건의 경위를 상세히 적어 넣었다. 그리고 이 부당함을 해결해 주지 않는다면, 조선인 교사 전원이 수업을 거부할 의사를 밝혔다. 조선인 교사들은 한 사람도 빠짐없이 서명했고, 잉크가 채 마르기도 전에 동석은 진정서를 들고 교장실 문을 두드렸다.

교장은 한일병합 전 일본에 건너가 교육을 받은 목포 갑부네 아들이었다. 그는 특별히 교육 사업에 뜻을 두고 학교를 세웠노라 했지만, 수 없이 건너오는 일본인들을 교사와 학생으로 유치하기에 급급했다. 항구 도시인 이곳 목포는 일본인 상인들이 둥지를 틀기에 알맞은 곳이었고, 교실은 그들의 자녀들로 점점 채워졌다. 교장은 자신이 친일을 하고 있다고 생각하지 않았다. 그는 그저 세태에 맞는 교육 사업을 잘 꾸려 가고 있다고 생각할 따름이었다.

동석이 들어서자 교장은 그가 무엇을 원하는지 짐작한 듯 그를 쏘아보았다.

"배 선생은 이제 우리 유일학교에서 이 년 넘게 일해 온 고참 교사요. 더구나 다른 교사들과 달리 한양에서 교육을 받은 사람 아니오? 아직은 앳되고 나이 어린 교사들이 많은 이 학교에서 선동하는 역할을 해서야 되겠소? 다리가 부러진 학생에 대해서는 체벌 교사에게 적절히 치료비를 물리게 할 생각이오. 그러니 이쯤에서 모든 것을 접으시오."

동석이 뭐라 말을 꺼내기도 전에, 그는 목소리를 높였다.

"그런 것이 아닙니더. 우리는 지금껏 쌓인 부당함을 진정하는 것입니더. 이번 체벌 학생 때문만은 아닙니더. 앞으로 우리 조선 학생들이 받게 될 부당한 처우를 생각해, 우리의 의견을 모아 왔습니다. 또 우리 조선인 교사들이 일본 학생들에게 교사로서 대접받지 못하고 있다는 것도 교장 선생님은 아시는지 모르겠습니다. 더구나 여선생은 일본 학생들에게 더 수모를 겪고 있습니다. 선처해 주십시오."

동석은 목소리를 낮춰 말하면서도, 눈빛을 사납게 빛내며 교장을 노려보았다.

"거기 놓고 나가요! 배 선생은 보기 드물게 영어 실력이 뛰어난 교사요. 난 당신을 놓치고 싶지 않소. 이번 일은 없는 것으로 할 테니, 모두 근무에 충실하라 이르시오."

교장은 눈빛을 누그러뜨렸으나 동석의 눈은 더 사납게 빛났다. 그는 탁 소리가 나도록 진정서를 교장의 책상 위에 내려놓고 교장실을 나왔다. 이미 좋게 해결하기는 그른 일이었다. 이제 진정서에 쓴 대로, 모든 조선인 교사가 수업 거부에 들어갈 수밖에 없었다. 그것만이 조선인의 심장이 살아 있다는 것을 평화롭게 알리는 일이었다.

그는 교무실에 몰려선 교사들 사이로 돌아와, 교장이 보인 태도를 전했다. 모두가 그럴 줄 알았다는 표정을 짓자, 그는 한층 침착한 태도로 말했다.

"여러분 중에 교사직을 그만두면 생계의 위험이 있다고 생각되는 사람은 수업 거부에 동참하지 마십시오. 끼니를 굶는다면 아무것도 할 수 없는 것입니다. 심지어 구국 운동까지도……. 물론 조선인의 단결력은 중요합니다. 그러나 가족의 생계까지 위협당하는, 그런 우매한 용기를 저는 원치 않습니다. 여러분 자의에 맡기겠습니다. 수업 거부는 내일부터입니다. 우리 의사가 관철될 때까지. 각자 담임을 맡고 있는 자기 반으로 돌아가, 조선 학생들에게 우리의 뜻을 전하십시오. 우리가 교사로서 그들에게 심어 주어야 할 것은, 지식이 아닌 것입니다. 올바른 사회 정의이고 나라가 침략당한 이 시대에 필요한 애국심입니다."

동석의 말에 한결 숙연해진 채, 조선인 교사들은 출석부를 들고 각자 담임을 맡고 있는 반으로 하나둘 사라져 갔다. 모두 떠나고 난 뒤, 동석도 자기 반으로 들어가 교단에 섰다. 그는 이것이 유일학교에서 하는 마지막 수업이라는 것을 감지하고 있었다. 그는 교탁에 두 팔을 짚고 서서 학생들을 찬찬히 둘러보았다. 까까머리를 한 일본 학생 몇 명이 학교 안에서 일어난 일을 의식한 듯 동석의 눈치를 슬금슬금 살폈다.

　　"여러분! 내가 이 학교에서 영어를 가르쳐 온 것도 벌써 이 년이 지났다. 그동안 정도 들고 보람도 느낀 시간이었다. 여러분도 알다시피 지금 우리 조선 학생이, 일본인 선생의 매에 피투성이가 돼 다리뼈까지 부러지는 사건이 발생한기라. 조선인이냐 일본인이냐를 떠나 이 일은 그냥 넘어갈 수 없는 문제다. 그래서 우리 조선인 교사들은 교장 선생님께 진정서를 냈고, 우리 뜻이 관철될 때까지 수업을 거부할 생각인기라. 학생 여러분은 이런 교사들의 뜻을 이해하고 남은 수업에 열중해 주기 바란다."

　　말을 마친 동석은 순간 자신의 눈시울을 붉혔다.

　　그렇게 수업을 거부한 상태에서 여름 방학이 시작되었고, 동석은 실질적으로 유일학교의 교사직에 종지부를 찍은 채 김해로 돌아왔다. 고향 약방집 대문에 들어섰을 때, 그의 가슴은 설레었다. 이제 직업을 잃은 신세였지만, 그는 자신을 기다리는 사람들이 있다는 사실만으로도 가슴이 아늑했다. 더구나 고향은 아내 복남, 아니 혜림이 기다리는 곳 아닌가!

　　해거름이지만 찌는 듯한 더운 날씨였다. 약방집 마당에, 열기가 채 식지 않은 땅에서 더운 김이 뿜어 올라왔다. 베적삼 차림으로 부엌에 있던 어머니 한나가 먼저 동석을 보고 뛰어나왔다.

　　"방학이라 올 줄은 알았지만, 어찌 이리 소식도 없이 오노? 미리 기별이라도 하재."

늙은 어머니의 눈망울에 금세 이슬이 맺혔다. 그는 그 젖은 눈망울을 마주하기가 민망해 시선을 슬그머니 비꼈다. 그런데 그 부엌문 앞에 아내가 오도카니 서 있었다. 고개를 숙이고 부끄러운 듯 힐끔 눈을 치떠 바라보는 그녀의 태도에는, 봄에서 여름까지 그리움에 애탄 살핏한 원망이 서려 있었다.

동석이 돌아온 약방집에는 생기가 가득 넘쳤고, 이제 처녀티가 물씬 나는 막내 천례가 해거름의 마당을 오가며 까불어 대었다. 동석은 그새 처녀로 자란 어린 누이동생이 대견스러워 미소를 띠었다.

"천례야! 니, 이제 다 큰 처자가 이리 사내아이처럼 뛰어다녀도 되나? 곧 있으면 시집가야겠구만."

석양이 물든 마당에서도, 동석은 시집이란 말에 금세 천례의 얼굴이 붉게 달아오르는 것을 느꼈다.

"오라버니! 무신 말을 하노? 내는 평생 어머이하고 큰어머이하고 살기라. 그런 소리 할래면 도로 목포로 가뿌려라."

공연히 발끈해 뒷마당으로 돌아가는 천례를 보며, 동석은 천례가 태어난 무렵을 떠올렸다. 김해교회 건물을 세우기 위해 태동하던 때였다. 저 아이가 저렇게 다 큰 처녀로 자랐으니, 그동안 김해교회도 많이 성장해 있을 터였다. 사실 공부한다고 처음 계성학교로 떠난 뒤, 그는 아버지가 꾸려 나가는 교회 일에 관심을 두지 못했다. 창석은 아버지 대신 약방에 매여 있을 테고, 이제 아버지는 늙어 혼자서 교회 살림을 감당하기도 힘들 것이었다. 동석은 문득 자신이 다시 김해 땅으로 돌아오게 된 것에도 분명 이유가 있다는 생각이 들었다.

저녁을 먹고 동석은 앞마당에 있는 평상에 아버지 배성두와 마주 앉았다. 마당에 피워 놓은 모깃불에 어른거리는 아버지의 얼굴은 어지간히도 늙어 있었다. 그러나 아버지의 모습은 나이가 들수록 어떤 고아함이 비쳤다. 그것은 세상만사 순리에 시종일관 긍정적으로 적응하는 그의 신앙관 때문인지도 몰랐다. 불과 달포 전, 배성두는 김해교회의 첫 장로가 되었다. 그는 이미 작년 1911년에 장로로 피택되어, 그해 마산 부갈전교회의 서성숙과 함께 경상노회에서 장로 장립을 받긴 했다. 약방집에서 집회를 시작한 1894년부터 치면, 거의 이십 년 동안 헌신한 그였다. 그러니 그것은 당연한 결과였다.

장로가 된 배성두는 동네 인근에 작은 집을 얻어 점순을 분가시켰다. 그가 여자를 좋아해 축첩을 한 것이 아니라는 사실은 김해교회 사람들은 다 아는 사실이었다. 그러나 이제 많은 사람들에게 더욱 삶의 모범을 보여야 한다는 생각에 그는 그리하였다. 그것을 이해하는 점순도 그다지 섭섭한 기색 없이 이사를 했다. 창석과 천례가 제 어미를 따라 거처를 옮겼어도, 낮 동안 창석은 늘 약방에 머물렀고 점순과 천례도 약방집 부엌일을 거들었다. 그러나 이후로 성두는 점순과 더 이상 동침하지 않았다.

말을 꺼내기도 전에 아들의 표정에서 무언가 짐작한 듯 배성두는 아무 말 없이 동석이 먼저 입을 떼기를 기다렸다.

"아부지! 유일학교 교사직을 이제 그만두었십니더."

잔잔한 동석의 목소리에 성두는 뭐라 묻는 대신, 주름에 묻힌 눈을 힐끔 들어 아들을 바라보았다.

"교장이 일본인 선생을 많이 불러왔는데, 그것이 조선 학생들이나 선생들 사이에 마찰을 일으켰십니더. 또 자꾸 늘어 가는 일본 학생들이 우리 조선 교사들을 선생 취급도 안 해 주고요. 그래서……."

동석이 말을 잇지 않았지만, 성두는 무슨 말인지 알겠다는 듯 고개를 끄덕였다. 그는 가만히 별이 총총 돋은 밤하늘만 한동안 응시했다. 밤바람이 제법 서늘하게 느껴질 무렵에서야 성두가 겨우 한마디 말을 떼었다.

"네 댁이 기다리겄다. 어서 들어가 보려무나. 너 없이 시집살이를 하느라 그동안 힘들었어도, 주일예배가 끝나면 그 많은 교회 식구들먹을거리를 대고 참 대견한기라. 콩나물 기르는 일은 아예 그 아 몫이 되지 않았나. 주일날 교회 식구들 콩나물밥 해 대느라고 말이다. 어서 들어가, 그동안 수고했다는 말이라도 하려마."

성두는 먼저 평상에서 일어나 헛기침을 하며 안방으로 들어갔다. 홀로 남은 동석은 한동안 밤하늘을 올려다보며 앉아 있었다. 잠시 후 건넌방 문이 살며시 열리며 아내 복남이 토방을 내려오는 것이 보였다. 그녀는 평상에 앉은 남편을 바라보는 듯하더니 뒤꼍으로 돌아갔다. 그리고 곧 물소리가 들려왔다. 식구들이 다 잠들기를 기다렸다가 몸을 씻는 모양이었다. 아내의 부드러운 몸에 부딪는 물소리를 듣고 있자니 동석은 갑자기 온몸이 후끈 달아올랐다. 그는 평상을 내려와 아내와 자신의 처소인 건넌방으로 들어갔다. 복남이 봐 놓은 잠자리에 벌렁 드러누워 우물물의 찬 기운을 온몸에 휘감고 들어올 아내를 기다렸다. 인조 이불의 까실한 촉감이 자신의 정강이를 스치자, 그는 더 참을 수 없어 옷을 훌훌 벗어 던졌다. 뒤꼍에서 들려오던 물소리가 멈추고, 이윽고 복남이 사뿐사뿐 걸어오는 소리가 났다. 모퉁이를 돌아오는 소리, 조심조심 토방을 딛는 소리, 그리고 툇마루로 올라서는 소리, 이윽고 방문이 열리고 물기에 촉촉이 젖은 복남이 동석의 품으로 파고들었다. 동석의 알몸으로 마찰되는 복남의 몸에서 물 냄새가 울컥 풍겨 왔다. 그것은 뭔가 나른함을 풍기는 그런 냄새였다.

"혜림아! 너무나 보고 싶었대이. 아마도 너와 긴 시간을 보내기 위해, 내가 이렇게 돌아왔나 보다."

격렬한 입맞춤을 하는데, 찝찔한 물기가 그의 혀끝으로 스며들었다. 복남은 울고 있었다. 그녀는 남편의 품 안에서 그동안 쌓인 그리움을 그렇게 쏟아 냈다. 그 여름밤은 두 젊은이가 풀어내는 회포의 열기 속에 깊어만 갔다.

24

사진신부 천례

동석이 김해로 돌아온 지 벌써 삼 년 가까이 흘렀다. 그사이 복남이 낳은 동석의 아들 '대위'는 어느새 두 돌을 맞았고, 복남은 두 번째 아이를 임신했다. 때는 1915년 봄이었다. 김해장로교회는 이제 이십 년째에 접어들어 신도 수가 꾸준히 늘어 갔다. 대부분 못살고 굶주리거나 병든 사람들이 교회에 모여들었지만, 더러 팔자가 센 기생들도 있었다. 사실 가난한 사람들에게는 헌금을 기대하기가 어려웠다. 돈 많은 기생들이 내는 헌금과 호주선교회에서 보내 주는 원조금에 교회 살림을 의지하다 보니, 자연 성두네 약방에서 벌어들이는 돈도 교회 살림에 보탤 수밖에 없었다.

김해교회는 처음에 미국 북장로교회의 선교로 이루어졌다. 그러나 교회 자체는 순수하게 조선인들이 세웠고, 대부분 배성두 자신의 사적 재산으로 시작했다 해도 과언이 아니었다. 그동안 경상도에서 함께 선교를 펼치던 미국 북장로교회와 호주선교회는 서로 지역 분할을 하며 협조를 해 왔다. 그러다 1913년에 열린 미국 북장로교회 연례 회의의 결정에 따라 미국 북장로교회는 부산과 경남 지방에서 완전히 철

수했다. 김해교회는 자연 호주선교회의 영향력에 들어가 지원을 받게 되었다.

어렵게 교회 살림을 꾸려 가는 가운데도, 약방을 찾는 환자들 중에 약값을 못 낼 사정이 있는 사람들도 많아 배씨네 살림은 전보다 더 궁핍했다. 그러나 아무리 힘들어도 학비를 대 주겠다는 아버지의 뜻을 받아들여, 동석은 가을 학기부터 세브란스 의전에 입학하기로 마음을 먹었다.

오래전에 선교사이며 서양인 의사인 알렌에게 감화를 받은 성두는, 동석이 서양 의술을 배우기를 희망해 왔다. 성두가 간간히 그의 이름을 이야기할 때면, 동석은 그를 알 듯 말 듯한 묘한 기분에 사로잡히곤 했다. 동석은 혹 경신학교 새벽 예배당에서 만난 사람이 알렌 선교사가 아닌가 싶었다. 만약 아버지가 이야기하는 그 인물이 자신이 만난 인물이라면, 그는 김해 땅에 연고를 둔 배씨 부자에게 지대한 영향력을 끼친 사람이었다. 그들의 생애를 통째로 흔들어 놓는……

교회를 세우기 바로 한 해 전에 태어난 막내 천례는, 어느덧 열아홉 살의 처녀로 자라나 한창 뽀얗게 피어올랐다. 그녀의 혼삿말이 여러 군데서 오가고 마땅한 자리가 한두 곳 나서기도 했지만, 웬일인지 일이 성사되지 않았다.

1902년 동짓달, 하와이 사탕수수 밭으로 조선의 인력이 팔려 나가기 시작했다. 그리고 그로부터 어느덧 십수 년이 지났다. 당시에 나이 어린 총각으로 간 사람들은 어느새 중년을 맞아, 이국땅에서 짝을 찾지 못한 채 나이가 들어갔다. 원래 하와이 이민은 1890년부터 고종 황제의 명에 따라 선교사 알렌이 주한 미국 공사가 되어 시작한 일이었다. 그러니까 알렌이란 인물은 배씨 부자뿐 아니라 조선 백성 개개인의 역사에 지대한 영향을 미친 사람이었다. 때마침 흉년이 들어 백성이 고생하고 있으니, 하와이로 보내 척식 사업과 신문화를 도입하는 것이 현책이라고 알렌이 건의했던 것이다. 고종의 허락이 떨어지자 민영환을 총재로 하여 '수민원'이란 곳을 설치해 이 사업을 관장했다. 그러나 당시 외국 사정에 대해 전혀 모르던 사람들이 선뜻 이민을 나설리 없었다. 이에 당시 인천감리교회 목사이던 존스가 나서 교인들을 설득했다. 그렇게 떠난 사람 대부분이 기독교인이라, 독신으로 떠난 그들의 신부감을 찾는 일도 자연 조선 교회를 통해 이루어졌다.

이 일은 언제부턴가 김해교회 안에서도 성행했다. 이제 어느 정도 외국 사정에 밝아진 조선에서, 넓은 땅으로 가는 이민을 그리 마다할 입장이 아니었다. 더구나 한일병합 전에 독립운동을 하던 세력 중 실력 양성을 주장한 인물 대부분이 미국으로 망명해, 1913년에 도산 안창호를 중심으로 '흥사단'을 조직해 문화 운동을 벌이고 있다는 소식이 조선에 전해져 왔다. 혼기에 찬 딸을 둔 집에서는 딸의 사진을 찍어 하와이에 보내는, 이른바 사진신부의 중매가 성행하고 있었다.

사진 찍는다는 것조차 낯설기만 한 시대였다. 어느 날 김해교회에 온 사진사에게 처녀들이 다 모여 하나씩 사진을 찍었는데, 거기에 천례도 끼어 있었다. 사진을 찍을 당시, 천례는 딱히 하와이로 시집가겠다는 마음은 아니었다. 천례는 불빛이 번쩍하며 찰카닥 소리가 나는 사진기가 신기했고, 자신의 모습이 종이에 박혀 나온다는 것에 호기심이 발동했다.

천례의 사진은 다른 처녀들의 사진과 함께 하와이로 건너갔고, 그해 봄 천례와 짝을 이루기 원하는 총각이 있다는 전갈이 총각의 사진과 함께 약방집으로 날아왔다. 순한 인상을 지닌 김 씨 성을 가진 총각이었다. 그 후 약방집은 천례의 혼인 문제를 놓고 수런거렸다. 하와이로 건너간다는 말에 어미 점순은 눈물부터 쏟아 대었고, 천례 자신도 먼 땅으로 간다는 것에 어안이 벙벙했다. 눈물을 짜는 점순에게 성두는 한마디 말을 했다.

"보내기 싫으면, 안 보내면 될 것 아니가. 하지만 내 나이가 몇 살이고? 이제 일흔여섯이다. 이러다 딸 시집도 못 보내고 죽으면 어짜노?

이래저래 중매 말은 있어도, 혼사가 쉬 이뤄지지 않은 것이 벌써 몇 번이고? 아무래도 천례가 바다 건너로 시집갈 팔자인 것 같아, 내 하는 말 아니가."

성두 자신도 귀엽게 기른 막내딸을 멀리 보내자니 섭섭했다. 그러나 어차피 서양에서 전해 온 예수를 믿는 집안에서, 그는 자손을 미국 땅에 심는 것과 같은 뭔가 선구자적인 역할을 해야 할 것만 같았다. 점순은 천례를 끼고 한 열흘 소곤거리며 눈물을 흘리더니, 드디어 딸을 하와이에 보내기로 마음먹었다. 그녀가 그런 결심을 한 것은, 이제 노년에 이른 성두의 마음을 헤아려 따르기로 한 것이었다.

한 번 일이 결정되자, 모든 것은 일사천리로 진행되었다. 천례를 비롯한 교회에 있는 몇몇 처녀들이 하와이로 떠날 일정이 잡혔고, 그들은 하와이행 배를 탈 수 있는 일본 요코하마 항구로 가야 했다. 누군가 그 처녀들을 인솔하고 항구까지 가야 했는데, 당연히 영어도 잘하고 일본말도 할 줄 아는 동석이 그 일을 떠맡고 나섰다.

천례가 떠나기 전날 밤, 막상 딸을 먼 길로 보내려니 성두는 오래전 잃은 자식들이 생각났다. 그들 모두는 죽음으로 보내져 다시 만나지 못하지만, 이제 천례는 산 채로 다시 못 볼 곳으로 보내는 것이었다. 성두는 미국 땅 거기가 어디라고 그 애를 다시 만날까 싶었다. 더구나 자신은 이제 죽음이 가까운 나이였다. 자리에 누워 잠을 청하려던 그의 눈에서 눈물이 한 줄기 흘러내렸다. 옆에서 잠든 줄 알았던 한나가 몸을 뒤척이며 돌아누웠다.

"당신 울고 있십니꺼?"

툭 튀어나오는 아내의 음성에, 성두는 얼른 손등으로 눈물을 훔치며 헛기침을 했다.

"하긴 지도 그거이 보고 싶어서 어찌 사나 싶습니더. 지 속으로 낳은 자식은 아니지만, 한지붕 밑에서 지 손끝에 자란 아이 아닙니꺼. 인근 어디로 시집을 보내도 보고 싶을 건데, 이제 다시는 못 본다 아입니꺼. 당신 정말 이 혼사 결정을 잘했다고 생각하십니꺼?"

성두는 자신의 결정을 잠시 후회했다. 그러나 이미 엎질러진 물이었다. 이제 번복할 수도 없는 일, 그는 다시 한 번 헛기침을 했다.

"쓸데없는 소리 말아라. 잘한 결정인기라. 누군가는 선구자적인 역할을 해야, 우리 조선 사람들도 차츰 넓은 땅에 가 씨를 퍼트릴 것 아니가. 그것을 예수 믿는 집안에서 안 하면, 누가 하노?"

요즘 들어 가래가 심하게 끓는 그의 목소리가 고요한 방 안에 강경하게 울렸다.

드디어 약방집의 아침이 밝아 왔다. 간밤에 잠을 설친 점순이, 정수리에 희끗거리는 머리칼을 아침 볕에 드러낸 채 부엌으로 장독으로 분주히 오갔다. 밥을 안친 가마솥 아궁이 앞에 앉아 솔가지를 밀어넣는 한나는 묵묵했다. 사실 잠을 설치기는 한나도 마찬가지였다.

'어쩌자고 저 어린것을 그리 멀리 보낼 생각을 했노?'

한나는 치맛자락을 들어 올려 코를 팽 풀었다. 5월 아침은 울타리 밑에 심어 놓은 봉숭아 잎사귀로 파랗게 쏟아져 흐르고, 성두는 물끄러미 그 푸른 잎을 바라보고 서 있었다. 문득 해마다 여름이면, 천례가 봉숭아 꽃잎을 찧어 손톱을 물들이던 것이 생각났다.

'올 여름에는 이 봉숭아꽃을 어쩌노?'

아직 봉오리도 맺지 않은 푸른 봉숭아 잎을 바라보는 성두의 눈시울이 붉게 물들어 갔다.

요코하마로 떠날 동석의 짐을 꾸리느라 두 시어머니보다 좀 늦게 나온 복남이, 불러 오는 배를 행주치마로 가린 채 시아버지를 살며시 비켜 부엌으로 들어갔다. 복남은 뱃속 아이가 고모 천례의 존재를 훗날 알기나 할까 생각했다. 이제 말하기 시작한 대위는 제법 고모, 고모 하면서 천례를 따르는데, 뱃속 아이는 결코 천례를 만날 기회가 없으리라 싶었다. 복남은 뭔가 안타까운 생각에 가만히 자신의 배를 어루만졌다.

곧 대청에 조반상이 차려지고 길을 떠날 동석과 천례가 성두와 겸상을 했다. 잠을 제대로 못 잔 듯 얼굴이 부석했지만, 천례의 얼굴에는 알지 못할 환희가 어른거렸다. 새 땅에 대한 기대와 호기심을 감출 수 없는 열아홉 살 난 사진신부는 앞으로 자신에게 펼쳐질 운명에 대해 무방비 상태였다.

조반을 마친 뒤, 동석과 천례는 집 떠날 차비를 했다. 김해 읍에서 같이 떠날 일행들을 만나 부산으로 가 요코하마로 떠나는 배를 탈 예정이었다. 말쑥하게 양복을 차려입은 동석 옆에, 보퉁이를 끌어안은 천례가 자주 끝동을 댄 분홍 무명 저고리에 댕기머리를 늘이고 서 있었다. 어미 점순이 정성껏 다리미질해 입힌 검은 무명 치마가 아침 바람에 흔들리며 그녀의 가느다란 허리를 드러내었다.

"조심해서 떠나거라. 가면 잘 도착했다고 꼭 기별하고……."

끝내 말을 마치지 못하는 성두의 가래 낀 음성에 이제껏 반짝이기만 하던 천례의 눈이 흐려졌다.

"아부지! 아부지……몸조심하이소. 지 가서 꼭 잘 살을 낍니더. 꼭요……."

말은 성두에게 하면서, 천례는 어미 점순의 얼굴을 보고 있었다. 화난 사람처럼 입을 꼭 다문 점순은 애써 울음을 참고 있었다.

"어서 떠나거라. 김해 읍에서 사람들이 기다리겠고마. 어서 가라카이……."

이미 양 볼이 다 젖은 한나가 재촉을 하자, 동석과 천례는 동구 밖을 향해 발걸음을 떼었다. 천례가 뒤돌아볼 때마다 동석은 잠시 걸음을 멈추고 기다려 주었다. 먼 길을 떠나가는 남매의 모습은 동상 마을에서 점점 멀어져 갔다. 동네 어귀에 서 있다 성두는 자신의 일생 동안 그 장소에서 있은 수많은 이별을 떠올렸다. 이제 천례를 다시 볼 수 없는 것은 기정사실이었다. 성두의 나이 일흔여섯, 수많은 풍상을 겪으며 이 나이까지 살아남은 것도 하나님의 돌보심이었다. 그러나 어찌 저 어린 딸을 다시 볼 수 있으랴. 그는 가물가물 멀어져 가는 천례의 뒷모습을 바라보며 눈을 가만히 감았다.

"주여! 저 어린것을 지켜 주옵소서. 당신 뜻으로 태어나, 당신 뜻 안에서 자라, 이제 또 당신 뜻으로 먼 곳에서 살아갈 저 아이를 그저 맡겨 드리오니 돌보아 주소서."

어느덧 기도를 읊조리는 성두의 가슴에 평화가 스며들었다. 잔잔한 그의 얼굴 위로 초여름의 싱그러운 바람이 가볍게 스쳐 갔다.

부산에서 배를 타고 요코하마에 도착한 동석은 사진신부들을 인솔해 하와이로 떠날 배 앞에 섰다. 동석은 곧 배를 탈 처녀들을 둘러보았다. 아직은 솜털이 보송한 앳된 처녀부터 아이가 딸린 과부도 있었다. 정든 고향과 가족을 두고 바다 건너로 떠나는 이들의 삶은 과연 어찌 될 것인지, 사실 동석의 마음은 그리 편치 않았다. 믿는 것이 있다면 먼저 떠난 남정네가 믿음의 사람들이었으니, 이 믿음의 처녀들과 잘 화합해 가정을 이룰 수 있으리라는 생각뿐이었다. 이들이 떠나고 나면, 동석 자신은 서둘러 돌아가 곧 세브란스 의전에 입학할 준비를 해야 할 터였다. 그것은 오래전부터 아버지 성두가 지닌 염원이기도 하거니와 이제 자신의 염원이기도 했다. 그저 목포 유일학교에서 영어나 가르치며 평범하게 살아가고 싶던 그 시절에 비하면, 다시 그의 가슴에 뜨거운 피가 솟구치는 것 같았다. 뭔가 자신만의 사명을 위해 달려야 할 것 같은……

"오빠야! 무신 생각을 그리 하노?"

배를 타려고 사진신부들 사이에 서 있던 천례가 동석의 생각을 깨웠다.

"생각은……. 그냥 니를 떠나보내고 나서, 내도 퍼뜩 경성으로 가 공부를 해야겠다는 맘을 다지고 있다. 그게 아부지 소망 아니가?"

보퉁이를 꺼안고 선 천례가 배시시 웃었다.

"하모, 우리 오빠야는 훌륭한 의사가 되어야재. 그런데 오빠야! 우리 신랑도 우리 오빠야처럼 이리 잘생겼을까? 사진으로는 인상이 참 좋았는데……. 궁금해 죽겠다. 만약에……만약에 말이다. 인상이랑 다르게 못된 사람이면 어쩌노?"

"그럴 리가 있나? 이리 착한 우리 천례 신랑이 어찌 못된 사람이겠노? 아마 인상대로 착한 총각일 거다. 니 가서 잘 살아야 한다. 편지도 자주하고…… 니 언문은 다 깨치지 않았나?"

"언문이야 내 잘 쓴다. 오빠야가 방학 때마다 가르쳐 주지 않았나? 창석이 오빠보다도 내가 아마 더 잘 쓸 기다. 우리 신랑이 어떤 사람인지, 내한테 잘하는지 못하는지 내 미주알고주알 다 쓸란다."

수줍은 듯 머금은 천례의 미소 위로 갑자기 고함 소리가 들려왔다. 곧 배를 탈 준비를 하라는 일본말이었다. 이번에는 동석이 사진신부들에게 이제 승선할 준비를 하라고 고함쳤다. 처녀들은 들뜸 반 두려움 반으로 얼굴이 하얗게 긴장되어 있었고, 동석의 손을 꼭 잡은 천례의 손이 차갑게 떨리고 있었다.

드디어 승선이 시작되어 사진신부가 하나둘 배에 올라타기 시작했다. 그들은 하나같이 동석에게 손을 흔들며 미지의 땅에 대한 두려움과 알지 못할 애원이 담긴 표정으로 배에 올랐다. 동석의 가슴이 뻐근히 저렸다. 그들 모두가 자신의 누이동생인 것만 같았다. 드디어 천례 차례가 되었다.

"잘 살아야 한다!"

동석은 천례의 손을 그저 꼭 잡아 줄 뿐, 더 이상 아무 말도 하지 못했다.

"오빠야! 오빠야……."

천례도 더 말을 잇지 못하고 눈물만 주르륵 흘렸다. 승선 관리를 하는 일본인이 어서 타라고 시늉하자, 천례는 배에 오르며 동석을 돌아보았다. 새로운 땅을 찾아간다는 환희는 어디로 가고 천례는 마치 못 갈 곳에 가는 사람처럼 비통하게 울고 있었다. 순간 동석의 머리 위로 번뜩 천둥이 치는 것 같았다.

'생각을 잘못한 것은 아닐까. 천례를 저리 보내는 일……혹 서출 자식이라고 아버지와 내가 함부로 결정한 것은 아닌지.'

동석은 단 한 번도 천례를 서출 여동생이라는 맘으로 바라보지 않 았으나, 그 순간만은 왠지 그런 생각이 스쳤다. 그는 갑자기 천례를 붙잡고 싶은 맘이 솟구쳐 올랐다. 무슨 일이 있어도 그 애를 이렇게 보내서는 안 될 것 같았다. 그는 뱃전에 선 천례를 올려다보며 크게 소리쳤다.

"천례야! 돌아가자! 오빠가 생각을 잘못했다!"

그러나 동석이 외친 고함 소리는 뱃고동과 와글거리는 항구의 소음 에 묻혀 버렸고, 물끄러미 동석을 내려다보던 천례는 그것이 잘 가라 는 소리인 줄 알고 찡그린 얼굴에 애써 미소를 만들며 손을 흔들었다.

"천례야! 천례야! 가지 마라!"

동석이 여러 번 외쳤으나, 어느 틈에 배가 천천히 움직이기 시작했 다. 처녀들은 옹기종기 뱃전에 기댄 채 손을 흔들며 눈물을 뿌렸고, 그 들 속에 있는 천례의 모습이 가물가물 멀어져 갔다.

"천례야! 천례야!"

목 놓아 누이동생을 부르는 동석의 가슴에 이것이 영 이별이라는 예 감이 가득 차 왔다. 그것은 어떤 분노와 같은 감정으로 돌변해 그를 마 구 흔들어 댔다. 배는 점점 멀어지고 이제 뱃전에 선 사람들도 누가 누 구인지 분간할 수 없었다. 그는 마치 결코 잃으면 안 되는 아주 귀한 것을 잃은 듯 망연히 그 자리에 털썩 주저앉았다. 그의 가슴은 묘하게 도 일본에 잡아먹힌 조선에 대한 비애와 분노가 뒤섞여 소용돌이쳤 다. 그는 주변에서 떠들어 대는 일본말의 홍수 속에서 형체가 확연해 지는 자신의 애국심에 온몸을 부르르 떨었다.

천례를 태운 배는 벌써 바다 한가운데 떠 있었고, 항구에 주저앉아 그 배를 바라보는 동석의 얼굴로 바닷바람이 불어 왔다. 동석이 품은 바다처럼 푸른 날 선 열정은, 타국의 항구에서 고독하게 솟아올랐다.

25

대한광복회와 세브란스 의전

동석이 천례를 보내고 돌아와 5월이 지나 6월로 들어서자, 초여름다운 더위가 찾아들었다. 울타리 밑에 핀 봉숭아 꽃은 푸르게 오므린 꽃받침 사이로 붉은 잎을 살짝 드러내며 봉오리를 맺고 있었다. 성두는 간간히 그 꽃봉오리를 보며 천례를 생각했다. 천례가 떠나고 갑자기 적적한 집안 분위기를 채우려는 듯, 이제 부인티가 완연한 정명이 전보다 자주 친정 나들이를 했다. 절름거리는 걸음으로 정명을 따라온 이영옥은 얼굴이 핼쑥한 동석과 마주치자 눈을 번뜩였다.

"처남! 요코하마에서 돌아온 후 몸이 안 좋다 카더니 이제 좀 나았나?"

"안 좋기는요. 여동생을 그리 멀리 보내 놓고 나니, 꼭 제가 뭘 잘못한 거 같지 않십니꺼. 그런저런 생각에 심사가 좋지 않아 좀 누워 있었십니더. 생각할 것도 많고⋯⋯."

영옥의 말을 무심히 받는 듯했지만, 동석은 그의 눈빛을 놓치지 않았다. 그들은 약속이나 한 것처럼 나란히 뒤뜰로 들어섰다. 말갛게 가신 장독대 위로 햇살이 한가득 내려앉아 있었다.

"처남! 이제 한일병합이 된 지도 벌써 오 년이대이. 여기저기서 독립 세력이 불쑥거리고 있는데, 그래도 신학문 공부한 자네가 그냥 이러고만 있을기가?"

나직하지만 힘이 실린 이영옥의 음성이 그렇지 않아도 뜨겁게 솟구치는 동석의 마음을 훑고 지나갔다. 그러나 동석은 애써 태연한 척 말을 받았다.

"그라면 어떻게 하란 말입니꺼? 저는 곧 경성으로 올라가 세브란스 의전에나 들어갈랍니더. 그것이 우리 아부지 소원 아닙니꺼?"

"세브란스 의전 가는 것하고 아무 관계가 없다!"

영옥의 말에 동석은 의아한 듯 그를 바라보았다.

"뭐가 관계가 없단 말입니꺼?"

"공부는 공부고 활동은 활동인기라."

"활동?"

이영옥이 뭔가 비밀 결사조직에 대한 정보를 갖고 찾아온 것을 직감적으로 알아챈 동석은 한결 목소리를 낮추었다.

"어떤 조직입니꺼?"

"돌아오는 7월에 모종의 집회가 있대이."

"집회?"

동석은 눈을 동그랗게 떴다.

"이 년 전 풍기에서 의병 출신 사람들이 모여 '대한광복단'이란 단체를 만들었는기라. 그리고 지난 2월엔 대구에서 '조선국권회복단'이란 것이 안 만들어졌나? 박상진과 송영호란 양반을 중심으로 말이다. 그런데 이번에 이 두 단체가 대구에서 통합한다 하더라. 자네는 배운 사람이 가만히 있을기가? 조선 젊은이가 독립운동 안 하면 사람도 아니대이. 날짜는 7월 15일이다. 이제 한 달 남짓 남았다."

동석의 귀에 대고 소곤대던 이영옥은 말을 마치자, 멀찍이 푸른 하늘에 그린 듯 떠오른 흰 구름을 바라보았다. 동석은 무심결에 그의 눈길이 머물고 있는 하늘로 시선을 던졌다. 푸른 하늘 바탕에는 어느 여인이 모시 적삼을 풀어 벗어 놓은 듯 투명한 흰 구름이 길게 흐트러져 있었다.

이 말을 들으려고 그리 가슴이 아팠던 걸까. 천례가 떠나던 그 순간, 낯선 요코하마 땅의 그 부두에 주저앉아 가슴을 가눌 수 없을 때도 말이다.

동석은 신음을 속으로 삼켰다.

"그럼 저도 그때 나가면 됩니꺼?"

동석의 물음에 영옥은 배시시 웃음을 머금었다.

"하모! 그때 내랑 같이 가 보자. 내는 사실 지난 2월에 대구에서 결성된 조선국권회복단에 가입하지 않았나. 박상진이란 양반을 따라서 말이다."

"그럼, 왜 그때 저한테 말해 주지 않았십니꺼?"

"어찌 말을 하노? 천례를 먼 데로 시집보낸다고 집안이 온통 뒤숭숭한데다, 자네도 요 몇 년은 착실히 교회 일만 보는 것 같아 내 가만히 있었다."

"저는 그저 김해교회나 드나들며 몸조심하고 있었을 뿐입니더. 그런데 이제는 아닙니더. 천례를 보내면서 저도 모르게 가슴에 불이 당겨졌십니더."

동석의 음성이 다소 격하게 흘러 나왔다. 이영옥이 얼른 조용히 하라는 듯 입술에 검지를 갖다 대었다. 앞뜰에서, 성두의 기침 소리와 까르륵대는 대위의 웃음소리가 들려왔다.

"내가 그런 단체에 가입한 것은 아무도 모른다. 내 마누라한테도 비밀로 한기라. 식구들이 알아 보래이, 그 걱정이 얼마겠노?"

"당연히 그렇겠지예. 저도 대위 어매한테도 비밀로 할랍니더."

"자네가 그동안 양처럼 순한 사람이 된 줄 알고, 그저 가입이나 해 보라고 슬쩍 권했더니 참 아직도 호랑일세!"

이영옥이 뭔가 말을 더 계속하려 했지만, 동석은 그 말을 듣지 않으려는 듯 급히 말했다.

"그라몬 저는 다음 달 중순에 열린다는 그 집회에 참석한 다음에 경성으로 가겠십니더. 이제 조직이 새로 형성되면, 경성에도 그 지부가 생길 것 아닙니꺼?"

동석은 벌써 경성 지부까지 생각하고 있었다. 그의 빠른 머리 회전에 다소 놀란 이영옥은 차분히 대답했다.

"물론이다. 자네는 여기서 가입하고 올라가서 경성 지부를 만드는 데 주력하면 좋겠구마."

그때 앞뜰에서 이영옥을 찾는 정명의 목소리가 들려왔다.

"대체 어디 갔십니꺼? 오자마자 뒤뜰로 내빼더니 무신 꿍꿍이를 하는교?"

정명이 금방 뒤뜰로 들어올 듯 고함을 쳤다. 그러나 그녀는 소리만 지를 뿐 모습을 나타내지 않았다. 고개를 빼고 모퉁이 사이로 앞뜰을 살피는 이영옥의 하는 양이 우스워 동석은 웃음을 잠시 머금었다.

"아녀자와 노인네가 알면, 분란과 걱정만 일으킬 일입니더."

"물론. 그러나 우리처럼 젊은 사람이 조국 독립을 도모하는 것은 의무일세. 천례가 건너갔다는 하와이에서도 박용만 장군과 이승만이란 사람이 '국민군단'이란 조직을 형성했다 안 하나? 이제 천례가 갔으니 거기 소식을 자세히 듣겠구먼."

이영옥은 생각보다 아는 것이 많았다. 유일학교를 그만둔 후, 동석은 지난 삼 년 동안 교회 일에 열중했을 뿐이다. 동석은 세상 돌아가는 일에 무심했던 자신이 슬그머니 부끄러웠다.

이영옥은 동석을 뒤뜰에 남겨 둔 채 절룩거리며 앞뜰로 돌아갔다. 동석은 걸음을 뗄 때마다 한쪽 어깨가 기울어지는 영옥의 뒷모습을 바라보았다. 그가 약방집에 장가든다고 패거리와 시비가 붙어 영 불구가 된 사실을 동석은 다시 떠올렸다. 그다지 배운 것은 없으나 깊은 신앙으로 무장된 이영옥이었다. 영옥은 나이도 위였지만, 왜 그런지 동석보다 앞서 나갔다. 동석은 자신이 김해교회 설립자의 아들이긴 해도 이영옥만큼 신앙이 깊지 못한 것을 자각했다. 동석은 다만 아버지의 신앙으로 이제껏 살아왔을 뿐이었다.

"아! 아부지 하나님……. 저를 이끄소서……."

동석은 자신도 모르게 중얼대며 하늘로 눈을 들었다. 길게 흐트러진 투명한 구름이 그새 바람에 풀어진 듯 푸른 하늘 위를 점점이 떠가고 있었다.

동석은 내달에 있을 집회와 세브란스 의전의 입학 절차에 대한 생각으로 마음이 갑자기 조급해 왔다. 그는 마침 경신학교 기숙사에서 같은 방에 머물던 이갑성이 세브란스 의전 서무과에 근무하고 있다는 소식을 접했다. 동석은 우선 그를 찾아가 입학 절차를 의논하리라 마음먹었다.

1915년 7월 20일, 동석은 경성행 열차에 몸을 싣고 있었다. 날씨는 찌는 듯했고, 열차는 만원이었다. 용케 창가에 자리를 잡고 앉은 동석은 열어 놓은 창으로 불어 오는 바람을 맞으며 자꾸만 뒤로 밀려가는 경상도 땅을 바라보았다. 동석의 시야를 재빠르게 스쳐 가는 짙푸른 산야 위로 닷새 전에 일어난 집회가 그림처럼 겹쳤다.

집회 이름은 '대한광복회'로 결정되었다. 그 전신은 이 년 전 풍기에서 결성된 '대한광복단'이었지만, 주도하는 사람은 지난 2월에 '조선국권회복단'을 결성한 바 있는 박상진이란 인물이었다. 동석보다 일곱 살 연상인 그는 언뜻 평범해 보이는 얼굴이었으나 눈빛이 몹시 날카로웠다. 짧게 콧수염을 기르고 사람을 뚫어져라 바라보는 모습이 범상해 보이지 않았다. 그는 울산 출신으로 이미 판사 시험에 합격해 평양 법원에 발령을 받았으나, 그것을 포기하고 독립운동에 뛰어든 것이라 했다. 의병장 출신이라 하니, 그야말로 문무를 겸비한 강력한 인물이었다.

동석은 이영옥과 함께 가입서에 지장을 찍고 대한광복회 일원이 되었다. 그는 이제껏 조국 독립에 대한 뜻을 막연히 품고 있기는 했지만 조직에 정식으로 가입하기는 처음이었다. 그 일은 세상에 태어난 남아로서 그를 뿌듯한 희열감에 젖게 했다. 그러나 아버지 배성두와 아내 복남을 생각할 때면, 그는 가슴 언저리가 뻐근했다. 그것은 이 조직을 통해 그가 가게 될 길에 대한 알지 못할 두려움이기도 했다.

열차는 철커덕거리며 달렸다. 창 밖 푸른 산야의 싱그러운 바람이 꽉 들어찬 승객들의 땀 냄새로 역겹던 차 안에 밀려들었다. 맞은편 자리에 앉은 촌로 부부는 동석을 멀뚱멀뚱 바라보았고, 옆자리에 앉은 아낙은 아이를 낀 채 꼬박꼬박 졸았다.

철도원이 수시로 지나가고 이따금 일본 헌병이 칼을 차고 지나다 수상해 보이는 사람이 있으면 불심 검문을 했다. 혹 대한광복회를 조직한 사실이 새어 나간 것은 아닐지 동석은 긴장했다. 이제 그는 단지 김해 동상 마을 약방집 장남이 아니었다. 엄연히 조국 독립에 목숨을 건 조선 남아였으며, 사는 동안 이 땅에 정의 실현을 해야 할 하나님의 아들이었다.

동석이 깜박 졸았다고 생각한 순간이었다. 누군가 흔들어 깨우는 느낌에 눈을 뜨니, 모자를 눈썹 아래까지 눌러쓴 일본 헌병이 동석을 내려다보고 있었다. 뭔가 배움이 있어 보이는 젊은 남자는 전부 검문을 하고 지나온 듯했다.

"어디서 오는 길입니까?"

날카롭게 물어 오는 헌병의 목소리에 동석은 얼른 자세를 고쳐 앉았다.

"대구에서 탔십니더."

"대구?"

선잠이 깬 듯 일부러 하품을 섞으며 한 동석의 대답에 헌병은 칼끝처럼 짧은 반문을 했다. 헌병이 뭔가 더 말하려는 순간이었다. 옆 자리에 앉은 두세 살로 보이는 사내아이가 제 어미 품에서 막 잠이 깬 듯 갑자기 울음을 터트리며 동석의 품 안으로 기어들었다.

"아부이……. 아부이!"

아이는 꿈꾸는 뒤끝인 듯 서럽게 울며 동석의 품을 파고들었다. 그래도 아낙은 눈뜨지 않고 고개를 떨어뜨린 채 잠들어 있었고, 동석은 얼결에 아이를 안고 달래기 시작했다. 동석은 때로 자신의 품으로 파고들던 아들 대위의 모습이 떠올랐다. 자연스레 아이를 달래는 동석을 바라본 헌병은 잠시 생각하는 듯하더니 그냥 자리를 스쳐 지나갔다. 동석은 자신도 모르게 안도의 한숨을 내쉬었다. 아이는 정말 제 아빠의 품에 안긴 듯 동석의 팔 안에서 다시 잠들었고, 아낙은 수그린 고개를 들어 올려 자세를 고치고 아까보다 더 편안히 잠잤다. 동석은 하필 자기 옆에 아이 딸린 아낙이 앉은 것도 우연은 아니리라 생각했다. 그것은 늘 자신을 위해 간절히 기도하는 아버지 성두의 보호막인 동시에, 예비한 날까지 무사히 자신의 길을 가게 하기 위한 신의 배려라는 것을 저절로 알 수 있었다. 기차는 더위를 뚫고 맹렬히 달렸고, 스물다섯 살의 동석은 가슴에 뜨거움을 품고 경성으로 가고 있었다.

새벽 열차를 탔는데도, 경성에 도착하니 어스름한 밤이었다. 그는 전차를 갈아타고 세브란스 의전 근처에 도착해 여관에 숙소를 잡았다. 일본인 여주인이 친절히 그를 맞아 방으로 안내했다. 일본 여인이 다다미가 깔린 방에 물수건과 부채를 들여놓고 뒷걸음으로 걸으며 문을 닫고 나가자, 동석은 웃옷을 벗고 물수건으로 얼굴과 목덜미를 닦았다. 전신에 시장기와 함께 피로감이 몰려왔다. 그는 가방에서 깨끗한 옷을 찾아 갈아입고 시장기를 해결하려고 여관을 나섰다. 이미 경신학교에서 공부한 경험이 있어 경성 거리가 그리 낯설지만은 않았다. 그래도 세브란스 의전 가까이 와 본 것은 처음이라 왜 그런지 가슴이 뛰었다. 그는 일본인 상권이 이미 자리를 잡은 그 근처에서, 우동집에 들어가 말간 국물의 일본식 우동 한 그릇으로 배를 채우고 세브란스 의전의 어두운 언덕길로 들어섰다. 주변의 깜깜한 숲에서 매미가 울었다.

어두운 교사 건물 옆에 불이 환히 밝혀진 세브란스 병원이 보였다. 문득 낮에도 어두침침한 아버지 배성두의 약방이 생각났다. 한평생을 자그마한 방에 앉아 침을 꽂고 약을 지어 온 아버지⋯⋯. 그래도 아버지가 고칠 수 없는 병들이 많았다. 사람들은 거듭 병이 나고 죽어 가기도 했다. 그때마다 쌓인 회한이 동석을 이곳까지 보낸 것일까. 동석은 그저 다가온 길에 발길을 내딛을 뿐이었다. 그는 경성에 도착했고, 지금 세브란스 의전의 컴컴한 교정에 서 있었다.

1885년에 '광혜원'이란 이름으로 설립되었다, 이듬해 '왕립병원 부속의학부'라는 관영 기관이 된 곳이었다. 그리고 1899년에 '제중원 의학교'로 개명되었다, 1904년에 세브란스 병원이 설립되면서 1909년에 비로소 사립 '세브란스 의학교'로 정부의 정식 인가를 받은 곳이었다. 서양 문물이 들어와 설립된 이 양의 학교에 대해 독립을 외치는 동석도 긍정적이었다. 문화는 선진국 것을 받아들이되, 주권은 독립적으로 고수해야 할 일이었다. 그런데 어찌해 문화와 주권이 혼동되어 같이 넘어가 버렸단 말인가.

내일은 날이 밝는 대로 이갑성을 찾아갈 계획이었다. 지난 경신학교 시절 조심스런 영민함 속에 저돌적 성품을 숨기고 있던 그가, 평범하게 학교 안에서 사무나 보고 살고 있는 내심이 궁금했다. 그가 아직도 조국 독립에 대한 염원을 품고 있다면, 동석은 이번에 자신이 가입한 대한광복회에 대해 말하리라 생각했다. 문득 그와 함께한 경신학교 시절이 머릿속을 맴돌았다. 불과 몇 년 전이건만 주변은 너무 변해 있었다. 동석은 이미 아들 하나를 둔 아비였고, 얼마 지나면 두 번째 아이가 태어날 예정이었다. 동석보다 나이도 위였고, 경신학교 시절부터 결혼 말이 있던 갑성도 지금쯤은 아이가 몇 명 달려 있으리라 싶었다.

어둠 속에서 줄기차게 울어 대던 매미가 울음을 갑자기 뚝 그쳤다. 조용한 주변에서, 바람에 나뭇잎 스치는 소리만이 들려왔다. 동석이 선 곳에서 올려다보이는 언덕 위 세브란스 병원이 그가 가야 할 이상향처럼 불빛을 빛냈다. 그는 혼자 중얼거렸다.

"빛이 보이는 곳을 향해 결연히 가야 한다. 학문과 독립의 귀결은, 이 세상의 빛이 되는 일이다. 나는 이 두 가지를 다 껴안고 내가 확연히 드러나는 빛이 되기까지 내 젊음과 함께 가야 하는 것이다. 지금 내게 독립이 하나의 젊은 객기일 수 있으랴. 또한 학문이 방황의 도피처일 수 있으랴. 내가 지금 이 자리에 선 것은, 나도 모르는 운명에 의해서이다."

동석이 올려다본 하늘에 별이 돋고 있었다. 짙은 어둠에 점점 더 강도를 더해 가는 별빛이 그의 젊은 얼굴 위로 환하게 쏟아졌다. 매미가 다시 울기 시작했다. 밤 매미는 시끄럽게 울어 댔지만, 어느 결에 동석은 그 뒤에 가물거리는 나뭇잎 스치는 소리를 듣고 있었다. 마치 세상에 드러나지 않는 어떤 섭리를 듣고 있듯이……

26

학문과 독립 사이에서

1915년 11월, 동석은 세브란스 의전의 교정 벤치에 앉아 있었다. 그는 지금 학교로 막 배달되어 온 천례의 첫 번째 편지를 뜯어보려는 참이었다. 봉투를 뜯는 동석의 손끝으로 시린 바람 한 줄기가 스치며 벤치 뒤에 쌓인 마른 낙엽들을 살포시 흔들었다. 바람에 파르르 떨리는 희고 얇은 종이 몇 장을 펼쳐, 동석은 멀리 떠난 여동생이 쓴 서투른 언문 글씨를 천천히 읽어 내려갔다.

오라버니!
여기는 낯선 땅 하와이입니다. 요코하마에서 오라버니와 그렇게 헤어지고, 우리는 한 달 반 만에 이곳 하와이에 도착했습니다. 여기는 너무 덥고 햇볕이 따갑습니다. 내는 벌써 피부가 새까매지고, 이제는 점점 이곳 아낙이 되어 가고 있습니다.
내 남편 이름은 김흥복이라 하는데, 사진으로 본 인상대로 맘은 착한 사람입니다. 그러나 오라버니! 내는 아무래도 속은 것이 분명합니다. 그 사람은 총각이라기보다 사진과는 달리 아버지 같은 사람이었습니더. 그러니까 나이가 내보다 스물한 살이나 더 먹은 아저씨였습니더. 우리 식구가 본 사진은 그 사람 젊을 때 사진이랍니더. 처음에는 어찌나 속상하고 분하던지 말로 다 못 하겠습니더.

우리가 도착한 호노룰루 바닷가엔 혼인할 신부를 기다리는 총각들이 마중을 나왔는데, 그 사람도 거기 있었습니더. 우리가 교회에서 찍어 보낸 사진을 들고 나와 있는 남정네에게선 조선 사람의 티를 찾을 수 없었습니더.

그 사람들은 모두 비쩍 마른 몸에, 생전 처음 보는 울긋불긋한 윗도리를 입고, 아랫바지도 반 토막이었습니더. 그러니까 정강이가 훤히 드러나는 남사스런 모습이었습니더. 저마다 제 색시를 만나 히죽히죽 웃어 대는 모습이 검은 얼굴에 흰 이빨만 드러난 짐승처럼 흉측해 보였습니더. 그 사람들을 바라보며 주위를 두리번거리고 있을 때, 그들과 비슷한 차림으로 내게 다가오는 중년 남자가 있었습니더. 누런 밀대 모자를 쓰고 있었는데, 모자 밖으로 나온 머리카락이 조금 희끗거렸습니더. 땀이 번질거리는 얼굴은 주름살이 보이고 웃은 모습이 어찌나 낯설던지, 내는 설마 그 사람이 내 신랑감이라고는 생각도 안 했습니더. 사진하고는 영 딴판이었습니더.

그런데 그 사람이 히죽 웃으며 내게 물었습니더.

"배천례 씨입니까?"

말씨는 서울 근방 경기 사투리였어예. 자기가 내 신랑감이라며 소개를 하는데, 내는 까무러치듯 놀라 그 자리에 주저앉고 말았습니더. 올해로 마흔 살 난 아저씨였으니까요.

내 보퉁이를 빼앗으며 집으로 가자고 하는데, 내는 그만 울음을 터트렸습니더. 그렇지 않아도 심한 뱃멀미에 시달리며 동상 마을 우리 집이 그립고, 어머이하고 아부지하고 오라버니, 그리고 올케와 조카가 보고 싶어 눈이 무를 지경이었습니더. 겨우 눈물을 닦고 배에서 내렸는데, 세상에 늙은 신랑이라니예. 내는 그 자리에서 다리를 버둥거리며 속은 것에 놀라고 억울해 어머이 아부지를 부르며 막 울어 댔습니더.

내 하는 양을 바라보다 다른 신랑과 신부는 짝을 지어 하나둘 그곳을 떠났지만, 내는 해가 질 때까지 그렇게 울고만 있었습니더. 배 안에서 점심을 먹고 내렸으니, 우리가 도착한 것은 해가 중천에 떴을 때였거든예. 그 남자는 어찌해야 할지를 모르겠다는 듯 울어 대는 내 주변을 오가며 서양 담배만 피워 댔습니더. 내가 울다 울다 지쳐 그만 숨을 꺽꺽거리고 있을 때 해가 기울기 시작했습니더. 아무리 생각해도 잘못 온 것 같다는 생각이 들었지만 되돌아가기에는 너무 먼 길이었습니더. 울음을 그쳐 가는 내를 물끄러미 바라보는 그 김 씨의 얼굴에 수심이 가득했는데, 그 찡그린 모습이 어찌 보니 울 아부지 같았습니더. 그러니까 신랑감 같지는 않아도, 날 잘 챙겨 먹이고 입힐 사람 같은 믿음이 가드란 말입니더. 해가 거의 다 지고 나서야, 내는 그 사람을 따라 일어섰습니더. 거기서 달리 갈 곳이 없었기 때문입니더. 그리고 지금은 그 사람의 각시가 되었습니더.

우리는 여러 쌍이 다 같이 이곳 교회에서 혼례를 올렸습니더. 서양식 혼례라고 몸에 꼭 붙는 하얀 옷에 훤히 비치는 하얀 너울을 머리에 쓰고 신랑한테 반지도 받았습니더. 여기 사는 조선 사람들은 조선말을 할 줄 아는 미국 목사님이 있는 교회에 매 주일 나가며 믿음생활을 열심히 하고 있습니더. 왜냐면 주일을 제외하곤 하루 종일 사탕수수 밭에 나가 고된 일에 시달리다 보니, 의지할 곳은 교회와 하나님뿐인 겁니더. 그래도 교회에 나가는 주일이면 옷도 깨끗이 입고, 조선 사람끼리 모여 즐겁게 이야기할 시간도 있으니까예.

이곳 농장엔 중국 사람도 많고 일본 사람도 많습니더. 똑같이 죽어라 일을 하지만 왜 그런지 조선 사람들은 농장 주인에게 더 하대를 받는 것처럼 여겨집니더. 아직 이곳 생활이 낯설어 확실히는 모르지만, 이웃에 사는 조선 사람들은 농장 감독관한테 더러 채찍으로 등짝을 맞기도 한다고 합니더. 내 남편 김 씨는 나이는 먹었으나 내게는 참 자상하고 따뜻한 사람입니더. 그러니 아무 걱정 마시라예. 남편은 새벽부터 농장에 나가고, 처음엔 혼자 심심하게 하루해를 보내다가 얼마 전부터 농장 안 빨랫간에서 일하고 있습니더. 그래서 요즘은 돈도 벌고 심심하지도 않아 좋답니더.

오라버니! 우선 이렇게 소식을 드립니더. 요코하마에서 헤어질 때 오라버니가 편지를 동상 마을로 보내지 말고 세브란스 의전으로 보내라고 해, 주신 주소로 이 편지를 띄웁니더. 그리고 동상 마을엔 따로 편지를 드려 안부를 전할 겁니더. 모두 너무 보고 싶습니더. 우리 올케 몸 풀 때가 되지 않았는지예. 우리 조카 대위는 그새 얼마나 컸는지예. 이 고모를 잊어 버리지는 않았는지예. 어머이, 아부지, 큰어머이, 창석 오라버니, 야무레기 언니와 형부도 모두 보고 싶습니더.

오라버니!

그래도 제일 먼저 소식을 전해야 할 사람은 동석 오라버니인 것 같아 먼저 소식을 보냅니더.

편지를 그만 그치려니 울음이 나와 참을 수가 없습니더.

아무쪼록 잘 지내시고 봉투에 써진 주소로 답장해 주셔예.

눈이 빠지게 소식 기다리겠습니더.

천례 올림.

편지를 다 읽어 내려간 동석은 눈물이 번져 나간 눈가를 손등으로 훔쳐 냈다.

'세상에 신랑감이 그렇게 나이를 먹었다니……. 달랑 사진 한 장만 보고 젊은 총각이라 생각해 그 먼 곳에 천례를 보내 버렸으니…….'

그는 자신도 모르게 한숨을 쉬었다. 아직 열아홉 살밖에 안 된 천례에게 마흔 살 먹은 신랑감이라니 말도 안 되는 소리였다. 그러나 이제 엎질러진 물이었다. 그 애가 있는 곳은 상상할 수도 없을 만큼 먼 곳이었다. 그곳에서 진작 혼례를 올리고 신방도 차린 것 같으니 어쩔 수 없는 노릇이었다.

동석은 편지를 윗도리 주머니에 도로 접어 넣었다. 천례의 말대로 아내 복남의 해산달이 머지않다는 생각이 퍼뜩 머리를 스쳤다. 집을 떠나고 서너 번 편지를 보내기는 했지만, 그건 모두 아버지 배성두 앞으로 쓴 편지였다. 아내 복남에게 쓴 편지는 한 통도 없었다. 차가운 늦가을 하늘을 올려다보다 그는 아내가 갑자기 보고 싶었다.

그동안 새로운 생활에 적응하느라 아내의 고운 살결을 그리워할 틈도 없었다. 학교생활도 새로웠지만, 밤이면 오랜만에 만난 이갑성과 마주 앉아 시국을 논하느라 시간 가는 줄 몰랐던 것이다. 이갑성은 아예 솔가해 경성에 자리를 잡고 있었다. 경신학교를 졸업하자마자 혼인한 갑성은 벌써 아이를 둘이나 두었고, 역시 독립 단체에도 깊이 관여하는 듯했다. 경성에는 동석이 알 수 없는 사적 모임들에서 남몰래 독립이 운운된다고 했다. 그동안 대한광복회의 우두머리인 대구의 박상진이 동석에게 몇 차례 소식을 전했는데, 그것은 경성에 '대한광복회 경성 지부'를 결성하라는 지령이었다. 동석은 이 일을 갑성과 의논하지 않을 수 없었다.

벤치에 앉아 있는 사이, 늦가을의 짧은 해가 빠르게 저물고 있었다. 그는 책이 든 가방을 들고 일어섰다. 묵직한 책가방은 그가 가야 할 길의 무게를 말하고 있는 듯 그의 오른팔에 매달려 왔다. 그는 마른 낙엽이 구르는 교정의 언덕길을 내려가기 시작했다.

오늘 밤에 갑성의 집에서 모종의 집회를 열기로 했다. 이를테면 갑성이 관여하고 있는 사적 모임들을 모아 대한광복회 경성 지부를 발족하려는 것이었다. 오늘은 일차로 다섯 개의 사적 모임 대표자 한 명씩만 갑성의 집으로 초대되었다. 동석은 하숙집으로 돌아가 저녁을 서둘러 먹은 뒤 어둡고 한적한 골목길을 걸어 나왔다. 갑성의 집은 세브란스 의전 바로 옆에 있었다. 혹 미행자가 있는지 조심하며 동석은 갑성의 집 대문을 밀쳤다.

대문이 잠기지 않은 갑성의 집 토방에는 벌써 구두 여러 켤레가 놓여 있었다. 남의 집 행랑채를 토담으로 갈라내어 겨우 두 칸짜리 집에서 살고 있는 갑성이었다. 그런 갑성의 손님이기에는 토방에 놓인 구두들은 너무 고급스러웠다.

'도대체 경성에선 어떤 위인들이 독립을 운운하고 있는 것일까.'

동석은 문득 궁금증이 솟았다. 재산가의 자손들이 분명하다는 생각이 들었다.

동석은 방문 앞에서 잠시 심호흡하며 숨을 골랐다. 낯선 사람들과 대면을 앞둔 긴장감이 없지 않았다. 그는 헛기침을 두어 번 한 다음 신발을 벗고 툇마루로 올라섰다. 동석의 기척에 갑성이 미닫이문을 열고 그를 맞아들였다.

"어서 오시게. 배동석 동지."

갑성은 이제껏 한 번도 부르지 않은 '동지'란 호칭을 입에 올리며, 이미 방 안에 자리하고 앉은 사람 네 명을 동석에게 소개했다. 원래 다섯 명이 모이기로 했으나, 한 사람은 사정이 있어 자리하지 못했다고 했다. 남자 네 명은 모두 20대 후반에서 30대 초반 정도로 보이는 말끔한 신사들이었다. 동석은 어렴풋이 이 대갓집 자제들이 요정에 자주 모여, 일본의 손에 들어가 버린 조선의 처지를 한탄해 왔으리라 짐작했다. 이런 시대에 친일을 하지 않는다면, 돈도 권력도 손에 쥐기 어려운 일이었다. 그는 혹 이들 중 한두 명쯤은 친일파 자제일지도 모른다고 생각했다.

그들은 저마다 짤막하게 자신의 이름을 말하며 동석과 악수를 나누었다.

"우리는 배 동지를 중심으로 움직이기로 했소. 그러니까 배 동지가 가입해 있는 대한광복회를 통해 우리의 뜻을 펼쳐 나가기로 했단 말이오. 사실 지금까지는 서로 뜻만 모아 왔지 실행에 옮긴 것이 없소. 우리는 할 수만 있다면, 저 이토 통감을 저격한 안중근 의사처럼 큰일을 도모하고 싶소."

더블 단추로 채워진 회색 양복을 입은 그 사내는, 그들 중 가장 나이가 많아 보였다. 갑성의 소개에 따르면 경신학교 선배라고 했다.

"그러니까 대한광복회의 경성 지부는 이렇게 출발하는 거다. 여기 모인 네 사람 뒤에는 사람들이 모여 있대이. 그러나 그들 모두에게 대한광복회의 실체를 다 알려 줄 필요는 없다고 생각한다. 너무 많은 사람들에게 드러나면 그만큼 일본 헌병의 눈에 띌 위험도 많으니까 말이재. 우리는 이렇게 결성돼 대구 박상진 선생의 일차 지령을 기다리는 것으로 출발한다."

갑성의 결연한 목소리에 동석은 새삼 그의 저력이 실감 나 만족스런 미소를 살며시 흘렸다.

"박 선생의 지령은 경성 지부를 결성하는 것과 함께, 이미 내려져 있습니다."

동석의 목소리가 방 안으로 온화하게 울려 퍼지자, 갑성을 포함한 남자 다섯 사람은 눈을 갑자기 빛냈다.

"그게 뭐란 말입니까?"

회색 양복을 입은 사내가 급히 물어 왔다.

"다른 무엇이 아닙니더. 어떤 조직에도 재정이 필요한 겁니더. 지방보다는 그래도 경성엔 군자금 모금이 쉬울 거라는 얘깁니더. 지금은 함부로 나서서 우리 모습을 드러낼 때가 아니라, 만주 땅에 형성된 전투 병력에 힘을 실어 줄 때라 했십더. 한마디로 군자금을 모아 만주로 보내는 일이 우리에게 떨어진 첫 번째 지령입더."

"그것이 언제까지 이루어져야 한다는 기한이 있습니까? 배 동지!"

갑성은 평소와 전혀 다른 말투로 동석을 바라보았다.

"빠를수록 좋지만 기한을 정할 수 없다고 했십더. 경성 지부에서 성의가 닿는 대로 웬만큼 돈이 모이면, 누군가 그 군자금을 만주까지 가져가야 합더."

"그러니까 그 돈의 전달까지 우리의 일이란 말입니까?"

다른 세 사람은 별 말이 없는 반면, 회색 양복을 입은 남자가 다시 물어 왔다.

"그렇습더. 대구 본부는 대구 본부대로 그곳 조직의 확장과 경남, 호남, 충청권 안의 숨은 전투 세력을 지원하고 있십더. 그러니 경성 지부는 만주의 전투 세력을 지원해야 한다고 합더. 지금까지는 일부 뜻있는 사람들이 돈을 모아 이리저리 만주로 흘러갔으나, 그것을 주선한 뚜렷한 세력이 없었십더. 그러니 이 일을 조직화해 명분을 확실히 해 두고, 만주 쪽에서도 군자금이 들어오는 행로를 획일화해, 그동안 들쑥날쑥해 힘들었던 재정적 안정을 마련하려는 겁더."

동석은 그동안 박상진과 오갔던 편지 내용을 담담히 말했다.

"그러면 무기한으로 시작할 것이 아니라 우리끼리라도 기한을 정하고 시작합시다. 아무래도 만주 땅은 추위가 심해 겨울은 움직이기가 어려울 것 같으니, 내년 3월에 군자금을 전달하는 것으로 합시다. 그곳으로 갈 사람은 다음 모임에서 다시 생각해 보기로 하고, 우리는 자주 모여 그동안의 경과보고를 나눕시다."

갑성의 말에 모두가 고개를 끄덕였다. 대한광복회 경성 지부가 이렇게 형성되어 그들에게 첫 번째 임무가 주어졌지만, 사실 이 모임을 주선한 동석이나 갑성은 군자금을 한 푼도 낼 처지가 못 되었다. 갑성은 세브란스 의전 서무과의 박봉으로 겨우 네 식구가 살고 있었고, 사실 동석은 다음 학기 등록금조차 기약이 없었다. 동상 마을에서 창석이 보내온 편지에는 아버지 배성두의 기력이 날로 쇠약해 환자를 많이 돌볼 수 없는데다, 창석은 아직 스스로 나서서 진료를 할 만한 의술을 익히지 못했다고 하였다.

동석이 서양 의술 배우기를 그토록 갈망한 배성두는, 사실 궁핍한 집안 사정을 아들에게 내보일 수 없었다. 동석은 스스로 알아서 다음 학기 등록금을 마련하거나, 아니면 잠시 학교를 쉬어야 할지도 모른다고 생각했다. 그 순간 그의 머릿속을 퍼뜩 스치는 생각이 있었다. 학문은 미뤄서도 할 수 있지만, 독립은 미룰 수 없다는 것이었다. 그는 자신도 모르게 좌중을 향해 불쑥 내뱉었다.

"만주로 가는 일은, 제가 하겠습니더!"

모두가 놀란 듯 눈을 동그랗게 떴다.

"우리 조직의 세부 사항은 여기 모인 여섯 사람 이상이 알아서는 안 되는 것입니다. 오늘 우연히 참석하지 못한 다른 동지 한 사람도 유감스럽지만, 우리 일차 조직에선 제외시키겠습니더. 그러니 당연히 만주로 갈 사람은 우리 중에서 나와야 합니더. 다른 동지들은 모르겠으나, 사실 갑성 동지와 저는 군자금에 한 푼도 보탤 형편이 못 됩니더. 갑성은 월급을 받아 식구를 부양하니 한시도 직장을 떠날 수 없는 처지고, 저야 부모님 밑에 처자가 있으니 식구 걱정 않고 다녀올 형편은 됩니더."

"그러면 학교는 어쩌고 말입니까. 세브란스 의전 학생이라고 들었습니다만……."

회색 양복을 입은 사내가 입을 열다가 말꼬리를 흐렸다.

동석은 피식 웃음부터 머금었다. 왜 그런지 조금 슬픔이 어린 그런 미소였다.

"학문은 미룰 수 있지만, 독립은 어떤 이유로도 미룰 수 없습니더. 조선 몸뚱이가 썩어 가며 아프다 하는데 어찌 미룰 수가요."

잠시 방 안에 침묵이 흘렀다.

"의학도다운 말입니다. 배 동지! 정말 맘에 드는 사람이오!"

역시 침묵을 깬 사람은 회색 양복이었다. 그는 동석의 손은 덥석 잡으며 감격 어린 표정을 지었다.

"조선이 병들어 아프다 소리치는데, 어찌 급하지 않겠습니까. 병이 더 깊어지기 전에, 우리는 조선 땅을 고치는 의사가 되어야 한단 말입니다. 3월! 3월이요! 전력을 다해 힘써 보지요."

회색 양복 사내의 흥분된 목소리가 계속 이어지자, 모두 고개를 끄덕였다.

그 순간, 동석의 머릿속에 또 다른 생각이 흘렀다. 잔뜩 부풀어 올랐을 아내 복남의 커다란 배와 갓난아이의 울음소리였다.

'그래, 그래도 아이를 낳는 것은 볼 수 있겠구나.'

동석은 자신을 무조건 경성으로 보내 놓고, 다음 학기 등록금을 걱정하고 있을 늙은 아버지 역시 어서 안심시켜 줘야 한다고 생각했다. 웬일인지 그의 눈에 눈물이 핑 돌았다. 나라와 가족, 학문과 독립……. 동석은 무엇 하나도 버릴 수 없었다. 그러나 어찌 모든 것을 채운단 말인가. 동석은 그중 가장 중요한 한 가지 일을 위해 나머지는 포기해야 할지도 모른다고 생각했다.

방 안의 남자들이 이야기를 끝내기 기다렸다 갑성의 아내가 조촐한 술상을 들여놓았다. 제 어미가 술상을 내오는 사이, 건넛방에서 울어 대는 갑성의 아이들 소리가 제법 크게 들려왔다. 그 울음소리는 동석의 가슴속에서 지금쯤 동상 마을 약방집에서 곤히 자고 있을 아들 대위의 소리와 겹쳤다.

'겨울이 깊으면 고향으로 돌아가리라. 그리고 긴 겨울을 아내와 아이들과 어머이, 아부지와 함께 보내리라. 봄이 오면 먼 길을 떠나야 할 거니까. 어쩌면 다시 돌아오지 못할지도 모르니까.'

방 안 가득 호쾌하게 웃어 대는 사내들의 웃음소리에 술자리가 무르

익었다. 어느새 얼굴이 불콰해진 채 남폿불 아래 앉아 있는 동석의 눈
에 물기가 반짝였다.

27

또다시 고향으로

1915년 12월 말, 겨울 방학을 맞은 동석은 다시 고향으로 갔다. 다음 봄 학기 휴학 절차를 이미 갑성과 의논해 놓고 김해로 가는 그의 마음은 섭섭함보다는 오히려 가볍기까지 했다. 그는 기차 안에서 창 밖을 내다보았다. 온통 하얀 눈으로 덮인 산야가 눈에 시려 왔다. 덜컹거리며 달려가는 열차의 차가운 유리창에 머리를 기댄 그는 품속에서 천례가 보낸 두 번째 편지를 꺼냈다. 지난가을에 첫 번째 편지를 받고 곧 답장을 보냈지만, 두 번째 편지는 동석의 편지를 받아 보기도 전에 다시 보낸 것 같았다. 벌써 여러 번이나 읽어본 편지를 다시 펼친 그의 시야로 천례의 서툰 언문이 푸른 잉크를 따라 비틀거리고 있었다.

오라버니!
다시 필을 듭니더. 지금 그곳은 가을로 접어들었는지예?
그러나 이곳은 내내 더운 여름뿐입니더.
내가 이곳에 온 지도 벌써 여러 날이 흐르고, 처음엔 별세계처럼 보인 이곳 생활이 속속들이 보이기 시작했습니더. 이곳 조선인 부인들은 내처럼 농장 안 빨랫간에서 일하기도 하지만, 남정네와 같이 농장에 나가 일하는 여자들도 있습니더. 우리는 일요일에 교회에 모여 이런저런 얘기들을 나누는데, 내는 그 이야기 속에서 많은 것을 알 수 있었습니더.

나이 먹은 내 남편도, 때로는 감독관의 채찍에 맞기도 했다는 것을 들었을 때는 눈물이 울컥 솟았습니더. 그 사람은 크지도 작지도 않은 보통 체격을 가진 사람인데, 사실 아직 새색시인 내는 수줍어 그 사람의 몸 구석구석을 볼 겨를이 없었습니더. 그러나 교회에서 얘기를 듣고 나서, 그 사람의 등짝을 살펴보자고 했습니더. 한사코 마다하는 그 사람을 벗겨 웃통을 보니, 세상에 오래전에 맞은 채찍 자국이 아직도 희미하게 남아 있었습니더.

오라버니! 내는 남편의 얼룩진 등에 기대 그만 흑흑 울어 버렸습니더. 왜 그런지 앞으로 살아갈 날이 막막하게만 느껴졌습니더. 여기서 새벽부터 저녁까지 농장에 나가 받는 하루 일당이 얼마인지 아십니꺼? 오라버니! 일본 화폐로 얼마인지 감이 잡힐지 모르지만, 그건 단 69센트입니더. 그런데도 프에르토리칸 감독관은 조선인이 게으르다고 조금만 일손이 느려도 채찍을 휘두른다고 합니더.

이곳 농장 주인은 백인이라고 합니더. 그러나 감독관은 '프에르토리코'라는 나라에서 온 사람들인데, 생김새는 백인처럼 생겼어도 피부는 우리 조선인보다 더 검습니더. 그 사람들이 하루 종일 말을 타고 농장을 오가며 무자비하게 채찍을 내리친다고 합니더. 조선인 노동자들 중에 그 채찍에 맞아 보지 않은 사람은 거의 없을 거라 합니더. 다 같이 다른 나라에서 온 처지인데도 조선인을 하대하는 프에르토리코 사람들이 감독관이 된 것은, 다 그 영어 때문이라고 합니더. 거의 벙어리나 다름없는 우리 조선인에 비하면, 그 사람들은 백인 주인과 통할 만큼 말을 잘한다고 하니까예. 오라버니! 참 서러운 일입니더.

여긴 조선인뿐만 아니라 대국 사람도 많고 일본 사람들도 많습니더. 다 같이 농장 노동일을 해도 대국인이나 일본인은 우리 조선인처럼 하대받지 않는 것 같습니더. 그 사람들은 조선인들보다 훨씬 숫자도 많고, 하와이 땅에 온 지도 오래된지라 백인 주인들은 그들을 달래는 식으로 일을 시킵니더. 오라버니! 내가 철없어 동상 마을에 살 때는 부모님과 오라버니에게 어리광만 부렸는데, 막상 이렇게 남의 나라 땅에 오고 보니 나라 잃은 설움이란 것이 뭔지를 알 것 같습니더. 우리 조선인이 유독 무시당하는 것은 나라 잃은 민족이기 때문입니더. 내는 이제야 오라버니께서 왜 그리 '독립'이란 말만 나오면 눈에 빛을 싣는지 그 심정을 알 것 같습니더.

우리 집안의 빛과 같은 동석 오라버니!

오라버니의 배움과 힘으로 부디 조선 독립을 이루어 주셔예.

여기서는 남정네나 아낙네나 모이면 독립을 말합니더. 독립을 소망하는 것이 조선인의 의무랍니더. 알고 보니 벌써 일 년여 전, 이곳에도 '국민군단'이란 것이 창설됐다고 합니더. 조선인 중엔 더러 본국에서 군인을 지낸 사람들이 있는데, 그 사람들을 중심으로 훈련을 받는 사람들이 이백 명을 넘어 삼백 명에나 이른다고 합니더. 남정네는 국민군단 이야기만 나오면, 모두 신 나서 어쩔 줄을 모르고 아낙들도 그것을 위해서라면 아무것도 아끼지 않습니더. 아무리 고생해 벌은 돈이라도, 나라를 위해서라면 당연히 바쳐야 한다고 생각하는 겁니더.

오라버니! 내는 이곳에 와서야 겨우 조선 사람이 된 것 같습니더. 사람들이 모여 독립을 말하는 소리를 들으면 눈물이 울컥 치솟습니더. 그 국민군단을 이끄는 어르신으로는 박용만 장군이란 분과 이승만 박사란 분이 있다고 합니더. 내는 아직 그 두 어른을 뵐 기회를 갖지 못했으나, 조선의 지체 높은 집안에서 많이 배운 이 어르신들이 여기 하와이 조선인들의 빛이라 합니더.

참, 내 남편은 나이가 많아 국민군단에 들어가지 못했습니더. 거기에다 부끄러운 얘기지만, 내 남편은 언문을 잘 알지 못합니더. 가난한 농군으로 살던 그 사람은 이곳으로 와 밤이나 낮이나 노동만 하다 보니, 언문이라도 깨칠 기회가 없었던가 봅니더. 내가 편지 쓰는 것을 보고, 그 사람은 신기하고 기특해 어쩔 줄 몰라 했습니더. 내는 다행히 많이 배운 오라버니가 곁에 있는 덕분에, 이렇게 먼 곳에서도 내 마음을 적어 보낼 수 있으니 얼마나 다행인지예.

이곳에도 이승만 박사가 세운 학교가 있어, 아이들은 그곳에서 공부를 합니더. 그러나 밤낮으로 일만 하는 어른들 중에는 언문도 모르는 사람이 많답니더. 내 나라글도 쓸 줄 모르는 조선인들이 이곳 사람들 눈에는 얼마나 우습게 보이겠습니꺼. 어쩌다 감독관한테 이야기라도 하려면 손짓 발짓을 하는 모습이 사람이라기보다 꼭 짐승같이 보이는 겁니더. 얼굴은 새까맣게 그을고 몸은 비쩍 마르고……. 그러니 감독관들이 말이 안 통하는 조선인에게 채찍부터 내두르는 것입니더. 간혹 아낙네들도 그 채찍을 맞는다고 합니더. 하긴 감독관들 눈에 남자와 여자가 구별되겠습니꺼. 다 일이나 하는 동물로 보일 테니까예.

오라버니! 이런 얘기는 사실 동상 마을에 보내는 편지에 쓰지 못했습니더. 오라버니한테나 쓰지예. 그러니 부모님께는 이곳 사정이 이렇다는 얘기는 하지 말아 주셔예.

내랑 같이 온 김해 여자들 중에 더러 태기가 있는 사람들이 있습니더. 그래도 같은 시기에 도착한 처지라 만나면 반갑게 얘기를 주고받고 하는데, 간혹 오라버니 얘기도 나옵니더. 우리를 요코하마까지 데려와 준 오라버니를 어찌 잊을 수 있겠습니꺼. 한 달

반 동안 배를 타고 오며 서로 부둥켜안고 눈물도 많이 흘렸지예.
지난번 편지엔 처음부터 고생한 얘기를 쓸 수 없어 말 못 했으
나, 배 안에서 고생한 것은 이루 말할 수 없습니더. 우리 조선 사
람들은 배 맨 밑 칸에 모여 있었는데, 점점 아픈 사람들이 생기
고 시간이 갈수록 더럽고 냄새가 나 정말 참을 수가 없었습니더.
내는 수시로 갑판으로 나가 토악질을 하며, 어머이와 아부지를
수없이 부르고 울었습니더. 그 고생을 하며 도착했는데, 생각도
안 한 늙은 신랑이 기다리고 있으니 참 기가 막힐 밖에예.

그러나 오라버니! 지금은 아닙니더. 그 사람은 정말 따뜻하고 나
한테 잘해 줍니더. 정말 내 남편이 오라버니처럼 공부도 많이 하
고 잘생긴 사람이면 얼마나 좋았겠습니꺼. 하지만 내가 이렇게
멀리 떠나 온 것은 다 하나님 아부지 뜻이라 생각합니더. 내가
누구 딸입니꺼? 김해교회를 세운 우리 아부지 배성두 장로의 딸
이 아니겠습니꺼. 더구나 우리 조상은 믿음 때문에 박해를 당하
다 김해까지 오게 된 어른들이라 하지 않았습니꺼.

그러니 오라버니! 아무 염려 마셔예. 내는 어떻게든 이곳 사람들
이 쓰는 영어를 한 자라도 배워, 조선인이 억울하게 매 맞거나
부당한 일을 당하는 것을 막아보고 싶습니더. 나라도 빼앗기고
말도 안 통하는 무식한 조선인들은 그저 저들의 맷감에 불과합
니더. 그것이 억울하고 분하기만 합니더. 오라버니는 남다른 뜻
을 지닌 분이시라, 내가 더 자세히 여기 사정을 적어 보냅니더.

그러면, 다시 써 올리는 날까지 안녕히 계셔예.

천례 올림.

덜커덩거리는 기차의 흔들림에 따라 동석의 손에서 흔들리는 천례
의 편지 위로 눈물이 한 방울 떨어져 내렸다. 그는 응석받이로 키운 여
동생을 험한 곳으로 보낸 것이 자신의 탓인 것 같아 가슴이 무너져 내

리는 듯했다. 그러나 어쩌랴. 이미 그 아이는 그곳에 정착해 가고 있었다. 그 애 말대로 모든 것은 하나님의 뜻이었다. 하늘에 계신 아버지가 인간에게 좋은 일만 주지 않는다는 것을 그도 알고 있었다. 훗날에 더 좋은 것, 더 깊은 것을 위해 때로 힘든 일에 처하게 된다는 것을.

천례가 적어 보낸 하와이 조선인들 모습은 그에게 실로 생소한 것이었다. 짐작보다 그들은 훨씬 하대를 받으며 고생하고 있는 것이 분명했다. 그곳에도 군단을 조직하고 지도하는 어른들이 있다니, 조선 독립은 나라 안에서뿐만 아니라 중국과 미국 등 나라 밖에서도 열을 뿜고 있었던 것이다. 동석은 편지를 접어 도로 양복 안주머니에 넣으며 자신도 모르게 주먹을 불끈 쥐었다.

열차는 겨울 들녘을 가로지르며 달려갔고, 동석은 졸음이 스르르 밀려왔다. 그는 좌석에 등을 깊이 기대고 팔짱을 꼈다. 난방을 하는 듯했으나 열차 안은 추웠다. 하긴 엄동설한이었다. 이런 날에 산달이라니 해산을 앞둔 아내가 걱정이었다. 그는 눈을 반쯤 감고 혼곤한 잠으로 빠져 들며 곧 만날 아내와 아들 대위 생각에 소롯이 웃음을 머금었다. 그새 녀석은 얼마나 자랐을까. 아내 복남의 배는 또 얼마나 불러 왔을까……. 그의 눈앞에 수줍은 듯 웃는 그녀의 모습이 어른거렸다. 내일밤에는 동석 자신만이 불러 주는 혜림이란 이름을 부르며 아내를 마음껏 껴안아 보리라. 갑자기 그의 젊은 몸이 뜨겁게 달아올랐다. 그러나 다시 생각하니 아내는 만삭이었다. 그는 실망한 듯 배시시 미소를 짓다가 그만 깜박 잠들고 말았다.

누군가 흔들어 깨우는 기척에 눈을 떴을 때, 그의 앞에는 일본 헌병이 날카로운 눈빛으로 내려다보고 있었다. 조선 독립 조직이 여기저기서 불쑥거린다는 정보에 일본의 검문검색은 날로 심해졌다. 동석은 얼른 자세를 고쳐 앉으며 헌병을 바라보았다.

"경성에서 오는 길입니까?"

"예, 그렇습니더. 방학을 맞아 집에 가려고요."

"학생이요? 그렇다면 학생증 좀 봅시다."

잠이 덜 깬 듯 일부러 어눌하게 내뱉는 동석의 말에도 헌병은 시선을 누그러뜨리지 않았다. 동석은 양복 주머니에서 세브란스 의전 학생증을 내보였다. 헌병은 학생증에 붙은 사진과 동석의 얼굴을 대조하더니, 학생증에 기재된 그의 인적 사항을 들고 있는 서류철에 재빨리 적어 넣었다. 순간 동석의 가슴에 차가운 긴장감이 휙 지나갔다.

가슴이 조여 왔지만 동석은 태연히 학생증을 받아 양복 주머니에 넣었다. 안주머니로 들어간 손끝으로 천례가 보낸 편지가 만져졌다. 만약 그 편지가 헌병의 손에 들어간다면, 동석은 자신이 살아남지 못하리라는 생각에 손이 땀으로 젖었다. 헌병은 칼을 찬 몸을 휙 돌리더니 다음 자리로 뚜벅뚜벅 걸어갔다. 동석은 헌병의 뒷모습을 바라보며 안주머니에 꽂힌 손을 살며시 뺐다.

대한광복회 본부에 들르지 않고 곧바로 김해로 가기로 한 것은 잘한 일이었다. 박상진에게 인편으로 편지를 전달해 경성 지부 결성 소식을 알린 바 있었다. 박상진은 노출을 꺼려 동석이 직접 찾아오는 것을 원치 않았다. 인편에 따르면 그동안 대한광복회는 사람 수가 늘었는데, 대부분이 대구 근방에 있는 교사들이나 학생들 및 유생들이라 했다. 또한 기독교는 물론 불교와 대종교, 그리고 천도교 등 종교 세력에서 가입자가 늘어 가고 있다고 했다. 과연 독립 열망은 뜻있는 자들에 의해 이렇게 시작되고 있었다. 그러나 어찌 민초들도 독립을 원치 않으랴. 동상 마을의 응석받이에 불과하던 열아홉 살의 천례도 저 먼 이국에서 독립을 말하고 있는데 말이다. 우선은 지식인 중심으로 시작된 독립 이념이지만, 이것은 분명 민중 운동으로 확산되어야 했다. 아니 확산될 것이 확실했다.

동석은 이제 열차 말미에 서서 누군가를 검문하는 헌병의 뒷모습을 바라보며 홀로 조소를 머금었다.

'조선인은 살아 있다. 지금은 너희 그늘에 억눌려 있는 듯해도, 곧

조선인이 맹렬한 혈기로 살아 있다는 것을 너희는 보게 되리라.'

동석이 동상 마을에 도착한 것은 이튿날 밤이 이슥해서였다. 부산에 도착해 여관에서 하룻밤을 보내고 아침 일찍 김해로 가는 달구지를 얻어 탔다. 이 추위에 걷지 않는 것만도 다행이었다. 그는 꽁꽁 얼어붙은 몸을 뻣뻣이 세운 채 호롱불 빛이 희미하게 흘러 나오는 약방집을 바라다보았다. 행랑채에 있는 약방은 불이 꺼져 있고, 불빛은 안채에서 흘러 나오고 있었다. 사립문을 밀치고 마당으로 뚜벅뚜벅 걸어 들어간 동석은, 아버지와 어머니가 기거하는 안방과 아내가 있는 건넌방에 다 불이 켜져 있다는 것을 알았다. 그들은 눈이 빠지게 동석을 기다렸으리라.

"어머이! 아부지! 저 왔십니더!"

그는 먼저 안방에 대고 말했다. 그러나 문이 열린 것은 건넌방이 먼저였다. 어둠 속에서 불룩한 배를 내민 아내가 방을 나오는 모습이 희끄무레하게 느껴질 때, 안방 문이 벌컥 열리더니 어머니 한나가 튀어 나오듯 속적삼 차림으로 마루 끝에 섰다.

"아이고! 이제 오나?"

한나의 목소리가 불거져 나왔다. 보지 않아도 눈물을 글썽거릴게 뻔한 어머니의 얼굴이었다.

"좀 늦었십니더."

동석은 나지막이 대답하며 호롱불을 들고 나오는 아버지 배성두에게 고개를 숙여 보였다. 어스름한 불빛 속인데도, 성두의 몸이 한결 더 수척해지고 등도 굽은 것같이 보였다.

"추운데 어서 올라온나. 거기 서 있지 말고……."

사실 동석은 온몸이 뻣뻣하게 굳어 마루로 잘 올라설 수가 없었다. 툇마루로 겨우 올라서는 아들 동석의 거동을 보며 배성두는 깊은 숨을 내쉬었다.

"인사는 내일 받자. 오늘은 밤도 깊고, 니도 몸이 절을 할 만하지도 않을 듯하다. 어서 방으로 들어가 쉬기나 해라."

성두는 동석이 뭐라 대답도 하기 전에 얼른 한나의 손을 이끌고 안방으로 들어갔다. 방문이 닫히기가 무섭게 안방의 호롱불이 꺼졌고, 툇마루에는 배가 부른 아내 복남이 어둠 속에서 물끄러미 동석을 올려다보고 있었다. 그녀의 눈에 어린 눈물이 마침 구름 속을 나온 달빛에 반짝였다. 경성보다 훨씬 따뜻한 날씨였지만, 엄동의 한기가 새삼 동석의 등덜미를 서늘하게 했다. 그는 조금 전에 아버지 배성두가 하였듯 아내의 손을 이끌고 얼른 방 안으로 들어섰다.

낮은 호롱불 아래서 아들 대위가 새근새근 잠들어 있었다. 여름에서 겨울까지 단지 몇 달이 지났을 뿐인데도, 아이는 무럭무럭 자라 두 볼에 살이 오른 듯했다. 몸이 무거워 혼자서는 잘 앉지도 못하는 아내를 부축해 자리에 눕히고 동석은 옷을 벗기 시작했다. 추위에 꽁꽁 얼은 몸을 불에 덴 듯 달구었다. 먼 길을 왔으니 소세라도 하고 잠자리에 드는 것이 마땅했으나, 그는 모든 것이 노곤하고 귀찮았다. 단지 아내 곁에 누워 그녀의 살 냄새를 실컷 맡으며 혼곤한 잠에 빠져 들고 싶을 뿐이었다.

그는 배가 부른 아내를 모로 눕게 하고 뒤에서 꼭 끌어안았다.

"혼자서 많이 힘들었재?"

귓불에 대고 소곤대는 동석의 입에서 입김이 새어 나왔다. 복남은 대답 대신 가만히 흐느껴 울었다.

"미안하다. 혜림아!"

나직한 동석의 속삭임에 복남의, 아니 혜림의 울음이 더 깊어 갔다.

"내 얼마나 이 이름을 부르고 싶었는지 아나? 혜림…… 혜림아!"

이윽고 복남은 힘겹게 몸을 돌려 누워 동석의 품에 얼굴을 묻었다.

"이제라도 오신 게 정말 다행이라예. 당신 앞에서 몸을 풀고 싶었십니더. 대위를 낳을 때는 처음이라 뭐가 뭔지 몰라 무서운 줄도 몰랐십니더. 그런데 이번엔 겁이 덜컥 납니더. 공연히 당신을 다시 못 볼 것만 같고⋯⋯. 그래서 밤마다 울었다 아닙니꺼."

동석은 깊은 숨을 내쉬며 가만히 아내의 상반신을 끌어안았다. 산달을 앞두고 잔뜩 부풀어 오른 복남의 가슴이 동석의 명치끝에 눌려 왔다.

"지금 집안 형편이 말이 아닙니더. 아버님이 눈이 어두워 침도 잘 못 꽂는데다, 창석 도련님은 아직 능란하지 못해 환자들이 자꾸 읍내 일본인 양의를 찾아간다 합니더. 거기다 교회 살림은 자꾸 커 가는데, 헌금 액수는 늘지 않고⋯⋯. 아버님은 없는 돈도 자꾸 교회로 가지고 간다 안 합니꺼. 학교를 쉬겠다는 당신 편지를 받고, 아버님은 정말 가슴 아파하셨어예. 당신이 어서 양의사가 돼 동상 마을 사람들이 읍내까지 안 나가고 여기서 병을 고쳐야 한다고 말입니더."

그동안 참아 온 말의 봇물이 터진 듯 복남은 새벽이 가깝도록 동석의 품 안에서 소곤거렸다. 동석은 생각하니 모든 것이 가슴 아프기만 하였다. 아버지는 늙고, 가세는 기울고, 멀리 떠난 천례는 백인들에게 천대를 받으며 늙은 신랑의 아내로 살고, 그다지 영민하지 못한 창석은 아직 약방을 물려받을 준비가 되지 않았다니 걱정이 한둘이 아니었다. 그는 아내에게 팔베개를 해 준 채 우두커니 천장을 올려다보았다. 밝아 오는 새벽빛이 어슴푸레 방 안을 비추고 있었다. 어느새 복남은 몸을 반듯이 하고 숨을 고르게 쉬며 잠들었다. 그는 둥글게 솟아오른 아내의 커다란 배에 손을 슬며시 얹었다. 아내의 숨결을 따라 오르내리던 배에서 동석의 손바닥으로 어떤 움직임이 잠시 전달되었다. 아이가 발길질을 하는 모양이었다. 동석은 자신의 둘째 아이가 제 존재를 아비에게 그렇게 알려 오는 것 같았다. 한 번, 두 번, 아이는 제 어미의 배를 차더니 이내 조용했다. 동석은 미소를 머금으며 잠 속으로 스르르 빠져 들었다.

동석이 동상 마을에 도착한 지 닷새째 된 날, 저녁 무렵에 복남이 진통을 시작했다. 어머니 하나가 곁에 붙어 앉아 진통으로 뒤틀리는 복남의 사지를 잡아 주는 동안, 작은 어머니 점순은 부엌에서 물을 끓이고 미역국을 안치며 분주히 오갔다. 산파를 부르러 간 창석이 돌아올 때가 된 듯해, 동석은 마당을 초조히 오갔다. 차가운 바람 속에 저물기 시작한 해는 금방 어둠을 만들었다. 음력으로 그믐이 가까운 날이라, 쪽배 같은 달이 어둠 속에서 얼굴을 살며시 내밀고 겨울밤의 추위가 깊어 갔다.

　더 이상 참기 힘들었는지 복남의 신음 소리는 이제 비명 소리로 바뀌어 마당을 울렸고, 문간채 약방에 홀로 앉아 있던 아버지 성두도 걱정스러워 문을 가만히 열어 보았다.

　"창석이 아직도 안 왔나?"

　가래 끓는 성두의 목소리가 마당을 울려올 때, 마당에 부리나케 들어서는 창석 뒤로 허리가 꼬부라진 산파 할멈이 따라왔다.

　"둘째라 좀 쉽게 나올 줄 알았더니 아닌가 보재?"

　산파 할멈은 나름대로 챙겨 온 의료 기구 보퉁이를 품에 안은 채 산모가 비명을 지르는 방으로 얼른 들어섰다. 복남의 진통은 밤이 이슥하도록 계속되었고, 동석은 추운 마당에 계속 서 있을 수 없어 아버지와 창석이 있는 약방으로 들어가 앉았다. 언제 들어가 봐도 한약재가 주렁주렁 천정에 매달린 약방에는 특유의 냄새가 감돌았다. 며느리의 해산을 기다리다 지쳤는지 늙은 아버지는 아랫목에 모로 누워 잠들었고, 창석도 벽에 비스듬히 기댄 채 졸고 있었다. 동석은 아버지 곁에 가만히 누워 보았다. 다리를 오그리고 옆으로 누운 성두의 몸은 키가 큰 동석이 옆에 눕자 참으로 한 줌밖에 안 되었다. 둥그렇게 구부린 등으로 앙상한 어깨뼈가 옷 속에서 들먹거렸다. 성두는 숨을 쉴 때마다 깊은 가래가 끓어오르는 듯했다.

　동석은 문득 아버지의 생이 그다지 많이 남아 있지 않았음을 실감했다.

아버지의 왜소한 몸을 바라보다 동석도 깜박 잠이 든 순간이었다. 옷자락을 스치며 누군가 약방으로 급히 달려오는 기척을 느꼈다. 방문이 벌컥 열리고 어둠 속에서 작은어머니 점순이 얼굴을 내밀었다. 잠결에 눈을 뜬 동석의 시야로 방 안 호롱불 빛에 비춰진 점순의 얼굴이 달처럼 훤히 빛났다.

"아들입니더! 아들!"

동석과 성두는 자신들도 모르게 서로 눈을 마주치다 미소를 머금었다. 그제야 졸음에서 깨어난 창석이 벽에 기댄 허리가 아픈 듯 얼굴을 찡그리며 일어섰다. 동네 어디에선가 새벽닭이 울었다. 방문을 열어놓은 채, 다시 안채로 급히 걷는 점순의 펑퍼짐한 뒷모습 위로 여릿한 새벽빛이 어렸다. 동석의 둘째 아들 유위가 세상에 나온 것이었다. 때는 음력으로 11월, 양력으로는 1916년 1월 3일이었다.

🔳 28

봄날에 서서

새로 태어난 유위의 백일이 돌아오기 전부터 제비가 처마 밑에 집을 짓기 시작했다. 매형 이영옥이 두어 번 대구에 있는 조직에 다녀와 전한 바에 따르면, 군자금을 전달받을 만주에 있는 조직에 불과 얼마 전에야 연락이 닿았다고 했다. 돈을 모으고 있는 경성에서는 이갑성이 안부 편지를 위장해 경과를 전해 주었는데, 어렵지 않게 돈을 마련했다는 소식이었다. 많은 사람에게 알려 조금씩 거두어들일 수도 없는 일이라, 독립에 뜻을 둔 한 경성 갑부가 한꺼번에 자금을 출자했다고 하였다.

이제 동석은 대구 대한광복회 박상진이 구체적인 지령을 내리면 곧 동상 마을을 떠날 참이었다. 아무것도 모르는 아내 복남은 남편이 돌아온 것이 좋기만 한지 갓난아이를 어르며 행복해했고, 아버지 성두도 큰아들이 집에 있는 것이 꽤나 든든했다. 단지 등록금이 없어 학교를 쉬고 있다는 사실 때문에 성두는 아비로서 마음이 편치 않았다.

그해에 일흔일곱 살이 된 배성두는 비록 몸이 노쇠하긴 했지만 눈치까지 늙은 것은 아니었다. 유위가 태어나기 직전 집으로 돌아온 후 안

절부절하는 아들의 모습을 보며 필경 무슨 일을 꾸미고 있으리라 짐작했다. 더구나 사위 이영옥이 나타날 때면, 둘이서 방 안에 들어가 소곤대는 양이 남달라 보였다.

배성두는 봄이 밀려오는 마당가에 서서 노곤한 몸으로 해바라기를 하고 있었다. 그는 자신도 모르게 '끙' 하고 한숨이 흘러나왔다. 어찌 이리도 마음이 편치 않은지, 그는 마당을 천천히 오갔다. 언제부턴가 슬그머니 굽어 들어간 그의 잔등 위로 봄 햇살이 유리처럼 반짝거렸다.

생각하니 동석에게 약방 일을 가르치지 않은 것이 은근히 후회스럽기도 했다. 공연히 객지로 내보내 그렇지 않아도 의협심 강한 성정에 바람만 넣은 것이 아닌가 싶었다. 성두 딴에는 아이가 어려서부터 영리해 대처로 보내 공부를 시키면 큰사람으로 성장하리라 생각했는데, 동석은 대구 계성학교 시절부터 일을 일으켜 아비를 힘들게 했다. 경신학교를 졸업하고 목포에 교사로 갔을 때, 그는 이제 아들이 평범한 삶을 살아가겠구나 생각했다.

그런데 그것도 아니었다. 그래도 그때는 그 정도에서 일이 그친 것을 그나마 다행이라 여겼다. 그리고 어떻게든 아들에게 서양 의술을 가르치려고 세브란스 의전에 보냈는데, 성두 자신의 궁핍 때문에 아들의 학업이 중단될 줄이야.

배성두는 깊게 한숨을 내쉬었다. 생각하니 무엇 하나 편치 않았다. 하와이로 간 천례는 단 한 번 편지를 보내 잘 도착해 살고 있다 했으나, 그가 직접 보지 않았으니 모를 일이었다. 천례가 얼마나 고생을 하고 있을지 마음이 편치 않았다. 그는 문득 오래전에 있었던 일을 생각했다.

바다에 빠져 죽으려 한 때가 언제였던가. 거의 삼십 년 전의 일이었다. 그가 삶의 허무를 느껴 더 살고 싶지 않아 하던 때 그 바닷가에서 만난 사람, 그는 뭐라 했던가.

'너와 네 집이 구원을 얻으리라.'

배성두는 그때 그 말을 또렷이 기억하고 있었다. 그는 정말 구원받고 싶었다. 사람으로서 복락을 누리며 잘 살고 싶었던 것이다. 그 말씀을 붙잡고 이제까지 살아온 세월이었다. 약방에서 버는 돈을 교회 건축에 바쳐 궁핍한데도 그는 불편해하지 않았다. 자신의 손으로 교회 공동체를 이룬 지 벌써 이십 년이 넘었다. 정말 열심히 전력을 다해, 오직 하나이신 분만을 믿고 달려온 길이었다. 그런데 정작 아들은 돈이 없어 학교를 쉬어야 하다니……. 또 교회 장로 신분으로 다른 사람들에게 딸들을 하와이로 보낼 것을 권유하면서, 혼기에 찬 자신의 딸만을 제외할 수도 없었다. 그렇게 떠나보낸 천례를 꿈속에서 만나기라도 하는 날이면, 배성두는 가슴이 미어지는 듯한 아픔으로 눈을 뜨곤 했다. 그는 때로 반문했다.

'하나님 당신이 제게 준 것이 무엇입니까…….'

그렇게 묻다가도 다시 생각하면 자신이 받은 것이 너무 많다고 스스로 위로하며 모든 어려움을 넘겨 왔다. 며느리는 떡두꺼비 같은 두 손자를 낳아 주었고, 늙은 두 아내는 오랜 세월을 같이 살았어도 다투는 일 없이 살림을 오순도순 꾸려 갔다. 거기다 김해교회는 이제 신도 수가 기백 명에 이르렀으니, 이보다 더 많이 받은 것이 어디 있겠는가.

배성두의 시야로 싸리 울타리 너머 산자락이 희미하게 보였다. 아지랑이가 피어오르는 것 아니면, 자신의 시력이 더 흐려졌는지도 모른다고 생각하고 있었다. 그런데 그 순간 자신의 등 뒤에서 인기척을 느꼈다.

"아부지! 이제 봄기운이 완연하지요?"

동석이 거기 서 있었다. 배성두는 아들을 물끄러미 바라보았다. 이제 스물여섯 살 난 아들의 얼굴은 봄볕 속에서도 곱기만 했다.

"하모! 여기 서 있으니 햇빛에 등이 따신기라. 내도 모리게 한참을 서 있지 않았나."

"그래도 바람이 찬데, 그만 들어가시지예."

297

동석의 눈에 어떤 애절한 기운이 어렸다. 배성두는 아들의 눈빛을 놓치지 않았다.

"니 나한테 뭐 할 말 있나?"

동석은 대답 대신 고개를 슬그머니 숙여 보였다.

"알았다. 안방으로 들어가자."

앞장선 배성두는 느린 걸음으로 안채로 천천히 걸어갔다. 아버지를 따라가며 동석은 작고 여윈 아버지의 뒷모습에 자신도 모르게 가슴 언저리가 뼈근해 왔다. 만약 만주로 갔다가 돌아오지 못한다면, 그는 아버지를 다시 볼 수 없을지도 모른다는 생각이 들었다. 그리고 어머니……아내와 두 아들도……. 동석은 갑자기 겁이 덜컥 났다. 그는 자신이 하려는 일이 가족을 생각한다면, 과연 옳은 일인지 새삼 혼란스러웠다.

안방에 들어선 성두는 먼저 아랫목에 자리를 잡고 앉아, 아들이 앉기를 기다렸다.

"그래, 말해 보거라. 이번엔 또 뭔 일을 저지르려 하노?"

주름에 묻혀 버린 성두의 작은 눈이 아들을 건너다보는 순간, 동석의 두 눈에 번쩍 광채가 어렸다.

"만주로 떠날까 합니더."

"만주?"

"예!"

"와 가려 하는데?"

"일이 있십니더."

몇 마디 짧게 오가던 부자간의 대화가 끊기자, 방 안에는 얼마간 침묵이 흘렀다. 배성두는 입맛을 다시며 슬그머니 모로 돌아앉았다. 짐작을 하지 않은 것은 아니지만, 이번에 아들이 꾸미고 있는 일은 보통 일이 아닌 것만 같았다. 그는 가슴이 막막해 와 한숨이 먼저 나왔다.

"무신 일이고? 또 독립이가?"

동석은 잠시 아무 말이 없었다. 그는 아버지 배성두가 이 모든 현실을 받아들이기에는 너무 늙고 지쳐 있다는 것을 느꼈다.

"가게 되면 얼마나 걸리겠노?"

모든 것을 체념한 사람처럼 성두는 낮은 음성으로 물었다.

"올해 안으로는 돌아오게 됩니더. 그리고 학교는 내년 봄부터 다시 시작하려 합니더. 어차피 등록금을 마련하기엔, 지금 우리 집 사정이 여의치 않은 것 같아 만주 가기를 제가 자원한 일입니더."

"자원을 했다고?"

"예!"

"니는 처자 생각도 안 한단 말이냐?"

갑자기 노기를 띤 성두의 목소리에, 동석은 눈을 들어 늙은 아버지를 바라보았다. 그의 얼굴이 벌겋게 달아올라 있었다.

"아부지! 그런 것이 아닙니더. 사실 아무나 시킬 수 없는 일입니더."

동석은 그간의 일들을 간결하게 설명했다. 지난여름 세브란스 의전으로 떠나기 전, 이영옥과 대구 대한광복회에 가입한 일과 경성에서 이갑성을 포함한 몇 사람이 모여 경성 지부를 만든 일 등을 털어놓았다. 그리고 지금 조선 반도 곳곳에서 들끓는 민심과 천례가 보내온 편지에 쓰인 하와이에서의 독립운동까지 빼놓지 않고 말했다.

"천례가 사는 곳에서도?"

성두의 태도가 조금 누그러지는 듯했다.

"어디 거기뿐입니꺼? 미국 본토에서도 바로 제 경신학교 선배인 안창호 선생이 '흥사단'이란 것을 조직했다 합니더. 지금 조선인의 가슴은 모두 독립으로 끓고 있십니더. 그런데 제가 처자 생각에 몸을 사린다면 사내대장부가 아닙니더."

성두는 아들을 물끄러미 건너다보았다.

"너를 이리 살게 하려고, 하나님이 내한테 자식으로 주신 길까? 참으로 야속타. 하나님이 말이다."

"아부지는 김해교회 설립자고 장로이신 분이 어찌 그런 말씸을 하십니꺼?"

"내도 모리겠다. 요즘은 만사가 힘에 부치는기라."

들창으로 스며드는 뿌연 햇빛에, 동석은 아버지의 표정이 허물어지는 것을 바라보았다.

"죄송합니더."

"아니다."

배성두는 한숨을 짧게 쉬며 허심한 눈빛으로 아들을 바라보았다.

"얘야! 사실 우리가 어찌 하나님 아부지의 뜻을 알겠노? 시련이 많지만, 그것을 통해 우리에게 무엇을 주실지 사실 우리는 모리는기라. 내 다시 생각하니, 늘그막에 하나님이 니를 내게 주신 것도 다 뜻이 있는 일인기라. 내는 여기 촌구석 약방에서 이리 살아왔지만, 니는 그리 불쑥불쑥 여기저기 다니며 사는 것이 팔자인 모양이라. 그란데 니 댁이 이 일을 아나?"

동석은 고개부터 저었다.

"아니…… 모립니더. 차츰 말해야지예."

"잘 말해 놓고 가래이. 물론 니가 아무 일 없이 돌아오기야 하겠지."

배성두는 더 말을 잇지 못했다. 그의 눈에 눈물이 고여 왔다. 이번에 보내면 행여 아들을 다시 못 보는 것은 아닐지 가슴이 막막해 왔다. 그는 문득 자신의 신앙심이 식었다고 생각했다. 지난날 불붙은 마음은 다 어디로 가고, 지금 이토록 가족에게 집착한단 말인가.

'너와 네 가족을 버리지 않으면 나를 따를 수 없다.'

성경 한 구절이 그의 가슴을 스쳐 지나갔다. 젊은 아들은 사사로운 정을 버리고 큰 뜻을 품으려 하는데, 어찌 자신은 이리 마음이 약해 오는지……. 그는 모든 것이 나이가 너무 든 탓이라고 생각했다.

"아부지! 너무 심려하지 마시소! 누군가는 해야 하는 일이 저에게 돌아왔다면, 오히려 영광인 거라예."

혈기 왕성한 젊은 아들의 말에 성두는 고개를 끄덕였다. 말없이 앉아 상념에 잠긴 듯한 아비를 홀로 두고 동석은 방을 살그머니 나왔다. 점심상을 차리는지 부엌에서 그릇 부딪치는 소리가 들려왔고, 부엌문 가에서 대위가 혼자 놀고 있었다. 동석은 얼른 다가가 아들을 덥석 안아 올렸다. 갓난아이인 유위를 업고 일을 하던 복남이 부엌문 밖으로 고개를 내밀며 빙그레 웃어 보였다. 제 어미 등에 업힌 유위가 어미의 몸이 움직이는 대로 고개를 끄덕이다 아비와 눈이 마주치자 벙긋 웃었다.

유위의 백일을 막 지낸 4월 중순, 동석은 다시 동상 마을을 떠나기 위해 아침 일찍 눈을 떴다. 그동안 수없이 집을 떠났다 돌아왔지만, 이 번만은 그도 마음이 무거웠다. 두 볼에 통통하게 살이 오른 유위가 아랫목에 누워 제 아비와 눈이 마주치자 팔다리를 버둥거리며 벙긋벙긋 웃어 댔다. 복남은 동석의 짐을 꾸리다 끝내 눈물을 주르르 흘렸고, 뭔가 어수선한 집안 분위기가 방 안에서도 느껴졌다. 동석은 울고 있는 아내를 돌아다보았다.

"어젯밤까지도 가만히 있더니, 사람 떠날 시간을 앞두고 와 이러나? 다 하나님 뜻인기라."

"하나님, 하나님 하지 마소! 그게 당신 뜻이지, 어째 하나님 뜻입니꺼? 하나님은 그런 분 아니라예. 우리를 행복하고 잘 살게 해 주는 분이라예."

복남은 기어이 동석의 무릎에 얼굴을 묻고 통곡했다. 동석은 들먹이는 아내의 잔등을 가만히 쓰다듬으며 한숨을 쉬었다.

"우리의 행복 말고도 거기엔 더 큰 뜻이 있다. 니는 니만 바라보고 사는 바보 천치 같은 남편을 원하나? 아니면 많은 사람에게 좋은 일을 하는 그릇이 큰 남편을 원하나?"

고요히 흘러 나오는 동석의 목소리에 복남이 고개를 번쩍 들었다.

"차라리 바보 천치 같은 남편이 낫십니더. 가지 마이소! 가지 말란 말입니더!"

동석은 아내의 두 어깨를 양손으로 잡고 가슴 깊이 끌어안았다.

"내 꼭 돌아온다. 니는 부모님 모시고 아이들이나 잘 키워 놓거래이. 그리 울 기운이 있으면, 매일 날 위해 기도나 해다오."

복남은 남편의 품 안으로 한없이 파고들며 울음을 그치지 못했다.

봄볕이 화사한 동상 마을 입구에서, 또다시 이별이 이루어졌다. 구부정하게 선 배성두 곁에 백발의 한나와 이제는 영락없이 중년이 된 점순이 눈물을 짓고 있었다. 그리고 유위를 업은 복남은 돌아선 채 고개를 숙이고 있었다. 그 뒤에 대위를 치켜 안은 창석이 우울한 표정으로 서 있었다. 배성두는 이 길로 아들을 수없이 떠나보냈지만, 아무 일 없이 잘 돌아왔다는 것을 생각했다.

'그래! 저 아이는 반드시 돌아올 것이다.'

성두는 주름투성이 입술을 지그시 다물었다. 그는 잔기침 끝에 가슴 깊은 곳에서 딸려 나오는 가래를 길가에 탁 뱉어 내었다. 그리고 한나와 점순을 바라보며 냉정하게 말했다.

"그만 들어가자. 동석이가 죽을 길을 가는 것도 아닌데 와들 이러노?"

말은 그렇게 했지만 냉큼 집으로 가는 성두의 걸음걸이가 왠지 비틀거리고 있는 것을 복남은 놓치지 않았다. 아이를 업은 채 시아버지의 허전한 걸음을 따르며 복남은 혼자 중얼거렸다.

"내 매일 기도할 거라예. 매……매일……. 부디 몸 성히 돌아오소."

하염없이 중얼대는 어미의 등에 업힌 유위는 새근새근 잠들어 있었다. 봄볕이 점점 더 환하게 그들 모두를 비추었다.

미지의 땅 만주

경성에 도착한 동석은 군자금을 전달받기 위해 대한광복회 경성 지부 간부들과 갑성의 집에서 다시 만났다. 동석이 김해에 머문 겨울 동안 이들은 회동을 몇 번 한 듯했고, 서로 사이의 유대가 더 깊어져 있었다. 초저녁부터 술잔을 기울이던 이들은 밤이 이슥해지자 취기에 젖어 들었다. 조용히 오가던 말소리가 조금씩 커졌고, 그중 가장 나이가 많은 경신학교 선배라는 사내가 혀 꼬부라진 소리로 중얼거렸다.

"빌어먹을 세상! 동지들은 아는가? 일본 놈들이 경복궁 근정전의 기를 막기 위해, 그 앞에다 총독부 청사를 짓는다 하는구먼! 곧 공사가 시작될 거라는데…… 빌어먹을!"

모두가 처음 듣는 이야기인 듯 그를 바라보았다.

"친일하는 아버지의 아들은 독립운동가라? 이거……이거 정말 웃기지 않나?"

사내는 껄껄 웃으며 술잔을 들이켰다. 그의 아버지가 효자동 갑부라는 말을 들었는데, 그 재산이 친일 행위로 보존된 듯했다. 아마도 총독부 건물을 짓는다는 정보는 그의 아버지에게서 새어 나온 모양이었다. 동석은 붉은 그늘이 어린 그의 눈언저리를 바라보며 짧은 숨을 내뱉었다.

"나쁜 놈들! 조선 왕실의 기를 꺾겠다는 말이지. 어디 해 볼 테면 해 보라지. 그런다고 우리 조선인이 꺾일 줄 아나?"

갑성이 술잔을 들려다 주먹을 불끈 쥐었다.

"옛날 부자가 자기 재산을 지켜 내는 길은 친일뿐이라고 우리 아버지가 그랬다오. 그 아들인 내가 양복 입고 술 처먹고 이렇게 독립 독립 하고 말할 수 있는 것도 다 친일 덕인가?"

효자동 갑부네 아들이 허망하게 웃어 댔다. 동석은 묘한 위치에 살고 있는 효자동 사내를 바라보며, 자신의 아버지 배성두를 생각했다. 배운 것도 가진 것도 없는 촌 약방 주부였지만, 아들의 젊은 뜻을 이해해 주는 고마운 아버지였다.

"하나님의 뜻은 박해 속에서 오히려 세상으로 퍼져 나갔습니더."

그 순간 동석은 자신도 모르게 소리를 쳤다. 모두의 시선이 동석에게 모여들었다.

"그러니까, 그러니까……일본 놈들이 아무리 근정전의 기를 막는다 해도, 효자동 동지의 아부지가 아무리 친일을 하신다 해도 독립은 독립인 거라예. 일본 놈들이 조선인을 박해하면 할수록, 그 반대급부로 독립 세력은 더 강해진다는 얘기입니더."

힘이 실린 동석의 목소리가 거침없이 흘러 나오자, 모두 고개를 끄덕였다.

"맞다! 일본 놈들이 더 야단을 할수록 우리도 더 강해지는 거다. 강하게 강하게!"

갑성이 말을 받으며 다시 술잔을 들었다.

그 봄밤은 그렇게 깊어만 갔고, 동석은 조금 마신 술에도 점점 취기가 밀려와 흐릿한 의식 속에서 낯선 땅 만주를 그려 보았다. 미지의 땅은 그의 머릿속에 끝이 보이지 않는 허허벌판으로 그려 질 뿐이었다.

1916년 5월, 배동석은 만주의 서간도 지방 한 군사 훈련 시설에서 박상진이 지명한 전투 세력과 접선했다. 그 조직은 독립군 양성을 위한 '신흥강습소'였다. 대부분 간도와 연해주 지방에서 활동하는 독립 운동가들은 대종교를 신봉하는 열렬한 국수주의자들이었다. 그들은 간도를 독립 기지로 해 장차 고구려와 발해의 옛 땅인 만주를 되찾아 대조선을 세운다는 원대한 계획을 가지고 있었다. 그리해 교육 기관과 군사 기관 등을 설치하고, 그 즈음 산업 시설도 계획 중이었다. 그러나 이들이 지닌 본 목표는 어디까지나 무력을 통한 독립 쟁취였다. 그것은 한일병합 전의 의병 운동을 계승하고 있는 것이었다.

간도 사정을 거의 모르는 상태에서, 동석은 기차를 타다가 걷다가 다시 마차를 타고 참으로 갖은 고생 끝에 목적지에 도달했다. 압록강을 건너기 전까지, 일본 헌병의 검문이 심해 동석은 가슴을 졸인 적이 한두 번이 아니었다. 그러나 강을 건너니 일본 세력은 느슨했고, 왜 조선 독립 인사들이 이 땅을 택해 독립 기지로 삼고 있는지 저절로 체감할 수 있었다. 아무리 일본 정부가 파쇼 통치를 하고 있다지만, 간도 땅 곳곳까지 그 세력이 미치지는 못하고 있었다.

동석이 군자금을 전달한 신흥강습소 역시 대종교인 이회영, 이시영, 이동녕, 이상룡 등이 서간도 삼원보에 세운 '경학사'라는 자치 기관이 모체가 된 곳이었다.

동석이 신흥강습소 대장 격인 한 사내에게 안내되어 들어간 통나무 건물 안에, 콧수염을 기른 고아한 얼굴의 한 인물이 기다리고 있었다. 단군 상을 그린 그림이 그가 앉은 나무 의자 뒤에 길게 걸려 있어, 이 조직의 뒷배경이 대종교라는 것을 더욱 실감케 했다. 대종교는 단군을 교조로 한 종교로, 교화신(教化神)인 환웅(桓雄)과 치화신(治化神)인 환검(桓儉), 조화신(造化神)인 환인(桓因)의 삼위일체인 한얼님을 존중했다.

단군 상 아래에 단아하게 앉아 있는 사내는, 막 초로에 들어선 이회영이란 인물이었다. 그는 간도 지방을 이끌고 있는 지도 인사 중 한 사람으로 경성에서 군자금을 갖고 온 배동석을 맞이하려고 일부러 이 신흥강습소를 찾아왔다.

"먼 길 오느라 참으로 고생이 많았소."

이회영은 의자에서 일어서 손을 내밀며 악수를 청했다. 동석은 얼결에 그의 손을 잡았다. 참으로 커다랗고 따스한 손이었다. 그러나 두껍고 거친 표피가 험한 이국 생활을 표현해 주는 것 같았다.

"배동석 동지라 했소?"

환한 미소를 담은 이회영의 얼굴 위로 옅은 주름이 여러 겹 밀려왔다. 동석은 그가 인상이 몹시 좋은 어른이라 생각하며, 그의 나이를 헤아려 보았다. 올해로 꼭 쉰 살이라 했던가.

"듣기에 세브란스 의전 학생이라던데, 아주 미남 청년이로군."

이회영은 마치 어린 동생을 대하듯 자연스레 말을 놓았다.

"뵙게 되어 영광입니더."

조금 수줍은 듯 얼굴이 상기된 동석을 바라보며, 이회영은 호탕하게 한바탕 웃어 제꼈다.

"말씨를 들어 보니 영남내기로군. 학생 몸으로, 이 먼 길을 자원하다니……. 그러면 학업은 어찌 되었나?"

"예! 잠시 쉬기로 했십니더. 어차피 집안 형편이 어려워 학비 대기도 힘든 처지가 되어서요."

진지한 눈빛으로 이회영은 동석을 바라보았다.

"교육이란 멈춰서는 안 되는 것이지. 우리는 무력 항쟁을 하겠다고 여기 남의 땅에 모여 살고 있으나, 그 무력의 기초엔 반드시 교육이 있어야 한다는 것을 한시도 잊은 적이 없다네. 이곳에서도 오 년 전에 우리 대종교 재단이 학교를 세웠네. 또 신채호, 박은식 선생 등 여러 사람들이 위인전기도 여러 권 편찬했고, 이곳에서 발간된 책들은 나름대로 여기 사는 조선 사람들이 읽고 있다네. 힘만으로 되지 않는 것,

그것이 독립이야. 그렇다고 머리만으로도 되지 않는 것, 그것도 독립이야."

동석을 빤히 바라보는 이회영의 눈 속 깊이에서 강한 기운이 뿜어 나왔다.

"힘과 교육, 저도 늘 생각하고 있는 문제입니더."

"그래, 그래야지. 그러나 지금은 머리를 쓸 시간이 없네. 지금 간도 땅에 교육을 심는 것은, 미래를 위한 것이야. 자네 같은 젊은이가 공부를 멈추지 않길 바라는 것도, 다 미래를 위해서지. 하지만 나에겐 시간이 없네. 지금은 오직 무력이 먼저 앞서야 할 뿐이라네."

이회영은 탄식하듯 깊은 한숨을 내쉬었다.

"여기 사는 조선 사람들을 통해, 여러 지원을 받고 있지만 어쩔 수가 없었다네. 우리 힘만으로는 조직을 이끌기 역부족이었네. 결국 국내에 도움 요청을 한 것인데, 사실 선이 닿기가 어려웠어. 지금 조선반도 안에서 비밀 결사조직이 이곳저곳에서 결성되고, 그 움직임이 산발적으로 일어나고 있지만 서로 연대감이 부족해. 사실 지하에 숨어 있는 분산된 힘들과 우리 같은 국외 조직이 잘 맞물린다면, 정말 큰 힘이 될 텐데……."

동석은 문득 천례가 보낸 편지 생각이 나 한마디 거들었다.

"지 여동생이 하와이로 시집을 갔는데요. 편지에 써 오기를 그곳에서도 국민군단이란 조직이 결성돼 군사 훈련도 한다고 합니더."

이회영은 뭔가 반갑다는 표정을 지었다.

"아, 하와이! 자네 동생이 거기에? 그렇다면 혹 기독교 집안인가?"

"예! 그렇습니다만……."

"사실 그러네. 나처럼 대종교인들은 이쪽 중국으로 나와 조직을 세웠고, 대부분 기독교인은 미국 쪽으로 나갔지. 이렇게 각자 세력을 키우다 보면, 언젠가는 맞물려 조선 독립을 이룰 날이 반드시 올 걸세."

"물론입니더."

이회영이 동석의 짧은 대답에 웃음을 빙긋 머금었다.

"그때를 대비해 조선 청년들은 공부를 하며, 두뇌를 훈련해야 하네. 그때는 힘보다 정말 머리가 필요할 테니까."

이회영은 동석에게 받은 군자금이 든 가죽 가방을 들고 일어섰다. 그리고 그는 동석에게 다시 한 번 악수를 청했다.

"수고했네. 배 동지! 훗날 또 만남을 기약해 보세. 조선 땅이 사라지지 않는 한, 조선인이 지닌 정신은 어디에서건 살아 숨 쉬며 나날이 그 힘이 커질 걸세. 그대는 돌아가 조선 반도의 빛이 되게!"

부드러운 목소리였으나, 그의 말은 동석의 마음을 전율케 했다.

이회영은 가죽 가방을 옆구리에 끼더니 바람처럼 통나무집을 나갔다. 참으로 짧은 만남이었다. 문밖으로 사라진 그의 뒷모습이 남긴 여운에 잠시 망연자실해 있다가, 동석은 초라한 나무 다탁에 내려놓은 자신의 모자를 집으려고 몸을 돌렸다. 그 순간 눈에 꽉 차는 한 사나이의 모습, 단군의 초상과 마주쳤다. 검고 풍성한 머리와 가슴까지 흘러내린 검은 수염을 가진 힘 있는 한 사나이가 동석을 바라보고 있었다. 동석은 무심결에 단군 초상 위로, 벌거벗은 채 십자가에 매달린 다른 한 사나이가 겹치는 것을 느꼈다.

'예수와 단군이라……'

그는 자신도 모르게 쓴웃음을 지으며 모자를 집어 올렸다. 오직 예수 하나님만을 믿는 아버지 배성두, 그리고 김해교회 사람들……. 동석 자신은 그 제한 구역에서 태어나고 자랐을 뿐이었다. 그러나 다른 신을 모시면서도, 이렇게 독립을 외치는 사람들이 또 있다는 것에 뭔가 혼란이 밀려왔다. 통나무집 밖에서는 군사 훈련을 하고 있는지 일사불란하게 구호를 외치는 소리가 들려왔다. 그는 막 문을 나서려다 다시 한 번 뒤를 돌아다보았다.

조선 반도를 건국했다는 단군의 초상이 눈을 부릅뜬 채 그를 바라보고 있었다. 동석은 자신도 모르게 중얼거렸다.

"아, 하나님 아버지! 저는 제 아버지만큼 깊은 신앙심을 지니지 못했나이다. 그러나 우리 모두가 하나이신 당신의 진리를 만나기 위해 이렇듯 다른 이름을 부르고 있나이다. 단군과 예수가 독립의 이념 안에서 같이 만났나이다. 저는 예수의 이름으로 기도하며 여기 왔으나, 이들은 단군의 이름으로 힘을 쌓고 있나이다. 우리 모두가 하나이게 하소서. 당신의 뜻 안에서 말입니더."

동석이 통나무집을 나오자, 훈련 지휘를 하고 있던 대장 사내가 얼른 쫓아 왔다.

"이회영 선생은 좀 전에 급히 떠나셨습니다. 다정한 듯해도 워낙 냉정한 양반이라……. 사실 군사 훈련장에 모습을 잘 드러내지 않는 어른입니다. 그래도 먼 곳에서 군자금을 가져온 배 동지를 대접해 이곳까지 오신 겁니다. 제게 배 동지를 잘 모시라는 부탁을 하셨습니다. 인근 조선인 민가로 모실 테니 며칠 여독을 푸시지요."

사내는 우락부락한 생김새와 달리 몹시 친절했다. 동석은 그를 따라 훈련장을 걸어 나가며 훈련받는 사내들을 바라보았다. 멀리 모여 있어 나이를 가늠할 수 없었지만, 모두 행색은 초라하고 지쳐 보였다. 만주에 모여든 조선인들은 지도급 인사들을 빼 놓으면 어떤 이념이 있어 이 땅을 찾은 것도 아닌 것 같았다. 조선 서민 대부분은 살 길이 없어 이 길을 택했다. 일본이 행한 토지조사사업에서 땅을 강탈당한 자작농과 소농 대부분은 몰락해 화전민이 되거나 아니면 간도 땅으로 빠져 나왔다. 결국 일본의 토지 수탈은 조선 농민들을 가난으로 몰아넣었고, 그로 인해 만주 땅에 모여든 조선인들은 일본 정부에 대항하기 위한 세력을 형성하기에 이르렀다.

가난한 사람들이 만든 군대, 지금 이 군대가 번듯하고 강해 보일 리 만무했다. 그러나 언젠가 강해질 때에 이를 것이었다. 훈련장을 빠져 나가는 동석의 머리카락을 만주 벌판의 흙바람이 일으켜 세웠다. 5월 이었지만 해거름에 부는 바람은, 긴 여행에 피곤한 동석의 목덜미에 선뜻한 느낌을 주었다. 그는 훈련 대장이 모는 뚜껑 없는 마차를 타고 낯선 길을 달렸다. 끝이 보이지 않는 벌판이었다. 마차 길가로 여름풀이 푸릇푸릇 돋고 있었으나 산자락은 어디에 있는지 보이지 않았다. 마차 수레가 덜거덕거리며 지나간 자리마다 참을 수 없을 만큼 탁한 흙먼지가 일었고, 동석은 손수건으로 입을 틀어막고 쿨럭쿨럭 기침을 했다.

저녁 어스름에 붉게 떠 있던 해가 지고 있었다. 그 광활한 들판에 숨을 곳도 없이 통째로 지는 붉은 해덩어리는 벌판만큼이나 넓은 하늘을 온통 벌겋게 물들여 놓았다. 수레바퀴가 지날 때마다 뿌옇게 일어서는 먼지 속에, 붉은 하늘이 조금 흐려졌다 다시 보였다. 그러기를 몇번 차츰 주변이 어두워 왔다. 여윈 말 한 마리가 힘겹게 끄는 낡은 마차는 만주 벌판을 그렇게 달려갔고, 동석은 흙먼지 속에 입을 여전히 틀어막고 막 돋기 시작한 흐린 별빛을 바라보았다.

이튿날 아침, 민가에서 눈뜬 동석은 집주인을 따라 조선인들의 장이 열린다는 곳으로 나갔다. 그곳도 막막한 벌판이기만 했다. 어디에도 숨을 곳 하나 없는, 그늘도 없는 허허벌판에 흰옷 입은 조선인이 무리를 이루고 있었다. 동석은 그 흰빛에 눈이 부셔 눈을 가늘게 떴다. 조선 반도에서라면 어디서나 흔히 볼 수 있는 조선인의 흰옷이었지만, 간도 땅에 사는 조선인들은 왜 그런지 더 희게 무리지어 있는 듯 보였다.

조선인들은 고국에서 그렇듯 장날을 정해 서로 물건들을 팔고 사고 했다. 조선이 일본에 주권을 빼앗긴 지 올해로 육 년째였다. 할 수 없이 고향을 떠나야 했던 사람들이었지만, 그들의 끈질긴 생명력은 만주 벌판에 그렇게 뿌리내리고 있었다. 동석은 눈부신 조선인 무리를 바라보며 심호흡을 했다. 어제 짧은 만남을 가진 이회영의 말 한마디가 귓가에 맴돌았다.

국내의 비밀 결사 조직들과 국외의 독립 세력들이 맞물릴 날이 있을 거라고, 그때를 대비해 젊은이들은 공부를 통한 두뇌 훈련을 하라고, 그때 비로소 힘보다 머리가 더 필요할 거라고……

어느새 민가 주인은 흰 무리 안으로 휩쓸려 들어갔고, 동석 홀로 벌판 멀리서 그들을 바라보며 알지 못할 감격에 젖어 들었다. 하얀 두루마기에 대부분 짧은 갓을 쓴 그들은 몸집이 작고 여윈 아버지 배성두처럼 보였다. 온갖 인생 풍상을 겪어 조금은 지친, 그러나 절망하지 않고 눈앞에 펼쳐진 삶을 잘 살아가는 저들……. 그는 어찌 보면 주일마다 김해교회에 모여드는 기독교인들과 저들이 다를 바 없다고 생각했다. 조선 사람들은 타국에 모여들어 자신들의 삶을 그렇게 나름대로 예배 드리고 있었다.

어제저녁 이회영을 만나고 돌아올 때 허전하던 가슴에, 동석은 뭔가 뜨거운 것이 가득 차 오르는 것을 느꼈다. 하나님은 단지 군자금을 전달하도록 이 땅에 그를 부르신 것이 아니었다. 이 눈부신 타국 벌판을, 저 백의민족의 끈질김을 바라보게 하기 위해 자신을 이 곳으로 부르셨다고 그는 생각했다.

초여름 땡볕 아래, 그는 모자도 없이 벌판에 그대로 주저앉았다. 멀리 장이 열린 곳에서, 하얀 무리가 이리저리 물결치고 와글대며 주고받는 조선말이 끝도 없는 벌판으로 흩어져 갔다.

図 30

깊어지는 배움 속에서

무사히 만주에 다녀온 배동석은 예정한 대로 1917년 봄 학기에 다시 세브란스 의전에 복학했다. 중단한 학업을 따라잡기 위해, 동석은 남보다 몇 배 더 노력해야 했다. 더구나 만주를 다녀온 후, 뭔가 낌새를 알아차린 듯한 일본 수사관이 동석의 주변을 때로 배회했다. 그래서 그는 독립운동을 위장하기 위해 학업에 더 열중할 수밖에 없었다. 대한광복회 경성 지부는 이갑성을 중심으로 자리를 잡아 갔고, 그들은 나름대로 회동을 했다. 정작 대구 본부로부터 그 조직을 결성하라는 지령을 받았던 동석은, 오히려 한 발짝 물러난 채 멀리서 조직을 관망하는 입장이었다.

나라 밖에서는 1차 세계 대전이 끝나 갈 무렵이었고, 러시아에서는 혁명이 일어났다. 대외 정세에 영향을 받은 조선의 독립 세력들은 끓고 있는 냄비처럼 뭔가 넘칠 듯한 분위기였다. 시간이 흐르면서 국외에 있던 조선 독립 세력과 국내의 독립 세력은 연줄을 점점 형성해 갔다. 동석은 이따금 하와이에서 보내오는 천례의 편지로 국제 정세를 잘 실감할 수 있었다.

하와이에 창설된 국민군단의 병사들은 낮이면 사탕수수 농장에 나가 죽도록 일을 하고, 밤에는 다시 모여 군사 훈련을 받는다고 했다. 시간이 갈수록 천례는 서툴게 쓰던 언문이나마 자꾸 철자법을 틀렸다. 아마도 천례는 그곳 생활에 점점 합류되어 가는 듯했다. 어느새 천례는 태기가 들어 몸이 불편하다는 편지를 보낸 후, 소식이 끊어진 지벌써 여러 달이었다.

1917년 한 해 동안, 동석은 실로 세브란스 의전 학생으로서 손색없는 나날을 보냈다. 지난날 경신학교 시절부터 유창하던 영어 실력은 의학 원서들을 해독하는 데 큰 도움이 되었고, 학교 안에서 동석은 공부를 잘해 명성이 자자했다. 세브란스 의전의 해부학 교수인 캐나다인 스코필드 박사는 자신과 동갑내기인 동석을 칭찬하며 '경상도 땅의 유일한 엘리트'라는 말을 아끼지 않았다. 그는 공부도 잘하지만 깊은 신앙을 지닌 열정적인 경상도 청년에게 호감을 가지고 있었다. 결국 그들은 친구처럼 절친한 사이가 되었다.

주일이면 동석은 학교 근처에 있는 장로교회에서 예배를 드렸는데, 그곳에는 키가 훤칠하고 미남형인 동석을 유달리 사랑하는 미국인 선교사 레이몬드가 있었다. 조선 땅에 들어온 지 오래되지 않아 말이 서툰 그는 영어가 유창한 동석과 이야기하기를 좋아했다. 사실 그는 자기 나라를 떠나 남의 땅에 선교를 올 만큼 젊은 나이가 아니었다. 나이가 들어 예수를 영접한 그는, 선교에 대한 불같은 열정을 참을 수 없어 미국 북장로교회의 선교사로 지원해 조선에 들어왔다. 이때 그는 이미 50대 중반이었다. 미국 본토에 장성한 자식들을 두고 부인과 단둘이 조선에 들어온 레이몬드는 동석을 아들처럼 아꼈다. 1917년에서 1918년 봄까지 학업에 전념하면서, 동석은 레이몬드 부부와 유대 관계를 맺으며 대부분의 삶을 보냈다.

이따금 갑성은 학교 안에서 동석을 마주칠 때면, 조직의 소식을 전해 주었다. 그동안 대한광복회는 나름대로 회동을 해 왔다. 처음 대구에서 조직된 얼마 동안은, 주로 여관이나 상점 등을 중심으로 위장해 활동했다. 그리고 그곳에서 벌어들이는 수입으로 대한광복회는 군자금을 마련했다. 그러한 상업 행위가 일본 정부의 눈을 피하기에 수월했기 때문이다. 그러나 곳곳에 여러 지부가 생기면서, 대한광복회는 차츰 친일 세력에 안주하는 부호들을 상대로 강제 모금을 하기에 이르렀다. 그 과정에서 자연스럽게 경성 지부가 본부 역할로 자리 매김했고, 갑성과 연관된 경성 부호의 자제들이 한몫을 하였다.

의병 출신인 박상진은 강력한 인물이었다. 1917년 말과 1918년 초에 친일 부호들을 대상으로 군자금을 모금하는 과정에서, 그는 이에 반대하는 인물들을 처단했다. 그런데 그는 그만 이 사건에 연루된 몇 사람과 함께 일본 경찰에 검거당하고 말았다. 안타까운 일이었으나, 이는 민족적 각성을 일으키는 계기를 마련했다. 그 후 경성을 비롯한 전국 지부는 우선 몸을 사리느라 활동을 멈추고 있었지만, 그렇다고 조직 자체가 와해된 것은 아니었다.

이따금 갑성을 비롯한 몇 사람은 함께 모였다. 그러나 갑성은 동석이 모임에 참석하는 것을 꺼려했다. 이미 만주를 다녀온 경력이 있는 동석을 헌병이 주시하고 있다는 것을 뻔히 아는 터라, 잘못하면 조직 전체가 드러나는 불상사가 발생할 수도 있었기 때문이다.

휴학의 공백을 메우고 1918년 봄 학기를 맞았을 때, 동석은 세브란스 의전 2학년 학생이었다. 그저 평온한 봄이었다. 고향에 있는 두 아들은 무럭무럭 잘 자라고, 이제 제법 침도 잘 꽂고 약도 잘 짓는 창석 덕분에 약방 수입도 조금 늘어 집안 형편도 나아진 것 같았다. 무엇보다 김해교회에 신도 수가 늘어나 들어오는 헌금만으로도 자체적인 살림을 할 수 있었다. 이제 약방에서 나오는 작은 수입을 교회에 보태지 않을 수 있어 다행이었다.

그 봄날, 주일예배를 마친 동석은 이제 양아버지나 다름없는 레이몬드 선교사 집에서 저녁을 먹고 하숙방으로 돌아왔다. 그런데 그는 자신의 하숙방에 들어서다 낯선 신발 한 켤레가 놓여 있는 것을 보고 주춤했다. 춘분을 막 지나 해가 좀 길어졌어도, 어느새 사방은 어둑했다. 동석은 뭔가 조심스런 마음에 문 앞에 서서 헛기침을 두어 번 했다. 아니나 다를까 미닫이문이 드르륵 열리더니 희끄무레한 빛 속에 얼굴을 내미는 사람이 있었다. 어두운 방에서 불쑥 나타난 그를 얼른 알아보지 못한 동석은 자신도 모르게 한 걸음 뒤로 물러섰다.

"이보게! 처남! 나, 이영옥이다!"

동석은 반가운 마음에 방 안으로 얼른 달려 들어갔다. 동석이 낮은 천정의 백열등을 켜기도 전에, 이영옥은 방문을 급히 닫았다.

"아니 매형! 어쩐 일이십니꺼? 연락도 없이……."

전구알로 희미하게 밝혀진 방 안에서 동석의 목소리가 흥분으로 떨렸다.

"연락은 무신 연락……우리 사이가 사전 연락을 하고 만날 사이가?"

"그래도 이리 갑자기 오실 줄은 몰랐십니더. 혹 무신 일이라도……."

"마 천천히 얘기하자! 우선 앉거라."

"그래 동상동 우리 집은 모두 다 안녕하신교? 매형 댁에도 별일 없고요?"

"그래 모두 아무 일 없다. 배씨집안 손자 대위, 유위가 하루가 다르게 자라고 있다는 것밖에……."

동석을 놀리기라도 하듯 이영옥은 소리 내어 웃었다. 그러나 동석은 그의 표정을 가만히 살폈다.

"매형! 뭔 일이 있어 오셨지예?"

아무 일 없이 이렇게 동석을 갑자기 찾아올 이영옥이 아니었다.

"그래, 일이 있어 왔다. 우선 방 밖에 누구 사람이 없나 그것부터 살피고 온나."

희미한 불빛 아래서 이영옥의 턱이 심각하게 굳었다. 동석은 방문 밖을 잠시 살피다가 아무도 없다는 시늉으로 고개를 끄덕여 보였다. 방문이 닫히자 이영옥은 자신의 바짓단을 천천히 걷어 올리기 시작했다. 지난날 정명과 혼인을 앞두고 샛강 가에서 불량 청년들에게 피습을 당해 영원히 절게 된 그 다리였다. 이미 오래전에 입은 상처인데도, 땅을 제대로 딛지 못해 뼈가 가늘어진 다리에는 누런 무명천이 칭칭 감겨 있었다.

"아니……. 매형! 또 다쳤십니꺼?"

동석이 놀란 듯 목소리가 커지자, 이영옥이 얼른 손가락을 입술에 갖다 대었다.

"조용히 해라. 그게 아니라……."

이영옥은 다리에 감긴 무명천을 조심스레 풀기 시작했다. 발목에서부터 푼 무명천이 종아리 부분에 이르렀을 때 납작하게 접힌 종이 끝이 보였다. 동석은 자신도 모르게 입을 딱 벌렸다. 무명천을 다 풀어내고 살에 찰싹 달라붙은 종이를 꺼낸 이영옥은 자신의 체온으로 미지근해진 그것을 동석에게 건넸다.

"내가 이것 때문에 안 왔나? 요즘 부산역에서부터 워낙 검문이 심한기라. 그래서 이리 숨겨 갖고 안 왔나? 설마 절름발이 정강이를 걷어 올리지는 않을 것 같아서……. 박상진 선생이 보낸 지령이다. 어서 읽어 보거래이."

동석은 지난 1월 검거된 박상진이 보낸 지령이라는 말에 놀라움을 감추지 못했다. 그가 검거된 후, 사실 대구 조직은 거의 흩어졌다. 동석은 박상진의 친필 문서를 펼쳐 들었다.

친애하는 배동석 동지.
이렇게 소식을 전하오.
동지가 만주를 다녀온 지도 벌써 일 년이 넘었소. 그토록 연락

닿기가 어렵던 만주 독립 세력에 배 동지가 다녀온 후, 이제는 여러 갈래로 서로 소식을 주고받고 있소.

여기 조선 땅 말고도 지금 세상은 어수선하다 하오. 작년 1917년, 러시아에서 혁명이 일어나 오랜 제국주의가 무너져 내렸소. 그리고 지난 사 년간 계속되었던 세계 대전은, 이제 유럽의 전체주의 국가들이 하나둘 미국에 항복할 조짐을 보이고 있다고 하오. 이것은 세계가 변해 가고 있다는 것을 뜻하오. 그러니까 이제 군국주의와 제국주의가 설 곳을 잃고 있다는 말이요.

우리는 이러한 국제 정세를 몰아 일본 제국주의를 몰아내야 하오. 간도에 있는 조직에서 다시 한 번 우리의 도움을 기다리고 있소. 그들은 그 땅에 우리의 임시정부를 꿈꾸고 있소. 어렵겠지만, 어떻게든 군자금을 마련해 간도의 우리 조선 지도자에게 전해 주시오.

배 동지가 지금 학업에 열중하고 있는 것은 알고 있으나, 지난번 만주를 성공적으로 다녀온 배동석 동지에게 다시 부탁하는 수밖에 없소. 이번에 보내는 자금은 군대 양성에 쓰일 것이 아니라, 지금 상해에서 태동 중에 있는 임시정부의 밑거름이 될 것이오.

우리는 나라 밖으로 나갈 수 없으나, 국외에 있는 동지들은 조선의 억울한 사연을 세계로 나가 알릴 수가 있소. 그들은 그 과업을 위해 자금이 더더욱 필요한 것이오.

앞으로 모든 소식은 이영옥 동지를 통해 전하리다. 배 동지는 큰일을 앞두고 있으니, 앞에 나서는 일은 절대 하지 마시오. 혹 대구를 내려와도 나를 직접 찾아오지 말고, 이영옥 동지를 통해 모든 소식을 전하시오.

　　　　　　　　　1918년 1월 대구 대한광복회 박상진.

달필로 써 내려간 편지 말미에는 대한광복회의 직인이 붉게 찍혀 있었다. 동석은 편지를 접어 품 안에 넣으며 이영옥을 넌지시 건너다보았다.

"매형! 큰일 하셨소!"

그러나 이영옥은 조금 씁쓸한 웃음을 머금었다.

"이것은 선생이 검거되기 전에 내려진 지령인기다. 일본 헌병을 따돌리려다 보니, 이제야 내가 이것을 가지고 안 왔나."

"그렇군요. 여기 편지를 쓴 날짜가 1월인 걸 보니……. 선생은 옥고를 잘 견디고 계시는지?"

걱정스런 동석의 말이 더 이어지기도 전에, 이영옥은 고개를 흔들었다.

"아마도 살아서 나오기는 힘들 것 같다. 사형 선고가 내릴거라 안 하나."

동석은 박상진의 편지를 손에 쥔 채 낙담한 듯 고개를 숙였다.

"그러면 이것은 선생의 유언이나 다름없는 것 아닙니꺼?"

동석은 곧 울음이 터질 듯한 목소리로 말했다.

이영옥이 뭐라 대답을 못하고 끝내 울음을 머금자, 동석은 그를 부둥켜안았다. 포근한 봄밤이 싸늘히 식을 때까지, 두 사람은 소리를 죽이며 온몸으로 울었다.

이튿날 아침 일찍 남의 눈에 띄기 전에 이영옥을 돌려보낸 뒤, 학교에 등교한 동석은 그날의 학업을 묵묵히 마쳤다. 그러나 품 안에 숨겨둔 박상진의 편지가 못내 불안해, 동석은 수업을 받으면서도 몇 번이나 가슴 언저리를 쓰다듬었다. 마치 왼쪽 심장 귀퉁이에 통증이 오는 듯이……. 실제로 그의 가슴은 뻐근해 왔다. 새로운 임무가 주어졌다는 뿌듯함과 또다시 그 먼 길을 떠나야 한다는 불안감 때문이었다. 방학을 맞아 고향에 내려갈 때면, 한창 재롱을 부리는 사랑스런 두 아들과 또 임신을 해 올가을에 산달을 앞둔 아내 복남이 생각났다.

수업이 끝난 뒤, 동석은 서무과에 있는 이갑성을 찾아갔다. 서무실 구석진 곳에 가, 그는 품속의 편지를 꺼내 갑성에게 보여 주었다. 갑성은 재빨리 그 편지를 훑어보고, 동석의 어깨를 툭 쳤다.

"알았네. 올해 안에만 간도에 전달하면 된단 말이재? 내 동지들과 뜻을 모아 볼 테니, 동석이 자네는 전처럼 그저 공부에나 몰두하게나."

갑성은 그 편지를 자신의 품에 넣고, 동석과 함께 서무실을 태연히 나왔다. 동석은 건물 계단을 내려와 교정 쪽으로 걸어갔고, 갑성은 안쪽 복도를 꺾어 어디론가 사라졌다.

세브란스 의전 비탈길을 내려오는 동석의 얼굴로 따스한 바람이 불어 왔다. 봄이 환하게 피어나고 있었다. 그는 눈부신 봄날만큼 환하게 피어오르는 자신의 학문 사이를 뚫고 들어오는 어떤 날카로운 기운을 느꼈다. 그것은 어느 날부턴가 그의 가슴에서 단 한 번도 꺼진 적 없는 구국 이념이었다. 가끔은 동경하기도 하는 안일한 삶에 대한 애착이나 다른 어떤 것으로도 결코 재울 수 없는 오롯한 불길……. 숨은 듯했던 그것이 또다시 그의 가슴에서 광채를 내기 시작했다. 동석은 비탈길을 내려가며 가슴을 파고드는 견딜 수 없는 기운에 양복 윗도리를 벗어 팔에 걸쳤다.

가을로 접어들자 동석은 다시 학교를 휴학한 채 만주로 떠날 준비를 했다. 늙은 부모는 탄식했지만, 한 번 무사히 다녀온 길이기에 그들의 염려는 처음 같지 않았다. 다만 해산 날을 앞둔 아내 복남이 불안한 듯 그의 옷자락을 잡고 눈물을 그치지 않았다.

뜻밖에도 간도로 가져갈 자금은 경상도 땅에서 마련되었고, 떠날 날을 앞둔 동석은 그 자금을 받아 일단 집에 가져다 놓았다. 어디선가 검은 가죽 가방을 들고 와 장롱 깊숙이 넣는 것을 본 복남은 좀 심통스런 표정으로 남편을 바라보았다.

"그거이 뭡니꺼? 뭔데 그리 숨깁니꺼?"

"응? 아무것도 아니다."

"아무것도 아니긴……. 그거이 돈 아닙니꺼? 지난번에도 당신이 들고 갔던……."

"그래! 돈이 맞긴 맞다! 하지만 니, 누구한테 얘기하면 안 된대이."

남편을 멀뚱멀뚱 바라보다 복남은 부른 배를 내밀며 좀 철없는 표정을 지었다.

"그 돈 저 쪼매만 주소! 우리 대위, 유위 옷이라도 사 입히게. 당신이 그 먼 곳까지 가는데 아이들 옷 사 입힐 돈도 못 빼냅니꺼?"

어리광이 섞인 복남의 목소리가 흘러 나오는 순간, 동석은 사납게 눈을 부릅떴다.

"뭣이라? 이 여편네가? 이 돈이 어떤 돈인 줄 알고 달라고 하나? 니 정신이 있나? 이 돈은 나라 밖에서 밤낮으로 독립만을 생각하는 우리 애국지사들에게 건너갈 돈이다. 우리 조선의 힘과 정신 기틀을 마련할 돈이대이. 이 정신 나간 여편네야!"

고함을 치는 동석을 빤히 바라보고 선 복남은 기어이 눈물을 뚝뚝 떨어뜨렸다.

"와 저가 그걸 모릅니꺼? 당신이 하도 야속해서 어깃장 좀 놓아 보았습니더. 당신은 목숨을 걸고 그 위험한 길을 떠나는데, 저는 그럼 뭡니꺼? 우리 대위는? 유위는? 또 이 뱃속의 얼라는? 당신은 처자식보다도 독립이 더 소중한 사람이니까……."

복남은 그만 주저앉아 흐느껴 울기 시작했다. 동석은 들먹이는 아내의 어깨를 바라보며 긴 숨을 내쉬었다. 정말 자신이 사랑하는 것은 아내도 자식도 아닌 보이지 않는 이상뿐인지……. 요즘 들어 부쩍 심약한 홀몸도 아닌 아내를, 그는 이렇게 울리고 떠나도 되는 것인지 생각하자 가슴이 저려 왔다. 그러나 독립에 대한 이상은 조선인 모두의 삶과 직결된 것이었다. 그는 지금은 이렇게 할 수밖에 없다고 생각했다.

누군가 짊어져야 할 이 시대의 십자가가 자신에게 왔을 뿐이라는 것을. 그는 일그러진 표정을 펴고 아내에게 다가앉았다.

"어이! 우리 혜림 씨! 누구보다 똑똑한 당신이 정말 내 맘을 모르나, 응?"

복남은 눈물로 얼룩진 얼굴을 들어 남편을 흘겨보았다.

"왜 저가 당신 맘을 몰라예. 알지만……다 알지만 당신이 그 위험한 길을 또 간다고 생각하니, 하도 걱정이 되고 가슴이 답답해서 안 그럽니꺼? 독립이고 공부고 다 치워 버리고, 차라리 소작 준 우리 땅에 농사나 지으며 살면 안 되겠습니꺼? 저는 차라리 농군 아낙이 될 걸 그랬나 봅니더. 내내 위험한 객지로 불쑥불쑥 떠도는 당신하고 공연히 혼인을 했나 봅니더."

동석의 품으로 파고들며 복남은 흐느꼈다. 아내를 품에 안고 깊은 한숨을 내쉬는 동석의 얼굴에 고뇌의 빛이 어렸다.

그 며칠 뒤, 동석은 수심 어린 부모와 복남을 냉정하게 뿌리치고 군자금을 든 채 경성으로 올라왔다. 떠나기 전에 그는 꼭 만나고 싶은 사람이 있었다. 그 사람은 다름 아닌 독립운동과 학문 사이에서 갈등하며 외로워한 동석을, 아버지처럼 따뜻하게 보살펴 준 미국인 선교사 레이몬드였다. 동석은 이 길로 떠나, 어쩌면 그를 다시 못 볼지도 모른다는 것을 염두에 두고 있었다. 마침 만주로 떠나기 전날은 주일이었다. 여름 방학이 지나고 가을이 오도록 고향에서 돌아오지 않는 동석을 내심 궁금해한 터라, 교회에서 예배를 마친 레이몬드 부부는 동석을 보고 반색을 했다.

레이몬드 부부가 지내는 선교사 사택에서 저녁식사를 마치고 부인이 설거지를 할 동안, 동석과 레이몬드 선교사는 응접실에 마주 앉았다.

"동석! 여름 방학 동안에 무슨 일이 있었소? 표정이 뭔가 힘들어 보여요."

레이몬드가 걱정스런 얼굴로 바라보았다. 동석은 자신이 내일 만주로 떠난다는 말을 어떻게 꺼낼까 생각하던 중이라 그저 빙그레 웃어 보였다.

"사실……."

"사실 뭐요?"

레이몬드는 미소 지으며 여유 있게 동석의 다음 말을 기다렸다.

"사실, 저는 내일 만주 땅으로 떠납니더."

"만주라면, 저 차이나?"

그가 놀란 표정을 지었다.

"네, 그렇습니더."

"왜? 무슨 일로?"

눈을 동그랗게 뜬 레이몬드 선교사를 바라보며 동석은 짧은 한숨을 쉬었다.

"저는……."

말을 쉽게 잇지 못하는 동석을 레이몬드가 의아한 듯 바라보았다. 그런데도 그는 미국인 특유의 미소를 짓고 있었다.

"저는 사실 조선 독립 조직의 일원입니더. 그래서 내일 큰 임무를 띠고 만주로 가려는 겁니더."

차분한 동석의 고백에 레이몬드는 눈을 잠시 내리깔고 생각에 잠겼다.

"그랬군요. 하긴 조선 백성은 너무 억압당하고 있습니다. 동석 같은 인텔리 청년이 나라 걱정을 하는 것은 당연하지요. 하지만 위험한 일이겠군요."

동석은 고개를 가만히 끄덕였다.

"걱정 말아요. 우리 부부가 당신을 위해 기도하리다. 동석이 무사히 돌아오도록……."

레이몬드는 들고 있던 찻잔을 다탁 위에 내려놓고 두 손을 모아 쥐었다.

"고맙습니다. 늘 따뜻하게 보살펴 주신 마음 잊지 않겠습니다."

조금 울컥한 심정에 동석의 목소리가 살짝 붉거져 나왔다.

"우리도 당신을 잊지 않을 겁니다. 외로운 우리 부부에게 동석은 마치 아들 같은 존재였어요. 일요일 저녁마다 우리와 같이 시간을 보내 주고, 말이 통하지 않는 이곳에서 하나님에 대해 얘기할 수 있는 사람이었으니까요. 우리도 따뜻한 동석의 마음을 절대로 잊지 않을 거예요. 아, 잠깐······ 잠깐만!"

레이몬드는 뭔가 생각난 듯 일어섰다. 응접실 한쪽 벽에 놓인 책상에서, 그는 서랍을 열고 무엇인가를 꺼냈다. 동석에게 펼쳐 보인 레이몬드의 손바닥에 검은색 만년필이 하나 놓여 있었다.

"이건 내가 아끼는 것입니다. 오래전부터 사용했지만, 아주 좋은 것이랍니다. 여기엔 내 이름도 새겨져 있지요."

레이몬드는 만년필 몸통에 금빛으로 새겨진 자신의 이름을 보여 줬다.

"이것을 동석에게 주고 싶어요. 어디에서건 날 잊지 말라고······. 그리고 사랑이신 하나님과 동석이 가야 할 의술의 길을 잊지 말라고 말입니다."

동석은 만년필을 집어 들었다. 마치 초로에 이른 미국인 레이몬드 선교사의 결코 가볍지 않은 생애를 받아 들 듯이······.

"고맙습니다. 이 귀한 것을 저에게 주시다니요. 늘 품에 지니고 선교사님 부부를 생각하겠습니다."

동석은 레이몬드가 보는 앞에서 만년필을 양복 안주머니에 꽂았다. 레이몬드는 냉큼 다가와 동석을 껴안으며 낮게 중얼거렸다.

"오, 내 아들! 하나님이 당신을 보살피실 것입니다."

설거지를 마치고 응접실로 들어서던 레이몬드 부인이 영문을 모르겠다는 듯, 그들의 포옹을 바라보며 어색한 웃음을 지었다.

레이몬드 부부의 따뜻한 배웅을 받으며, 동석은 선교사 사택 앞의 골목길을 걸어 나왔다. 서늘한 가을바람에도 아랑곳없이 가슴이 훈훈해 왔다. 그는 김해에 있는 부모와는 또 다른 사랑을 주는 선교사 부부가 양부모처럼 포근하고 의지가 되었다. 그렇게 가을밤이 깊어만 갔다. 골목 어디에선가 귀뚜라미가 울었고, 하늘에는 달이 훤했다.

'오, 내 아들! 하나님이 당신을 보살피실 것입니다.'

자신을 끌어안고 속삭이던 레이몬드의 부드러운 목소리가 동석의 가슴에서 물결치고 있었다. 다른 한편으로 간도 벌판에서 하얗게 물결치던 조선인들의 장날이 그의 머릿속에 떠올랐다.

"오, 조선 민족이여! 하나님이 우리를 보살피실 것이오."

동석은 자신도 모르게 중얼거렸다. 어두운 골목을 걸어 나가는 그의 모습 위로 가을 달빛이 비스듬히 쏟아져 내렸다. 만월이 가까운 상현 달이었다.

◫ 31

만주와 상해

1918년 12월 초순, 동석은 혹한이 몰아치는 간도 땅에 다시 도착했다. 이번에도 첫 번째 접선지는 신흥강습소였다. 바람이 몰아치는 벌판에 짐승 털로 옷을 지어 입은 조선인 훈련병들이 병기를 들고 구호를 외치며 이리저리 움직이고 있었다. 동석은 간도의 추위에 익숙지 않은 터라 온몸이 얼어붙는 것 같았다. 그는 마차에서 내려 외투 깃을 세우고 눈에 익은 통나무 건물 안으로 걸어 들어갔다. 건물 안 전면에 단군 초상이 걸려 있는 것이며, 초라한 나무 탁자와 의자들이 놓인 것이 이 년 전 왔을 때와 변함 없었다. 다만 그때는 초여름이라 볼 수 없던 원통 난로가 방 가운데 놓여 있었다. 차가운 바람이 몰아치는 밖에 비하면, 더할 수 없이 훈훈한 통나무 건물 안에서 털모자와 털조끼를 입은 사람이 그를 기다리고 있었다. 그는 밖에서 훈련받고 있는 사람들과 별다를 바 없는 차림새였다.

그는 동석을 보자 앉아 있던 의자에서 벌떡 일어섰다. 지난날 그가 이 방에서 만난 이회영이란 인물과 사뭇 다른 태도였다. 하긴 이회영은 오십 줄에 이른 사람이었지만, 이 사나이는 젊었다. 수염이 덥수룩

하긴 했어도, 동석과 그다지 나이 차가 없는 듯했다.

"배 동지! 오시느라 수고하시었소. 나는 김좌진이라 하오."

그는 동석의 손을 덥석 쥐었다. 사내의 두터운 손은 마치 거친 대국 벌판과 같은 느낌이었다. 얼어붙은 동석의 뻣뻣한 손을 감싸는 그의 두 손은 몹시 크고 험했다.

'김좌진?'

동석은 낯설지 않은 그 이름에 고개를 갸웃했다.

"나도 대한광복회 사람이오."

"그렇다면 내가 선생을 뵌 일이 있습니꺼? 혹 대구에서?"

동석의 물음에 김좌진이 미소를 지었다.

"대구에서 조직이 발기되던 때라면, 나는 감옥살이를 하고 있을 때요."

"감옥살이를요?"

눈을 동그랗게 뜨는 동석에게 자리를 권하며 그가 먼저 의자에 앉았다.

"그 전에 대한광복회의 모체가 되었던 충청도 조직에 나는 이미 개입하고 있었소. 그러나 워낙 우락부락한 성정을 지니다 보니, 이런저런 일로 일본 헌병에게 발각돼 서대문 형무소에서 옥고를 치렀소. 그게 다 독립 때문 아니겠소?"

김좌진은 호탕하게 한바탕 웃어 제꼈다.

"나는 삼 년 형을 치르고 나온 후, 작년에 이곳 만주로 건너와 군사 훈련에 주력하고 있소. 조직의 한쪽은 고국에서 군자금을 마련하고, 다른 한쪽은 이곳에서 군사력을 기르는 것이 우리 목적이었소. 그런데……."

그는 말을 잠시 끊었다.

"박상진 동지가 사형을 당했다는 소식을 들었소."

방금 방을 울린 그 호탕한 웃음소리가 꿈이었나 싶을 정도로, 김좌진의 목소리는 비장함을 품고 낮아졌다. 동석은 다시 박상진이란 이름을 들으니 가슴이 울컥 아파 왔다. 그는 자신의 아픔을 털어 내려는 듯 얼른 군자금이 든 가죽 가방을 탁자 위에 올려놓았다.

"조직의 수뇌가 사형을 당하는 비극에도 불과하고 우리는 최선을 다했습니더."

곱게 생긴 모습과 달리 다부지게 흘러 나오는 동석의 목소리에 김좌진이 물기 어린 눈을 들어 빙그레 웃음을 머금었다.

"고맙소! 고생이 많았을 줄 아오. 배 동지! 그러나 이 자금은 여기에서 쓸 게 아니라, 지금 상해에서 준비하고 있는 임시정부를 마련하기 위한 기금이란 걸 알고 있겠지요?"

"예! 박상진 선생의 마지막 편지에 그렇게 써 있었습니더."

"그러면 수고스럽지만, 여기서 상해로 다시 가 주시면 고맙겠소. 물론 여독을 좀 풀고서 말이오. 사실 임시정부를 마련하기 위한 자금 대부분은 지금 미국에서 들어오고 있소. 하지만 우리 만주에서도 모른 척할 수 없는 입장이오. 이곳 군사 훈련비도 쪼들리는 형편이지만, 이번만은 상해에 이 자금을 양보해야겠소."

가방을 동석에게 도로 밀어 놓고, 김좌진은 다시 일어나 방 안을 천천히 왔다 갔다 하기 시작했다.

"배 동지, 나는 말이오. 꿈이 있소. 이 만주 땅에 군사학교를 세워 독립군 장교를 양성하고 싶소. 지금 이곳에 이렇게 군사 훈련장이 있지만, 이것을 좀더 체계적으로 바꿔야 하오. 그러니까 단순히 훈련장이 아니라 학교, 학교를 세워야 한단 말이오. 참으로 할 일이 많소. 문제는 그 자금인데……. 무슨 일에든 돈이 들어가지 않소. 참으로 어렵구려."

그는 뭔가 안타까운 듯 방 안을 서성였다.

"꿈을 가지십시오. 그러면 반드시 이루어질 겁니더."

그의 서성거림이 안타까워 동석은 자신도 모르게 소리쳤다.

"바로 그거요! 꿈! 꿈은 품어야 이루어지는 것이오. 나는 반드시 조선 독립의 꿈을 이루고야 말겠소. 반드시……."

이미 오래전부터 그 꿈을 품고 다져 온 듯 김좌진은 굳은 결심이 묻어나는 표정을 지었다. 그것은 비장하면서도 설렘과 환희가 어린 얼굴이었다.

"배 동지! 내가 서대문 형무소에서 옥고를 치르고 나와, 뜻을 품고 간도 땅으로 오며 지은 시가 있소. 고국을 떠나 압록강을 건너오면서 말이오. 한 번 들어보겠소?"

김좌진은 창가로 천천히 가 섰다. 그리고 그는 창 밖을 잠시 바라보았다. 한동안 그렇게 서 있던 그는 동석을 향해 돌아서며 눈을 지그시 감고 시를 외우기 시작했다.

"칼머리 바람이 센데 관산 달은 왜 밝은가.

칼끝에 서릿발 차가워 그리운 고국이여.

삼천리 무궁화 동산에 왜적이 웬 말이냐.

내 쉬임 없이 피 흘려 싸워 왜적을 물리치고

진정 임의 조국 찾고야 말 것이다."

생김새만큼이나 힘찬 김좌진의 목소리가 동석의 가슴을 울려왔다.

"참으로 훌륭하십니더. 장군!"

동석은 박수를 천천히 쳤다. 그는 김좌진이 그릇이 매우 큰 사람이라는 것을 직감했다.

"고맙소! 배 동지! 내 뜻을 알아 주는 것 같아서……. 여기 간도 땅에 머무는 동안, 나와 함께 지냅시다. 보아 하니 우리 두 사람 그다지 나이 차도 없어 보이는데……."

흥분한 듯 흘러 나오는 김좌진의 목소리에, 동석은 그가 무척 강해 보이는 반면 감성적인 구석도 있다고 생각했다.

"고맙십니더. 장군! 이렇게 뵙고 또 같이 지낼 시간을 준다니 내게 배움이 크겠십니더."

그에 대한 존경심에, 동석은 진심으로 고개 숙여 목례했다.

그 후 김좌진의 숙소에 머물게 된 동석은, 그가 자신보다 겨우 두 살 위라는 것을 알았다. 그 나이에 벌써 그렇게 많은 것을 경험하고 큰 뜻을 품은 그를 바라보며, 동석은 그동안 자신의 가슴에서 미진하게 머물러 있던 독립에 대한 불씨가 갑자기 활활 타오르는 것을 느꼈다.

동석의 독립 이념을 더욱 자극한 큰 사건은, 바로 며칠 뒤에 일어났다. 동석이 받은 박상진의 편지 내용에서 알 수 있었듯, 국제 변화에 힘입은 재만 독립 세력은 중요한 회동을 하기에 이르렀다. 동석이 떠나올 날을 며칠 앞두고 간도 땅에서는 독립 인사 39인이 모여 '대한독립선언서'를 발표했는데, 이것은 무력 항쟁의 강렬한 의지를 보여 주는 것이었다. 물론 39인의 인사 중에는 김좌진도 들어 있었다. 군자금을 전하러 갔다가 '무오독립선언'의 역사적 현장을 보게 된 동석의 가슴은 흥분으로 들끓고 있었다.

그는 김좌진과 서로 독립 이념으로 상통된 결연한 악수를 나눈 뒤, 그곳에서 다시 상해로 갔다. 엄동의 바다에서 배를 타고 어렵게 상해에 도착한 동석은, 어두운 골목길에 있는 한 민가에서 이동녕이란 인물과 마주했다. 지난날 만주에서 만난 적이 있는 이회영과 비슷한 연배로 보였는데, 그는 곱상하게 생겼던 이회영에 비해 까다롭고 엄격해 보였다.

"이 자금은 대한광복회 박상진 선생의 지령에 따른 겁니더."

경상도 억양이 뚜렷한 동석의 목소리에, 이동녕은 콧수염에 가려진 얇은 입술에 미소를 슬쩍 띠었다.

"수고가 많았소. 만주를 거쳐 왔다니 더 고맙구려. 그곳 군사 자금도 쪼들릴 텐데, 우리에게 자금을 양보해 주었으니 말이오. 지금은 국제적으로 우리 조선의 존재를 알려야 할 때요. 이 자금은 아마 그렇게 하는 데 쓰일 것이오. 영남말을 쓰는 젊은이가 먼 길을 오느라 고생이 많았겠소. 남쪽에서 조선 땅을 가로질러 여기까지 왔으니······."

엄격한 생김새와 달리 이동녕은 부드러운 말투였다. 이 인물이 이듬해(1919년) 4월에 수립된 상해 임시정부의 수뇌와 같은 의정원 의장이 될 사람이라는 것을, 그때 동석은 알지 못했다. 그저 나이는 40대 후반쯤으로 보였는데도, 뭔가 사람을 압도하는 엄한 분위기를 가졌다는 것밖에는······. 군사 훈련에 주력하고 있는 만주의 거친 인물들에 비해 이동녕은 뭔가 좀 신사와 같은 멋이 풍겼다. 나중에서야 동석은 상해 쪽 인물들은 미국의 독립 세력들과 깊은 연결 고리를 갖고 있음을 알 수 있었다. 이들이 상해에 임시정부를 수립하려 하는 것은, 조선에 대해 우호적인 중국 국민당 정부와 긴밀한 협력 관계가 용이하기 때문이었다. 주권을 빼앗긴 조국을 떠나 중국 땅에 둥지를 튼 서로 다른 독립 세력을 만주와 상해에서 따로 만난 동석은, 국내외에서 터질듯 끓어오르는 조선인의 독립 열망을 감지하며 자신의 가슴이 떨리는 것을 느꼈다.

동석이 돌아온 것은 1919년 2월 초순이었다. 경성 거리로 들어선 순간, 그는 뭔가 흉흉한 분위기를 느꼈다. 동석은 돌아오는 기차간에서, 지난 1월 22일에 고종 황제가 승하했다는 소식을 전해 들은 터였다. 그래서인지 동석은 경성 시내에 심상치 않은 움직임이 일고 있음을 직감했다. 하숙방에 돌아와 짐을 푼 그는 밤이 깊어지자 갑성의 집으로 달려갔다. 잠자리에 들려다가 갑작스러운 동석의 방문에, 이갑성은 불도 켜지 않은 어두운 골방으로 그를 데리고 들어갔다.

"미행하는 사람은 없었나?"

갑성은 땀이 솟는지 어둠 속에서 손등으로 이마를 훔쳤다.

"없었다. 걱정 말래이. 내 정말 조심히 왔는기라."

동석도 목덜미에 땀이 솟았다.

"그래, 갔던 일은 잘 되었더나?"

"물론! 잘 전달하고 왔다. 김좌진이란 큰 인물과 교분도 맺었고, 춥고 고생스런 길이었지만 얻은 것이 많았는기라. 이번에 보낸 돈은 단순한 군사 훈련비가 아니라, 곧 상해에 세워질 임시정부를 위한 것이라 내 직접 상해까지 갔다 왔대이. 만주도 만주지만 상해에 있는 독립 세력도 대단한 것 같더라. 만주가 군사 훈련에 치중하고 있다면, 상해는 국제적 입지를 꾀하고 있는기라. 그런데 고종 황제께서 승하하셨다면서?"

속삭이는 동석의 목소리에, 어둠 속에서 갑성이 무겁게 고개를 끄덕였다.

"황제께서는 독살당하셨다."

"뭐라고? 독살?"

"그래서 지금 이렇게 들끓고 있지 않나. 황제께서는 단 한 번도 독립을 포기하지 않으셨다. 그것이 일본 놈들 눈에 얼마나 가시와 같았겠노? 그렇다고 황제를 독살하다니……. 이번만은 온 백성이 가만히 있지 않을 거다. 우리는 지금 큰일을 준비하고 있다. 이 시점에 니 마침 잘 왔구마."

"큰일이라니? 무슨?"

"우린 거국적인 만세운동을 준비하고 있다."

"만세운동?"

"그래! 우리가 살아 있음을 똑바로 보여 주고 말 거다."

동석은 잠시 신음을 머금었다. 간도의 독립선언서 사건이 머릿속을 휙 스치고 지나갔다.

"간도 땅에서도 일이 있었다. 독립 인사 39인이 모여 독립선언서를 낭독한기라."

"독립선언서?"

"그래! 독립선언서!"

조금 긴장감이 풀린 듯 갑성은 낮은 웃음소리를 냈다.

"우리도 지금 그런 것을 준비하고 있다."

"그렇구나. 사실 나도 이번 간도에 다녀와 가슴이 끓어 견딜 수가 없는기라."

"하모! 이번엔 니도 앞에 나서거라! 이제 두려울 것이 뭐가 있겠노? 이번 일은 전국적으로 일사불란하게 움직이기로 했다. 니는 고향인 김해에서 앞장서라."

동석은 고개만 짧게 끄덕일 뿐 아무 말도 할 수 없었다. 이제는 정말 가슴의 불덩이를 폭발할 시점에 이르렀음을 직감했기 때문이다.

새벽이 가까워 올 때까지, 어두운 방에서 동석과 갑성은 속삭였다. 여명이 밝아 올 무렵에야 갑성의 집을 빠져 나온 동석은 하숙집으로 돌아와 자리에 누웠다. 긴 여행의 피로가 동석의 온몸에 노곤하게 밀려왔다. 무사히 돌아온 것을 김해 본가에 알려야 하나, 우선은 갑성과 함께 할 일이 많았다. 지난가을 동석이 만주로 떠난 후 아내 복남이 몸을 풀었을 터인데, 사내아이를 낳았는지 딸아이를 낳았는지 그것도 알 길이 없었다. 마음 같아서는 어서 집으로 달려가고 싶었지만, 지금은 그럴 때가 아니었던 것이다. 이런 저런 생각을 하는 동안 들창이 훤히 밝아 왔다. 그 빛이 눈에 부셔 무거운 눈꺼풀을 내린 동석은 순식간에 잠에 빠져 들고 말았다.

한반도 곳곳에서 만세운동은 치밀하게 준비되었다. 각 지역마다 대표자를 뽑아 태극기를 준비하고, 거사 일에 일제히 태극기를 흔들며 조선인이 살아 있음을 선포하려는 것이었다. 경성 곳곳에서도 비밀리에 밤새 태극기를 그렸고, 이미 작성된 독립선언서가 봄맞이 학생 음악회를 통해 경성을 비롯한 전국에 배포되었다. 거사 일은 고종 황제의 장례일인 3월 3일에서 이틀 빠른 3월 1일로 정했다.

고종 황제 독살설로 국내 파문이 일기 전, 지난해 12월에 동석은 만주에서 무오독립선언서 사건을 직접 목격했다. 그리고 1919년 2월 초순, 황제의 독살설에 분노한 도쿄에 있던 조선인 유학생들이 조선 기독청년회관에서 독립선언서를 발표했다. 이러한 모든 일은 기미만세운동을 일으키는 자극제 역할을 했다. 이즈음 해외 독립운동가들은 이미 종결된 1차 세계 대전의 뒤처리를 위해 파리강화회의가 열리고 있는 것을 기회로 맹렬한 독립 외교를 펼치고 있었다. 동석이 접선한 바 있는 상해 독립 세력에서는 '신한청년단'을 조직해 파리강화회의에 김규식이란 인물을 대표로 파견했다. 이것은 국내 독립 인사들에게도 큰 영향을 주었다. 그동안 교육과 문화 운동에 치우치며 온건하게 움직이던 종교 인사들도 국제 정세에 힘입어 예민한 반응을 보이기 시작했다.

2월 12일, 이갑성의 집에서 대한광복회의 중심인물들과 세브란스 의전 학생 대표들이 회동을 했다. 그 뒤 정신없이 뛰어다니던 동석은 거사 일이 되기 전에 일단 김해 본가에 한 번은 가 봐야 할 것 같았다. 갑성은 '이종일'이라는 인물이 준비한 독립선언서 두 부를 동석에게 건네며, 김해에 들렀다 경성으로 돌아오기 전에 잠깐 마산에 들러 줄 것을 부탁했다. 그 독립선언서에 서명한 인사 서른세 명 중에는 이갑성의 이름도 들어 있었는데, 학생 신분인 동석은 다만 그것을 낭독하고 만세운동을 주관하는 임무만을 맡았다. 그 때문에 그는 거사 일까지 경성으로 다시 돌아와야 했다. 드디어 2월 24일에 동석은 김해로 내려갔다.

동상 마을 고향 집으로 가는 길가에, 봄이 오는 기척이 푸릇푸릇했다. 경성보다 한결 포근한 바람이 불고 있는 김해 땅, 동석 자신이 태어나고 자라난 곳이었다. 청소년기에 학업을 위해 고향 집을 떠난 후, 그동안 수없이 오고 간 고향 길이었다. 그러나 이번에는 지금까지 한 번도 느끼지 못한 감격이 동석에게 밀려왔다. 몸속에 독립선언서를 품고 가슴에 치밀히 준비된 만세운동의 비밀을 안은 채, 동석은 고향 길로 가고 있었다. 그런 동석의 몸 핏줄 구석구석에 뜨거운 무엇인가

가 전율했다. 그리운 아내와 자식들, 언제 바라봐도 가슴이 저린 부모님…… 그러나 그를 지금 온통 차지한 것은, 오직 구국의 뜨거움뿐이었다.

저녁 어스름 녘에야 도착한 약방집의 굴뚝에는 저녁밥을 짓는 연기가 하얗게 솟아오르고 있었다. 열린 대문에 들어섰으나 바깥채 약방에는 아무도 없는지 조용했다. 안채에서 놀고 있는 아이들 소리가 희미하게 들려왔다. 아이들의 기척이 귓가로 밀려오자, 동석은 자신의 가슴 언저리로 뜨거운 물이 번지는 듯했다. 그것은 어쩔 수 없는 핏줄에 대한 그리움이었다. 그는 어서 달려가 두 아들의 보드라운 볼에 입을 맞추고 싶었다. 아니 어쩌면 세 아들일지도 몰랐다. 만약 지난 가을 복남이 아들을 낳았다면…… 동석은 안마당으로 들어서며 크게 외쳤다.

"대위야! 유위야!"

두 아들의 이름을 부르는 소리에, 부엌에 있던 복남이 먼저 튀어나왔다. 어스름 녘에 마당에 들어선 남편을 한동안 낯선 사람처럼 우두커니 서서 바라보다 복남은 손에 행주를 든 채 그대로 주저앉아 울음을 터트리고 말았다. 그제야 부엌에서 나온 작은어머니 점순이 동석을 보고 안방에 대고 소리쳤다.

"아범이 왔어예. 동석이가 돌아왔어예. 동석이가……"

점순의 외침이 채 끝나지도 않았는데, 안방 문이 열리며 먼저 아이들이 쪼르르 달려 나왔다. 못 본 동안 그새 자라 버린 대위와 유위가 제 아비를 보더니 좀 낯설고 수줍은 듯, 막 방에서 나오는 할머니 한나의 치마꼬리에 매달렸다. 몸집이 큰 한나 뒤에서 구부정한 몸을 내미는 아버지 배성두를 바라본 동석은 그대로 마당에 무릎을 꿇고 절을 했다.

"불효자식을 용서하시소. 그동안 소식을 못 드려 죄송합니더."

한나는 두 손자를 품에 안은 채 아들을 바라보며 소리쳤다.

"이 야속한 자석아! 어찌 그리 반년이나 소식 한 장 없었단 말이고? 이 늙은 어미는 니를 기다리다 죽어도 좋단 말이냐?"

한나가 울먹이며 소리쳤다. 그러나 그녀 곁에 묵묵히 선 배성두는 아무 일 없는 듯 태연히 말했다.

"옷에 흙 묻는다. 어서 들어온나. 3월이 내일모레라 해도 아직 날이 찬기라. 와 흙바닥에 무릎을 꿇노?"

성두의 목소리에 깊은 가래가 끓고 있었다. 동석은 무심한 듯 다시 방 안으로 들어가 버리는 아버지를 바라보다 옷을 털고 일어났다. 그러면서 그는 아직도 아내가 부엌문 앞에 주저앉아 있는 것을 보았다.

"니 댁이 지난가을 또 아들을 안 낳았나? 이름은 '도위'라고 지었다."

막 복남에게 다가가는 동석에게 점순은 복남이 들으라는 듯 일부러 큰 소리로 말했다. 아내를 일으켜 세우려던 동석은 복남의 앙상한 어깨뼈가 두 손에 잡혀 오자 가슴이 저며 왔다. 그동안 얼마나 애태워 왔는지 충분히 짐작되었다. 복남은 동석의 손이 닿기가 무섭게 뿌리치더니, 얼른 몸을 일으켜 부엌으로 도로 들어갔다. 동석이 아내를 달래려고 부엌으로 따라 들어가는 것을 보고, 점순은 인근에 따로 얻은 자신의 집으로 돌아갔다. 마루 끝에 선 한나는 아이들을 데리고 방으로 들어갔고, 안방에서는 배성두의 밭은기침 소리가 들려왔다.

그날 밤 늦게 동석은 아버지 배성두와 약방에 단둘이 앉아 있었다. 천정에 한약재가 주렁주렁 매달린 채 퀴퀴한 냄새를 풍기는 그 방은 동석을 키워 온 곳이었다. 아니 동석뿐만이 아니었다. 아버지 배성두도 그 집에서 태어났고, 그 약방 안에서 어른이 되었다. 그들 부자의 역사를 훤히 아는 그 방은, 금방 꺼져 버릴 듯 늙은 아버지와 깊은 수심에 잠긴 아들을 가만히 굽어보고 있는 것 같았다.

"뭐가 그리 힘이 드나?"

먼저 말을 꺼낸 것은 배성두였다.

"아부지! 이번엔 좀 큰일이 있습니더."

"무신 큰일? 또 독립이가?"

얼른 대답하지 못하는 아들을 성두가 물끄러미 바라보았다.

"필경 그런 모양이재? 나라 안이 뒤숭숭하더니……. 이번엔 정말 큰 일을 벌일런가 싶다."

"아부지! 지금 세상이 어떤지 아십니꺼?"

"무신 세상? 하나님이 굽어보시는 내가 아는 세상 말고 또 다른 세 상이 있다드나?"

배성두는 화가 난 듯 말했다. 그러나 그의 얼굴에는 어떤 분노의 기 미도 없었다.

"3월 1일에 전국적으로 만세운동이 일어날 겁니더. 지금 전국 곳곳 에서 비밀리에 그 준비가 이루어지고 있습니더. 아부지 이것을 좀 여 러 장 만들어 우선 교인들에게 뿌려 주이소. 독립선언서입니더."

동석은 품에서 접은 종이 한 장을 꺼냈다. 독립선언서를 받아 든 배 성두는 묵묵했다. 그는 눈을 내리깔고 나지막이 말했다.

"내일 마침, 니 매형 영옥이가 온다고 했다. 김해 사람들이 다 갖게 만들려면, 언제 손으로 써 그 많을 것을 만들겠노? 영옥이와 의논해 교회에서 쓰는 등사 기계를 쓰든지 하려마."

"아부지! 죄송합니더."

늙은 아버지에게 자식으로서 한 번도 편안함을 주지 못한 것이, 동 석은 맘에 걸려 머리를 조아렸다.

배성두는 뭔가 아들에게 다가오는 큰 기운을 감지했다. 그는 자신은 어찌지 못하는 불가항력적인 운명이 동석에게 오고 있는 것을 본능적 으로 직감했다. 태연한 척하려고 애썼지만, 독립선언서를 받아든 성 두의 늙은 손이 파르르 떨렸다. 그는 고개를 숙이고 앉은 아들의 훤한 이맛전을 바라보며 마음속으로 기도했다.

'하나님 아부지! 이 아이는 당신의 아들이옵니다. 제 아들이기 이전

에, 배씨집안의 아들이기 이전에, 정의의 하나님 당신의 아들이오니 당신 뜻대로 하옵소서.'

그러나 배성두의 가슴은 미어지듯 아파 왔다. 제단에 제물로 받쳐지기 위해 등에 나뭇단을 지고 아버지 아브라함을 따라가던 이삭의 모습이 동석과 겹쳤다. 그 환상에 성두는 그만 눈을 감아 버렸다. 성두의 늙은 눈에서 눈물이 조용히 흘려내렸다.

"그만 네 방으로 건너가 자라."

아들이 고개를 들기도 전에, 배성두는 약방 문을 열고 나와 버렸다. 봄을 재촉하는 마당 가에는 흐린 달빛이 내려앉았고, 어디선가 물 흐르는 소리가 들려왔다. 겨우내 얼어붙은 동네 개천이 어느 때부턴가 녹아 흐르고 있었다. 그는 왜 그 물소리가 이제야 들려오는지 모르겠다고 생각하며 마당을 휘적휘적 가로질렀다. 그의 가슴 어딘가에도 그런 물줄기가 하나 흘러가고 있는 것 같았다. 눈물로 번들거리는 늙은 그의 얼굴을 희미한 달빛이 비추고 있었다.

※ 32

기미만세운동

동상 마을 본가에서 이틀을 묵은 뒤, 2월 26일에 동석은 이갑성의 부탁대로 마산행 기차에 몸을 실었다. 막 피어나는 봄기운이 창가를 스쳐 갔다. 동석은 머릿속 가득 동상 마을 어귀에 서서 자신을 배웅하던 식구들의 모습을 떠올렸다. 한두 번 떠나온 길인가. 어쩌면 다시 돌아가지 못할지도 모른다고 생각했던 두 번의 중국행 뒤에도, 그는 무사히 집으로 돌아갔다. 이번에도 분명 다시 가족을 만날 수 있으리라. 유난히 꼿꼿한 눈으로 자신을 바라보던 아버지, 이제는 이별의 눈물도 말라 버린 아내와 어머니, 이른 아침에 철모르고 동네 어귀에서 뛰놀던 두 아들 대위와 유위, 그리고 제 어미 품에서 한창 예쁜 짓을 하는 새로 태어난 아들 도위가 눈앞에 어른거렸다.

동석은 눈을 질끈 감았다. 그래도 창가로 스며드는 봄 햇살이 그의 눈꺼풀 위를 환히 비췄다. 그의 가슴속에는 아침 녘에 있었던 이별 장면이 파도를 탄 듯 출렁이고 있었다. 나른한 슬픔이 피곤한 그의 온몸으로 슬며시 번져 갔다. 그는 마치 그 슬픈 기운에 감전이나 된 듯 맥이 스스르 빠져 의자 등받이에 몸을 기대었다. 등에 접어 넣은 독립선

338

언서가 그의 몸과 의자 등받이 사이에 있어 등에 뻣뻣한 감촉을 불러왔다. 그는 생각했다. 지금은 오직 이 독립선언서를 마산에 있는 여교사한테 전해야 할 뿐이라고……. 이제 불씨는 당겨졌고, 이 불은 그의 가슴과 조선 반도를 활활 태울 수밖에 없을 것이었다.

기차는 봄을 뚫고 달려갔다. 동석이 잠시 잠에 빠져 들었다고 생각한 순간, 마산역에 도착했다는 역무원의 목소리가 귀에 쨍하게 울려왔다. 퍼뜩 눈을 뜬 그는 자신의 이마가 어스름한 저녁 기운이 어린 차창에 차갑게 닿아 있음을 느꼈다. 그는 기차 선반에 올려놓은 모자와 가방을 집어 들고 급히 일어섰다. 막 잠에서 깨어 멍한 기분으로 기차에서 내려선 그는 생면부지의 여성을 만나야 한다는 생각에 얼른 옷매무새를 고쳤다. 플랫폼을 걸어 나가는 사이 주변은 더욱 어둑해졌고, 개찰구를 나오며 대합실의 시계를 바라보니 저녁 일곱 시였다. 갑성을 통해 약속한 시간에 맞춰 온 것이었다. 저녁 무렵의 대합실을 서성이는 몇 명 안 되는 사람들 중에 단정하게 양장을 한 젊은 여성이 금방 눈에 띄었다. 아마도 저 사람인가 보다고 생각하며, 동석은 얼른 모자를 벗어 들고 그 여성을 향해 꾸벅 인사를 했다. 중키에 아담한 체구를 가진 여자는 곱상해 보이는 얼굴에 미소를 지었지만 조금 날카로운 인상이 서려 있었다.

"박순천입니다. 이갑성 씨 친구 분이 맞나요?"

"예! 저는 배동석이라 합니더."

두 사람은 마산역 대합실의 어스름한 불빛 아래서 수줍은 듯 수인사를 나눴다. 스물서넛으로 보이는 아담한 신여성과 키가 후리후리한 미남형의 동석이 만나는 모습은 그다지 어색해 보이지 않았다. 혹 누가 본다면 언뜻 연인으로 생각할 수 있을 만큼 두 사람의 분위기가 잘 어울렸다.

"저를 따라오시지요."

박순천은 차분하게 미소를 흘리면서도 뭔가 급한 듯 재빨리 몸을 돌려 대합실을 나가기 시작했다. 그녀의 잰걸음을 따라 동석이 도착한 곳은 그녀가 교사로 근무하는 의신여학교였다. 컴컴한 교정 안으로 들어섰지만, 박순천은 아직도 불안한 듯했다. 그녀는 주변을 살피며 교정을 가로질러 동석을 학교 뒷산으로 데리고 갔다. 사방에는 이미 짙은 어둠이 깔려 있었다. 봄기운에 막 돋아나는 들풀을 딛고, 앞서 산을 오르는 박순천의 숨소리가 너덧 걸음이나 떨어져 걷는 동석의 귓전으로 환히 들려왔다. 그곳이 익숙한 듯 길도 없는 길을 얼마간 오르더니, 그녀는 어둠 속에 불쑥 솟아오른 한 무덤 앞에 멈춰 섰다.

"이 무덤 뒤로 가시지요."

독립선언서를 주고받을 일이 아니라면, 마치 사내를 유혹하려는 언행으로 오해될 만큼 그녀는 재빨리 컴컴한 무덤 뒤에 들어앉은 채 동석에게 어서 오라고 손짓했다. 동석은 생면부지의 여성을 따라 어둠 속으로 들어갔다. 올라오는 길이 힘들었는지 박순천은 비스듬히 앉아 가쁜 숨을 진정시키고 있었다. 아무리 독립을 위한 일이라지만, 아직 처녀의 몸으로 그녀는 참으로 남자 앞에 무방비 상태였다. 동석은 일부러 그녀가 있는 곳에서 두어 걸음 못미처에 앉았다. 저녁 바람이 차가웠지만, 산길을 급히 걸어 올라온 탓에 온몸이 땀으로 흥건히 젖어 있었다. 그녀도 소매 속에서 손수건을 꺼내 목덜미의 땀을 닦았다. 아직 별도 돋지 않은 초저녁 하늘은 어스름하기만 했고, 부드러운 바람이 그녀의 여릿한 향기를 동석의 코끝으로 날라다 주었다. 그는 잠시 어색한 기분을 느끼며 헛기침을 두어 번 했다. 순간 아내 복남의 체취가 떠올랐다. 어젯밤 그의 품으로 깊게 안겨 오던 아내의 향기가 잠시 그의 눈앞을 아찔하게 스쳐 갔다. 문득 아내를 또 안아 볼 수 있을까 하는 생각이 스쳤다. 왜 그런지 가슴이 쿵 내려앉는 것만 같았다.

"독립선언서를 주시지요."

온화한 외모와 달리 카랑한 박순천의 음성에, 동석은 정신을 차렸다. 음력으로 정월 그믐이라 달빛도 없는 밤하늘은 어느새 새까매져 있었다. 동석은 등 뒤로 손을 넣어 땀 때문에 잔등에 딱 달라붙은 독립선언서를 꺼냈다. 축축이 젖은 독립선언서를 박순천의 손에 넘겨주려니 민망한 기분이 없지 않았다. 그러나 그녀는 아무렇지도 않은 듯 손을 뻗어 땀에 젖은 독립선언서를 받아 들었다.

"이것을 될 수 있으면 많이 만들어, 거사 일 전에 마산 시내에 뿌려 주십시오."

어둠 속에서 가만히 울려오는 동석의 목소리에 박순천은 고개를 끄덕였다.

"이 독립선언서를 등사지에 긁으려면, 저는 오늘 밤을 학교에서 새야겠습니다."

"혹 제가 도울 일이 있다면 같이 남겠습니더."

동석은 젊은 여성을 텅 빈 학교 안에 혼자 두는 것이 맘에 걸렸다. 그러나 박순천은 단호히 고개를 저었다.

"아닙니다. 같이 계시면 더 들키기가 쉽지요. 저 혼자 하는 것이 낫습니다."

"혹 무섭기라도 하시다면……."

동석의 걱정스런 말에 그녀가 가벼운 웃음을 삼켰다.

"이런 일에 겁이 난다면 감히 거사에 뛰어들겠습니까. 전 이래 봬도 통이 큰 여자입니다."

어둠 속에서 박순천은 동석을 빤히 바라보았다. 동석은 잘 분간되지도 않는 그녀의 시선을 바라보기가 왠지 민망해 고개를 슬쩍 돌렸다. 그녀를 동지가 아닌 여성으로 바라본 자신이 슬며시 부끄러웠다.

동석의 체취가 밴 독립선언서를 가슴에 품은 박순천이 불이 다 꺼진 학교 건물로 들어갔다. 그것을 본 후에야 동석은 의신여학교의 어두운 교정을 걸어 나왔다. 밤새 그녀는 등사지에 독립선언서를 필사할 것이었다. 그리고 남모르게 등사해 마산 시내에 배포할 것이었다. 여성이지만 믿음이 가는 동지라 생각하며 동석은 어둠 속에서 싱긋 웃음을 날렸다.

　김해에 배포될 독립선언서는 이미 매형 이영옥의 손에 들어갔고, 동석이 경성에서 거사를 마치고 김해로 돌아올 때쯤에는 김해 읍내가 독립 만세로 끓어오르고 있을 것이었다. 그런 생각에 이르자 땀이 식어 싸늘하던 목덜미가 다시 후끈해 왔다. 교문을 나서려다 동석은 깜깜한 교사를 돌아보았다. 건물 중앙에 있는 한 방에 희미하게 불이 켜지는 것이 보였다. 아마도 교무실인 듯싶었다. 박순천이 책상에 등사 용지를 펴고 앉는 것이 눈에 보이는 것 같았다.

　1919년 3월 1일 오후 2시, 배동석은 종로 2가 탑골공원에 있었다. 꽃샘바람이 싸늘했지만 공원 안은 인파로 인한 열기로 가득했다. 그들은 대부분 학생들이었다. 독립선언서는 거의 이만 천 장 정도 인쇄되었고, 손에 손을 통해 경성 시내 곳곳에 이미 전달된 상태였다. 중등 이상 학생들 사천여 명이 초봄의 공원 안을 가득 메우고 있었다. 그들은 모두 독립선언서에 서명한 민족 대표 33인이 나타나길 기다리고 있었다. 독립선언서를 거머쥔 젊은 손바닥에서는 땀이 솟았고 그들의 가슴은 뛰었다.

　그러나 시간이 흘러도 민족 대표들은 나타나지 않았다. 학생 군중의 지도책을 맡은 동석의 마음이 초조해 왔다. 기다림에 지친 학생들이 수런거리며 조금씩 동요될 무렵, 누군가 그들 사이를 비집고 들어왔다. 그는 탑골공원의 대표 석탑인 원각사지 십층석탑 근처에 서 있는 동석에게 다가섰다.

　"배 동지!"

　긴급한 목소리에 그를 바라본 동석은, 그가 대한광복회 경성 지부 일원임을 기억했다.

　"어쩐 일이요? 왜 민족 대표들은 나타나지 않는 것이요?"

　얼굴이 벌겋게 상기된 동석은 그와 마주 보았다.

"지금 그들은 요 옆 태화관에 있소."

"예? 왜 거기에 있단 말이오?"

"아무래도 여기 공원에 모인 학생들의 신변이 위험할 것 같아 갑자기 장소를 옮긴 것이오. 일본 헌병 팔십여 명이 이미 태화관 주변을 포위하고 있소. 아마도 그들은 다 연행될 것이오."

땀이 번들거리는 사내의 얼굴을 바라보며 동석은 눈을 부릅떴다.

"뭣이! 우리는 평화 시위를 하려는데, 일본 헌병이?"

"모든 것은 각오한 바요. 독립선언서에 이름을 올린 사람들은 이미 붙잡혀 갈 각오를 하고 있었소. 그들은 지금쯤 태화관에서 독립선언식을 시작했을 것이요. 여기는 이제 어찌하시겠소?"

조금 풀이 죽어 보이는 사내의 물음에 동석은 발끈했다.

"어찌하긴요. 우린 우리대로 여기서 독립선언식을 가질 것이오."

단번에 격앙된 목소리를 흘린 동석은 독립선언서를 말아 쥔 오른손을 치켜들고 석탑 옆 높은 돌 위로 올라섰다.

"친애하는 대한제국 동지들이여! 모두 독립선언서를 펼치시오! 자 이제 때가 이르렀소!"

공원 안으로 퍼지는 자신의 목소리에, 동석은 문득 십이 년 전 대구 계성학교 시절 학도 결의문을 낭독하던 순간을 떠올렸다. 그때는 10 대 소년이었지만, 지금은 어엿한 청년이었다. 그 세월 동안 그는 한 가정의 가장이 되었다. 그러나 많은 것이 변했어도, 그의 가슴을 채우고 있는 뜨거운 기운은 십수 년 전 그때와 똑같았다. 독립선언서를 펼치며 동석은 눈물이 솟구치는 것을 참을 수 없었다. 이 순간을 위해 어쩌면 동석 자신이 세상에 태어났는지도 모를 일이라고 생각했다. 아버지 배성두가 여러 자식을 다 떠나보낸 후 간절한 기도 끝에 늦게 얻은 아들인 자신은, 어쩌면 이 역사적인 순간을 위해 세상에 보내졌는지도 모를 일이라고 생각하니 그는 가슴이 더욱 울컥했다. 사천여 명 학생과 일부 민중의 시선들이 일제히 동석에게 모여 들었다.

"吾等은 茲에 我 朝鮮의 獨立國임과 朝鮮人의 自主民임을 宣言하노라. 此로써 世界萬邦에 告하야 人類平等의 大義를 克明하며, 此로써 子孫萬代에 誥하야 民族自存의 正權을 永有케 하노라."(우리는 이에 우리 조선이 독립한 나라임과 조선 사람이 자주적인 민족임을 선언한다. 이로써 세계 만국에 알리어 인류 평등의 큰 도를 분명히 하는 바이며, 이로써 자손 만대에 깨우쳐 일러 민족의 독자적 생존의 정당한 권리를 영원히 누려 가지게 하는 바이다.)

온힘을 다해 독립선언서를 낭독하는 동석의 얼굴은 벌겋게 달아올랐고, 한 마디 한 마디 낭독이 이어질 때마다 목울대가 울퉁불퉁 불거져 나왔다. 군중은 동석의 낭독을 시작으로 하나 둘 독립선언문을 따라 읽기 시작했고, 그 소리는 점점 하나가 되어 탑골공원을 울렸다. 그들 한가운데 선 동석의 귀에 울려오는 군중의 소리는 그의 가슴에 타고 있는 불길에 열기를 더했다. 마치 가슴이 터질 듯한 감흥에 동석의 목소리는 더 높아만 갔다.

"今日 吾人의 此擧는 正義, 人道, 生存, 尊榮을 爲하는 民族的 要求이니, 오즉 自由的 精神을 發揮할 것이오, 決코 排他的 感情으로 逸走하지 말라. 最後의 一人까지, 最後의 一刻까지 民族의 正當한 意思를 快히 發表하라. 一切의 行動은 가장 秩序를 尊重하야, 吾人의 主張과 態度로 하야금 어대까지던지 光明正大하게 하라. 朝鮮建國 4252년 3월 1일 朝鮮民族代表."(오늘 우리의 이번 거사는 정의, 인도와 생존과 영광을 갈망하는 민족 전체의 요구이니, 오직 자유의 정신을 발휘할 것이요, 결코 배타적인 감정으로 정도에서 벗어난 잘못을 저지르지 말라. 최후의 한 사람까지 최후의 일각까지 민족의 정당한 의사를 시원하게 발표하라. 모든 행동은 가장 질서를 존중하며, 우리의 주장과 태도를 어디까지나 떳떳하고 정당하게 하라. 조선 건국 4252년 3월 1일 조선민족 대표.)

마지막 공약 삼 장까지 낭독한 배동석과 군중은 모두 품속에 숨겨둔 태극기를 꺼내 들고 만세의 함성을 지르며 거리로 뛰쳐나갔다. 검은 교복 차림을 한 학생 군중이 대부분이었다. 그들은 탑골공원 안에서 우르르 쏟아져 나왔다. 그들의 함성 소리에 공원 주변에 서 있던 일반인들이 합류했다. 그들은 모두 '대한 독립 만세'를 외치며 거리를 행진하기 시작했다.

동석은 선봉에 선 채 독립 만세를 외치며 군중을 종로 거리로 인도해 갔다. 종로 거리를 지나 대한문 앞에 이르는 동안, 수많은 부녀자와 어른, 아이가 모여들어 사람 수는 이루 헤아릴 수 없을 만큼이었다. 민중은 모두 한마음으로 조선의 국권 회복을 외치고 있었다. 만세 소리가 해질 무렵에는 경성 교외로 점점 번져 나갔고, 이북 지방에서도 같은 날에 평양, 진남포, 안주, 선천, 원산 등에서 독립선언식이 거행되었다. 경성 시내가 군중의 만세운동으로 거의 마비될 즈음에 이르자, 일본 헌병은 무력 행사를 시작했다. 기마병들이 칼을 번쩍 치켜들고 달려 나와 무작위로 휘두르자 혼비백산한 군중은 흩어질 수밖에 없었다. 이런 와중에 일본 헌병에 체포된 군중이 백삼십여 명에 이르렀으나, 동석은 용케 그곳을 빠져 나와 후미진 골목에 몸을 숨겼다. 죄 없는 군중이 일본 헌병이 내리치는 총대에 맞아 비명을 지르며 쓰러지고 오랏줄에 묶이는 것이 보였다. 불끈 치솟는 분노에 얼른 뛰쳐나가 그들에게 대항하다가 그 자신도 의롭게 체포당하고 싶었다. 그러나 그는 자신을 꾹꾹 누르며 달랬다. 김해에서 있을 다음 계획이 그를 기다리고 있었다. 무슨 일이 있어도 고향으로 내려가 만세운동을 확산해야 했다. 힘없이 쓰러지는 군중을 보며 동석은 소리 없이 눈물을 삼켰다.

어둠이 짙어질 때까지, 동석은 대한문 근처 좁은 골목에 숨어 있었다. 일본 헌병이 사라지고 거리가 조용해지자, 그는 인적이 드문 길을 더듬어 자신의 학교인 세브란스 의전 근처로 돌아왔다. 돌아오는 거리 곳곳에 찢어진 태극기가 널브러져 있었고, 짚신과 찢어진 옷자락이 사방에 산재해 있었다. 그리고 난장판이 된 거리에 죽었는지 살았는지 쓰러져 있는 사람들……. 그는 자신의 하숙집으로 돌아가는 것은 위험천만한 일이라고 생각했다. 이미 잡혀간 민족 대표 33인과 그들과 연루된 사람들의 집을 수색하고 있을지도 모를 일이었다. 이갑성이 체포당했을 것은 이미 자명한 사실이었다. 그는 일부러 갑성의 집과 자신의 하숙집 근처에서 떨어진, 먼 길을 돌아 레이몬드 선교사의 집으로 찾아갔다.

늦은 밤이라 그의 사택은 불이 꺼져 깜깜했다. 동석은 그를 만난 것이 언제였던가를 헤아려 보았다. 동석이 두 번째 만주로 떠나기 전, 그러니까 지난가을이었다. 그는 만주를 거쳐 상해에서 돌아와 만세운동을 준비하느라 레이몬드 선교사를 찾아볼 겨를이 없었다. 이 어려운 시간에도 레이몬드 선교사는 자신을 따뜻하게 품어 주리라 확신하며, 동석은 선교사 사택의 대문을 가만히 두들겼다.

도대체 지금이 몇 시인지 가늠할 수 없었다. 동석의 손목시계는 유리가 박살 난 채 초침이 멈춰 있었다. 고급 주택가의 조용한 사위로 미뤄 봐, 그는 밤이 깊었다는 것을 짐작할 뿐이었다. 세 번째인가 문을 조심스레 두들긴 뒤에야, 레이몬드 선교사의 목소리가 들려왔다.

"누구요?"

어눌한 그의 조선말 발음에 긴장감이 잔뜩 묻어 있었다.

"접니다. 배동석……. 세브란스 의전 학생입니더."

황급하면서도 조그만 목소리로 동석은 속삭였다.

"오! 동석!"

레이몬드의 목소리가 들린 것과 대문이 열린 것은 거의 동시였다.

"아니 동석! 어쩐 일이요? 오늘 시내에서 만세운동이 있었다더니 혹 동석도?"

잠옷 차림을 한 레이몬드 선교사 뒤에, 레이몬드 부인이 잠옷 위에 걸친 기다란 스웨터의 자락을 움켜준 채 겁에 질린 눈으로 동석을 바라보고 있었다.

"우선은 절 좀 숨겨 주십시오. 오늘 하룻밤이면 됩니다."

"어서 들어와요. 이런……몰골이 말이 아니군."

동석이 안으로 들어서자마자, 레이몬드는 얼른 대문을 걸어 잠갔다.

그들의 응접실에 들어서서 시계를 보았을 때서야 동석은 자정이 가까운 시간임을 알았다. 레이몬드 부인이 끓여 온 뜨거운 차를 마시며, 동석은 의자에 몸을 기댔다. 그때서야 그는 몸 구석구석이 쑤셔왔다.

"동석이 만세운동의 선봉에 섰단 말이요?"

레이몬드는 뭔가 측은하다는 눈빛으로 동석을 바라보았다.

"그렇습니다. 지난가을 만주로 떠난다는 인사를 드리고 다시 찾아뵙지도 못했십니다. 돌아오자마자 만세운동에 대한 계획이 추진돼 찾아뵐 겨를이 없었십니다."

"오 가없은 조선 백성! 가없은 이 조선 젊은이여!"

레이몬드는 두 손을 모아 쥐며 탄식했다.

"저는 내일 제 고향 김해로 내려가야 합니다. 거기 동지들이 제2의 만세운동을 계획하고, 저를 기다리고 있십니다. 오늘 많은 사람들이 경찰에 검거되었십니다. 민족 대표에 서명을 한 제 친구도……. 저도 그들과 함께 의롭게 잡혀 가고 싶었지만, 다음 계획을 위해 이렇게 빠져나왔십니다. 오늘 하룻밤만 여기서 머물게 해 주십시오."

"물론! 물론이요. 여기서 하룻밤 편히 쉬어요. 그러나 또 다른 만세운동을 계획한다니, 그대의 신변이 참으로 걱정이군요. 우리 하나님께서 그대를 지켜 주셔야 할 텐데……."

곁에 앉아 있던 레이몬드 부인이 울상을 지었다. 동석은 양복 안주머니에서 지난가을 레이몬드 선교사가 선물한 만년필을 꺼내 보였다.

"선교사님의 사랑과 기도는 늘 저를 지켜 주고 있십니다. 이렇게 제 품안에서 이 사랑의 징표가 저를 지키고 있으니까요. 지난번 중국행에서도 무사히 돌아왔고, 오늘도 이렇게 살아남았십니다. 앞으로도 선교사님의 사랑은 저를 꼭 지켜 줄 겁니더."

동석은 만년필에 새겨진 레이몬드의 이름을 손가락으로 어루만졌다.

"동석! 고마워요. 그대에 대한 내 정표를 그렇게 소중히 생각해 주니…… 내 늘 그대를 위해 기도하리다. 가엾은 조선 백성을 위해……. 잃어 버린 나라를 찾기 위해 이토록 몸부림치는 그대와 조선 백성…… 참으로 가슴 아프오."

레이몬드 선교사의 눈에 눈물이 어렸다. 동석의 침구를 가져오기 위해 일어서며, 레이몬드 부인은 이미 흘러내린 눈물을 닦고 있었다.

동석이 응접실 한쪽에 자리를 펴고 눕자, 레이몬드 부부는 자신들의 침실로 돌아갔다. 선교사 사택은 다시 불을 꺼 깜깜했다. 커튼이 젖혀진 창을 통해 별이 드문드문 돋은 밤하늘이 동석을 물끄러미 내려다보고 있었다. 동석은 반듯이 누운 채 레이몬드의 만년필을 손에 쥐고 만지작거렸다. 사실 이 만년필을 양복 안주머니에 꽂고 중국을 다녀오면서, 늘 레이몬드 선교사에 대해 생각한 것은 아니었다. 그의 선물을 가슴에 품은 채 감상에 젖을 시간이 없었다. 몇 달 만에 그를 마주한 지금에서야 문득 생각난 그의 선물……. 그러나 그 순간 동석은 실로 그의 사랑이 자신을 지켜 주고 있음을 인식했다. 동석은 자신의 체온으로 미지근해진 만년필을, 벗어 놓은 양복 안주머니에 도로 꽂으며 긴 숨을 내쉬었다. 그리고 그는 자신도 모르게 읊조리기 시작했다.

"하나님 아부지! 저를 지켜 주시옵소서. 아브라함의 하나님, 이삭의 하나님, 제 아부지 배성두의 하나님, 그리고 저의 하나님이시여! 저를 지키소서! 우리 대위, 유위, 도위를 위해, 제 아내 혜림을 위해, 그리고 가엾은 조선을 위해!"

손을 모아 쥔 그의 두 눈에서 눈물이 홍건히 흘러내렸다. 깊어 가는 밤을 따라 빛을 더해 가는 별빛이 검은 하늘에 박힌 채 동석을 굽어보

앉다. 레이몬드의 응접실 창가에 심어 놓은 벚나무가 어둠 속에서 하얗게 떠오르는 꽃봉오리를 매단 채 바람에 몸을 살며시 흔들었다.

33

그해 김해의 봄

3월 1일에 시작된 만세운동은 3월 2일에는 경기도 개성과 충남 예산으로, 4일에는 전라북도 옥구로 확산되었다. 그리고 8일에는 경상북도 대구에서, 10일에는 전라남도 광주와 강원도 철원, 함경북도 성진에서 일어났다. 또한 11일에는 경상남도 부산진, 19일에는 충청북도 괴산에서, 급기야 21일에는 바다 건너 제주에서 만세운동이 일어나기에 이르렀다. 어느 지역이든지 농민이 빠지지 않았고, 학생은 물론 노동자, 상인, 승려, 관리, 심지어 어린이와 기생, 거지까지 계층에 관계없이 참여했다.

삼엄한 검문 속에 동석은 기차를 몇 번이나 갈아타며 마산에 들렀다가 겨우 3월 중순 경에야 김해에 도착했다. 그동안 전국 곳곳에서 일어난 만세운동 소식을 그는 오는 길에 들을 수 있었다. 보름 가까이 긴박감 속에 보낸 동석은 초췌한 모습으로 동상 마을 본가로 돌아왔다. 포근한 봄기운이 마을을 감싸던 초저녁 무렵, 동석은 약방집 마당으로 들어섰다. 행랑채 약방의 흐릿한 불빛이 장지문을 통해 흔들리고 있었다. 약방 안에 초라하게 앉았을 아버지 배성두의 모습이 동석의 머릿속에 그려졌다. 뭔가 뻐근한 기운이 가슴을 짓눌러 와 그는 아버지를 다급히 불렀다.

"아부지! 저 왔십니더. 동석입니더."

잠시 아무 기척이 없더니 갑자기 약방 문이 벌컥 열렸다. 자그마한 몸이 그새 더 쪼그라진 배성두가 약방 안에 켜 놓은 호롱불 빛을 등지고 동석을 바라보았다. 그러나 동석은 불빛을 등진 아버지의 표정을 볼 수가 없어 눈을 찌푸리다가 얼른 토방으로 올라서 문지방에 걸쳐진 아버지의 손을 덥석 잡았다.

"지가 돌아왔십니더. 아부지. 아무 일 없이 이래 살아 왔십니더."

동석의 손에 잡힌 배성두의 두껍고 주름진 손이 파르르 떨고 있었다. 그리고 무겁게 가라앉은 그의 목소리가 짧게 들려왔다.

"왔으믄 들어오라마."

배성두는 앉은걸음으로 문가를 비켜나며 동석이 들어오기를 기다렸다.

"아부지! 그동안 별고 없으셨습니꺼?"

방 안에 들어선 동석은 넙죽 절부터 했다.

"그래. 무고하구마. 여기저기서 만세운동 소식이 들리는데, 사람이 많이 죽기도 하고 다치기도 했다 카더라. 잡혀간 사람들도 많고…… 내 이제는 니를 다시 못 보는구나 했더니, 이래 돌아와 주었구나."

잔잔히 흘러 나오는 배성두의 목소리는 뭔가 힘든 기운을 삼키고 있는 것 같았다. 늙은 아버지의 얼굴 위로 흔들리는 호롱불 그림자를 바라보다 동석은 그만 고개를 숙이고 흐느끼기 시작했다.

"아부지! 죄송합니더. 이래 심려를 끼쳐 드려서 말입니더."

"아니다. 내 속이 다 타도, 이게 하나님 뜻이라면 내 어쩌겠노. 생각하니 하나님이 주시겠다는 것이 세상 복락이 아닌기라. 내는 사실 세상 복락을 갖고 싶어 예수를 영접했고, 그날 이후 내 모든 것을 교회에 바쳐 왔다. 니를 낳았을 때만 해도, 하나님이 그저 내게 좋은 것만 주실 거로 믿은기라. 그러나 그것이 아니었다. 내는 이렇게 늙어 이제야 알 것 같대이. 하나님이 참말로 내게 주시려는 것이 무엇인가를……. 걱정 근심도 은혜로 받는 기를, 내게 이렇게 가르치고 계신기라."

숨이 가쁜 듯 잠시 말을 끊은 채 배성두는 무릎을 꿇고 앉아 눈물을 흘리는 아들을 물끄러미 바라보았다.

"하지만 말이다. 네 어미나 며느리는 그것을 모른대이. 그 사람들 마음은 지금 찢어지게 아픈기라."

배성두는 자리에서 일어섰다. 등이 굽어 더 작아진 그의 키는 약재를 매달아 놓은 약방의 낮은 천장에서도 서너 척은 떨어져 보였다.

"어서 일어나려마. 안채로 가 보거라. 니 에미와 유위 어멈이 니를 눈이 빠지게 기다리고 있는기라."

배성두는 일어날 기미가 없는 아들을 재촉하며 먼저 마당으로 나갔다. 봄밤의 공기가 그의 노쇠한 몸을 포근하게 감싸 왔다. 보름을 지난 달빛이 마당을 훤히 비추고, 울타리 쪽에 심어 놓은 봉숭아 싹이 불쑥 올라와 있는 것이 어둠 속에 허옇게 떠올랐다. 그는 하와이로 간 천례를 생각했다. 여름이면 붉은 봉숭아 꽃잎을 찧어 손톱을 붉게 물들이던 딸의 소식이, 그는 문득 궁금했다. 배성두는 자신의 뒤를 묵묵히 따라오는 아들을 돌아보았다.

"천례 소식은 좀 있드나? 아를 가졌단 편지를 보내고는 통 연락이 없는기라. 살기가 힘이 드는가?"

달빛이 내려앉은 배성두의 주름진 얼굴이 근심으로 일그러졌다.

"저도 그 뒤로는 편지를 못 받았십니더. 잘 있겠지예. 아마도 이곳의 만세운동 소식이 그곳에도 전해졌을 겁니더. 제 나라를 떠나 사는 사람들이라 더 나라 사랑을 소중히 한다 합니더."

아들의 대답을 뒤통수로 듣던 배성두는 그저 고개를 끄덕이며 안채로 힘없이 걸어갔다. 늙고 왜소한 아버지를 뒤따르는 동석의 훤칠한 키 뒤로 긴 그림자가 졌다. 동석은 무심코 밤하늘을 바라보았다. 초저녁의 흐릿한 별빛 사이에 훤한 달이 빛을 뿜고 있었다. 문득 조선 팔도를 다 비추고 있는 저 달 속에서 함성이 들려오는 것만 같았다.

'대한 독립 만세! 대한 독립 만세!'

어른 아이 할 것 없이 오직 한마음으로 들끓던 그날의 감회……. 동석은 눈가에 말라붙은 눈물 자국을 손등으로 얼른 닦아 내었다. 안채에 이르자 아이들의 조잘거림이 희미하게 들려왔다.

그동안 쌓인 피로를 고향 집에서 씻으며, 동석은 매형 이영옥과 김해 읍내의 상황을 살폈다. 동석이 고향으로 오는 길에 마산에 다시 들린 것은 임학찬에게 독립신문을 전달하기 위해서였다. 임학찬은 동석과 동상 마을에서 같이 자라난 또래인데, 그 당시에 마산 창신학교 교사로 근무하고 있었다. 이미 만세운동에 깊이 연관하고 있던 임학찬의 손에 들어간 독립신문은 창간호부터 15호까지였다. 그리고 그 내용은 애국심을 불러일으켜 만세운동을 촉진하기에 충분했다. 때마침 이때 동석의 아내 복남의 사촌 동생 김순이 창신학교 고등과를 마칠 무렵이었다. 동석이 전해 준 독립신문은 임학찬을 거쳐 김순의 손으로 넘어갔고, 김순은 학교 서기에게 등사기를 빌려 급우들과 함께 이미 박순천이 배포한 독립선언서와 독립신문을 수천 장 인쇄했다.

드디어 3월 21일에 마산의거가 일어났다. 마산역에서 오후 2시에 떠나는 기차의 기적 소리를 신호로, 모여 있던 학생들은 품속에 숨기고 있던 독립선언서와 독립신문을 군중에게 흩뿌렸다. 이미 곳곳에서 일어난 만세운동 소식에 열이 올라 있던 군중의 가슴은 단번에 달아올라 마산역은 독립 염원으로 가득 찼다. 결국 그날 뿌려진 독립선언서와 독립신문은 모두 배동석의 손으로 전해진 것이었다.

만세운동을 제지하려는 일본 헌병이 출동하자, 주동자 김순은 어디론가 피신해 버렸고 임학찬은 고향인 동상 마을로 동석을 찾아왔다. 대구 계성학교에 입학하기 위해 동상 마을을 떠난 후, 동석은 임학찬과 딱히 연락을 주고받지는 않았다. 그러나 그들 사이에는 한 마을에서 성장한 은근한 우정이 있었다. 오랫동안 소식을 끊었다가도 다시 만나면, 어제 만난 친구처럼 스스럼없는 관계였던 것이다. 마산의 만세운동 소식을 전해 주는 임학찬을 바라보며 동석은 문득 의신여학교 교사 박순천을 떠올렸다. 겁도 없이 컴컴한 무덤 뒤로 동석을 이끌던 통이 큰 신여성, 아마도 마산의거에서 대단한 활동을 했을 것이 분명한 그녀의 소식이 궁금했다.

"학찬아! 니 독립선언서는 박순천이란 여자한테서 받았지? 그거 내가 그 여자한테 전해 준 것 아나?"

임학찬은 이미 알고 있다는 듯 고개를 끄덕였다.

"그런데 그 여자는 어찌 되었노? 내가 독립선언서를 전해 준 날의 기세로 봐서, 이번 마산 만세운동에 만만치 않게 나섰을 것 같은데 혹 잡혀간 것은 아니가?"

"아마도……아마도 검거당했을 기다."

"저런!"

동석은 외마디 반응을 했을 뿐이지만 가슴이 서늘해 왔다. 하긴 동석 자신도 앞을 알 수 없는 날들이었다. 지금은 고향 집에서 친구와 정담처럼 독립을 말하고 있지만, 자신도 곧 박순천이나 다른 사람들처럼 일본 헌병에게 붙잡힐지도 모를 일이었다. 미처 동상 마을까지 손이 닿지 않는 듯 아직까지는 일본 헌병의 출입이 없었다. 그래서 임학찬도 이곳으로 피해 들어오기는 했다. 그러나 사실 그도 임학천도 불안하기는 마찬가지였다.

"그나 저나 여기 김해는 언제로 날을 잡을까?"

임학찬이 초조하게 물었다.

"글쎄! 인근에서 벌써 일들을 벌여 놓아 일본 헌병이 가만히 있을는지 모르겠구마."

"그러게. 하긴 우리는 벌써 검거될 것까지도 각오하지 않았나?"

"맞다! 무서운 게 뭐 있을꼬? 이 달이 가기 전에 하자. 30일이 어떤 노?"

동석의 목소리가 결연하게 흘러 나오자, 임학찬은 그를 바라보았다.

"무신 뜻이 있나? 3월 30일이……."

"뜻이 있는 것이 아니라, 지금부터 우리 매형 이영옥과 준비를 하려면 그때가 안 좋겠나?"

"그래! 그럼, 그리하자. 3월 30일에 김해 읍내에서 만세를 외치는 기라."

임학찬이 입을 꾹 다문 채 뜻 깊은 웃음을 머금었다.

"한 번 더 회동을 하자. 우리 매형과 또 다른 동지들과 여기 우리 집에서 한 번 더 모이기로 하자."

"하모!"

동석과 학찬은 서로 손을 마주 잡았다. 그들은 두 눈을 마주치며 빙그레 웃음을 담았지만, 그들의 가슴속에는 비장함이 가득했다.

3월 28일 밤, 김해 읍내를 다녀온 이영옥이 동석에게 달려왔다.

"이보게! 처남! 내가 읍내에서 들은 소식인데, 오늘 일본 헌병이 김해로 급파되었다 카더라. 그들이 총과 칼을 차고 읍내 거리를 활보하는 것을, 내 눈으로 본기라. 아무래도 우리 계획이 새어 나간 것만 같다. 이를 어쩔꼬?"

급히 쏟아지는 이영옥의 목소리에 동석은 다만 신음을 삼켰다.

"어쩌긴요? 계획대로 해야 할 뿐입니더. 미룰 수 없는 일입니더. 일본 헌병이 깔릴 것쯤은 각오한 바 아닌기요? 날을 받아 놓고 매형 혹시 무섭십니꺼?"

동석의 매서운 눈초리에 이영옥의 눈빛이 움찔했다.

"아니다. 무섭긴…… 그럼, 그날 밤으로 확고히 정한 것으로 알고 계획을 그리 세우마."

"예! 매형! 그날입니더. 그날!"

한밤중에 찾아온 시누이 남편 이영옥에게 입가심이라도 시키려고 과일을 들고 막 방으로 들어서려다 복남은 안에서 들려오는 소리에 움찔 멈춰 섰다. 뒤숭숭한 일들이 있는 줄은 짐작했지만, 지척의 김해 읍내에서 이런 일을 꾸미고 있을 줄이야. 복남은 과일 쟁반을 받쳐 든 두 손이 부르르 떨려 왔지만 곧 마음을 가다듬었다.

동석을 처음 만났을 때, 복남 자신에게 동석은 뭔가 넘치는 너무 잘난 남자였다. 얼굴도 잘생기고, 키도 크고, 신앙심도 깊은 청년이었다. 뜻도 크고, 불같은 기운이 늘 가슴에 도사리고 앉은 그였다. 복남은 길게 한숨을 내쉬었다. 그녀는 이제 코앞에 다가온 운명의 날 앞에서 그를 붙잡을 수가 없었다. 저리 결연한 뜻을 품고 내달리려는 사람을 무슨 수로 잡으리. 복남은 툇마루에 선 채 밤하늘을 올려다보았다.

"하나님 아버지! 당신의 귀한 아들을 보살피소서. 제 남편이며, 제 세 아들의 아버지인 저 사람을 보살펴 주소서."

눈물이 한 줄기 볼을 타고 흘러내렸지만, 복남은 옷소매로 얼른 훔쳐 내며 애써 태연한 표정으로 방문을 열었다. 짙어 가는 봄바람이 막 방 안으로 들어가는 복남의 치맛자락 뒤로 살며시 불어 왔다.

드디어 3월 30일이 되었다. 이른 저녁을 먹은 동석은 집을 살그머니 빠져 나와 동네 어귀에서 이영옥과 임학찬을 만났다. 그들은 이미 수백 부를 인쇄한 독립선언서와 태극기를 품에 안고 동석을 기다리고 있었다. 길지 않은 봄날의 해가 막 기울고 난, 어스름한 저녁 무렵이었다. 젊은이 세 사람은 이미 기다리고 있을 다른 동지들과 합세하기 위해, 김해 읍내를 향해 부지런히 갔다. 사실 어젯밤에도 김해 읍내에서 거리를 지나던 사람들이 행한 우발적인 만세운동이 있은 터라 일본 헌병의 경계가 극심할 것이었다. 그러나 이미 정해 놓은 일을 미룰 수 없었다. 이것은 살아남기 위한 투쟁이 아니었다. 어쩌면 죽기 위한 투쟁인지도 몰랐다. 조선 독립을 성취하기 위해 그들 자신들은 죽음을 각오하고 하는 일이었다. 그저 편히 살아가기 위해서라면 동석은 절대 이런 일에 뛰어들지 않았을 것이다. 지금쯤 세브란스 의전 근처의 하숙집에서 의학 서적을 펴들고 다음 날 있을 수업을 준비하고 있었으리라. 단지 동석 자신의 삶만을 생각했다면……. 이것은 이념은 살리고 동석 자신은 죽을지도 모르는 일이었다. 그러나 그는 아무것도 두려워하지 않았다.

집을 나설 때, 저녁 설거지를 하던 복남이 아무렇지도 않은 듯 열린 부엌문 밖으로 얼굴을 내밀어 그를 잠시 바라보았을 뿐이었다. 아버지도 어머니도 아이들도 그저 평범한 저녁나절을 보내고 있었다. 하지만 어스름한 빛 속에서, 아내의 눈빛이 유난히 깊다고 느낀 것은 왜였을까. 동석은 이렇게 떠나 다시 가족을 만나지 못하는 것이 아닐지 생각했다. 그러나 어쩌랴. 어려운 시대를 만난 세상이 그를 필요로 한다면…….

밤이 깊어 세 젊은이는 김해 읍내에 도착했다. 몇몇 사람들이 그들을 기다리고 있었다. 그동안 동지 모임에서 안면이 있던 배덕수와 박덕수란 여인, 그리고 송세탁과 송세희였다. 동석과 임학찬, 이영옥을 더해 총 일곱 명이 합류한 것이었다. 이들은 김해 읍내 중앙 거리의 어두운 골목에서 준비해 온 독립선언서와 태극기를 서로 나누었다. 일곱 명뿐이었지만, 김해 읍내를 선동해 민중을 이끌어 내기에는 충분한 수였다. 어둠 속에서 그들은 서로 결의에 찬 눈빛을 교환했다. 늦은 밤 시간이었지만, 장날을 며칠 앞둔 포근한 봄밤의 거리에는 제법 사람들이 오갔다. 인근 주택가에도 들창에 불이 켜 있었다. 드디어 그들이 만세운동을 결행하기로 한 밤 열 시에 이르렀다. 이들 일곱 명은 각자 간격을 두고 거리로 뛰쳐나갔다. 그리고 그들은 일제히 품속에 품고 있던 독립선언서를 흩뿌리며 태극기를 흔들었다. 일순간에 이들이 외치는 만세 소리가 어둠 속에 울려 퍼졌고, 거리를 오가던 사람들과 막 상가의 문을 닫으려던 상인들이 합류했다. 만세 소리는 점점 커졌고 급기야 노인이나 아이, 아녀자까지 집 안에 있던 사람들도 뛰쳐나와 두 손을 치켜들고 대한 독립 만세를 외쳤다.

선봉에 선 동석의 뒤를 따르는 사람들이 점점 늘어났다. 절름거리는 다리로 걸어다니며 이영옥은 새로 대열에 합류하는 사람들에게 독립선언서와 태극기를 나누어 주기에 바빴다. 한밤에 울리는 만세 소리는 막 깊어 가는 김해의 봄밤을 흔들어 깨우며 점점 더 넓게 퍼져만 갔다. 어두운 하늘에서 별빛은 축복처럼 쏟아져 내렸고, 땀에 흥건히 젖은 동석의 목덜미로 봄바람이 스쳤다. 오직 만세의 외침과 함께 앞으로 앞으로 나아가며 동석은 이제껏 한 번도 느껴 보지 않은 평화가 자신의 가슴을 가득 채우고 있음을 맛보았다. 그는 문득 자신이 행복하다고 생각했다. 이렇게 하나의 뜻을 향해 불태우는 충만감이 동석의 가슴을 가득 채우고 있었다.

"대한 독립 만세! 대한 독립 만세!"

자그마한 김해 읍내를 울리는 만세 소리가 어둠 속에서 외곽 산자락으로 메아리칠 무렵, 급히 울려 대는 호각 소리가 들려왔다. 일본 헌병이었다. 그들은 호각 소리에도 군중이 해산할 기미를 보이지 않자 공포탄을 쏘아 대며 군중을 위협했다. 총소리에 놀란 군중이 웅성대며 흩어지자, 일본 헌병은 군중 대열에 끼어들어 총부리를 들고 마구잡이로 내려치기 시작했다. 군중은 더러는 비명을 지르며 쓰러졌고, 더러는 붙잡혀 갔다. 그 와중에 이영옥은 아직 품에 남은 독립선언서를 움켜쥐고 재빨리 어둠 속으로 사라졌다. 그러나 대열의 선봉에 선 동석과 임학찬, 배덕수, 박덕수, 송세탁, 송세희는 이미 체포당한 뒤였다.

동료들과 함께 오랏줄에 묶인 동석은 헌병에게 끌려가면서도 혼비백산이 된 군중을 돌아보며 대한 독립 만세를 계속 외쳐 댔다. 함께 끌려가던 동료들도 동석의 외침에 맞춰 만세를 부르자, 헌병이 총대로 동석의 어깨를 내리쳤다. 순간 '흡' 하는 신음 소리가 터져 나오며 참기 어려운 통증이 동석의 어깨에서 등 전체로 번져 갔다. 동석은 오랏줄에 묶인 두 손을 맞잡으며 밤하늘을 올려다보았다. 별빛은 더없이 아름답게 쏟아졌고, 동석은 얼굴 가득 별빛을 안은 채 중얼거렸다.

"오! 하나님! 제가 할 일은 오직 여기까지이니까?"

터덜터덜 끌리는 걸음으로 잡혀 가는 그들을 어두운 골목에서 지켜보던 이영옥은 혼자서 울음을 삼켰다. 아직 품에 남은 독립선언서에 그의 눈물이 뚝 떨어졌다.

난장판이 된 거리로 점점 더 깊은 어둠이 밀려왔고 사위는 조용했다. 더 이상 동석과 일행의 뒷모습이 보이지 않자, 이영옥은 골목을 나와 절름거리며 혼자서 동상 마을로 갔다.

34

아버지의 입종

1919년 8월, 배동석을 비롯한 3·1만세운동의 주동자 28인이 재판을 받았다. 이들의 죄명은 '출판법 및 보안법' 위반이었다. 배동석은 2월 중순 이갑성의 방에서 집회한 일과 독립선언서와 독립신문을 마산에 전달한 사실, 3월 1일에 파고다 공원에서 독립선언서를 낭독 배부하며 만세를 고창한 것, 그리고 3월 30일 밤에 김해 만세 사건을 주동한 혐의를 받고 있었다.

죄수복 차림으로 재판관 앞에 앉은 동석의 얼굴은 초췌하기만 했다. 후리후리한 장신에 늘 늠름한 모습이던 그는 말할 수 없이 여위어 있었다. 검거당한 3월 말부터 예심 종결 판정을 받는 8월까지, 그가 받은 고초는 극심했다. 학생 신분이라고 공식적인 고문은 하지 않겠다던 일본 헌병은 동석을 컴컴한 지하실로 끌고 갔다. 그들은 그를 십자가 형틀에 매달아 놓고 콧구멍에 고춧가루 물을 퍼붓기도 했고, 몽둥이나 채찍으로 때리는 것은 보통이었다. 더 참을 수 없었던 것은 아랫도리를 벗겨 놓고 불에 달군 바늘로 그의 성기 끝을 쑤시는 일이었다. 동석은 참으로 치욕적이고 고통스럽던 그 순간을 떠올리며 온몸을 진저리쳤다. 되돌아 생각하니, 동석은 자신이 어떻게 그 지독한 고통들을 견디었는지……. 이렇게 살아 있다는 것이 오직 신기할 뿐이었다. 그 고통을 멈추게 하기 위해서라면 무엇이라도 할 수 있을 것 같던 그 순간, 그는 십자가에 매달려 물과 피를 흘리며 죽어 간 예수를 떠올렸다. 아버지 배성두가 모든 것을 바쳐 섬기는 예수의 고통을 공감하려고 노력해 보았다. 하지만 견딜 수 없는 육신의 아픔 속에 고개를 쳐드는 것은, 동석 자신은 예수처럼 신적인 존재가 아닌 나약한 인간이라는 반감이었다.

'당신은 신성과 인성을 겸비한 분이지만 저는 아닙니더, 전 아무 힘 없는 사람일 뿐이라고……. 예수님 당신의 거룩함을 닮고 싶지만, 이 고통을 저도 당신처럼 거룩하게 바치고 싶지만, 아! 저는 아파요! 고통스러워요! 견딜 수 없십니더! 차라리 죽고 싶습니더!'

피가 터진 입술은 움직여지지 않았다. 그는 형틀에 매달려 마음속으로 그렇게 외쳐 대었다. 이제 판결을 받으면 형무소로 옮겨질 터였다. 그는 가만히 뒤돌아다보았다. 분명 어딘가에 앉아 있을 아버지 배성두의 모습을 찾고 있었다. 그러나 흐린 그의 시야에 들어오는 것은 좌석을 메운 사람들의 검고 흰 옷 색깔뿐이었다. 그는 마치 검은색과 흰색이 뒤엉켜 흘러가는 듯한 현기증에 눈을 감았다.

심의 판사의 판정서 낭독이 시작되었다.

"제5 및 15피고인 배동석은 1919년 2월 중순 조선 민족 대표자라 지칭하는 이갑성의 방에서 누차 회합, 조선 독립운동에 관하여 정부 반총독부에 청원할 터이니 경남, 마산 지방에 별장하여 동지자를 모집하라는 의뢰를 수하고……."

판사의 낭랑한 목소리가 이어지자 동석은 감았던 눈을 번쩍 떴다. 그의 가슴으로 견딜 수 없는 불같은 기운이 치올라 왔다.

"이거 보시오. 판사님! 조선 백성이 제 나라 독립을 꾀하는 것이 뭐가 죄란 말요? 여기는 조선 땅이고 우린 조선 사람이오. 우리 주권을 찾겠다고 나선 것은 당연한 일이지 않소. 우리를 죄인 취급하지 마시오. 죄인은 바로 당신들 일본인이오. 우리 조선을 빼앗은 당신들이란 말입니더!"

거침없이 흘러 나오는 동석의 우렁찬 목소리에, 법정은 찬물을 끼얹은 듯 순간 조용했다. 어디에서 그런 힘이 나오는지 스스로도 믿을 수없어 하며, 동석은 벌떡 일어나 재판대로 걸어갔다. 그리고 그는 거기 놓인 서류들을 바닥에 내팽개쳤다. 바람을 일구며 서류 뭉치들이 와르르 흩어지자, 보초를 서던 일본 헌병 두 명이 빠른 걸음으로 다가왔다. 그 순간이었다. 동석은 자신이 앉아 있던 의자를 잽싸게 들어 재판관의 머리를 내리쳤다. 누군가 청중석에서 비명을 지르는 것과 동시에 이마에 피를 흘리며 재판관이 옆으로 쓰러졌다.

"바까야로!"

젊은 헌병이 욕설을 뱉으며 입을 앙다물었다. 그리고 여전히 의자를 치켜든 동석의 양팔을 붙잡았다.

"물러가야 할 사람은 당신들이오. 일본 정부는 물러가시오! 조선의 주권을 회복시키시오. 독살당한 고종 폐하를 살려 내시오!"

동석은 양팔이 붙잡힌 채 온몸을 뒤틀며 외쳤다. 검은 법복 위로 피가 흘러내리는 재판관이 부축을 받으며 법정을 나갔고, 장내가 술렁거리는 가운데 재판은 잠시 휴정되었다. 동석은 두 헌병에게 붙들린 채 다른 방으로 끌려갔다. 동석에게 순식간에 그들의 발길이 날아왔다. 지난 몇 달 동안, 맞고 차이는 일이 일과였던 동석은 그저 무방비로 그들에게 몸을 내맡긴 채 피투성이로 변해 갔다. 적어도 여기는 창문이 있는 환한 방이었고, 불에 달군 쇳덩이로 피부를 지지거나 콧구멍에 고춧가루 물을 붓는 고문은 없었다. 차가운 시멘트 바닥에 쓰러져 누운 동석은 햇빛이 쏟아져 들어오고 있는 창문을 자신의 희미한 시야로 바라보았다. 온몸이 만신창이가 되었지만, 가슴에서 들끓던 분노를 다 토해 낸 후련한 쾌감 같은 것이 그의 전신으로 번져 갔다.

눈을 감은 채 그는 가벼이 미소 지었다. 그리고 그는 마음속으로 중얼거렸다.

'예수님! 저도 거룩하게 해 주소서! 저는 한낱 힘없는 인간일 뿐이나, 이 고통을 통해 당신처럼 거룩해질 수 있다면 저도 거룩하게 해 주소서!'

점점 흐려지는 그의 시야로 환한 십자가가 하나 보였다. 그리고 거기에 매달린 자신……. 그는 모든 것을 이루며 죽어 간 예수처럼 고개를 숙이고 있었다. 그 십자가 밑에서 어머니 한나와 아내 복남이 세 아들 대위와 유위, 도위를 끌어안고 울고 있었다.

"뭐야? 이 바까야로 기절했잖아."

흐릿하게 들리는 헌병의 말소리를 끝으로 그의 머릿속은 그저 깜깜해졌다. 눈과 귀를 비롯한 온몸의 감각이 일시에 멈춘 듯 모든 것이 암흑 속으로 빨려 들어갔다.

배동석은 본래의 죄명에 법정모독죄가 가중되어 십 년 형을 받고 서대문 형무소에 수감되었다. 옥중에 갇힌 지 벌써 여러 달, 어느새 철창 밖에는 눈보라가 치고 있었다. 어머니와 아내가 마련해 넣어 준 두터운 솜바지저고리를 입고 있었지만, 몸은 언제나 떨려 왔고 세끼 밥이 나와도 늘 배가 고팠다. 거사를 계획할 때, 이런 일을 당할 각오를 하지 않은 것은 아니었다. 그러나 긴 고문과 재판을 거쳐 형무소에 수감되자, 그는 마음에 파고드는 고독감을 견디기가 어려웠다. 같은 죄명으로 잡혀 온 동료들은 뿔뿔이 흩어진 채 수감되었고 동석은 그들의 소식을 알 길이 없었다.

그해 연말이 가까운 한낮에, 동석은 잔눈발이 흩날리는 철창 밖을 물끄러미 올려다보고 있었다.

"배동석! 면회다!"

간수의 날카로운 음성과 함께 창살문이 열리는 소리가 동석의 귀를 때렸다. 재빨리 고개를 돌리는 동석의 여윈 얼굴로 철창 밖을 지나던 겨울 햇살 한 줄기가 스쳐 갔다. 수염이 거뭇거뭇 자라난 창백한 그의 얼굴에 반가움이 일었다.

'누굴까? 김해에서 식구들이 왔을 리는 없고……'

불과 열흘 전에 다녀간 김해 식구들이 또다시 왔을 리는 없었다. 그는 그저 간수를 따라 형무소의 긴 복도를 걸어 나갔다. 휘청휘청 걷는 그의 모습은 금방이라도 쓰러질 듯 허약해 보였다. 햇살이 깊게 드는 면회실에서 그를 기다리고 있는 사람은 뜻밖에 레이몬드 선교사였다. 그는 솜을 넣어 누빈 회색 죄수복 차림의 동석을 바라보자 눈물부터 글썽였다.

"오 동석! 이게 웬일이요? 너무나 수척해졌구려."

두 손을 덥석 잡는 레이몬드의 따뜻한 체온이 순간 동석을 노곤하게 했다. 오랫동안 참아 온 울음이 밀려 올라와 동석은 말을 잇지 못했다.

"선교사님이……주신 만년필을……이곳에 수감된 후 다시 찾았습니다. 그전엔 저들이 개인 소지품을 다 압류했던 터라……선교사님의 기도가……저를 이렇게 지켜 주었습니다. 죽지 않고 살았으니까……요."

아버지 배성두 앞에서도 한 번도 울지 않던 동석이 레이몬드 앞에서 울음을 터트리고 말았다.

"오 마이 썬! 내 가엾은 아들!"

레이몬드는 동석을 끌어안으며 눈물지었다.

"그동안 동석의 소재가 무척 궁금했어요. 그러나 아무 데서도 알 수가 없더군요. 그래서 동석의 고향인 김해장로교회에 수소문을 했더니, 여기 수감돼 있다 하더군요. 내가 너무 늦게 왔죠? 이제 올해가 다 가 버렸는데……. 곧 크리스마스라오."

"크리스마스?"

동석은 낯선 단어처럼 그 말을 읊조렸다. 이제 동석 자신과 아무 상관없는 말인 것 같았다.

"동석! 용기를 잃지 말아요. 내 자주 면회 오리다. 가능하면 동석의 보석 운동을 해 보려 하는데, 이번 만세운동으로 검거당한 사람들이 워낙 많아서 일이 쉽지 않아요. 거기다 동석에겐 법정모독죄까지 추가돼서 말이오. 그러나 이 만세운동은 세계에 조선인의 독립 열망을 알리는 데 크게 기여했소. 미국 안에 사는 조선 교포들도 후원금을 모아 보내며 검거당한 애국 열사들의 뒷바라지를 부탁했소."

미국 이야기가 나오는 대목에서, 레이몬드는 간수가 듣지 못하게 작게 속삭였다.

"미국······ 거기 하와이에 우리 천례가 삽니다. 제 여동생이······."

동석은 미국이란 말에 정신이 번쩍 들었다.

"참! 언젠가 그런 말을 했죠. 여동생이 그리로 시집을 갔다고······."

"선교사님. 전 그 애 소식이 정말 궁금합니다만, 여기 감옥에서 편지를 주고받는 일이 제한될 건 뻔한 일입니다. 김해교회에 그 애 주소를 수소문해 제 소식을 좀 전해 주십시오. 왠지 그 애한테는 꼭 제 처지를 알려야 할 것 같십니다."

"그래요! 동석! 내가 도울 수 있는 일은 뭐든지 도와야지요. 고통스럽겠지만 건강을 잘 지키도록 해요. 그대는 의학 공부를 마쳐야 하지 않소. 의사가 돼 병든 자를 돕겠다던 그대의 의지를 저버리지 마시오."

수척하기 그지없는 동석의 모습이 애처로운 듯 레이몬드는 다시 그의 두 손을 잡았다.

레이몬드 선교사가 돌아가자 동석은 다시 어두운 복도를 걸어 자기 감방으로 돌아왔다. 철창 밖으로 겨울해가 벌써 저물고 있었다. 그는 자신도 모르게 눈가로 번지는 눈물을 손으로 찍어 내며 자신이 사람에 대한 그리움에 젖어 있다는 것을 절감했다. 작년 이맘때는 혹한도 무릅쓴 채 만주로, 상해로 달려가야 한다는 애국심에 펄펄 끓고 있지 않앗던가. 그러나 지금 그의 몰골은 너무나 허약하고 초라했다. 그는 아버지와 어머니, 아내 그리고 아이들이 보고 싶었다. 지금쯤 엄동의 찬바람이 불고 있을 약방집 마당, 늘 한약 냄새가 풍겨 나오는 그 집이 그리웠다.

날이 저물자 감방의 기온은 더 뚝 떨어졌고, 동석은 쿨럭쿨럭 기침을 하기 시작했다. 기침을 할 때마다, 그는 가슴에 통증을 느꼈다. 담요를 몸에 둘둘 만 채, 차가운 바닥에 누운 그의 기침 소리가 감방 안을 울렸다. 차츰 어둠이 더 깊어 갔다. 철창 밖 어디선가 노랫소리가 들려오는 듯했다. 찬송가 같기도 하고, 크리스마스 캐럴 같기도 한 노래가 동석의 귓가로 희미하게 울려 퍼지고 있었다. 그는 질끈 눈을 감은 채 어쩌면 자신이 환청을 듣고 있는지도 모른다고 생각했다.

3 1운동은 당장에 독립을 성취하는 효과를 불러오지는 못했지만, 일본 파쇼 통치를 문화통치로 바꾸는 계기를 마련했다. 총독부는 헌병경찰제를 보통경찰제로 바꾸었고, 관리나 교원의 제복과 칼 차기를 폐지했다. 그리고 일부 언론과 출판, 집회, 결사를 제한적으로 허용했지만, 그것은 조선인의 민족 분열을 부추기는 술책에 지나지 않았다. 그러나 국외에서는, 하와이를 포함한 미주 지역에서 독립을 위한 모금과 결성 운동이 일어났다. 또 상해에서는 1919년 3, 4월경 국내외에서 다섯 개나 수립되었던 임시정부를 하나로 통합해 이승만을 대통령으로 한 임시정부가 세워졌다. 1919년 초에 동석이 상해에 전해 준 자금은 결국 임시정부를 세우는 데 보탬이 되었다. 이듬해 1920년에는, 동석을 만났을 당시 독립군의 장교 부대 만들기를 꿈꾸던 북로군정서의 김좌진 장군이 청산리 전투에서 일본군 3천3백 명을 살상했다. 하지만 일본군은 보복으로 1920년 10월에, 이른바 '훈춘사건'을 조작해 내었다. 중국인 마적을 시켜 일본 영사관을 습격케 한 뒤, 조선인에게 죄를 뒤집어씌워 간도 지방에 있는 교포 학살을 감행했다. 일본군은

동포 만여 명을 살해하고, 민가 2천5백여 채와 학교 30여 채를 불태웠다.

레이몬드 선교사를 통해 동석은 모든 소식을 들을 수 있었고, 하와이에서 보내 온 천례의 편지도 받을 수 있었다. 레이몬드가 넣어 준 성경과 책들 사이에 천례의 편지를 끼워 넣고, 동석은 틈이 나면 읽고 또 읽었다.

하와이에서 1913년에 결성된 '대한부인회'는 1919년 3 1만세운동을 계기로, 그 명칭을 '대한부인 구제회'로 바꾸고 왕성한 활동을 하고 있다고 했다. 여자들만의 모임인 그곳에서는 모금을 해 독립 자금을 만들고, 남자들은 여전히 낮에는 일을 하고 밤에는 군사 훈련을 받고 있다고 전했다. 천례는 자신도 대한부인 구제회에 가입해 뜻을 함께하고 있다고 했다. 동석의 투옥 소식을 가슴 아파하면서도, 천례는 조국 독립에 앞장선 오라버니가 자랑스럽다는 말을 잊지 않았다. 그 사이에 낳은 천례의 아이들이 사탕수수 농장을 뛰어다니며 논다니 참 세월이 빨리 흐른다는 것을 동석은 절감했다. 지금쯤 대위, 유위, 도위는 또 얼마나 자랐을까. 아이들의 모습이 눈앞에 가물거려 눈이 시큰해 왔다. 김해에서 경성까지 먼 길을 자주 올 수 없는 가족은, 이따금 동석을 면회 왔지만 형무소로 아이들을 데려오지는 못했다. 다음에 면회 올 때 아이들 사진을 꼭 가져다 달라고 아내에게 말해 두었지만, 언제 세 아들을 다시 만나게 될지 앞날이 아득했다.

어느덧 1922년 5월에 이르렀다. 동석이 수감된 지 삼 년이 흘렀고, 그는 몸이 몹시 쇠약해 있었다. 그는 품에서 두 아들 대위와 유위가 나란히 앉은 사진을 꺼내 보고 또 보았다. 카메라가 낯선 듯 잔뜩 겁을 먹은 아이들의 표정이 사랑스러웠다. 사진을 전해 받은 것이 벌써 이 년 가까이 지났으니, 그사이 또 얼마나 자랐을까. 더 안타까운 것은 그가 두 번째 중국에 가 있을 즈음 태어난 막내 도위가, 아비 품에 별로

367

안겨 보지도 못한 채 세상을 떠난 것이었다. 김해에서 경성까지 오가며 자신의 옥바라지를 하던 아내가 사실 무슨 경황이 있었으랴. 잠시 복남이 한눈을 판 사이, 아이는 어이없게도 우물에 빠져 죽고 말았다 했다.

어렴풋이 지난날에도 아버지가 젊어 낳은 아이 하나가 우물에 빠져 죽었다는 말을 들은 적이 있는데, 생각하면 참 기막힌 일이었다. 오래 전에 있던 우물을 메우고 그 옆에 새로 판 우물 둑은 유난히 탄탄하고 높게 쌓았다고 했는데, 세월이 흐르면서 우물 둑 한쪽이 무너져 내린 것이었다. 아이들이 드나들기 좋을 만한 폭으로 무너진 것이, 그가 기미만세운동을 마치고 잠시 김해로 돌아와 있을 때였다. 그 자리로 고개를 내밀고 우물물 위에 얼굴을 비추며 장난을 치던 유위, 대위를 위험하다 호통 쳤는데, 설마 막내 도위가 우물에 빠질 줄이야. 동석은 자신이 아비로서 아이들 건사 하나 제대로 못한 것 같아 죄책감으로 괴로웠다. 늙은 아버지는 동석 자신을 감옥에 보내 놓고 무슨 경황이 있어 우물 둑을 고쳤으랴. 잠시 안아 본 어린 아들이었기에 그 모습마저도 가물거리는 도위를 생각하며, 그는 사진 위로 눈물을 뚝 떨어뜨리고 말았다.

철창 밖에도 신록이 피는지 눈부신 햇살이 이따금 동석의 어두운 감방을 스쳐 갔다. 또 그는 쿨럭쿨럭 기침을 하며 차가운 바닥에 엎드려 성경을 읽고 있었다. 부쩍 쇠한 기운에 책을 읽기에도 힘에 부친 그가 잠깐 고개를 숙였다고 생각한 순간이었다. 침침하던 감방 안 한구석이 갑자기 환해지면서 거기 아버지 배성두가 서 있었다. 눈이 부신 하얀 두루마기에 챙이 넓은 양반 갓을 쓴 아버지. 순간 동석은 한평생 아버지가 약방 주부로 중인 갓을 쓰고 살아왔다는 것을 떠올렸다.

"아부지! 어쩐 일이십니꺼? 여기에 어떻게? 그리고 와 양반 갓을 썼습니꺼?"

배성두가 빙그레 웃으며 아들을 바라보았다.

"본래대로 돌아갈 뿐이다. 동석아! 니는 알제? 우리가 어떻게 김해 고을로 들어오게 됐는지를. 우리 조상님 행적을 말이다. 내는 결국 고향에 교회를 세웠다. 그리고 니는 그리 고초를 겪어도, 세상에 참으로 뜻있는 일을 한기라. 그것이 다 우리 몫이었다. 동석아! 동석아!"

아들을 부르는 배성두의 음성이 깊은 산속에서 울려 퍼지는 것처럼 메아리쳤다. 그 소리에 귀가 멍멍해진 동석은, 환한 빛 속에 서 있는 아버지가 일순간에 사라지는 것을 보고 당황해 소리쳤다.

"아부지! 아부지!"

순간 동석은 눈을 떴다. 잠시 졸음에 빠져 꿈을 꾸었던 것이다. 뭔가 불길한 예감에 그는 성경을 가슴에 꼭 끌어안았다.

'혹시 아부지가……'

왜 그런지 불안함으로 가슴이 벌렁거렸다. 그해 5월 16일이었다.

그 무렵 김해 동상 마을 약방집 안방에서, 배성두가 가쁜 숨을 몰아쉬며 임종을 맞고 있었다. 울음을 머금은 채 한나와 점순이 그 모습을 지켜보았다. 머리맡에 앉은 창석은 배성두의 입속에서 연신 끓어 오르는 가래를 무명천으로 닦아 내었다. 복남은 아이들을 데리고 마루에 앉아 숨죽여 흐느끼며, 샛강 가에 사는 시누이 내외가 도착하기만을 기다리고 있었다.

이미 혼미해 오는 의식 속에서도, 배성두는 참기 어려운 고통이 가슴을 짓누르는 것을 느꼈다.

'하나님! 왜? 왜?'

한순간에 머릿속을 휙 스쳐가는 자신이 살아온 나날들에 대해 그는 갑자기 불평을 하고 싶었다. 왜 자신에게 수많은 고통을 겪게 했는지……. 복되게 살고 싶어 예수를 영접하고 교회까지 세웠건만, 끊이지 않는 고통은 또 무엇인지……. 그는 그러한 고통 때문에 더 이상 숨을 쉴 수 없다고 생각했다.

'동석……동석아!'

그는 아들의 이름을 부르고 싶었다. 그러나 한 마디도 말이 되어 나오질 않았다. 일찍 낳아 기른 자식을 다 잃고, 삶의 절망 중에 있을 때 홀연히 찾아온 귀한 아들……. 그 아들은 지금 어디 있단 말인고. 그는 아들의 손이 잡고 싶었다. 그 커다란 손아귀에 자신의 손을 한 번만 넣을 수 있다면, 이대로 눈을 감아도 괜찮을 것 같았다. 그러나 아들은 어디에 있단 말인가.

절망의 고통이 가슴을 거세게 눌러 왔다. 그의 숨이 더 거칠어지자, 한나와 점순의 울음소리도 커져 갔다. 배성두는 두 여인의 울음소리가 귓전에 까무룩히 퍼지는 것을 느꼈다.

'아! 하나님! 하나님!'

그는 지금 자신이 부를 이름은 아들이 아니라 이제껏 자신의 삶을 이끌어 준 하나님이란 것을 다시 깨달았다. 그렇게 하나님을 부르는 것만으로도 가슴을 짓누르고 있는 고통이 조금 가벼워지는 것 같았다. 뭔가 새털 같은 기운이 온몸을 가벼이 감싸는 듯한 포근함에, 배성두는 자신도 모르게 배시시 미소 지었다.

'너는 깨끗하게 되었도다!'

어디선가 아스라한 목소리가 들려왔다. 그는 허물어져 가는 의식 속에서 어렴풋이 깨달았다. 자신의 인생에 긴 시간 연속된 고통들이 다 감사였다는 것을……. 그렇지 않으면 어찌 깨끗해지리…….

그는 자신의 몸이 더 가벼워지는 느낌이 들었다. 뭔가 아주 평화로운 기운이 그를 아주 행복하게 만들고 있었다. 배성두는 가만히 속삭였다.

'아버지! 모든 것을 당신 손에 맡기나이다.'

이미 굳어 버린 그의 입술에서, 그것은 말 소리가 되어 나오지 못했다. 어느새 그는 가볍고 긴 숨을 내쉬며 깊은 평화에 젖어 있었다. 그의 숨결이 점점 더 가벼워지고 마지막 긴 들숨을 들이쉰 배성두는 더 이상 숨을 내쉬지 않았다. 조그맣게 오그라든 그의 주름진 얼굴은 그렇게 정지되었다. 참으로 초라한 주검이 약방집 방 안에 누워 있을 뿐이었지만, 그 모습은 왜 그런지 마치 빛에 잠긴 듯 환하기만 했다.

배성두의 임종을 확인한 창석이 먼저 오열하자, 그의 두 아내 한나와 점순의 곡소리가 터져 나왔다. 마루에 앉아 정명과 이영옥을 기다리고 있던 복남도 아이들을 끌어안은 채 곡을 했다. 약방집 울타리에 솟은 주인 없는 봉숭아가 붉은 봉오리를 매단 채 잔바람에 고개를 끄덕였다.

서대문 형무소에서 성경을 끌어안고 있던 동석은 직감으로 아버지가 세상을 떠났다는 것을 알았다. 참기 어려운 고통에 두꺼운 성경으로 가슴을 누르고 있던 동석은 어느 결에 통증이 사라지는 것을 느꼈다. 꽁꽁 묶여 있던 끈이 스르르 풀어지듯 편안한 느낌이 그에게 번져 왔다. 그것은 속박에서 자유로 가는 평화로운 기운이었다. 그는 자신의 여윈 몸 구석구석에 스며드는 그 기운 때문에 마음의 평정을 찾아 성경을 펼쳤다. 저절로 펴지는 욥기 36장 15절.

'그러나 하나님께서는 고생을 시켜 가며 사람을 건지신다오. 고난 속에서 사람의 귀가 열리게 해 주신다오.'

성경 위로 그의 눈물 한 줄기가 뚝 떨어져 내렸다. 그는 아버지 배성두가 일생의 고통을 통해 깨끗이 씻겨져 세상을 떠났으리라 느꼈다. 그리고 그는 ……그 자신이 겪고 있는 고통으로 스스로도 씻겨지고 있다는 사실에 슬며시 기쁨이 솟아오름을 느꼈다. 그는 미소 지었다. 그러나 눈물은 쉼 없이 볼을 타고 흘러내렸고, 그는 여윈 어깨를 들먹였다. 울음 사이로 지병이 된 기침이 자꾸 터져 나왔다. 그는 탄식처럼 기도를 읊조렸다.

"하나님! 제 아버지의 영혼이 천국에 이름을 의심치 않나이다. 또한 저는 얼마나 더 씻겨져야 당신께 가오리까."

동석의 기침 소리가 어두운 감방 안을 더 깊게 울려 왔다. 창살 너머로 활짝 핀 5월 햇살이 무심한 듯 동석의 눈물 위를 잠시 반짝 머물다 갔다.

아버지 배성두의 사망 소식을 실제로 전해 들은 동석은 초여름에 접어들면서 부쩍 건강이 악화되었다. 모든 것을 하늘의 뜻으로 돌리려 해도 아버지의 임종을 지키지 못했다는 죄책감이 그의 마음을 자꾸만 옥조여 왔다. 아내 복남이 보낸 편지에는, 배성두의 장례는 김해교회장으로 잘 치러졌는데 상주 동석이 없어 어린 대위가 대신했다고 했다.

동석은 머릿속으로 아버지의 초라한 몸을 담았을 나무관을 그려 보았다. 그리고 그 위에 새겼을 십자가……. 아버지는 일생을 통해 신앙을 깨달았고, 그것을 자신에게 고스란히 물려주고 떠났다는 것을 그는 알고 있었다. 아내의 편지를 접어 넣으며, 동석은 바싹 마른 입술 위에 미소를 띠었다. 그러나 그의 눈에서 자꾸만 눈물이 흘러내렸다.

35

빛의 씨앗

나날이 여위어 가며 동석은 1924년까지 형무소에서 생활했다. 그
세월 사이 김해에서 면회를 오는 복남도 점점 여위고 나이가 들어갔
다. 레이몬드 선교사는 동석을 꾸준히 찾아왔고, 이따금 이갑성을 대
신해 그의 부인이 손수 밥을 지어 면회를 왔다. 또 마산에서 독립선언
서를 전해 줄 때 만났던 여선생 박순천이 동석을 찾아오기도 했다. 박
순천은 미남 청년이던 동석의 모습이 변해 버린 것을 보고 몹시 안타
까워했다. 그녀는 아마도 1919년 2월 말에 마산 의신여학교 뒷산에서
본 동석의 모습을, 잊을 길이 없어 찾아온 것 같았다. 동석은 초췌하고
병색이 완연한 현재 자신의 모습을 차라리 그녀에게 보이지 않는 것이
나을 뻔하다고 생각했다. 그는 아리따운 신여성 박순천의 면회가 반
갑고 고마웠지만, 일부러 무뚝뚝하게 말했다.

"날 찾아 준 것은 고맙지만, 다시는 오지 마소! 내는 처자가 있는 몸
이오!"

냉정한 동석의 말에 박순천은 눈물이 얼비치는 눈으로 뭔가 말하려
는 듯 묘한 표정을 짓다가 아무 말 없이 돌아갔다. 그리고 그녀는 동석

을 다시 찾아오지 않았다. 똑같이 독립을 도모했건만, 이갑성과 박순천은 생각보다 가벼운 옥고를 치르고 출감한 지 오래였다. 취조 과정에서 자신을 누그러뜨리지 못한 동석은 그들보다 훨씬 심한 고초를 당했고, 법정에서 판사의 머리를 의자로 내려친 일 때문에 형량이 더 무거워진 것이었다.

그는 또다시 기침을 하기 시작했다. 이미 지병이 된 기침은 진단 결과 폐결핵으로 판명 났으나, 그는 이따금 형무소 의무실에서 지어 준 약을 먹으며 근근이 견딜 뿐이었다. 벌써 각혈을 한 것도 여러 번이었다. 형무소에 머문 지 오 년째로 접어든 그해 5월, 작업 동원에 나간 동석은 기어이 정신을 잃고 쓰러지고 말았다. 따가운 햇볕이 내리쬐는 작업장에서 앙상한 몸으로 괭이질을 하다 그만 거품을 물고 정신을 잃은 것이었다. 형무소 의무실로 급히 실려 온 그는 희미한 시야로 일본인 의사가 청진기를 자신의 몸에 댄 채 고개를 슬며시 흔드는 것을 보았다. 동석은 혼미한 정신에도 이제 가망 없다고 표하는 의사의 반응을 알 수 있었다. 안타깝지는 않았지만, 뭔가 슬픈 기운이 밀려와 동석은 몇 번 울먹거렸다.

얼마 동안이나 잠을 잤던 것일까. 눈을 뜬 동석 앞에, 레이몬드 선교사가 앉아 있었다.

"오! 동석! 이제 좀 정신이 드오?"

동석은 무거운 눈꺼풀을 힘겹게 들어 올리며 그를 바라보았다.

"선교사님……. 어떻게 여기에……."

"동석! 여기는 세브란스 병원이오. 형무소가 아니라……. 그대가 위급하다는 소식을 듣고, 우리 미국 북장로교회 소속 미국인들과 세브란스 의전 교수들과 학생들이 서명한 탄원서를 내 그대의 가석방을 청했소. 물론 이것은 내가 동석 모르게 그동안 진행해 왔던 일이오. 면회를 올 때마다 쇠약해지는 그대를 더는 그냥 둘 수가 없었소."

"감사합니더, 선교사님. 저를 위해 이토록 애써 주시다니……."

미소를 만들려 했으나 동석의 창백한 얼굴은 일그러지고 말았다.

"동석! 이것은 동석을 위한 일이기 전에, 하나님을 위한 일이오. 자기 나라의 주권을 회복하려는 그대의 정의감은 하나님으로부터 온 것이니, 그대를 구하는 일은 당연히 하나님을 위해 내 할 바가 아니겠소."

레이몬드는 바싹 마른 동석의 손을 꼭 잡았다. 동석은 마치 집에 돌아온 듯 마음이 놓여 긴 숨을 내쉬었다. 옆구리가 몹시 결려 왔다. 늘 기침이 쿨럭대는 가슴도 순간순간 뭔가 날카로운 것이 찌르듯 아팠다. 그는 자신의 몸 어느 한 곳도 성한 곳이 없음을 느꼈다. 검거된 후 받은 지독한 고문과 법정에서 항의하다 짓밟힌 일, 그리고 차가운 형무소 생활이 거의 오 년이었다. 어쩌면 그동안 죽지 않은 것이 다행인지도 몰랐다. 뼈만 남은 그는 자신의 등 뒤로 병원 침대의 폭신함이 전달되는 것을 느꼈다. 감방의 딱딱한 바닥에서 담요로 몸을 말고 자던 때를 생각하니 마치 천국에 온 것 같았다. 그는 다시 노곤한 잠 속으로 빠져 들어갔다.

동석은 꿈속에서 약방집을 보았다. 아버지와 어머니 그리고 창석과 천례, 시집간 야무레기 누나까지 와 있었다. 대위와 유위가 소학교에 입학할 만큼 컸는데도, 아내 복남은 새색시처럼 고왔다. 그녀가 수줍은 미소를 지으며 치마꼬리를 살짝 틀었다. 갓 시집을 와 입은 녹의홍상이었다. 동석은 갑자기 가슴이 울렁거려 참을 수가 없었다.

"혜림아! 이리 와! 나의 혜림……."

그러나 그녀는 대답도 없이 뒤뜰로 돌아가 버렸고, 동석 혼자 약방집 마당에 우두커니 서 있었다. 약방 문이 슬그머니 열렸다. 낯모르는 사람이 하나둘 나오기 시작했다. 그들은 모두 흰 바지저고리에 짚신을 신고 있었다. 어디선가 본 듯한 흰옷 입은 사람 무리……. 장이 서던 만주 용정 벌판에 모여 있던 사람들 같기도 했다. 그토록 감격스럽게 바라보던 흰옷 입은 사람들……. 그들이 마당 가운데 선 동석을 에워싸기 시작했다. 동석은 갑자기 기분이 좋았다. 그들이 자신을 환호하고 있다는 것을 느꼈기 때문이다. 그러나 아내와 아이들은 보이지 않았다. 다른 식구들도 어디로 갔는지 알 수 없었다. 그는 갑자기 외로웠다. 아이들을 불러야 한다고 생각했다.

"애들아! 대위야! 유위야!"

동석은 힘껏 불렀다고 생각했는데, 목소리가 나오지 않았다. 아이들이 아비의 목소리를 듣지 못하고 멀리 가 버릴까 봐 속이 탔다. 그는 다시 목청을 돋우었다.

"대위야! 유위야!"

"아부지! 우리 여기 있어예."

어디선가 왈칵 대답이 들려왔다. 아주 가까운 곳에서였다.

"아이들 여기 있어예."

여자 목소리였다. 혜림…… 혜림이구나!

동석은 퍼뜩 눈을 떴다. 아내 복남이 아니 혜림이 자신을 내려다보고 있었다. 눈가에 잔주름이 잡힌 아내가 새색시 시절에 입은 녹의홍상이 아닌 흰 모시 적삼 차림을 하고 그를 보고 있었다.

"정신이 좀 드십니꺼? 여기 아이들도 왔어예. 대위야! 유위야! 아버지께 인사드려라."

울음이 섞인 복남의 음성이 불거져 나왔지만, 그녀는 아이들을 부를 때만은 말투가 반듯했다. 제 어미 뒤에 숨어 있던 두 아들이 동석에게 다가와 수줍은 듯 꾸벅 인사했다. 이게 얼마 만인가. 어느새 오 년이 넘는 세월이 흘러 있었다. 대위는 벌써 열 살이었고, 유위도 음력으로는 여덟 살이었다. 그동안 몰라보게 자란 두 아들을 바라보며 동석은 슬며시 미소를 지었다.

"언제 왔드노?"

힘없는 동석의 물음에, 복남이 눈물이 글썽한 눈으로 고개를 떨어뜨렸다.

"어젯밤에 올라왔는데, 당신이 계속 잠만 주무셨어예."

"그러면 지금이 며칠이고?"

"며칠 있으면 7월이라예. 당신이 병원으로 옮겨지고 벌써 한 달이 가깝다 하는데, 그것도 모르겠능교?"

병원으로 옮겨진 후, 동석은 가사 상태에 빠져 거의 잠만 잤던 것이다.

"어머이는 어찌 지내고 계시나?"

복남이 대답에 앞서 울음부터 삼켰다.

"어머이는 잘 계십니더. 자나 깨나 당신 걱정 뿐입니더."

"그래……. 정말 내가 어머이께는 정말 불효를 했대이. 아부지 돌아가신 지 벌써 두 해가 지났는데, 성묘 한 번 못 갔구만."

동석의 목소리가 힘없이 흘러 나왔다.

"어서 건강을 회복하고 일어나이소. 그래야 아버님 산소에 찾아가 뵐 거 아닙니꺼?"

"그래. 어서 일어나야지. 당신과 함께 우리 대위, 유위도 더 키워야 하고, 내 나라 독립을 꼭 봐야 하는데……. 또 김해교회는……아버지 돌아가시고 김해교회는 어찌 돌아가는지……."

"거긴 하나님 집이라예. 아버님이 떠나셨어도, 믿음 있는 사람들 속에서 교회는 잘 돌아갑니더. 약방도 창석 도련님이 그런대로 꾸려 가고 있습니더. 당신만 일어나시면 되는데……. 어서 일어나 학업을 계속해야지예. 당신 양의사 만드는 것이 아버님 꿈이셨는데……."

"걱정 말거라. 혜림아! 내 꼭 일어나 의사도 되고, 우리 아이들도 잘 키울 거구마. 혜림이 당신과 오래오래 행복하게 살 거구마."

"그리하셔야지예."

솟구치는 울음을 애써 삼키던 복남은 남편의 손을 꼭 쥐었다. 참으로 뼈만 남은 손이었다. 시집온 그날부터 복남을 그리도 믿음직스럽게 한 그 커다란 손이, 이제는 앙상한 채 복남의 손 안에서 살풋이 떨고 있었다. 복남은 하나님을 원망했다. 모든 것이 고난뿐인 것 같았다. 시아버지 배성두가 집안과 자손의 복락을 누리기 위해 영접했다는 예수님은 어찌 이리 시련만 주시는가. 가망 없이 누운 남편을 바라보며, 복남은 모든 것이 막막해 왔다. 병실 안을 오가며 놀고 있는 대위, 유위는 모처럼의 나들이에 모든 것이 신기한 듯, 제 아비의 병상 근처에서 장난질을 했다. 그 모습을 바라보며, 동석은 창백한 얼굴에 빙그레 미소를 지었다.

복남은 김해와 경성 사이의 먼 길을 오가며 동석을 간호했다. 그녀는 알고 있었다. 자신의 소망과 달리 남편의 병세가 위중하다는 것을……. 복남은 어떻게 아이들을 키우고 살아야 할지 막막하기만 했다. 시아버지 배성두가 세상을 떠나고 난 뒤, 경제권은 그나마 약방을 이어 가는 이복 시동생 창석에게 있었다. 남편만을 믿고 살아온 십 년 세월, 어쩌면 그것이 잘못인지도 몰랐다. 복남은 진작부터 하나님 한 분을 의지하고 살아야 했다는 것을 절감했다. 영원히 같이 있을 수 있는 사람은 없었다. 모두 인연을 다하고 스쳐 떠나는 것을 왜 몰랐던 것인가. 먼 길을 오가며 복남은 나날이 수척해지는 남편을 눈물겹게 바라볼 뿐이었다.

동석이 병원에 있는 동안, 이갑성은 자주 문병 와 세상 돌아가는 이야기를 전해 주었다. 1923년 일본에 대지진이 일어나자 일본 정부는 이것을 조선인이 폭동을 일으켰다고 허위 선전해, 도쿄와 그 인근에 살던 조선 교민 칠천여 명을 학살하였다고 했다. 이른바 '관동대지진 사건'이었다. 이 소식을 들고 동석의 병상을 찾아온 이갑성은 얼굴을 붉히며 주먹을 불끈 쥐었다. 그러나 동석은 분노할 힘조차 없을 정도로 허약한 상태였다. 다만 그의 눈에서 눈물이 두 줄기 흘러 베개를 적셨다.

"갑성아! 이 세상에 살아남는 자와 떠나는 자들에게 뜻이 분명히 있겠재? 살아남아야 하는 이유, 죽어 떠나야 하는 이유 말이다."

"그 무슨 소리고? 동석이 니가 죽기라도 한단 말이가?"

"그럼 니는 모르나? 내가 죽음으로 이렇게 가까이 가고 있다는 것을……."

"쓸데없는 소리! 어서 일어나기나 해라."

쥐어박 듯 터져 나오는 갑성의 목소리에 동석은 쓸쓸한 미소를 지었다.

"니 기억하나? 우리 경신학교 시절 말이다."

"하모. 기억하고말고."

"그래, 그때 안중근이란 사람이 하얼빈에서 이토 통감을 저격하고 그 자리에서 잡혔다는 소식에, 나는 왜 그런지 잠을 이루지 못하고 새벽에 학교 예배당을 찾아갔대이. 뭔가 벅차고 두려웠대이. 내가 꼭 그런 사람이 될 것 같아서 말이다. 생각해 봐라. 우리가 했던 일들…… 그러니까 지난 만세운동도, 사실 안중근이란 사람의 뜻을 우리가 이어받았기 때문에 이루어졌대이. 십 년 전에 행한 그이의 조국 사랑을 우리가 받아, 만세운동을 일으킨 거 아니가. 그러나 그 사람은 갔대이. 뤼순 감옥에서 처형당했다 안 하나. 참으로 훌륭하고 가엾은 이……. 우리가 일으킨 만세운동으로도 이미 많은 사람이 죽었고, 나같이 병든 사람도 많대이. 그래도 조선 독립은 이루어지지 않은기라. 어찌 보면 일본 정부가 더 악랄해지지 않았나. 우리가 이리도 독립 의지를 보이니까 말이다. 그렇다면 갑성아! 우리 만세운동은 실패한기가?"

조용이 흘러 나오는 동석의 목소리에 갑성은 대답이 없었다. 동석은 힘에 겨운 듯 숨을 한 번 몰아쉰 뒤 다시 말을 이었다.

"아니다. 갑성아! 우리는 실패하지 않았다. 우리 조선인의 독립 의지를 세계만방에 알렸고 이 땅에……우리 조선 땅에도 큰 씨앗을 심은기라. 봐라! 안중근이란 사람이 심은 씨앗이 우리가 주동했던 만세운동을 일궈 냈고, 또 우리가 만세운동으로 심은 씨앗은 훗날에 또 다른 일들을 만들어 낼기라. 그러면 내는 그 씨앗을 심는 데 일조했으니, 내 할 일을 모두 한기가? 떠나도 되는기가?"

물 흐르듯 고요히 이어지는 동석의 목소리에 어떤 숙연함이 어렸다. 이갑성은 뭐라 대답할 말을 잊고 망연히 앉아 있었다.

"떠나는 자와 남는 자……다 하늘의 뜻이 있대이. 이 세상에 남을 갑성이 너와 곧 떠날지도 모르는 내 배동석은 다 각자의 뜻이 있는기라."

병상 아래 앉은 갑성을 물끄러미 내려다보는 동석의 얼굴에 희미한 미소가 어렸다.

"마음 약한 소리 말고, 어서 일어날 생각이나 하거라!"

갑성이 한마디를 툭 내뱉었지만, 그 소리는 동석의 귀에 들리지 않았다. 경신학교 시절, 그는 뭔가 벅차오르는 마음으로 새벽녘에 달려간 예배당을 떠올렸다. 그 새벽에 바라 본 십자가……. 가슴이 터질 듯이 바라보기는 했지만, 그 형틀에 자신의 모습이 겹칠 줄은 몰랐다. 그때는 더 파릇한 젊음이었으니 다가올 아픔들을 어렴풋이 예감하면서도 두렵지 않았다. 이제 그는 알고 있었다. 그 자신은 이미 십자가 형틀에 묶인 일본 정부의 죄수이며, 조선의 속죄양이란 것을……. 끊어지지 않는 숨 때문에 괴로워하던 예수처럼 동석 자신도 지금 그렇게 괴로워할 뿐이란 것을.

갑성이 돌아가고 나서, 동석은 약 기운에 혼곤히 밀려오는 잠을 떨칠 수 없어 눈을 감으며 중얼거렸다.

"주님! 저는 이미 이 십자가에서 내려가 세상으로 걸어갈 수 없음을 압니더. 왜냐면 당신이 택하셨기 때문입니더. 그러나 고통스럽십니더. 아무것도 하지 못한 채 병상에 누워 있는 시간이 힘겹십니더."

순간 그의 귀를 때려 오는 음성이 있었다.

'나는 십자가 상에서 기뻤느니라. 내 피로 세상을 구원한다는 희망에 기뻤느니라. 고통으로 내 얼굴은 일그러져 있었어도, 내 영혼은 말할 수 없는 환희에 있었다. 그러니 너도 기뻐하여라. 네가 흘린 이 십자가 상에서의 피와 고통으로 세상에 빛이 남으리라.'

동석은 잠으로 빠져 들며 말할 수 없는 평화를 느꼈다. 가슴으로 꽃향기가 차오르는 것만 같았다.

1924년 8월 말 새벽녘이었다. 동석은 숨이 답답해 왔다. 자신의 가슴에 이제 더 이상 숨이 드나들 틈 없이 무엇인가 빽빽이 들어찬 것 같았다. 희미하게 켜진 병실 불빛에, 동석의 눈에 벽에 걸린 달력이 보였다. 8월 29일 '국치일'이었다. 십사 년 전, 일본에 주권을 내준 날이었다. 그때는 파릇한 젊음으로 그 분노를 얼마나 참고 참았던가. 그때의 분노가 들끓어 오르듯 동석은 답답해 오는 가슴을 두 손으로 움켜쥐며 신음했다.

그가 병상에 누워 있는 동안에도 세상은 변하고 있었다. 나라 안팎에서 독립의 기운은 더 강해졌고, 그만큼 일제의 방해와 탄압도 거세어 갔다. 아내 복남은 잔주름이 늘고 김해의 아이들은 자라고 있었다. 그리고 이미 땅속에 누운 아버지 성두는 흙이 되었으리라. 동석은 아이들이 너무나 보고 싶었다. 제 어미를 따라 이곳을 다녀간 것이 언제던가. 동석은 아비로서 아이들에게 준 것이 무엇인지 생각해 보았다. 아버지 배성두로부터 물려받은 신앙을 대위와 유위에게 심어 주긴 했다. 그리고 이렇게 스스로를 바쳐 세상을 지켜야 한다는 것을 그는 온몸으로 보여 주었다고 생각했다. 그 아이들도 세상의 바른 것을 위해, 아비처럼 몸을 바칠 수 있어야 한다는 것을……

동석은 숨 쉬기가 더 힘들었다. 고요한 새벽의 병실 안에서 동석의 신음 소리가 간헐적으로 울려왔다. 곧 간호사와 당직 의사가 달려왔다. 동석의 온몸은 이미 땀으로 흥건히 젖어 있었다. 동석은 눈앞에 그들이 보였지만, 한 마디도 말을 할 수 없었다. 이미 그의 혀가 굳어 가고 있었다. 동석은 간호사의 손을 거머쥐었다. 누군가……누군가가 필요했다.

'아! 아! 어머이……혜림아! 대위야! 유위야!'

희미한 눈앞에 십자가가 보였다. 거기……십자가에 동석 자신이 못박혀 있었다. 고개를 떨어뜨리고 피를 흘리며……. 십자가 밑에는 어머니 한나와 아내 복남, 그리고 두 아들이 손을 모은 채 기도하고 있었다. 그들은 울고 있지 않았다. 성경의 막달라 마리아처럼 그저 십자가를 우러러보는 복남과 예수의 어머니 마리아처럼 경건한 얼굴을 한 동석 자신의 어머니 한나…….

가슴이 더욱 조여 왔다. 차가운 청진기가 가슴을 쓸고 갔고, 주사 바늘이 팔을 뚫고 들어왔지만, 아프다는 감각이 없었다. 다만 어떤 안타까움이 밀려왔다.

'지금쯤 복남이 오고 있을 텐데……. 밤 기차를 타고 오고 있을 텐데……. 아내를 만나야 하는데……. 뭔가 말을 해야 하는데…….'

그러나 동석은, 입술은 굳고 팔다리가 쭉 뻗어 나가는 것을 느꼈다. 더 이상 아무것도 눈앞에 보이지 않았다. 그는 외치고 싶었다.

'하나님! 저는 제 일을 다 했습니꺼? 다 한 것입니까? 제 아들의 아비 노릇이 아직 남아 있는데……. 아내의 남편 노릇을 해야 하는데……. 제 어머니도 살아 있는데…….'

숨이 가빠 왔다. 옆에서 부산히 움직이는 소리마저도 열어 갔다.

"오! 동석!"

레이몬드 선교사의 목소리가 언뜻 들리는 것 같았다. 누군가 동석의 손을 꼭 쥐었다. 크고 따뜻한 느낌이 레이몬드의 손이라는 것을 알 수 있었다. 모든 것이 멀어져 갔다. 혼자 검은 허공에 떠올라 어디론가 멀리 실려 가는 듯한 아득함과 외로움이 밀려왔다. 어둠 속에서 다시 십자가가 보였다. 거기 매달린 채 피투성이가 된 사내가 고함을 쳤다.

'이제 다 이루었다!'

동석은 그를 따라 똑같이 말했다.

'이제 다 이루었다!'

그의 목소리와 동석의 목소리가 검은 허공에 겹쳐 울렸고, 사내는 고개를 툭 떨어뜨렸다. 그 순간 동석도 그만 숨을 멈추고 말았다. 1924년 8월 29일 새벽 6시였다.

급보를 받고 달려온 레이몬드 선교사는 조선이라는 작은 나라에서 용맹하게 살아온 젊은이 배동석의 임종을 바라보았다. 그는 자신이 꼭 쥐고 있는 동석의 손이 차츰 차갑게 식고 있는 것을 느꼈다. 만 서른세 살, 동석은 예수와 같은 나이였다. 창백하게 정지된 동석의 얼굴 위로 시트가 덮이는 것을 보며 레이몬드는 기도했다.

'내가 이 젊은이를 잊지 않게 해 주소서. 지금 막 당신 나라에 든, 이 아름다운 젊은이를 세상 사람들이 기억하게 해 주소서. 당신을 기억함 같이……'

이미 밝아 온 아침 속에 시신이 영안실로 들려 나가고 간호사가 병상을 정리하기 시작했다. 깃을 갈아 끼우려고 베개를 들어 올리자 무엇인가 병실 바닥으로 툭 떨어졌다. 그때까지도 병실을 떠나지 못하고 있던 레이몬드는, 그것이 1918년 가을에 만주로 떠나려는 동석에게 자신이 준 만년필이라는 것을 알았다. 레이몬드 자신의 이름이 새겨진……. 레이몬드 선교사는 만년필을 집어 들었다. 독립 자금을 전달하는 임무를 띠고 간 험한 중국행에서도 동석의 품 안에 있던, 격렬한 만세운동과 그 후 옥중에서도 동석이 품고 있던 만년필이었다. 레이몬드는 쏟아지는 눈물을 억제하지 못한 채 만년필을 손에 꼭 쥐었다.

그 순간 피곤한 기색이 완연한 복남이 병실로 들어섰다. 이미 비어

버린 병상을 바라본 복남이 어리둥절해 간호사와 레이몬드 선교사를
번갈아 바라보았다.

"우리 유위 아비는 어디에?"

복남의 목소리가 떨려 나왔다. 파르르 몸을 떨고 있는 그녀를 바라
보며, 레이몬드는 낮게 속삭였다.

"우리 모두 다시 만나게 될 것이요. 아버지 하나님 나라에서……."

순간 얼굴이 하얗게 질린 복남은 그 자리에 주저앉고 말았다. 그녀
는 아무 말도 할 수 없었다. 유리창 밖으로 아침 해가 환히 떠오른 세
브란스 언덕을 바라볼 뿐이었다. 가을을 재촉하는 아침 바람이 땀에
젖은 복남의 목덜미에 서늘히 불어 왔다. 눈물이 그렁그렁한 채 그대
로 정지된 복남의 눈망울을 바라보며 레이몬드는 다시 기도했다.

'주여! 그 아름다운 젊은이를 우리가 잊지 않게 해 주소서. 늘 기억
하게 해 주소서. 그가 세상에 심어 놓은 빛의 씨앗이 자라고 퍼지게 해
주소서.'

복남의 두 눈에 아침 햇살이 반짝거렸다. 눈물은 빛을 타고, 그녀의
온 얼굴로 번졌다. 가을을 앞둔 세브란스 언덕으로 복남의 통곡 소리
가 처절하게 울려 나갔다.

　　1980년 8월 15일, 배동석 열사는 독립운동의 노고가 인정되어 대통령 표창을 받았다. 독립운동에 합류했다가 후에 변절해 살아남은 사람들은 오히려 일찍이 독립 유공자로 인정받았으나, 젊은 나이에 목숨까지 잃은 배동석 열사의 공적을 세상이 재평가하기까지는 적지 않은 세월이 걸렸다. 가장을 잃은 열사의 아내 김복남 여사는 두 아들 대위와 유위를 홀로 키워 내며 갖은 고생을 다 했다고 한다.

　　이 소설은 배동석 열사의 차남 배유위 씨의 장남인 배기호 씨가 소장한 자료에 근거해 쓰였다. 그는 선친이 모은 자료들과 자신이 구전으로 전해 들은 내용들을 보관하고 있었다. 이 작품은 그 자료들을 뼈대로 해 꾸며진 소설임을 밝혀 둔다.

　　1971년 미국 이민 길에, 배기호 씨는 하와이에서 그의 아버지가 생전에 한 번도 만나 본 적이 없던 고모할머니 배천례 씨를 만났다. 배동석 열사의 이복동생인 천례 씨가 1915년 하와이 사진신부로 떠날 때, 배유위 씨는 어머니 김복남 여사의 뱃속에서 자라고 있었다. 그런데 그의 아들 배기호 씨가 배천례 할머니를 상봉했으니, 참으로 세월을 건너고 대륙을 건넌 피와 피의 만남이 아닐 수 없었다.

배기호 씨는 하와이를 거쳐 캘리포니아로 이주해 로스앤젤레스 인근 오렌지 카운티에서 약국을 경영하며, 한인 지역사회의 시민권 협회 회장으로 활동하고 있다. 그는 믿음의 자손답게 현재 한인 교회 장로로 있으며, 부인 김정숙 씨 사이에서 성민, 성진 형제를 낳아 신장내과 의사와 약사로 잘 키웠다. 한의사였던 배성두 장로와 세브란스 의전을 다녔던 배동석 열사의 자손인 이들이, 모두 의학과 약학에 종사하고 있다는 것은 결코 우연이 아닌 듯하다.

이 글의 완성을 앞두었던 2004년에 배동석 열사는 독립 유공자로 추대를 받아, 10월 29일에 그 유해를 고향 선산에서 대전 국립묘지로 이장했다. 그는 그렇게 갔어도, 세월 속에 진리는 단단히 자리 매김 해 결국 세상이 그의 정의를 알아내었던 것이다. 이장식에는 그가 남긴 두 아들 고(故) 배대위, 배유위 씨에게서 태어난 자손들이 다 같이 참석했다. 물론 배기호 씨도 태평양을 건너와 그 자리에 함께했다.

어둠을 비추는 수많은 별들 속에 주목받지 못하던 별 하나가, 오랜 세월 홀로 반짝이다 그 이름을 명명받은 것이나 마찬가지였다. 그러나 별은 언제나 그 자리에 있었다. 그리고 앞으로도 변함없는 빛으로 세상을 비추고 있을 것이다.

또한 여기에 다 묘사하지 못한 배성두 장로의 선행을 몇 가지 밝혀 둔다.

배성두 장로는 거지였던 장성철이란 사람을 데려다 훌륭한 인물로 키워 낸 바 있으며, 안이수라는 이름의 고아를 교장 선생님으로 성장시켰다. 또한 김엄만 씨 자손들을 훌륭한 종교인으로 만들었으며, 동네 아낙 봉림 댁의 남편이 폐병에 걸려 고통 받고 있는 것을 자신이 제조한 만병수란 약으로 치료해 주었다. 그러나 지극 정성을 다 드렸는데도 끝내 그가 죽자 배성두 장로는 그의 장사를 잘 지내 주고, 가장을 잃은 봉림 댁과 그 자식들을 보살펴 주었다. 이밖에도 배학규라는 불쌍한 사람에게 불매(부엌에서 땔감을 붙일 때 사용하던 도구) 만드는 공장을 세울 수 있도록 재정적 지원도 아끼지 않았다.

배성두 장로의 선행 속에 삶의 길을 모색했던 사람들은 이미 일생을 잘 살고 떠났으리라. 그리고 지금 어디선가 그들의 자손들이 또 다른 삶을 영위하고 있을 것이다.

오늘날 우리는 무엇으로 말미암아 우리의 현재 삶이 이루어졌는지 알지 못한다. 배씨일가의 행적을 더듬어 올라가며, 누군가 진리와 정의를 위해 흘린 땀과 피 때문에 우리가 지금 웃고 있다는 것을 다시 깨달아 본다.

마지막으로 소설을 완성한 후 알게 된 몇가지 사실을 정정하고자 한다. 첫째로 배성두 장로의 부인 이한금(한나) 씨의 생년월일이 불분명한 가운데, 1844년생으로 설정해 소설을 완성했다. 그러나 후에 1848년 태생임을 증명하는 서류가 발견되었음을 밝혀 둔다. 둘째로 15장에서 알 수 있듯, 로스 목사와의 만남과 김해교회 설립연도를 1895년으로 설정해 소설을 마쳤다. 하지만 사실상 배성두 장로가 로스 목사와 인연을 맺은 해와 김해교회 설립은 1894년임을 밝혀 둔다. 셋째로 동석을 도와주었던 선교사의 이름이 이 소설을 출간할 당시 확실치 않아 레이몬드라는 가명을 사용했다. 그런데 《약방집 예배당》의 초판 출간 이후에 간행된 세브란스 관련 책자에서 그 선교사의 이름이 애비슨(O. R. Avison, 魚丕信, 1860-1956)인 것을 확인했음을 밝혀 둔다.

지금은 하늘나라의 별로 빛나는 배성두 장로와 배동석 열사, 두 사람의 빛은 배씨일가 안에서뿐만 아니라 아직도 우리 주변을 흐르고 있다.

이 책의 출간을 오랫동안 준비해 온 저작권자로서, 저는 하나님께서 우리 집안의 선조들에게 허락하신 믿음과 삶의 정신을 지금 세대와 함께 나누기를 원합니다. 이 책은 믿음의 뿌리가 되었던 배성두 증조부와 독립운동을 하다 꽃다운 나이에 산화한 배동석 조부의 이야기를 중점적으로 담고 있습니다.

저는 이 책에 담긴 역사적 가족사적 자료를 1970년대부터 지금까지 수집해 왔습니다. 배유위 부친께서 소천하기 전, 제게 당신의 일기를 비롯한 수많은 자료와 선조들에 관련된 기록, 그리고 선대에서 구전으로 내려온 가계의 역사적 사실을 물려주셨습니다. 저는 이 자료들과 더불어 살아오면서 왜, 어떻게 우리 집안이 혹독한 고난 속에서 희망을 잃지 않고 환경조건을 이겨 왔는지 확신할 수 있었습니다. 이 책을 통해 여러분도 그 희망을 만나시길 소망합니다.

구약시대 아브라함을 통해 하나님께서 하시고자 했던 일들과, 근대 사회에서 예수교가 우리 집안에 들어온 다음 우리 선조들을 통해 하나님께서 역사하시고자 했던 일들을 믿음의 교훈으로 겸허히 받아들이면서, 이 소설로 된 간증에 담긴 하나님의 뜻을 묵상해 봅니다. 보잘것 없고 죄 많은 세리와 창녀들의 낮은 마음에서 나오는 그 모습을 더 사랑하고 칭찬하신 예수님을 통해, 저희 선조들의 솔직한 이야기가 부끄러운 가족사를 넘어 하나님께서 연약한 자들을 인도해 주시는 하나의 범례가 되리라 믿습니다.

한 인생이 하나님에게서 나와서 다시 하나님께로 돌아갈 때까지 이 땅에서 많은 일을 하게 됩니다. 그 가운데는 하나님의 뜻에 합당한 일이 있는가 하면, 그 뜻을 거스르는 일도 있을 것입니다. 죄인의 태생인 모든 인간이 세상살이를 통해 얼마만큼 하나님께 순종하고 신뢰를 드리는가에 초점을 맞추는 것이 바른 신앙 태도일 것입니다. 그리고 그 신뢰는 하나님을 바로 알고 바로 만나는 일에 달려 있다고 봅니다.

이 책이 우리 가족의 후손은 물론이요 특히 아직 믿음을 갖지 못한 분들에게, 그 같은 역할을 하는 작은 도구로 쓰였으면 합니다. 우리 인생을 우리 스스로 개척해 나가는 것 같지만, 기실은 눈에 보이지 않는 하나님의 인도하심으로 이루어진다는 것을 함께 공감할 수 있기 바랍니다. 또한 우리 후손들이 선조들의 행적과 그것을 인도하신 하나님의 특별한 뜻을 이어 가야 하며, 이는 우리 집안에 주어진 사명이라는 사실을 저는 이 책을 통해 다시금 다짐할 수 있기를 기도합니다.

또한 오랜 기간에 걸쳐 정성을 다해 이 글을 집필해 주신 박경숙 작가에게 깊은 감사를 전합니다. 앞으로 이 글 후의 이야기를 제2권으로 묶어 보았으면 하는 꿈이 제게 있습니다. 배동석 열사 소천 후 아버지를 잃은 두 아들이 험난한 인생살이와 격동기를 겪으면서 믿음으로 굳게 설 수 있었던 주님의 은혜, 그리고 그다음 세대로 이어지는 미주 이민사 삼십오 년의 우여곡절을 담아 보고 싶습니다. 이 소박한 꿈에 주님의 인도하심이 있기를 기도합니다.

마지막으로 1894년, 지금은 교인 수천 명이 다니는 예배당으로 성장한 김해교회를 처음 개척하시면서 배성두 증조부께서 저희 가족과 믿음의 후손들에게 남기신 하나님의 말씀으로 이 글을 마칩니다. "주 예수를 믿으라 그리하면 너와 네 집이 구원을 받으리라"(행 16:31), 아멘.

2007년 3월 가족 대표 배기호 장로

가족 배기영, 배기문, 배기우, 배기태, 배기산, 배기헌, 배옥경, 배기명
고(故) 배기자 배기철 배기은

믿음, 민족혼, 인간애의 세 줄기 빛
한국 교회의 개척과 독립운동으로 순국한 배씨일가 이야기

김종회_문학평론가, 경희대 교수

역사에서 소설로, 그 치환의 과정과 의미

이 소설은 19세기의 원년, 곧 1801년부터 오늘에 이르기까지, 이백여 년에 걸친 시간적 환경을 바탕에 깔고 출발한다. 그리고 조선조의 충주 관찰사였던 배수우란 인물에서 비롯하여 6대에 걸친 한 가문의 실증적 가족사를 그 내부에 끌어안고 있다.

그런데 이 배씨일가 이야기가 한 가계의 흥망성쇠만을 담론 구조로 하고 있다면, 구태여 이와 같은 단행본으로 출간될 이유도, 또 이 글이 쓰일 이유도 없었을 것이다. 이 소설은 근대사의 험난한 파고를 밟아 온 한 가문의 생존 기록이며, 동시에 한국의 초대교회 성장과 일제 강점기 독립운동 실상의 핍진하고 처절한 증언으로 채워져 있다.

우리는 이 배씨일가의 가족사를 거울로 하여 시대사적 상황 속에서 융기하고 침식된 우리 역사의 진면목을 반사해 볼 수 있으며, 그러기에 이 가족사는 큰 이의 없이 그 의미가 민족사의 지평으로 확장될 수 있는 터이다.

그렇게 되비추어 보기의 구체적 절목에 있어서, 우선은 기독교 신앙

의 문제가 먼저이다. 배수우에서 광국, 성두, 동석으로 이어지는 가족 계보는 한국 교회 초기 신앙의 박해를 헤치고 연면히 이어져 오늘날의 김해교회와 합성학교를 세웠으며 주위의 여러 지경에 이르도록, 또 많은 종교적 선행을 수반하면서 믿음의 모본을 보였다. 그 하나하나의 과정이 때로는 목숨을 걸어야 하고, 때로는 지극한 정성으로 일관된 모습으로 드러날 때, 비록 이를 이야기의 기록으로 접한다 할지라도 거기에 눈물겨운 감동이 없을 수 없다.

다음으로 배수우의 3대손 동석이 감당한 항일 저항 운동과 희생의 문제이다. 동석은 학생으로서, 교사로서, 또 '대한광복회'의 일원으로서, 일제에 저항하고 만주의 독립군에게 군자금을 전달하며 3 1만세 운동의 주동자로서 지속적인 투쟁을 전개한다. 결국 그는 서대문 형무소를 거쳐 세브란스 병원에서 그 목숨을 희생으로 내놓는다. 그 공로가 인정되어, 늦었지만 1980년 광복절에 대통령 표창이 추서되었고, 2004년에 독립 유공자로 추대되었다. 민족사적 견지에서도 잊지 말고 기려야 할 선열의 헌신이라 아니할 수 없다.

이 치열한 배씨일가의 삶이 이처럼 소설적 기록으로 상재되어 후대의 목전에 제시될 수 있었던 배면에는 배동석 열사의 차남인 배유위의 장남, 배기호 장로의 애끓는 집념이 없고서는 불가능한 형국이었다. 그래서 저 고색창연한 과거사로부터 오늘 이 기록에 이르는 2세기에 걸친 과정을, 필자는 배수우 관찰사로부터 시발된 6대의 가계에 이른다고 언명했던 바이다.

과거의 역사에서 교훈을 얻지 못하는 민족에게 미래가 있을 수 없으며, 민족 공동체의 존립에 헌신한 선열을 성의 있게 존중하지 않는 세대가 올곧게 발전하기는 어려울 것이다. 이 소설적 기록은 그런 의미에서 단순한 하나의 이야기가 아니라, 역사적 기록이요 민족적 책무를 말하는 진품의 교과서이다. 신앙과 민족정신을 자재로 하여 오랜 세월에 걸쳐 정성스럽게 지어진 집의 형상으로, 이 소설은 여러 부면에 여러 모양으로 패악한 지금 우리 세대에 하나의 경종으로 다가섰다.

첫 번째 빛— 한국적 사도행전의 실천

이 소설은 배씨일가의 삶이 가진 역사성을 빛의 존재 양식으로 설명하고 있다. 제11장 '같은 땅이건만' 제하의 내용에 다음과 같은 구절이 나온다. 배수우의 손자, 광국의 아들 영업이 아직 그 이름을 성두로 바꾸기 전에, 한양과 충주를 거쳐 고향인 김해 동상 마을로 돌아오는 대목이다.

> 육 년 만에 고향으로 돌아오는 그의 가슴 속에는 잠시 스친 인연이었지만, 결코 잊을 수 없는 세 사람의 눈빛이 아른거렸다. 그들은 충주 약방집의 김 노인과 한양에서 잠깐 본 동학 교주 최시형, 그리고 갑신정변이 일어난 밤에 민영익 대감 집에서 만난 서양 의사 알렌이었다. 그 세 사람은 서로 다른 사람들이었는데도, 영업의 가슴속에 마치 한 사람처럼 어우러져 있었다. 밭은기침 속에 목숨이 쇠잔해 가면서도 세상을 꿰뚫어 보던 충주 김 노인의 눈빛, 광대뼈가 불거진 얼굴에 옴팡한 눈으로 모든 것을 보는 것 같기도 아니면 아무것도 보지 않은 것 같기도 하던 동학 교주 최시형의 눈빛, 그리고 몹시도 낯선 모습이었지만 이상하게도 온기가 어려 있던 알렌의 푸른 눈…….
>
> 뭐라고 설명할 수 없었지만, 영업은 그 세 사람이 한데 어우러져 자신의 가슴속에서 출렁이고 있음을 느꼈다. 그가 객지 생활 육 년 동안 얻은 것이 있다면, 세상 너머 무엇인가를 보고 있는 듯한 그들의 눈빛이었다. 날이 갈수록 그는 뭔가 형용할 수 없는 기운이 자신의 내부에서 꿈틀거리는 것을 느꼈다. 그것은 아직가 보지 않은 세계에 대한 희망 같기도 했고, 아니면 감당할 수

없는 외로움 같기도 했다.

여기서 영업이 육 년에 걸친 '객지 생활'을 감당한 것은, 곧 이 소설의 중심인물로서 고향을 떠나 넓은 세상 문물 가운데서 그 신앙이나 인간애의 행위 규범을 단련하는 방식에 해당한다. 아울러 여기서 언급된 세 인물의 눈빛이 모두 '세상 너머'의 무엇인가를 보고 있는 것은, 영업의 과제가 세속의 명리를 넘어서는 지점에 정초될 것임을 암묵적으로 시사한다.

서양 의사요 선교사인 알렌의 푸른 눈빛은 영업의 가계에 신앙의 과제를 촉발하는 방향으로, 처형을 앞둔 최시형의 담담한 눈빛은 동학의 근본정신이 그러한 것처럼 그 아들이 지고 갈 민족 운동의 순정한 발현으로, 그리고 쇠잔한 목숨 가운데서 김 노인이 보인 투시의 눈빛은 신분 고하를 막론하고 궁극적으로 인도주의 정신과 그 실천을 예비하는 의미로 이 소설 속에 살아 있다. 서양 선교사 알렌, 데이비스, 로스, 레이몬드 등은 조선 땅에 기독교 신앙의 씨앗을 뿌린 인물들이며, 신앙의 박애주의 이외에도 인간적인 삶의 진실성을 보여 주는 범례들이다. 이러한 표본 모델들의 생각과 행적을 뒤따르며, 자신의 이름을 영업에서 성두로 바꾼 김해교회 설립자 배 장로는 소설의 이야기에, 그리고 '에필로그'에 있는 바와 마찬가지로 양선과 적덕의 모범을 실천해 갔던 것이다.

그의 이름 바꾸기는 자신에게서만 그치지 않고 부인 한금을 한나로, 아들 만복을 동석으로 바꾸는 등 단순한 일회성 절차에 그치지 않는다. 호명 변경의 성격은 좀 다르지만 동석은 그 아내 복남을 혜림으로 고쳐 부른다. 마치 성경의 아브람이 아브라함으로, 사래가 사라로, 야곱이 이스라엘로, 또 사울이 바울로 이름이 바뀌듯이, 자신의 삶 전체를 새로운 헌신의 결의 아래 묶어 둔다는 의미를 내포하는 행위라 할 수 있다.

배성두의 삶이 그 가족 공동체와 더불어 신앙 중심으로 편성되면서, 아들 동석의 독립운동이나 멀리 하와이의 '사진신부'로 떠나는 딸 천례의 해외 이민에 이르기까지, 그의 신앙은 모든 일과 사건을 통합하는 동심원의 중심이 된다. 그는 김해 고을 최초의 세례자이자 교회 설립자이며, 빈한하고 곤고한 삶의 현장에서 기독교 신앙이 어떻게 뿌리내리고 그 실천적 면모를 보일 수 있는가를 체현한 선각자였다.

이를테면 그는 한국 초대교회의 새 길을 밝힌 빛이었고, 그의 신앙이 품었던 순수하고 진실된 꿈은 아들 동석이 애국 헌신과 희생의 빛 길을 선택하게 한 동인이 되었다. 그의 일생은 한편으로 신앙의 권능에 붙들린 것이면서 다른 한편으로는 순후하고 끈기 있는 인간성의 개가라 할 터인데, 이를 소설적 이야기로 읽으면서 우리가 스스로의 삶을 되돌아보는 것은 또 다른 숙제라 하겠다.

두 번째 빛―독립 유공 사료의 새 발견

조선 전국을 뒤흔든 기미만세운동에 뒤이어 수감된 지 햇수로 육 년 만에, 1924년 8월 배동석 열사는 서대문 형무소를 거쳐 병보석 중인 세브란스 병원에서 영면, 소천했다. 만시지탄의 감이 없지 않으나, 앞서 언급한 바와 같이 1980년에 대통령 표창이 추서되고 2004년에 독립 유공자로 추대되어 그 유해가 고향 선산에서 대전 국립묘지로 이장되었다.

기실 배 열사와 마찬가지로 자신의 생명과 가족의 희생을 담보로 하여 이름도 없이 헌신한, 그리하여 마침내 역사의 행간 속으로 속절없이 사라져 버린 선인들이 얼마나 많을지 알 수가 없다. 그러나 배 열사의 경우는 그 후손들의 끈질긴 노력과 증거 자료에 의해 다시금 그 이름이 역사의 수면 위로 부양된 셈이니, 독립운동사의 새로운 사료를 발굴하고 확장했다는 특별한 의의가 거기에 결부되어 있기도 하다.

더욱이 여기에는 간도 땅의 독립선언서나 지방에서의 만세운동 진행 상황 등 값있는 기록들도 내재해 있다.

민족주의 종교로 출발한 천도교의 교주 최시형의 눈빛에서 배영업, 곧 배성두가 보았던 또 하나의 빛, 민족혼과 민족 해방 운동의 빛줄기가 이 소설의 저변에 흐르고 있고, 그것은 소설의 중반 이후에 집중적으로 드러나는 동석의 항일 저항 행적으로 현실화된다. 그런데 중요한 것은 그 행적이 소설로 표현되어 있으되 만들어진 허구의 이야기가 아니며, 실제로 있었던 역사적 사건들이란 점이다.

이 소설에 등장하는 독립운동과 관련된 실명의 인물들과 그들의 언행이 이에 대한 구체적 증빙이 될 것이다. 조선 최초의 외과 수술의이자 선교사였던 알렌, 한양 경신학교에서부터 동석과 뜻을 같이 한 이갑성, 대한광복회 회장 박성진, 만주 신흥강습소의 이회영과 김좌진, 상해 임정의 이동녕, 만세운동을 함께 주창한 박순천 등 동석이 함께 거사를 도모하고 그 과정에서 접견한 역사적 인물들이 이의 사실성을 객관적으로 증명한다.

일찍이 《실락원》의 작가 존 밀턴이 언명한 바와 같이, 험악한 시대를 깨어 있는 정신으로 살아간 동석의 삶은, 작가가 보기에 또 하나의 소중한 빛줄기를 키우는 일이었다. 그 빛의 처음 시작은 매우 오래전부터이다. 소설에서는 일찍이 그의 아버지 배성두가 아직 배영업이었을 때, 1880년 경축년 김해 동상 마을을 떠나 한양으로 육 년간 떠돌이의 길을 떠날 때, 이십 년 전 그의 스승 김 선비가 영업의 가슴에 빛이 스며 있다는 말을 남기고 떠난 그 길 위에 섰을 때부터였다. 이십 년 전의 작은 암시가 자각 증상을 드러내기 시작한 까닭에서이다.

성두는 문득 자신의 손을 덮던 동석의 큰 손아귀를 생각했다.
'그 애는 너무 크다. 뭔가 넘쳐! 이 일을 어쩌면 좋을꼬! 이 어려운 시대에 빛을 품는다는 것은, 곧 고난을 뜻하는 게 아닌가.'

성두의 가슴에 일기 시작한 빛이 그 아들 동석에게 전이되어 있음을 확인하는 장면이다. 성두는 육친의 정으로 아들의 안위를 염려하긴 하지만, 그가 품은 뜻, 그가 품은 빛을 저지하려 하지는 않는다. 그는 이미 자신의 체험을 통해 빛의 생명력을 감각하고 있기 때문이다. 그가 빈핍한 이웃들에게 베푼 박애의 의술이 신앙을 바탕으로 한 빛된 일의 시현이었다면, 동석이 나라에 바친 제어할 길 없는 열정 또한 그와 같은 경우였음을 인식할 수 있었던 것이다.

1919년 8월, 만세운동 주동자 28인의 재판에서 동석은 의자로 일인 재판관의 머리를 내려친 강골이었다. 덕분에 법정모독죄가 가중되어 십 년 형을 선고받았고 끝내 폐결핵으로 병사하게 되는 것이지만, 그가 이갑성에게 "우리는 실패하지 않았다"고 한 말처럼 그와 같은 저항의 정신이 마침내 독립의 그날을 앞당기고 살아 있는 민족혼의 개화를 약속할 수 있었던 셈이다. 그의 죽음은 만 서른세 살, 그 가문의 신앙, 예수 그리스도의 임종과 같은 나이였다.

'주여! 그 아름다운 젊은이를 우리가 잊지 않게 해 주소서. 늘 기억하게 해 주소서. 그가 세상에 심어 놓은 빛의 씨앗이 자라고 퍼지게 해 주소서.'

동석을 아들과 같이 사랑하고 돌보던 레이먼드 선교사의 마지막 기도이다. 그와 그의 동류들이 뿌린 빛의 씨앗이 없었다면, 지금의 우리 가운데 누구도 춘원 이광수나 육당 최남선을 민족정신을 거스른 자로 비난할 수 없을지도 모른다. 이는 춘원이나 육당에 대한 비난이 정당화되어야 한다는 뜻이 아니라, 그와 같은 민족적 지도자들이 훼절과 아세를 서슴지 않던 시기에 모든 것을 던져 빛의 길을 따라간 선열을 기리는 일이 얼마나 절실한가를 말하자는 것이다.

세 번째 빛 – 인간애의 진정성과 그 소설화

이 소설의 전반부는 충주의 배수우 관찰사에서부터 광국과 영업의 3대를 거치면서 김해의 약방집으로 정착하기까지의 이야기를 주로 담고 있다. '종년의 딸'이 사망한 일과 '천주학쟁이'로 몰릴 것을 우려하여 배수우가 야반도주로 길을 떠나면서부터, 필설로 다하기 어려운 고난의 날들이 시작된다. 이 이야기들을 지지하는 중심축은, 신분의 차별이나 재물의 유무를 넘어선 인간 사랑, 인본주의의 정신이고, 실제로 배씨일문은 때로 이것을 공여받기도 하고 베풀기도 하면서 그 가계를 이어 간다.

배영업이 보았던 충주 약방집 김 노인의 눈빛은, 더 거슬러 올라가면 그 할아버지 수우와 아버지 광국을 선대했던 강치선의 눈빛이며, 영업을 자식처럼 돌보던 강치선의 동생 강 주부와 스승 김 선비, 그리고 약방을 돕던 삼걸이나 동학도였던 작패의 눈빛이었다. 범박하게 말하자면 당대를 살았던 선량한 민초들의 눈빛, 그러나 그 속에 세상 살이의 이치를 담고 사리 분별을 깨우친 지혜를 담은 그러한 눈빛이었던 것이다.

너무도 험난한 시대사, 너무도 많은 인명이 사고와 역병으로 스러지는 가족사를 현장에서 목도한 이들의 눈빛이 오래된 삶의 지혜를 담아내는 것은 당연한 일이 아닐 수 없다. 그런데 거기에 초점을 맞추고 인간 중심주의의 이야기로 나아가자면, 그것은 신앙과 민족 운동의 정신적 승리를 담보하지 않더라도 충분히 소설적 설득력을 얻을 수 있다.

그것이 곧 인간성 탐구에 가장 중점을 두는 소설의 자리이며, 배씨 일가 이야기는 바로 그와 같은 인간애에 바탕을 두고 출발한 연유로 그 장대한 이야기들을 소설이라는 그릇에 담기에 알맞은, 그야말로 소설적인 이야기로 전화되고 증폭될 수 있는 잠재력을 가졌다.

이러한 측면이야말로 이 소설의 근본적인 두 중심축, 곧 신앙의 가문과 독립운동의 가문을 일으킨 저력을 말할 것이며, 이 인간애의 진정성이 살아 있음으로써, 배성두와 배동석의 이야기가 세상의 존중을 받도록 그 지위가 내실 있게 뒷받침될 수 있을 것이다.

그런가 하면 이 소설에는 우리 민족의 미주 이민사에서 다시금 주의 깊게 조명되어야 할 하와이의 '사진신부' 이야기가 상당한 분량으로 언급되고 있다. 동석의 동생 천례가 신앙 가문의 모범으로 하와이로 떠난 저간의 사정이나 편지를 통해 알려 온 하와이 농장에서의 생활은 생생한 실감을 동반한다. 이는 국민된 자의 안위를 직접적으로 담당할 수 없었던 당시 우리의 국력 및 위정자들의 허약함과 더불어, 역사의 재조명을 위해서도 잘 살펴 두어야 할 부분이다.

근대적 사건들의 온갖 굴곡이 요동치던 시대사의 한가운데를 헤쳐 오면서, 배씨일가의 이야기가 소설로 쓰이고 이렇게 독자들 앞에 제시되었다는 것은, 우리가 잘 모르거나 잊고 있었던 빛의 길을 민족적 삶 속에서 다시 확인하는 계기가 될 것이다. "지금은 하늘나라의 별로 빛나는 배성두 장로와 배동석 열사, 두 사람의 빛은 배씨일가 안에서 뿐만 아니라 아직도 우리 주변을 흐르고 있다"는 작가의 말처럼, 이 이야기는 아직 끝나지 않았다.

가족사의 기록을 붙들고 오랜 세월을 준비한 배기호 장로와 이를 소설문법으로 풀어낸 박경숙 작가를 만나, 이 책의 출간을 한국의 독자들에게 소개할 수 있는 것은 필자에게도 보람된 일이다. 이 책을 읽는 독자들이, 필자가 가졌던 그 속 깊은 감동을 함께 나눌 수 있기를 바라 마지 않는다.

1. 배성두 초상화
2. 배동석 초상화
3. 김복남 초상화

4. 배동석을 친아들처럼 여긴 에비슨 선교사
5. 배창석(오른쪽)과 조카 배유위

6. 배유위 초상화
7. 초기 김해교회
8. 배천례와 김흥복(1920)
9. 배동성 명예졸업증서(2008)

Nov.9.2014

10. 배유위와 박순천(1970)
11. 배기호 가족(배성진, 배성민, 본인, 배정숙 여사)
12. 김해 합성 초등학교와 김해교회(배성두 장로가 설립)

13. 배성두 장로의 증손자들
14. 니카라과 라만시아에 설립된 약방집 예배당. 2020년 3월 의료 선교 진료.

첫 축복이 시작되다

Rev. William Baird

미국 북장로회 선교사.
1891년 9월부터 부산에서
선교사업 시작. 개명대와
중심대학을 설립했다.

베어드의 평생 동역자 교회 종사

훗날 베어드의 세계 번역
(1904년 베어드의 조수로 부산으로 왔다
한학자이자 개화지향적인 인물이었다.
선교사들의 어학선생이자 조사로서
활약했다.

베어드의 친필일기에 나타난 첫 축복의 내용입니다.

"지난 금요일(1893. 9.5)
배——라고 하는나이 많은 분이
김해에서 보라온 의사부인의
유모 남편과 함께 찾아왔다.
나는그에게 복음을 전했고, 그에
게 몇번의 세을 듣게된다. 그 종의
한면이 마태복음서이다.
그는 내가 서울 갈 일이 있으면
언제든지 자기를 찾아와 물라고
나를 청해 주었다."

배성두 장로의 묘

동성동 문성산 자락에 있는 배성두 장로의 묘.
김해시청 자리에 있다가 이곳으로 이장되어 있다.

15

김해교회 출신 애국지사 배동석
신앙의 힘으로 활약한 애국운동

대전 국립 현충원 애국지사 묘원에 있는 배동석의 묘

대통령 표창장과 애국지사 훈장증

1919년 3.1만세 운동 때는
서울에서 학생대표로 활약
했. 3.1운동주도마산, 함안
3.1운동에도 가담한다.

1980년 대통령 표창, 1990년
건국훈장 애족장 추서. 예수님
과 같은 33세의 나이에 심한
고문 후유증으로 순국하였다.

김해 동성동 시장에 있는 배동석
생가자리 (김해시 동성동 981-6번지)

함안군 3.1운동사에
기록된 고문내용

16

---

15. 배성두 장로 내력
16. 배동석 의사 내력

407

약방집 예배당

Saga of the Bae's Family

지은이 박경숙
펴낸곳 주식회사 홍성사
펴낸이 정애주
국효숙 김의연 김준표 박혜란 손상범
송민규 오민택 임영주 차길환 허은

2007. 3. 26. 초판 발행   2022. 3. 4. 5쇄 발행

등록번호 제1-499호 1977. 8. 1.
주소 (04084) 서울시 마포구 양화진4길 3   전화 02) 333-5161   팩스 02) 333-5165
홈페이지 hongsungsa.com   이메일 hsbooks@hongsungsa.com   페이스북 facebook.com/hongsungsa
양화진책방 02) 333-5163

• 잘못된 책은 바꿔 드립니다. • 책값은 뒤표지에 있습니다.

ISBN 978-89-365-0242-3 (03230)